thèmes et textes

collection dirigée par Jacques Demougin

parus dans la collection :

Chateaubriand

une réaction au monde moderne

par

PIERRE BARBÉRIS

Docteur ès lettres
Professeur à l'École Normale Supérieure
de Saint-Cloud

LIBRAIRIE LAROUSSE
17, rue du Montparnasse Paris-VIe

ISBN 2-03-035031-1

Table des matières

Ce livre n'est pas séparable de « *René* » de *Chateaubriand, un nouveau roman,* paru dans la même collection en éclaireur : *René* est l'une des grandes images mythiques et matricielles de la littérature moderne et de l'écriture de Chateaubriand. Mais le dialogue qui oppose l'irrécupérable René au père Souël, porte-parole de l'ordre et de l'idéologie dominante, se poursuit dans tous les écrits de « l'Enchanteur ». L'analyse de *René,* l'un des textes les plus fortement consacrés par la culture et par l'école, visait à établir le texte dans son sens critique. *Une réaction au monde moderne* vise également à établir dans son sens l'itinéraire qui conduit de Combourg et de la fête de l'Angevine à l'Angleterre industrielle et aux journées de juin 1848 : « Il y a loin de ces romans industriels au hameau de Plancouët » *(Mémoires d'outre-tombe,* Conclusion, 10*).* Les deux livres peuvent se lire séparément et l'on a essayé ici d'éviter les redites. On conseille cependant au lecteur, arrivé au chapitre 6 de celui-ci, de lire ou de relire d'abord l'autre. Le chapitre 5 aurait dû traiter d'*Atala.* Mais outre le fait qu'une étude lui sera, en temps et lieu, consacrée, la thématique de l'inceste, de l'amour et de l'interdit, si importante dans ce roman, a déjà été étudiée à propos de *René* et l'est ici de manière plus approfondie à propos des *Natchez.*

Introduction

Le mauvais goût

> Ces *Mémoires* ont été l'objet de ma prédilection : saint Bonaventure obtint du ciel la permission de continuer les siens après sa mort; je n'espère pas une telle faveur, *mais je désirerais ressusciter à l'heure des fantômes, pour corriger les épreuves.* (Avant-propos d'avril 1846 aux *Mémoires d'outre-tombe.*)

Quel mauvais goût! Est-ce bien là « l'enchanteur » qui parle? Est-ce bien là le « noble pair »? La correction des épreuves, cet aspect du *métier* de l'écrivain, non pas distingué délivreur de messages, mais professionnel ayant signé des contrats et travaillant une matière; non seulement homme qui écrit, mais homme qui publie et qui imprime : on y pense pour Balzac et à la rigueur pour Stendhal. Mais pour l'auteur de *René* et de *l'Avenir du monde,* pour le « proustien » déjà (l'a-t-on assez dit!) de la grive de Montboissier... Pourtant, dès 1801, c'est bien une perte ou une fuite d'épreuves qui, faisant redouter une publication pirate, avait fait décider de publier prématurément *Atala* à cet émigré inconnu de trente-trois ans, récemment rentré en France sur la pointe des pieds : *Atala* c'était un roman, mais c'était aussi un paquet de papier, et qui avait sauvé la vie à son auteur en le protégeant d'une balle au siège de Thionville. A l'autre bout de la carrière, pendant le mois d'août 1830, Chateaubriand a raconté comment il corrigeait (autre paquet de papier) les épreuves de ses *Études historiques,* alors que tombaient dans le trou de l'Histoire des siècles d'ancienne France. À la même époque, Henri Beyle, lui, tout exalté par la révolution qui venait de se produire et qui l'autorisait à publier *La note secrète,* corrigeait les épreuves de son *Rouge et le noir.* Rencontre sans le savoir de deux « industriels » que pourtant tout séparait. Mais avec, chez Chateaubriand, une raillerie dont Stendhal, lui, n'avait pas besoin. Ressusciter à l'heure des fantômes pour corriger des placards humides d'encre : habitude désormais, chez cet homme venu de Combourg et de la foire de l'Angevine, devenu écrivain, et qui se moque ici du vieux roman gothique. Ce n'est pas tout :

> j'ai osé profaner avec *les pas qui me servirent à rêver René* la digue où Rancé et Bossuet s'entretenaient des choses divines.

Cela aussi c'est de l'écrivain, non plus celui, « industriel », comme l'avait dit Stendhal, qui travaille un peu de papier noirci qui lui revient des mains des protes; mais celui qui viole les mots et leurs combinaisons reçues. Utilisateur du langage et façonneur de pages, mais aussi faiseur d'écarts qui font bondir les seigneurs du bien dire. Déjà, dans les textes sur l'Amérique, « la cîme indéterminée des forêts » ou « la course azurée de la lune » : a-t-on le droit? On le prend. Ici : des pas peuvent-ils rêver un texte? Mal dit. Quel français! On s'y fait aujourd'hui. Mais il y a loin de ces romans littéraires au hameau de Plancouët. Il y a la mise en place du monde moderne, la place prise aussi par un homme et par un écrivain dans le monde moderne, à la fois promesse et fatalité, activité et destin. Mais qu'est-ce que le monde moderne? Et pourquoi s'occuper de Chateaubriand?

Qu'est-ce que le monde moderne?

Les idéologies conservatrices ont toujours anathématisé le monde, *le siècle* comme on disait, considérés comme radicalement indignes, lieux d'impuissance, d'orgueil et d'erreur. Mais, longtemps, le monde et le siècle furent le monde et le siècle tout court, existant depuis toujours et, parce qu'ils n'avaient jamais changé, sans qu'ils puissent un jour changer, sans que la notion de modernité vienne jamais leur conférer une nature particulière ni le moindre parfum de nouveauté. Le monde et le siècle étaient un *état,* une *nature,* inférieurs, et qu'on opposait à un autre *état,* à une autre *nature,* supérieurs et plus complets : ceux de la vie spirituelle. Le *monde* n'était pas *moderne.* Il était *le* monde et c'est tout. Il l'avait toujours été. Il le serait toujours et l'Histoire n'avait pas réellement avancé depuis la faute originelle. La venue du Christ avait certes marqué un tournant capital, mais la Parole ne disait pas qu'il fallait gagner le monde. Elle disait qu'il fallait sauver son âme.

Tout a changé au XVIIIᵉ siècle avec la grande offensive pratique et théorique des philosophes bourgeois et plus encore avec la Révolution française. Un élément radicalement nouveau est alors, en effet, intervenu : le progrès. Le monde, le siècle non seulement se voulaient préférables à l'au-delà (*le paradis terrestre est où je suis,* proclamait Voltaire), mais encore ils s'affirmaient comme capables et désireux, en évoluant, de changer l'homme et sa condition, partant de déclasser et de vider de leur sens de vieilles notions apparemment stables de fatalité, de péché, de malheur et d'impuissance devant la Nature. Mieux même : le christianisme s'historisait; il prenait sa place, en tant qu'idéologie de formations sociales précises, dans la suite des efforts et de la marche « progressive » de l'humanité. N'avait-il pas mis fin à la « barbarie » et à la division païennes? N'avait-il pas remplacé l'esclavage par le servage? N'avait-il pas consacré le triomphe du monothéisme? N'avait-il pas unifié et mieux « organisé » le monde au sein d'un temporalité nouvelle? Il n'y avait pas eu seulement une *parole* chrétienne et la folie de la croix. Il y avait eu un *pouvoir* chrétien et une chrétienté. Sous sa forme la plus radicale (et en un sens la plus cohérente et la plus logique : le jansénisme), le christianisme avait certes voulu s'ignorer en tant que temporalité et Pascal n'avait voulu voir en tout pouvoir et en tout État, fût-il chrétien (le Pape, les Jésuites, Louis XIV), qu'une forme de libido et de divertissement, un truquage et une tyrannie toujours absurdes et auxquels il fallait opposer le refus. Mais Pascal et sa « misanthropie sublime » se voyaient réfutés par les progrès de l'« industrie », c'est-à-dire de l'activité humaine, par le commerce, par le bonheur sur terre, par la paix et la liberté, par le luxe (Voltaire); et l'Histoire se donnait à lire (Montesquieu), de plus en plus, comme logique et comme rationnellement évolutive. Bientôt Pascal se voyait même réfuté par un néo-christianisme, ouvertement politique et progressiste, qui parlait de la mission du peuple et de l'accomplissement par le peuple des desseins de la Providence et de la Parole. Chateaubriand lui-même, qui ne pouvait ignorer son compatriote Lamennais, le grand paria, devait finir par récuser et réfuter toute une tradition purement intérioriste du christianisme (Pascal) et toute une vision chrétienne immobiliste de l'Histoire (Bossuet). C'était en 1830. Mais (on le sait moins) il avait déjà commencé dans le *Génie*. L'idée de progrès et de modernité pénétrait ainsi de plus en plus jusqu'à l'idéologie la plus fixiste, que ce soit chez le restaurateur des autels ou dans les idéologies « perfectibilistes » de Voltaire à Condorcet, à Mᵐᵉ de Staël et bientôt à Saint-Simon, qui soit intégraient le christianisme à leur vision évolutive, soit apprenaient à pouvoir désormais s'en passer. Dès lors les tenants de l'ordre et de la tradition s'en prennent non plus au vieux Satan, mais à ce qu'ils considèrent comme une forme *nouvelle* de l'esprit de révolte et d'orgueil portée par de nouvelles *forces* sociales. Pour Bonald, pour de Maistre (et pour le premier Lamennais théocrate), l'esprit philosophique et l'esprit révolutionnaire, certes, ne sont pas réellement nouveauté en leur *nature :* ils sont l'orgueil, le vieil orgueil; il n'en demeure pas moins que l'on doit contre eux, et contre leurs vecteurs historiques (la bourgeoisie entreprenante, le peuple) affûter de nouvelles armes et jouer le jeu du siècle. C'est le tournant capital de la contestation : puisque la modernité avance ses preuves (le commerce et l'industrie libérés rendent le bonheur possible, les guerres civiles accouchent de libertés et certains éléments du « peuple » deviennent propriétaires et législateurs), on va examiner ces preuves. *Car la modernité est-elle le bonheur et la fin du doute?* On en doute et toute une critique de « droite » trouve alors un sens neuf. Cependant, cette question, bien avant qu'elle ne soit posée en termes conceptuels clairs, la littérature, disant le vécu quotidien et ses contradictions, l'avait posée dans son registre spécifique et avec son pouvoir propre de connaissance. Une littérature qui, à défaut de ses origines de classe, par ses positions de classe et par ses prises de parti n'était pas que passéiste et réactionnaire.

Déjà en effet :
la contestation littéraire classique

Déjà : non pour dire que tout est dans tout et donc qu'il n'y a pas réellement d'Histoire. Mais *déjà* pour dire que le nouveau est actif et présent dans l'ancien, et que ce qui ne sera théorisé que plus tard est de très bonne heure actif et présent dans le non théorisé (mais *écrit*) littéraire. Le monde moderne a commencé avec la révolution moderne, celle qui est dans les structures et dans les « mœurs » : fin de la vie cloisonnée, centralisation monarchique, admission des « États » au partage du pouvoir, mise en place d'une administration moderne, naissance de modes de vie et d'ambitions nouvelles, établissement de nouveaux rapports et de nouvelles pratiques collectives, socialisation croissante de la vie. Mais ici la littérature disait *quelles* nouvelles pratiques, quantitatives et qualitatives : libératrices, certes, mais non pas universelles et universalistes. En termes clairs : tous les hommes, et tout dans l'homme, ne bénéficiaient pas des révolutions intervenues et intervenant. Mieux — pire : beaucoup dans l'homme et beaucoup d'humanité se trouvait à nouveau brimé, exclu, marginalisé. Nouvelle expulsion de l'Eden? La cour, le luxe, l'argent, l'ambition politique remplacent le château; la vie mondaine remplace la rudesse féodale et déclasse le fonctionnement du code traditionnel de la chevalerie; les femmes prennent le départ dans la course aux nouveaux pouvoirs; les légistes bourgeois s'assurent; les marchands bourgeois établissent leur pouvoir. Michelet dira — triomphant : Jeanne d'Arc, héroïne populaire, a pavé le chemin au banquier (populaire!) Jacques Cœur, admis dans les conseils du Roi. Mais, dans le quotidien, que signifie le pouvoir de Jacques Cœur et de ses semblables? Le calcul et l'hypocrisie deviennent la règle. Le monde moderne est la course aux fétiches et le règne de l'illusion, du paraître et de l'inauthentique. Des pans entiers d'humanité se trouvent dévalorisés et — il n'y a pas d'autre mot — matériellement et moralement *prolétarisés.* On voit naître alors un type nouveau : le misanthrope, l'homme de cœur refusant de devenir homme de cour, devenu amer, hostile, et qui se retire du monde. Misanthrope aristocrate et passéiste? Mais frondeurs vaincus, jansénistes, amis de Fouquet, suspectés par le pouvoir, surveillés par la police, nourrissent la littérature et tous, entretenant entre eux de complexes et souvent surprenants rapports (les belles frondeuses faisant retraite), jettent à la face de ce monde déroutant leur retraite et leur *non possumus*. Bientôt le « mérite personnel » de La Bruyère, mérite personnel *plébéien*, assume la modernisation radicale du thème : celui qui est né du « peuple » et qui se veut « peuple » (« Faut-il opter? Je ne balance pas, je veux être peuple ») s'éprouve isolé, non reconnu, dans le monde changé par ce « peuple » même. C'est-à-dire — on ne le comprendra que plus tard — par ce confus et contradictoire « Tiers État », gros d'un conflit encore mal perçu dans le contexte de la lutte contre l'aristocratie : celui qui doit un jour opposer de manière inexpiable la bourgeoisie à *son* peuple, à ce peuple nouveau qui ne s'appelle pas encore le prolétariat. Contestation donc à double face et double effet : réactions d'aristocrates dépassés et condamnés par l'événement, mais aussi d'intellectuels plébéiens vite néantisés à leur tour dans un univers de la réussite selon l'argent. Que de non-plébéiens supérieurs devaient se reconnaître dans cette littérature...

Après la contestation de La Bruyère, la contestation rousseauiste avait été de tout autre nature et portée. Au cœur d'un siècle riche et philosophe, travailleur et philosophe, et faisant la philosophie du travail et de la richesse, au cœur d'un siècle qui avait inventé le concept et le mot (trompeur, on verra bientôt comment et pourquoi) de « civilisation », Jean-Jacques, individu pourchassé dont les ennemis n'étaient pas dans les seuls châteaux, avait déplacé le problème. La richesse, née du travail et des « arts », c'est-à-dire de la technique, avait vaincu la richesse féodale? Mais le travail et les arts, assurant la victoire et la libération d'individus, ne supposaient-ils pas l'aliénation, à leur tour, d'autres individus? La non-naissance cessait d'être aliénante? Mais une aliénation plus profonde ne s'assurait-elle pas : celle née de l'appropriation privée de la terre et des hommes? L'adversaire de Jean-Jacques n'est plus le seul courtisan qui sait à quelle heure le roi se lève, mais l'homme de l'inégalité (grand revendicateur certes d'égalité, mais uniquement contre les nobles), l'homme du système de l'exploitation de l'homme par l'homme. Rousseau ne pouvait pas, cependant, avoir de *parti*. Il était seul, homme d'une existence qui proteste. Les philosophes, eux, étaient hommes d'institutions et d'essences. Ils étaient, ils avaient un parti. Jean-Jacques, dès lors ne pouvait être qu'un homme de poésie. Mais il était aussi par avance modèle, repère et justification pour tous ceux qui (parias, exilés, émigrés aussi) allaient faire l'expérience de la solitude et de l'absurde dans la « société civile » révolutionnée. La violente résistance de l'ordre ancien allait, sous la Révolution, occulter quelque peu le problème. Mais sitôt la Révolution assurée et stabilisée, sitôt l'ordre ancien hors de course, il allait reparaître en force : le jeune Chateaubriand mettra son *Essai sur les révolutions* sous le signe de Jean-Jacques et il verra dans La Bruyère, peintre des intérêts et des égoïsmes, un réservoir sans fin de sujets littéraires. Le grand virage s'accomplit après Thermidor et après Brumaire : dans la nouvelle société enfin « libre », la protestation de l'individu quelque peu clochardisé qui se découvre de nouveaux maîtres va donner un élan nouveau à la protestation et au malaise classique. Ce sera, tout bêtement, le romantisme, qui instituera le procès de la modernité bourgeoise au nom de tout autre chose que Bonald et de Maistre : au nom, précisément, non d'un passé aboli, mais bien d'une modernité vraie.

L'optimisme bourgeois prend une force et une forme nouvelle sous l'Empire. C'est que deux victoires ont été remportées, deux preuves administrées. L'une (définitive) sur et contre le passé monarchique, féodal, clérical : on est fidèle, sur ce point, à l'esprit philosophique et révolutionnaire. L'autre, que l'on espère aussi définitive, sur et contre le danger populaire et anarchiste : Robespierre a payé pour tous, avant Babeuf. On est hommes de progrès. On est aussi hommes d'ordre. Et vite on met dans le même sac une extrême droite et une extrême gauche supposées complices ou se mystifiant réciproquement, alors que soi-même, au milieu, on est toute raison et pureté. Telle est, pour longtemps, la position des académiciens et politiciens libéraux et doctrinaires, ceux qui font la loi sous l'Empire et qui la feront sous la Restauration. Ce sont eux qui condamneront Chateaubriand. Ce sont eux qui condamneront Lamartine. Ce sont eux qui condamneront Stendhal et qui ignoreront Balzac. Ce sont eux qui récuseront aussi bien la poésie — qui est aspiration à l'universel et à l'authentique — que le réalisme — qui est démontage et description de la modernité de fait. Comment ne se rejoindraient pas ici les dépossédés de l'ancien monde et les dépossédés du nouveau? Comment ne se rejoindraient pas le romantisme de droite et le romantisme de gauche? Et comment l'écriture littéraire ne serait-elle pas le lieu de leur rencontre? Parmi les images proposées, il en est une qui devait, un moment, unifier les autres : René. D'où ce travail et cette relecture. D'où ce Chateaubriand. Mais une objection, bien sûr, se présente, relative à notre problème d'aujourd'hui, à nous dont le métier et la vie sont de lire et de donner à lire les textes littéraires.

Lire Chateaubriand aujourd'hui?

Car enfin : lire Chateaubriand aujourd'hui... Quelle idée, n'est-ce pas? Et comme on va sourire ou bondir, peut-être, chez les partisans de la (pseudo) révolution - culturelle - dans - l'enseignement - et - dans - la - littérature - par - l'étude - exclusive - de - Ionesco - de - Boris - Vian - et - de - la - bande - dessinée (qui n'y sont d'ailleurs pour rien). Orages désirés, nuit dans les forêts d'Amérique, prière à la Vierge sur l'océan, grive de Montboissier, littérature ornementale d'avant la « coupure », textes saturés : j'en passe. Chateaubriand ras-le-bol? Il est vrai pourtant que Barthes, à son propos, a parlé de « concrétion » de l'écriture et préfacé la *Vie de Rancé*. Il est vrai que Butor... Il est vrai que Julien Gracq... Mais soyons lucides. La démagogie, l'esprit de démission et de capitulation devant les idoles d'un avant-gardisme de cancres néo-impressionnistes qui s'imaginent révolutionnaires, l'incapacité, pour tout dire, à assumer de manière responsable les transformations nécessaires, font que plus d'un enseignant aurait honte de faire lire du Chateaubriand. Durs souvenirs sans doute : le Chateaubriand de la tradition suait le solennel et l'ennui. Mais était-ce la faute, là encore, à Chateaubriand? Et est-ce jamais la faute aux textes? Et n'est-ce pas d'abord la méthode qui compte? Sartre a pissé, raconte glorieusement Simone de Beauvoir, sur le tombeau du Grand Bé : l'hommage, n'en doutons pas, allait pour l'essentiel au Chateaubriand des écoles et à la sur-image imposée. Mais a-t-on lu Chateaubriand? Tout un réalisme l'a certes déclassé. A-t-il lui-même jamais lu une ligne de ses cadets Beyle et Balzac? Eux l'avaient lu pourtant, passionnément, et Baudelaire aussi. C'est que Chateaubriand est d'*avant*, incontestablement. Mais d'avant quoi? Et de *quel* avant s'agit-il, idéologique et littéraire? Fonctionnant contre quoi, signifiant quoi, avec quels moyens et avec quels effets? Je proposerai ici de partir de l'Histoire dont Chateaubriand a été l'un des premiers grands relecteurs, rompant de manière éclatante, un jour, avec Bossuet, et se ralliant, mais avec des raisons nouvelles, à ce perfectibilisme de Mme de Staël et de Condorcet qu'il avait d'abord combattu. En même temps, il mettait en doute la capacité de l'« industrie » et de la « démocratie » (lesquelles?) à assurer le bonheur et la paix, l'accomplissement des hommes. Et il saluait les républicains. Et il prédisait aux bourgeois que ce peuple, il leur faudrait un jour le tuer... Et il avait fait cette expérience de l'écriture à la fois comme parole et comme métier. Il s'était fait journaliste. Chateaubriand et le monde moderne? Ici on est déjà bien avancé. Mais il faut encore déblayer le terrain.

On ne lit plus (guère) Chateaubriand à l'école (ou on continue à le lire selon l'école). Et un auteur, n'est-ce pas, qu'on ne lit plus à l'école (« la littérature c'est ce qui s'enseigne ») est un auteur mort. Mais il est vrai qu'un auteur qu'on étudie à l'école est aussi un auteur mort. Dès lors comment s'en tirer? Chateaubriand est bien encore dans les paresseux morceaux choisis, et il figure encore çà et là dans des programmes : pesanteur des habitudes et des consécrations, plutôt que réelle volonté de relecture et d'actualisation. Mais justement. La tendance (pseudo) révolutionniste culturelle, en effet, n'est pas tant de considérer quel traitement abusif et mystificateur les morceaux choisis et les programmes ont fait subir aux textes et aux auteurs que de déclarer que ce qui est dans les morceaux choisis et dans les programmes est nécessairement hors culture et mort. C'est que l'on culturo-révolutionnarise comme on peut chez ces petits-bourgeois aux sommaires révoltes pour qui l'oppresseur n'est pas tant le capitalisme et l'usage qu'il tente de faire de l'École que, n'est-ce pas, le pion, le prof, le père et même la partie sérieuse et exigeante de soi qui parle quand même et en qui l'on ne voit que complices ou victimes de l'idéologie dominante. Tellement dominante, au fond, qu'elle pousse à l'abandon et qu'elle inspire des renoncements du côté de l'héritage culturel, *pour elle,* n'en doutons pas, réjouissants. Quelle chance! Ceux mêmes qui pourraient, dans l'écriture et dans les images de l'héritage, trouver un tremplin pour leurs assauts, se voient subtilement conduits à brader l'écriture et les images... Plus d'un Laurel et Hardy de la présentation des textes pour « nos » enfants (ces gens-là vont souvent par deux, leur binôme éditorial et leur image de marque, la pratique des découpages aseptisants et des petites cases finissant par se substituer à l'infini polynome de la littérature, à l'image infinie et à l'infinie pratique de la littérature) doit être bien surpris de se découvrir tant de pouvoir que d'avoir pu décider par son seul choix de ce qui est la culture et ce qui ne l'est pas. Donc : lire Chateaubriand aujourd'hui? Non, puisque seule l'école bourgeoise l'a donné à lire et que, puisqu'on est contre l'école bourgeoise, c'est simple, on ne lit plus Chateaubriand. Et voilà pourquoi la Bastille est muette. Essayons cependant d'avancer. Car il est quand même d'autres raisons que celles qui tiennent à l'école.

Lire Chateaubriand aujourd'hui? Sociologiquement parlant, c'est vrai, ses romans par exemple — car il fut un grand romancier — ne se consomment plus et constituent des textes quasiment morts, alors qu'ils ont été au XIXᵉ siècle des textes vivants *pour* et surtout *par* tout un immense public. Ses héroïnes en A (Atala, Velleda, Bianca, auxquelles il faut joindre Amélie avec son A initial, et Chactas avec les deux siens) étaient alors des valeurs sûres, popularisées par les mass media de l'époque : non seulement multiples rééditions, dont de nombreuses publications « populaires » et illustrées, mais aussi imagerie, adaptations théâtrales et parodies qui toutes entretenaient de complexes relations avec une authentique tradition « sensible » : on pleurait aux malheurs de la fille de Lopez, et René, un peu plus haut, était le prototype de toute une jeunesse littéraire (encore) un peu guindée, mais dans laquelle on se reconnaissait. Ces temps sont révolus. À telle enseigne que même les marchands de mètres linéaires d'œuvres complètes reliées ne lui ont jamais fait l'honneur d'un prospectus pour vente de collection par correspondance.

D'autre part, Chateaubriand a cessé d'être un grand repère idéologique et mythique. Il a été pourtant le Malraux du xixe siècle, à qui il n'a manqué qu'un de Gaulle (Bonaparte, ça n'a jamais marché, et Villèle était un politicien opportuniste et affairiste, un médiocre; Washington peut-être, si c'eût été possible, mais l'Amérique était la terre de l'argent, une nouvelle Angleterre, non la patrie nouvelle de Caton). Soldat; voyageur; interrogateur des formes et théoricien de l'art; écrivain qui avait bouleversé la phrase et qui ne s'en tenait pas qu'à la phrase; chantre d'une politique ardente sinon toujours claire; mémorialiste qui recréait le genre et y faisait entrer, comme forme historique, une « enfance malheureuse »; figure solitaire et prophétique; condottiere d'une modernité à la fois catastrophique et exaltante, de dimension à la fois familière et cosmique; chantre des astres et des révolutions, de l'avenir du monde, de la mort et d'un moi exemplaire qui ne cessait de fasciner : cinquante ans après sa mort, on discutait encore passionnément de son rôle, de son influence. Ainsi : double perte et double abîme. Ces temps ne sont plus où, dans le peuple, on appelait parfois les petites filles Atala [1], où des Vellédas de plâtre ornaient les jardins petit-bourgeois [2], où jeunes gens au collège et jeunes filles à l'institution avaient lu tant de pages du *Génie du Christianisme* [3], où les écrivains du culte du moi se cherchaient dans l'enchanteur, où les politiques s'interrogeaient sur son sens conjugué de l'ancienne France et de l'avenir d'un monde surgi sur les ruines de cette même

---

1. Voir, dans *la Cousine Bette*, la petite fille des faubourgs vendue par sa mère au baron Hulot.
2. Verlaine :
   Même j'ai retrouvé debout la Velléda
   Dont le plâtre s'écaille au bout de l'avenue
   Grêle parmi l'odeur fade du réséda.
   (Poèmes saturniens)
3. Emma dans *Madame Bovary* (Première partie, chapitre VI).

ancienne France mais promis, avec toutes les conséquences, à l'industrie et à la démocratie. Comme Rousseau, mais avec infiniment plus de force et de splendeur parce qu'il avait connu et pratiqué, lui, les révolutions qui sont à l'aube des temps nouveaux, parce qu'il avait eu, aussi, le sens d'une exemplarité moins exclusivement plébéienne et qui s'accordait assez bien avec le culte académiste du « grand écrivain »; parce qu'il s'était voulu homme d'action et parce qu'il avait pu l'être, Chateaubriand avait apporté une extraordinaire moisson de mythes, d'images, d'idées, de personnages, parmi lesquels d'abord le sien. Son public certes n'était pas, comme celui de Béranger, le public des humbles et des purs mais un public exalté, volontiers mystifié par le romanesque, fasciné par l'Histoire et par les histoires. Homme d'ordre et proscrit, toujours marginal mais puissamment synthétique, quasiment toujours dans l'opposition mais assoiffé d'adhésion et de responsabilité, commençant avec le *Génie* par la charte d'une nouvelle unité et finissant avec *Rancé* par le pur chant d'une irréductible écriture qui disait non à l'ordre de Guizot, il avait assuré à tous les niveaux comme un triomphe nouveau du langage. Le tombeau du Grand Bé, l'image de Combourg et, entre les deux, le célèbre portrait de Girodet (espèce d'instantané dont on mesure mal aujourd'hui la nouveauté et qui, le saisissant dans les rêves et dans le vent, signait la fin des médaillons et des portraits en majesté classiques) : le mythe Chateaubriand, tout pénétré de révérence pour la race et pour le sacré dans un monde bourgeois sans race et sans sacré (et donc pourri de complexes à l'égard de toute noblesse), a fortement opéré à coup de certitudes qui se cherchaient dans et contre un univers de l'incertitude. Les *Mémoires d'outre-tombe* furent bien publiés en feuilleton, comme du Balzac, de l'Eugène Sue, du Frédéric Soulié ou du Dumas : on l'oublia vite au profit de ces somptueuses *Œuvres Complètes* qui figurèrent, reliées, dans tant de bibliothèques qui n'étaient pas toutes, loin de là, des bibliothèques de château. Cette espèce de fascination, en pleine époque de journalisme et de littérature industrielle, pour un écrivain si fortement d'autrefois, en pleine époque de fortunes nouvelles pour cet homme qui ne fut jamais riche et qui allait à pied (en 1832 Balzac lui rend cet hommage dans

20

l'*Illustre Gaudissart*) ne s'explique pas seulement par le mystère du « génie », mais par l'imposition d'un *style* dans un siècle bâtard qui cherchait le sien. Mais tout cela s'est aujourd'hui largement perdu et le mythe Chateaubriand ne fait plus travailler les consciences. À quoi s'ajoute que l'épouvantable dénaturation à laquelle s'est livrée l'institution scolaire, son acharnement à châtrer les textes et à en rendre impossible la lecture (qu'est devenue, dans les morceaux choisis, la lettre à Céluta des *Natchez?*) ont fait de Chateaubriand le type même, pour ceux qui n'allèrent pas plus loin que ces mêmes morceaux choisis, de l'auteur à la fois modèle et ennuyeux. Et pourtant des jeunes gens, pendant des décennies, avaient lu *René!* Alors, lire Chateaubriand aujourd'hui...

Eh bien oui. Quand même. Et d'abord — c'est la condition vitale — pour le relire et pour le contre-lire. Pour mettre en cause les souvenirs d'école et les modèles culturels et idéologiques qui nous furent imposés. « N'ayant pas encore aimé et cherchant à aimer » de *René* est lu et donné à lire par Pierre Moreau comme une version nouvelle du *amare amabam* de saint Augustin, et le problème de l'inceste n'est abordé qu'avec ruses et pincettes par les universitaires. Quant aux méditations sur l'automne, on censure le fait que Chateaubriand lui-même a dit qu'elles étaient le propre de l'homme moderne dans un univers de l'accumulation et du profit, où le temps et le réel sont perçus et vécus comme fuyants, illusoires et douloureux, problématiques. Relire donc, et contre-lire. Mais cela ne saurait se faire sans l'Histoire. Les textes. Tous les textes. Mais aussi l'Histoire. Toute l'Histoire. Qualifiée. Nommée. L'Histoire *bourgeoise.* Il y a donc un capitalisme? Il y a donc une aliénation moderne? Le Club de Rome et tous les malthusiens, les technocrates et les hippies — de salon ou non —, ceux qui disent « y en a marre des autos » et ceux qui voudraient faire fabriquer les autos à moindre coût dans le Tiers-Monde, tous ceux qui accusent *la* modernité parce qu'ils ne veulent pas dire de *quelle* modernité il s'agit ou parce qu'ils se refusent à envisager les conditions *concrètes* de sa reprise en main par l'humanité, ceux qui bavardent sur la crise sans vouloir ou pouvoir dire de *quelle* crise il s'agit (la leur) ne seront guère d'accord.

Quoi? Réfléchir sur le monde moderne et sur la modernité! Mais tant pis pour eux. Chateaubriand nous appartient, à nous qui refusons de vivre dans la fatalité. Chateaubriand est un bon exemple du pouvoir neuf de la littérature précisément dans le monde moderne. Lui a-t-on assez reproché de n'être qu'un enchanteur! L'a-t-on assez sommé aussi, lorsqu'il se mêlait d'autre chose, de se contenter d'être un enchanteur! Lui a-t-on assez reproché d'être un pervertisseur de goûts et d'esprits! L'a-t-on assez accusé d'encombrer l'horizon, d'être un touche-à-tout et un brouilleur de genres, quelqu'un qui ne se satisfaisait pas de la petite place que les académiciens assignaient aux belles-lettres, un bousculeur de formes et d'idéologies? Pouvoir de la littérature, pouvoir des intellectuels : beaucoup plus que les philosophes du XVIIIᵉ siècle, avec leur rayonnement sans art ni poésie, sans mystère, et d'un militantisme étroitement rationnel, Chateaubriand a été l'indice et l'une des causes de cette accession. Ceux qui se méfient de la littérature ne pouvaient manquer de se méfier de Chateaubriand. Ça continue? Ce n'est pas une raison pour en prendre son parti. Ce livre, comme tous ceux qui le précèdent, prend parti. *Monde moderne?* Le vieil anathème réactionnaire repris par Péguy, ne fait pas la distinction entre le concret moderne et le concret bourgeois. Le vieil idéalisme « démocratique » ne voit pas, dans le moderne, le bourgeois. Entre les deux on n'est pas, pour jamais, condamné à se cogner à d'absurdes cloisons. Il y faut quelques conditions. Une relecture de Chateaubriand, comme toute relecture, ne saurait être qu'offensive et militante.

1

Douceur de vivre

Les événements

1768. Naissance à Saint-Malo, dans une famille de très ancienne noblesse, ruinée par suite de l'émiettement des propriétés et de la dégradation du pouvoir féodal. Son chef, René-Auguste, refusa de continuer à végéter sur sa pauvre ferme des Touches. Trop pauvre pour entrer dans la marine de guerre et sans relations suffisantes pour obtenir le brevet nécessaire, il s'était fait officier de marine marchande depuis vingt ans. Il avait ainsi redoré son blason dans la pêche et le commerce de la morue, puis dans la course, le trafic, le commerce colonial et la traite des nègres. Le simple enseigne, devenu armateur, s'enrichit et put s'acheter en 1761, pour la somme énorme de 370 000 livres, la terre de Combourg qui n'avait jamais appartenu à sa famille mais à laquelle les Chateaubriand de Beaufort rendaient jadis hommage. Il avait pu ainsi se mettre enfin à vivre « noblement » en rêvant sur ses parchemins et en s'appliquant à faire valoir ses droits féodaux, tout en continuant, pendant plusieurs années, à diriger ses affaires. Commentaire — pudique — du fils : « De riches colons s'intéressèrent à son sort; il fut envoyé aux Isles et commença à jeter les fondements de la nouvelle fortune de sa famille [...]. Cette famille, qui avait semé l'or, voyait de son toit de chaume de grands châteaux qui jadis appartenaient à ses pères » *(manuscrit dit de 1826 des Mémoires).* François-*René* est le dernier-né de dix enfants dont, outre lui-même, cinq survécurent : un frère et quatre sœurs. Lucile, « cadette délaissée », cendrillon vêtue des habits usés de ses sœurs, et poète, fut de bonne heure sa préférée.

1776. Départ de la famille pour Combourg, après l'incendie de l'appartement où vivaient les parents à Saint-Malo. Combourg va être le lieu naturel de son adolescence.

1776-1781. Études au collège de Dol. Vacances à Combourg chaque année. Lucile à chaque fois retrouvée. Ses sœurs sont mariées. Vie à deux. Promenades. Études. *Nouvelle Héloïse.* Perspective alors : être officier de marine, comme pour tout cadet.

1779. Premières lectures érotiques. Terreurs nocturnes. « La nuit je croyais voir des mains noires passer à travers les rideaux [...]. Je poursuivais des images moins terribles mais plus dangereuses [...]. Dès lors je sentis en moi les premières ardeurs que rien n'a pu éteindre » *(manuscrit de 1826).* « Dès lors je sentis s'échapper quelques étincelles de ce feu qui est transmission de la vie » *(Mémoires).* Sainte-Beuve, qui avait compris, note sur le manuscrit qu'il a pu se procurer : « à onze ans et demi ». Dans l'univers féodal et commercial, poussées d'un moi sensible et intellectuel, en attendant la nécessaire entrée dans la vie et les responsabilités.

1782. Études au collège de Rennes. Vacances à Combourg. Lucile encore.

1783. À Brest, préparation à l'examen d'aspirant de marine : Chateaubriand a plus de « chance » que son père. Mais le projet tourne court. Idées de se faire prêtre, « pour gagner du temps » *(Mémoires),* c'est-à-dire pour éviter d'avoir à prendre un métier et à gagner sa vie. Alibi et fuite en avant : « Je déclarais que j'irais au Canada défricher des forêts, ou aux Indes chercher du service » *(manuscrit de 1826).* Retour à Combourg. Fin des études au collège de Dinan. Toujours Lucile retrouvée. Toujours *la Nouvelle Héloïse* (« nos promenades, nos études »). Mais aussi, dans un registre plus violent de l'amour durable impossible : « Les souffles de l'aquilon ne m'apportaient que les soupirs de la volupté. Le murmure de la pluie m'invitait au sommeil sur le sein d'une femme [...]. Si j'étais aimé, je craignais qu'on m'abandonnât, l'idée de l'inconstance humaine venait empoisonner ma joie : plus je sentais mon cœur inépuisable, plus je me persuadais que le cœur qui s'était donné à moi serait bientôt tari. Comment ne pas se fatiguer de la rareté de mes tendresses, de la perspective de mon culte? Il eût donc semblé heureux de m'en aller en pleine illusion » *(manuscrit de 1826)*.

1784-1786. Vie à Combourg, où le frère aîné, promis à une carrière parlementaire (le vrai pouvoir...) et parti tenter sa chance à Paris, n'habite plus. Il épouse une fille de Malesherbes, ancien protecteur de l'*Encyclopédie* et futur défenseur de Louis XVI. Passage de l'enfant à l'homme, pendant que l'aîné fait carrière sans problème. Deux années de délire. Rêveries et folies érotiques. L'automne. La chasse. La sylphide. Amitié avec Lucile. En janvier 1785, grave maladie; soigné par Lucile : « La vie que nous menions à Combourg était bien propre à augmenter l'exaltation de notre âge et de notre caractère. Notre principal plaisir consistait à nous promener ensemble dans les grands bois, pendant l'automne; nous marchions l'un auprès de l'autre, prêtant l'oreille au murmure du vent dans les arbres dépouillés, ou au bruit des feuilles séchées que nous traînions sous nos pas [...]. Auprès de cette femme supérieure, comment désirais-je encore quelque chose [...]? C'est que j'étais fait pour connaître toutes les misères [...]. C'est que, formé du même sang que Lucile, j'étais né comme elle pour me tourmenter et me détruire; c'est que, jeune homme et jeune homme passionné, la nature me forçait à chercher hors de moi le complément de mon existence, et que si ma sœur m'offrait les plus beaux traits d'une femme je ne la voyais que comme un ange [...]. Plus la saison était triste, plus j'étais heureux : j'ai toujours aimé l'automne. La pluie, les vents, les frimas isolent les habitants des campagnes. On se sent à l'abri des hommes. Je voyais avec un plaisir toujours nouveau s'approcher la saison des tempêtes [...]. Il y avait au nord du château une lande semée de grosses pierres. J'allais m'asseoir sur une de ces pierres au soleil couchant » *(manuscrit de 1826).* On montrera encore le rocher sur lequel René allait rêver au coucher du soleil. Les *Mémoires* reconstruisent mais n'inventent pas cette faille entre une jeunesse et le monde pratique.

1786. Il faut faire une fin. Lieutenance au régiment de Navarre (régiment noble de tradition) en garnison à Cambrai. Séjour à Paris. Mort de M. de Chateaubriand à Combourg en l'absence de François-René. Sur 300 000 livres de patrimoine mobilier, Chateaubriand reçoit 18 000 livres; rien sur Combourg. Déjà démuni, il entre dans le monde en pleine crise de l'ancien régime, qui va le démunir plus encore.

Une entreprise dans la société civile

René-Auguste de Chateaubriand, le père du nôtre, était un misanthrope comme en fabriquait depuis longtemps une aristocratie traditionnelle en pleine déconfiture. Aux origines : la forteresse de Chateaubriand, aux portes de l'Anjou; un Chateaubriand à la première croisade; un autre récompensé par Saint Louis après la bataille de Mansourah (un blason « de gueule au semis de fleurs de lys d'or avec la devise : mon sang teint les bannières de France », aujourd'hui sculpté au-dessus du perron de Combourg). Au XIIIe siècle, la famille se transporte dans la région de Dol en Bretagne, à Beaufort. Au XVIIe siècle, les Chateaubriand de Beaufort se traînent dans la médiocrité.

   Le père de François-René était un cadet issu d'un autre cadet, Amaury, seigneur de la Villandré. Il ne lui restait en conséquence que la maigre ferme-manoir des Touches. À la mort de son père, René-Auguste n'eut presque rien sur les 5 000 livres de rente qui constituaient l'héritage. À quinze ans, il décida de quitter sa mère et de tenter sa chance. Contrairement à ce qu'a raconté son fils, il n'a pas participé au siège de Dantzig comme soldat de fortune. Il s'est tout simplement, faute d'avoir pu entrer dans la marine royale, embarqué pour Terre-Neuve comme marin-pêcheur. Cela dura six ans, de 1739 à 1745, l'année de Fontenoy. « Humble marin (salarié) au service des marchands » (Collas), comment le seigneur des Touches aurait-il vu la vie en rose? Mais le misanthrope devait rebondir et se révéler un redoutable homme d'action. Un passage du manuscrit de 1826, supprimé dans les *Mémoires,* donne la mesure des chocs qui avaient précédé la grande entreprise :

Il arrivait que mon père, interrompant sa promenade, venait quelquefois s'asseoir au foyer pour nous faire l'histoire de la détresse de son enfance et des traverses de sa vie. Il racontait des tempêtes et des périls, un voyage en Italie, un naufrage sur la côte d'Espagne... J'écoutais avidemment mon père. Lorsque j'entendais cet homme si dur à lui-même regretter de n'avoir pas fait assez pour sa famille, se plaindre en paroles courtes mais amères de sa destinée, lorsque je le voyais, à la fin de son récit, se lever brusquement, s'envelopper de son manteau, recommencer sa promenade, presser d'abord ses pas, puis les ralentir en les réglant sur les mouvements de son cœur, l'amour filial remplissait mes yeux de larmes; je repassais dans mon esprit les chagrins de mon père, et il me semblait que les souffrances endurées par l'auteur de mes jours n'auraient dû tomber que sur moi.

La guerre contre l'Angleterre donne à René-Auguste l'occasion d'un nouveau départ : il s'engage sur *L'Assomption,* puis sur *Le Tigre,* armés en guerre et marchandises. Des bateaux corsaires. En 1746, il est second. En 1747, il est promu capitaine. Il peut désormais prendre le commandement d'un bateau marchand : c'est-à-dire non seulement le faire naviguer, mais acheminer et vendre une cargaison et le fret de retour. Le voilà homme d'affaires. Selon les règles bretonnes il est mis en vacances de noblesse : ne dérogeant pas, il ne perd pas ses droits et doit les retrouver sitôt qu'il reprendra la vie « noble ». Il se marie. Il repart. Il va chercher des nègres sur la côte d'Afrique et les vend aux Antilles. Citons encore Georges Collas :

La traite achevée, *L'Apollon* se trouva en possession de 414 noirs de tout sexe et de tout âge. Quand il l'eut fait radouber, qu'il eut réparé par les moyens du bord ses menues avaries, fait sa traite d'eau, de bois, de cassave, de coco et autres rafraîchissements, de volaille et de menu bétail, récompensé les courtiers et les aides chacun selon les services rendus, marqué au fer rouge et parqué dans les chambres de l'entrepont son misérable troupeau, hommes d'un côté, femmes et enfants de l'autre, à raison d'un peu plus d'un captif et demi par tonne de jauge brute (proportion qui témoigne d'une inestimable prudence si ce n'est de la rareté de la marchandise), le 20 mai, au soir tombant, M. de Chateaubriand, chapeau bas, ayant à sa droite son second et à sa gauche son frère également découverts, en présence de l'équipage, le bonnet à la main, pria Dieu et Madame la Vierge de leur procurer une heureuse traversée et profita de la brise du soir pour mettre rapidement voiles au vent.

C'est d'une autre prière à la Vierge en pleine mer que parlera le fils. De son premier — et unique — voyage de traite, M. de Chateaubriand rapportait 30 000 livres. Avec cette somme, il s'établit à son compte armateur à Saint-Malo. On était en 1757. Dix-huit ans de périples. Désormais il allait « travailler » à terre. Sa fortune commençait. Il n'oubliait pas pour autant de faire préciser sur les actes notariés ses titres de noblesse. Il pensait à l'avenir. Sa capitation passait de 40 à 300 livres. La guerre avec l'Angleterre devait faire de lui l'un des hommes forts de l'armement malouin.

En 1761, il achète Combourg au duc de Duras, propriétaire absentéiste, ruiné par son ambassade d'Espagne. Il achète la terre, avec tous les droits seigneuriaux y afférents. Le prix — énorme — était de 370 000 livres. « Signe des temps, cette dépossession de la noblesse de Cour par la noblesse commerçante, M. de Chateaubriand n'y vit que la revanche de sa vieille maison » (Collas). Acquisition valable? Investissement intelligent? Combourg ne rapportait que 9 000 livres et il fallait faire renaître et reconnaître des droits féodaux tombés en désuétude, s'engager dans des procès, affronter les vassaux. Non, ce n'était pas une bonne affaire. Le fils ne devait retenir que le décor. Il ne connaissait pas les origines de la splendeur (?) féodale de son père. Les murs sombres, les arbres des bois environnants, les fêtes paysannes, lui dissimulaient également de dures réalités, notamment la petite guerre épuisante qui devait opposer le nouveau seigneur aux paysans à qui on essayait de reprendre par exemple le droit de vaine pâture que leur avait peu à peu abandonné le duc de Duras. Il y eut même une tentative d'assassinat. Balzac racontera dans *les Paysans* une histoire semblable, inspirée par l'histoire de Paul-Louis Courier [1]. Le

1. Sur Courier et Chateaubriand, voir, plus loin, chapitre 10.

fils ne pouvait pas connaître non plus les conflits avec l'administration qui, soutenant les vassaux et cherchant à rogner les droits féodaux, essayait par exemple d'imposer au comte de Combourg la réfection de la chaussée de l'étang et du grand chemin traversant le village. Le « capitaliste » (il détenait à Combourg d'énormes sommes en numéraire) devenu propriétaire terrien n'avait pas — loin de là — reconstitué un paradis terrestre.

De ses bureaux de Saint-Malo, avec des hauts et des bas, il continuait cependant à diriger ses affaires (commerce des marchandises et traite des nègres). Bientôt — signe des temps — il devait passer association avec de puissants nantais : le grand port du sud voyait monter son étoile alors que déclinait la cité corsaire. Ce qui ne l'empêchait nullement, ayant six vaisseaux à la mer et seigneur comte de Combourg, de tenir sa place aux États de Bretagne comme il y avait droit : « Avant de monter dans son carrosse pour se rendre aux États de Saint-Brieuc, M. de Chateaubriand passa ses commandes de sel pour la campagne de 1769 » (Collas). Aux États, il guerroyait contre la cour honnie, défendant les « franchises » bretonnes, jouant à fond la carte des pouvoirs locaux et de l'agitation parlementaire contre le pouvoir central, se déclarant ardent partisan de La Chalotais contre le duc d'Aiguillon, pestant contre les bureaux, et préparant à sa manière la révolution. Paris, la Cour, ce n'étaient que gredins, qui, par exemple, poussaient à la suppression des péages qui rapportaient tant aux propriétaires... Et les affaires, avec les années, allaient mal. D'où les enfermements à Combourg, les vieux papiers sur lesquels on s'excite en rageant. Et la vieillesse venait. Combourg rêve de pierre. Combourg évasion. Et le monde allait son train. Mais Combourg... « Qu'il faisait bon, aux jours d'été, dans le silence des épaisses murailles! Quelle fraîcheur à son front brûlant! Comme on y était mieux que dans le sombre rez-de-chaussée de la rue aux Juifs, entre les échantillons de toile de l'Inde et les registres vêtus de veau où Navet recopiait les lettres de commerce! Le beau spectacle, les six grandes armoires où dormait la prestigieuse histoire, en liasses bien classées dans leurs cahiers étiquetés; ici les aveux nobles, là les aveux roturiers, paroisse par paroisse, à côté les procédures, plus loin les affaires courantes, puis les anciens comptes, et, pour finir, ce tas mystérieux intitulé "vieilles pièces dont on ne connaît pas l'usage" » (Collas). Qu'il faisait bon aussi (mais quelle dérision!) lever une fois l'an la bannière comtale pour ouvrir la fête de Combourg, une foire de campagne... Mais le mythe s'écroulait du seigneur vivant avec *ses* paysans : ceux-ci se révoltaient contre les afféagements (mises en culture) encouragés... par l'administration. Et il fallait négocier avec ce personnage — déjà — qu'était l'ingénieur des Ponts-et-Chaussées. Pendant ce temps, la mère et les sœurs lisaient en cachette *Clarisse Harlowe*. Un roman. Autre déphasage : le comte hésitait à investir dans les emprunts, préférant thésauriser. Et il avait cet argument : « Cela ne pouvait convenir qu'à des capitalistes à portée de suivre la machine dans tous ses mouvements ». On assistait aux fêtes données à Saint-Malo à Mgr le comte d'Artois, qui ne se doutait pas qu'un jour il aurait pour ministre le fils de ce hobereau bougon et riche qui, tel un Grandet, serrait ses écus, son sucre et sa bougie.

Le 19 février 1779, le comte de Combourg se faisait rayer du rôle de l'industrie. Il mariait ses filles, leur assurant une belle dot de 1 500 livres de rente. François-René avait douze ans et batifolait aux fêtes de l'Angevine, tandis que son père s'entêtait à cette réaction nobiliaire qui devait contribuer à l'écroulement de l'ancien régime. Sa fortune se montait, Combourg compris, à 630 000 livres. Et après? En 1786 il mourut, laissant la place aux héritiers. Cette mort devait lancer sur les sentiers de la solitude, de la vie et de la pauvreté un gamin de dix-sept ans. On parla de partage égal, compte tenu des origines commerciales de la fortune. Mais l'aîné obtint gain de cause et le partage se fit selon le droit d'aînesse. L'aristocratie triomphait dans l'utilisation du profit capitaliste. Après tout, conformément aux textes, M. de Chateaubriand avait « commercé noblement ».

2

Une carrière littéraire?
surtout une expérience politique

Les événements

1787. Grâce au frère, devenu magistrat et gendre de Malesherbes, présentation à la Cour du jeune sous-lieutenant.
Rencontre éclair avec un Roi balourd lors d'une chasse. Un
jeune homme alors très fin de siècle, « philosophe » et « douceur de vivre », faiseur de vers classiques et libertin. C'est le
Chateaubriand Louis XVI, grand lecteur de Raynal et officier
sans y croire d'une armée coupée du peuple. Reçu chevalier
de Malte, il fournit ses « preuves » de noblesse. Mais ce
jeune homme d'ordre est ardent de passions, de lectures et
de projets d'écriture. À une date indéterminée, projet de
roman épique « américain » qui opposerait la vie civilisée à la
vie « sauvage ». Rédaction du voyage d'un Indien en France
et à Versailles, dans la tonalité critique de Fénelon, de
Montesquieu et de Voltaire. Lecture aussi de plusieurs
romans qui fourniront des modèles à *Atala* et à *René* sur les
sauvages, l'inceste, la « nature » etc.

1789-1790. Chateaubriand qui publie l'*Amour de la campagne* dans l'*Almanach des Muses,* est aussi le libertin qui
écrit à un ami, soupirant de « la comtesse Lucile » et amant
d'une certaine Eugénie : « Avec deux ou trois êtres tels que
toi et une maîtresse (car c'est un mal nécessaire), une
campagne bien retirée à quelques lieues de Paris ou même
en Bretagne, nous coulerions des jours doux et délicieux [...].
Mande-moi tout ce que t'a dit Eugénie, mais tu es un roué; tu

me trahiras [...]. Ménage-la [Lucile]. Si tu la séduis, mon cher Châtenet, songe que c'est une vierge ». Cependant se produit la première révolution française, relativement pacifique. Chateaubriand est plutôt pour, mais il ne se sent pas réellement concerné. Il voit tomber sans regret voyant, sans doute à la fois en philosophe et en nobliau libéral, une monarchie dont il n'a pas encore découvert la valeur mystique et politique. Lorsque son colonel émigre, Chateaubriand quitte le service. Il donnera cette explication dans les *Mémoires* : « Je n'avais ni adopté, ni rejeté les nouvelles opinions. » Cette première démission s'inscrit dans la plus pure tradition aristocratique (Saint-Simon avait quitté l'armée de Louis XIV et Vigny quittera celle de la Restauration) : « L'honneur, lorsqu'il n'est pas satisfait, commande qu'on se retire chez soi » (Montesquieu). Il ne s'agit pas de changer le monde, mais d'en refuser les compromissions. « Une idée me dominait : passer aux États-Unis » (*Mémoires,* I, 5, 15). De nombreux aristocrates s'imaginent alors trouver dans la terre de liberté un asile propice et plus exaltant que l'émigration stérile en Allemagne ou en Angleterre.

1791-1792. Sur les conseils de Fontanes, départ pour l'Amérique avec le projet de trouver le passage par le Nord mais aussi de rapporter « des plans pour le gouvernement », comme il l'affirmera dans une pétition à Bonaparte en 1801 (il s'agira alors de prouver que l'on avait quitté la France pour des raisons valables et qu'on méritait donc d'être radié de la liste des émigrés). Sans doute aussi projets de fortune : de nombreux aristocrates vont tenter leur chance là-bas. En tout cas, il ne s'agit pas d'un voyage de fuite comme dans René, mais d'un voyage de recherche et d'exploration avec l'idée d'un retour triomphal. En Amérique, Chateaubriand écrit de nombreuses pages : descriptions, éléments de roman. C'est la reprise du premier projet, mais au contact cette fois du réel américain. Modification des idées sur l'Amérique républicaine, pays de l'argent et de marchands. Première désillusion politique. Les manuscrits étant perdus, on ne saurait affirmer que René soit déjà le héros de ce roman. De nombreux éléments de ces écrits, dont une lettre à Malesherbes, seront utilisés plus tard tels quels dans le *Voyage en Amérique*.

1792. Chateaubriand qui, selon lui, ne peut admettre l'arrestation du Roi, mais aussi qui a sans doute échoué dans ses projets de fortune, quitte l'Amérique endetté et retrouve, comme plus tard René, une France profondément révolutionnée qu'il ne reconnaît pas. La Révolution a marché. On le marie (pour l'intégrer comme René dans *les Natchez?* surtout, en fait, pour le réargenter) avec une héritière malouine, Céleste du Buisson de la Vigne qui sera la Céluta des *Natchez.* Sur les 120 000 livres de dot, 90 000 sont en rentes sur le clergé, donc perdues. La vie conjugale est écourtée : par fidélité politique, en effet, mais sans trop y croire (ou pour pouvoir avoir bien choisi, en cas de victoire de la bonne cause?) il émigre et se bat dans l'armée de Condé. Blessé au siège de Thionville et jugeant avoir satisfait aux principes, il part pour l'Angleterre après le licenciement de l'armée des Princes. Fin du baroud d'honneur. Chateaubriand est désormais un paria, un suspect, un traître. Plusieurs membres de sa famille vont être emprisonnés ou exécutés.

1793. Exil en Angleterre. Souffrances. Misères. Le grenier de Kensington. Leçons de français pour vivre. Pendant l'été, premier projet de l'*Essai sur les révolutions,* ouvrage historique dans le genre de l'*Esprit des Lois* (compilation philosophique de l'histoire), mais dramatisé par l'expérience directe. Mauvais rapports avec le milieu émigré français de Londres qui le trouve jacobin. Émargement cependant aux fonds anglais destinés à secourir les émigrés français. Chateaubriand fait l'expérience du jeune homme pauvre. Naissance de son véritable romantisme. Passage (relatif) des origines de classe à une certaine position de classe anti-société civile.

1794-1795. Chateaubriand travaille à l'*Essai;* il y insère des fragments « américains » et de nombreuses méditations personnelles. Naissance de « l'étranger de la forêt » accueilli par les Indiens, c'est-à-dire de René. Bataille de Fleurus : la Révolution victorieuse alors que Chateaubriand crève de faim et se sent inutile. Textes sur les infortunés et les parias. L'*Essai* s'écrit déjà sur le double mode des Mémoires et du roman : la Révolution et moi. Un nouveau Rousseau. Profondes réflexions sur la solitude du moi dans l'Histoire.

33

1796. Chateaubriand rédige une « seconde » version de son roman américain *(les Natchez)*. Il se laisse aimer par Charlotte Yves, fille d'un pasteur. Il évite la bigamie à la dernière minute. Solitude et retombée, après cette chance de stabilisation et d'intégration. Sentiment de la mort et de l'étrangeté du monde. Commentaire des *Mémoires :* « Je voyais passer de loin les jeunes Anglaises avec cette confusion désireuse que me faisait éprouver autrefois ma sylphide, lorsqu'après l'avoir parée de toutes mes folies, j'osais à peine lever les yeux sur mon ouvrage. La mort, à laquelle je croyais toucher, ajoutait un mystère à cette vision d'un monde dont j'étais presque sorti. S'est-il jamais attaché un regard sur l'étranger assis au pied d'un pin? Quelle belle femme avait-elle deviné l'invisible présence de René? ».

1797. Chateaubriand propose son roman à un libraire sous le titre *René et Céluta*. René est donc né comme héros. Publication de l'*Essai*, qui utilise et avoue des fragments des *Natchez,* définis comme une « sorte de roman ». Succès relatif mais réel de l'*Essai*. La vie un peu plus rose. Chateaubriand envisage la possibilité de rentrer en France (proximité de la paix?) et corrige l'*Essai* (« exemplaire confidentiel ») en vue d'une éventuelle réédition parisienne qui marquerait sa rentrée (littéraire et politique). Il atténue certaines notations un peu trop contre-révolutionnaires.

1798. À l'annonce de la mort de sa mère, « conversion » de Chateaubriand. Il reprend *les Natchez* et les corrige en épopée chrétienne. Mais ce travail ne porte que sur la moitié de l'ouvrage et Chateaubriand l'abandonne. C'est qu'il commence ce qui deviendra le *Génie du christianisme*, meilleur ambassadeur en direction de la France nouvelle. Il y rattache deux épisodes des *Natchez* qui subissent alors quelques modifications « chrétiennes » : *Atala* et *René*.

1799. Chateaubriand demande à publier *De la religion chrétienne par rapport à la morale et à la poésie*. Quelques exemplaires seront tirés à Londres.

1800. Retour en France avec un faux passeport. Étranger dans son propre pays alors que commence la XIXe siècle : « j'abordai en France avec le siècle » (*Mémoires,* I, 12, 8).

1801. Publication séparée d'*Atala*. Immense succès. Conquête de Pauline de Beaumont, charmée par cette prose et son auteur. Dans sa préface, Chateaubriand suggère qu'il pourrait jouer un rôle dans le cadre d'une nouvelle politique française en Amérique du Nord. Pétitions au nouveau pouvoir pour se faire rayer de la liste des émigrés. Rédaction définitive de *René* avec addition probable du discours réintégrateur du Père Souël. Juillet : radiation obtenue par l'entremise de la sœur de Bonaparte. Actes d'allégeance.

1802. Publication du *Génie* (terminé à Savigny, en concubinage avec Pauline) avec *Atala* et *René* : nombreux collages à nouveau, dans cette apologie, de textes « américains ». Dédicace, bientôt au « citoyen Premier Consul ». Le *Génie* s'insère dans la politique concordataire, bien qu'*Atala* soit vivement critiqué par les académiciens « philosophes » parce qu'il y a trop d'adjectifs, parce que le style est hardi et aussi parce que s'y trouve une image désolante de la vie. *René*, par contre, lu comme exemple édifiant du *Génie,* est considéré comme un texte portant sur la jeunesse éternelle et dont le sens ultime se trouverait dans le discours du Père Souël et dans la punition du héros. Chateaubriand ne proteste pas.

1803. Entrée dans la diplomatie de la France nouvelle. Nomination à Rome. Difficultés avec l'ambassadeur, le cardinal Fesch, oncle du maître. Tristesses. Mort de Pauline, tuberculeuse et trahie par un homme qui s'était largement servi d'elle. Première idée des *Mémoires* qui ne porteraient que sur la vie publique. Nomination dans le Valais (un trou, au lieu d'un poste d'ambassadeur!).

1804. Démission, plus tard présentée comme un acte héroïque, à l'annonce de l'exécution du duc d'Enghien. En fait, rupture avec un régime qui ne faisait pas toute la place qu'il attendait à l'auteur du *Génie*. Débuts du Chateaubriand « impossible » pour le Pouvoir.

1805. Première publication séparée de *René* avec *Atala*. *René* devient roman à part entière. Nombreux adoucissements du texte au moment même où il acquiert son autonomie romanesque. Articles royalistes et catholiques dans le *Mercure de France*. Chateaubriand disciple de Bonald. Mais, dans les textes rapportés d'Italie, apparition du thème de l'enfance et de la Bretagne.

1806. Départ pour l'Orient. Voyage pour trouver des images. Mais aussi rendez-vous final en Espagne avec Mme de Noailles. C'est le grand retour à la littérature, comme forme d'indépendance et d'opposition.

1809. *Les Martyrs,* dominé par deux grandes images : Velléda, la vierge-sœur qui meurt d'un amour interdit, et la clôture triomphaliste de l'Histoire par la victoire de Constantin. Échec de l'idée d'une grande épopée moderne en prose. Adieu aux « lettres ». Projet de travaux historiques.

1811. Conflit avec Napoléon à propos du discours de réception à l'Académie française dans lequel Chateaubriand avait salué la mémoire de Louis XVI. Chateaubriand, dans l'opposition déclarée, commence à écrire ses *Mémoires* au retour du voyage en Terre Sainte. Les thèmes sceptiques de l'*Itinéraire* détruisent le triomphalisme des *Martyrs.* Napoléon le « persécute ». Phrase choc : « C'est en vain que Néron prospère, Tacite est déjà né dans l'Empire ». Le nouveau Tacite médite un ouvrage sur l'ancienne France (les *Études historiques*).

Le « Voyage en Amérique » : nouvelle philosophie, nouvelle poésie

Le *Voyage en Amérique* constitue, comme texte et comme expérience, l'étage le plus ancien de la réaction de Chateaubriand au monde moderne concret. Mais, compte tenu de la date de publication du texte, il doit être utilisé avec certaines précautions : en 1828 en effet, dans les *Œuvres complètes,* il utilise ou transcrit certes des textes très anciens [1] (mais il leur ajoute aussi des développements (notamment sur l'avenir des États-Unis) qui relèvent de réflexions qui sont bien évidemment postérieures [2]. Matériaux bruts, mais aussi

1. Certaines analyses socio-historiques à la Montesquieu signent le texte comme de la fin du XVIIIe siècle et l'on a acquis la preuve de ce que certains textes (comme la lettre à Fontanes) ont bien été écrits sur place dans la solitude américaine.
2. Certains fragments, qui devaient figurer dans les *Mémoires,* sont à dater de 1822; ils ont été écrits à Londres lors de l'ambassade.

relus et arrangés, resitués dans un ensemble plus vaste après certaines explicitations de l'Histoire. On est donc fondé à lire la préface comme triplement valable : impressions de 1791, commentaire et relecture de 1828 avec, reprises en intermédiaire, les impressions de 1793, elles aussi relues et commentées en 1828 :

> Quand je quittai la France, au commencement de 1791, la révolution marchait à grands pas : les principes sur lesquels elle se fondait étaient les miens, mais je détestais les violences qui l'avaient déjà déshonorée : c'était avec joie que j'allais chercher une indépendance plus conforme à mes goûts, plus sympathique à mon caractère.
>
> À cette même époque le mouvement de l'émigration s'accroissait, mais comme on ne se battait pas, aucun sentiment d'honneur ne me forçait, contre le penchant de ma raison, à me jeter dans la folie de Coblentz. Une émigration plus raisonnable se dirigeait vers les rives de l'Ohio; une terre de liberté offrait son asile à ceux qui fuyaient la liberté de leur patrie. Rien ne prouve mieux le haut prix des institutions généreuses que cet exil volontaire des partisans du pouvoir absolu dans un monde républicain. (Préface de 1828).

Une indépendance plus conforme à mes goûts? C'est la sympathie pour la première révolution, limitée par l'horreur des violences (meurtres de Foulon et Berthier). *Une émigration plus raisonnable?* C'est la condamnation d'une émigration inactive et que ne dicte pas encore l'honneur (c'est le lèse-majesté de l'arrestation du Roi à Varennes en 1792 qui engagera Chateaubriand, selon lui, à rejoindre l'armée des princes [3]). La double prise de distance est claire. Mais aussi et surtout, l'Amérique apparaît comme la solution, comme le tiers terme à la contradiction que l'on refuse : l'Amérique est le lieu où la liberté républicaine est sans violence et où la liberté aristocratique peut ne pas avoir à se compromettre avec les intrigues d'une cour odieuse et honnie. On sait

---

3. L'émigration plus raisonnable, ce peut être aussi la recherche réaliste d'une fortune. H. Guillemin a raison sur ce point. René-Auguste n'avait-il pas déjà, en son temps, choisi la pêche à la morue et la traite des nègres?

pourtant que les nouveaux colons, qui rêvaient peut-être sur La Fayette, outre l'hostilité des Indiens et les rigueurs du climat, se heurtèrent à la dureté des Américains eux-mêmes : *le premier contact des émigrés avec la liberté était un contact avec des marchands.* Dur réveil pour ceux qui, tels Chateaubriand lui-même avaient débarqué la tête farcie des lectures anti-colonialistes de Raynal [4]. Et l'on doit bien constater ceci : l'expérience américaine, loin d'être poétique découverte d'une nature vierge, fut d'abord et demeurera une expérience politique. Le choc honneur-liberté-réalités marchandes sera l'un des chocs créateurs et révélateurs de l'exil de Chateaubriand à Londres. Mais l'*Essai* surmultipliera sur ce point une expérience américaine antérieure qui doit compléter celle (que privilégie la critique traditionnelle) de la découverte d'une nature plus belle et plus vaste, plus libre qu'en Europe. On comprend qu'ait alors commencé à se clarifier l'idée de liberté, notamment par la liquidation de certaines séquelles non tant de Rousseau d'ailleurs que d'un rousseauisme vulgarisé :

> On a pu voir dans l'*Essai historique* qu'à cette époque de ma vie j'admirais beaucoup les républiques : seulement je ne les croyais pas possibles à l'âge du monde où nous étions parvenus, parce que je ne connaissais que la liberté à la manière des anciens, la liberté fille des mœurs dans une société naissante. J'ignorais qu'il y eût une autre liberté dont la république représentative a prouvé la réalité. *On n'est plus obligé aujourd'hui de labourer soi-même son petit champ, de repousser les arts et les sciences, d'avoir les ongles crochus et la barbe sale pour être libre* (Préface *de 1826*).

En d'autres termes, le progrès économique étant un fait et désormais un *droit,* quelle liberté peut être la sienne? Et cette liberté, la pouvait-on trouver en Amérique? Il est capital que la réponse vienne en termes non pas tant politiques et institutionnels qu'économiques et sociaux. L'Amérique n'est pas la terre du progrès et de la liberté qu'on attendait :

4. Voir chapitre 4 pour cette précision dans l'*Essai*.

> Un homme débarqué, comme moi, aux États-Unis, plein
> d'enthousiasme pour les anciens, un Caton qui cherchait
> partout la rigidité des premières mœurs romaines, dut être
> fort scandalisé de trouver partout l'élégance des vête-
> ments, le luxe des équipages, la frivolité des conversa-
> tions, *l'inégalité des fortunes,* l'immoralité des maisons de
> banque et de jeu, le bruit des salles de bal et de spec-
> tacle. À Philadelphie, j'aurais pu me croire dans une ville
> anglaise : rien n'annonçait que j'eusse passé d'une monar-
> chie à la république.

Ce que le nouvel arrivant découvrait dans les villes américaines, villes non de la tradition et d'une évolution, mais
d'une révolution, c'était exactement la société civile de Rousseau (du Rousseau critique), la société marchande fondée sur
le luxe et l'inégalité. Les colons des États-Unis, séparés de
l'Angleterre, n'avaient pas fondé une société qualitativement
différente; ils l'avaient fait fonctionner à leur profit, entendant
que la plus-value collectée sur place cesse d'aller enrichir les
parasites de Londres. Première expérience concrète d'une
révolution *politique* qui ne touche pas aux structures ni aux
rapports sociaux (ce que l'*Essai* appellera les *mœurs*), mais qui
les exprime, les cautionne et les aide.

Chateaubriand parle de son «désappointement politique» (une expression typiquement «fin Restauration», mais
qui codifie bien l'un des processus originels du romantisme)
et de ses efforts pour y échapper : la rencontre avec Washington (le recours magique au héros, c'est-à-dire au père
substitutif) et l'enfoncée dans la nature (c'est-à-dire la
recherche de l'élément maternel perdu). Édification et
poésie : telle est la double quête, conséquence de la découverte de ce qui est, en son lieu d'émergence le plus clair, le
capitalisme, meurtrier du père et de la mère. La quête de la
nature d'ailleurs est de loin la plus significative : sur cette
terre *révolutionnée,* sur cette «terre philosophique» dira
l'*Essai*, la vérité n'est pas dans les mœurs et dans les
institutions, mais dans la nature, *dans l'anti-société*. La
société n'a pas fait oublier la nature; elle l'appelle. C'est
Rousseau alors qui recommence, la fuite à l'Ermitage
s'agrandissant aux dimensions d'une nature immense et

jouant, c'est là l'essentiel, non contre une vieille société, mais contre une société nouvelle et régénérée.

La rencontre avec Washington réelle ou mythique peu importe finalement, n'apporte rien : qu'aurait-il pu *prouver*, le grand homme, et *apporter* contre *sa* société? Les bois, les nuits et les clairs de lune, le mystère immense, contre la société libérale apparaissent à nu disent la supériorité de l'infini sur le fini, du continu sur le rompu, de l'universel sur le particulier. De l'humain, finalement, sur le bourgeois. Mais la fuite poétique elle-même, qui ne peut se faire en lieu nul et non déterminé, conduit à une découverte qui confirme celle faite dans les villes; la terre, la nature américaines ne sont pas, ne sont plus lieux d'innocence :

> les puissances civilisées se partagent sans façon, en Amérique, des terres qui ne leur appartiennent pas.

Les Anglais ont cédé le territoire aux Américains; les Américains exploitent (ou corrompent) les Indiens comme les exploitaient les Anglais... Révolutionnée par la colonisation d'abord, par la République ensuite, l'Amérique ne retrouve ni ne réinvente la nature, mais fonde et renforce une anti-nature. La Nature, certes, est là : mais à quoi bon, et pour quoi *faire?* C'est d'abord, bien entendu, la rencontre, la vraie :

> Lorsqu'après avoir passé le Mohawk, je me trouvai dans des bois qui n'avaient jamais été abattus, je tombai dans une sorte d'ivresse que j'ai encore rappelée dans l'*Essai historique*. J'allais d'arbre en arbre, à droite et à gauche indifféremment, me disant en moi-même : Ici plus de chemin à suivre, plus de villes, plus d'étroites maisons, plus de présidents, de républiques, de rois... Et pour essayer si j'étais enfin rétabli dans mes droits originels, je me livrais à mille actes de volonté qui faisaient enrager le grand Hollandais qui me servait de guide et qui dans son âme me croyait fou.

Mais cette ivresse n'a pas duré, et le voyageur rencontre bientôt une Indienne, que rabrouent et menacent des colons. C'est pour le « disciple de Rousseau », comme il se désigne lui-même, aller de vérification en vérification. Le « désappointement politique » coupe court, sur le terrain et sitôt qu'il y a des hommes, à la rêverie et à l'enthousiasme. Il n'y a plus d'arbres innocents ni d'humanité refuge.

Ne voilà-t-il pas toutefois du positif? Le voyageur passe la nuit avec une famille indienne; une fois tout le monde endormi le spectacle est merveilleux, exaltant. Et c'est le texte célèbre qui figurera dans l'*Essai,* avec renvoi à l'expérience de l'exil, avant d'être repris (et modifié) dans le *Génie.* Qui ne verrait cependant que la *description* de la nature ne peut y être séparée d'une méditation sur l'*hospitalité* accordée par des sauvages à un européen solitaire — sinon encore proscrit? La pente du *Voyage* demeure essentiellement *politique.* En voici une preuve de plus. Mais qu'on y prenne garde. Il s'agit d'une politique qui met en cause de l'individuel, du profond, du secret : les relations parentales.

Un soir, Chateaubriand rédige pour son ami Fontanes la célèbre *Lettre écrite de chez les sauvages du Niagara.* Chateaubriand raconte qu'un enfant indien « a désobéi au père qui le *priait,* et a obéi à son aïeul qui le *commandait* ». Commentaire [5] :

> Le père n'est presque rien pour l'enfant [...]. À l'égard du père, tant qu'il est jeune, l'enfant le compte pour rien; mais lorsqu'il avance dans la vie, son fils l'honore, non comme père, mais comme vieillard, c'est-à-dire comme un homme de bons conseils et d'expérience [...]. Nous ne pourrions pas élever ainsi notre jeunesse; il nous faudrait commencer par nous défaire de nos vices; or, nous trouvons plus aisé de les ensevelir dans le cœur de nos enfants, prenant soin seulement d'empêcher ces vices de paraître au-dehors.

Et voilà mis en cause un des éléments essentiels de l'ordre répressif et frustrateur *civil et européen, quelle que soit la classe d'origine* et sans qu'intervienne la « coupure » révolutionnaire : le Père, dans la bourgeoisie comme dans l'aristocratie, ne fait pas sa fonction et apparaît, avec les relations familiales et le système éducatif, comme profondément *anti-naturel.* Le Père, en Europe, n'est pas initiation à la

---

5. Il a été prouvé que cette lettre (dont l'original a été retrouvé) n'était pas un remake et qu'elle avait été réellement écrite et envoyée à la date indiquée.

vie et à la liberté. D'où vient alors une telle notation? Ayant pris au contact d'une réalité anthropologique nouvelle la mesure d'un tel creux et d'une telle solitude dans la société européenne, Chateaubriand voit son projet initial d'exploration changer de nature et de sens. Dans le début de la lettre (non reproduit dans le *Voyage*), Chateaubriand notait déjà :

> Je n'ai trouvé jusqu'ici ni renseignements ni encourage-
> ments pour mon Voyage : j'ai bien peur qu'il n'avorte et
> qu'il ne soit qu'une reconnaissance dans le désert, mais
> enfin il me familiarisera avec la vie que je dois mener; je
> me ferai aux coutumes des Indiens, aux privations de tous
> genres; je deviendrai un coureur de bois avant de devenir
> le Christophe Colomb de l'Amérique polaire. Au surplus, je
> suis content de ce que je vois, et *si le découvreur s'afflige,
> le poète s'applaudit.*

Le voyage d'exploration tourne décidément à la méditation sur les mœurs, inséparable de l'abandon à la nature. Conséquence logique du choc entre l'idée apportée avec soi de liberté et la réalité civile américaine. Les problèmes de la liberté en Amérique relancent ceux de la liberté en Europe.

Le *Journal sans date* achève de transformer la méditation dans la nature en une relecture de l'Histoire :

> Le ciel est pur sur ma tête, l'onde limpide sous mon canot,
> qui fuit devant une légère brise. À ma gauche sont des
> collines taillées à pic et flanquées de rochers d'où pendent
> des convolvulus à fleurs blanches et bleues, des festons
> de bignonias, de longues graminées, des plantes saxatiles
> de toutes les couleurs, à ma droite règnent de vastes
> prairies. À mesure que le canot avance, s'ouvrent de
> nouvelles scènes et de nouveaux points de vue : tantôt ce
> sont des vallées solitaires et riantes, tantôt des collines
> nues; ici c'est une forêt de cyprès dont on aperçoit les
> portiques sombres, là c'est un bois léger d'érables, où le
> soleil se joue comme à travers une dentelle.
>   Liberté primitive, je te retrouve enfin! Je passe comme
> cet oiseau qui vole devant moi, qui se dirige au hasard, et
> n'est embarrassé que du choix des ombrages. Me voilà tel
> que le Tout Puissant m'a créé, souverain de la nature,

porté triomphant sur les eaux, tandis que les habitants des fleuves accompagnent ma course, que les peuples de l'air me chantent leurs hymnes, que les bêtes de la terre me saluent, que les forêts courbent leur cime sur mon passage. Est-ce sur le front de l'homme de la société, ou sur le mien, qu'est gravé le sceau immortel de notre origine? Courez vous enfermer dans vos cités, allez vous soumettre à vos petites lois; gagnez votre pain à la sueur de votre front, ou dévorez le pain du pauvre; égorgez-vous pour un mot, pour un maître; formes superstitieuses, moi j'irai errant dans mes solitudes; pas un seul battement de mon cœur ne sera comprimé, pas une seule de mes pensées ne sera enchaînée; je serai libre comme la nature; je ne reconnaîtrai de Souverain que celui qui alluma la flamme des soleils, et qui, d'un seul coup de sa main, fit rouler tous les mondes.

Étrange prise de distance par rapport aux croyances historiques (?) chrétiennes, qui toutes sont caution d'un ordre social précis. Ce n'est pas ici l'homme éternel qui, conformément à l'antique malédiction, gagne son pain à la sueur de son front; c'est l'homme daté des cités marchandes. Et le péché originel, la corruption se voient clairement assigner une origine non pas métaphysique mais historique. La coupure de l'Histoire pour la première fois, se déplace et s'historicise : non plus premier péché de l'orgueil, mais ruine de la commune originelle de l'usage et passage à la société de l'échange et des fétiches. Comment une analyse serait-elle plus politique que cette méditation?

Les générations européennes seront-elles plus vertueuses et plus libres sur ces bords que les générations américaines qu'elles auront exterminées? Des esclaves ne laboureront-ils point la terre sous le fouet de leur maître, dans ces déserts où l'homme promenait son indépendance? Des prisons et des gibets ne remplaceront-ils point la cabane ouverte, et le haut chêne qui ne porte que le nid des oiseaux? La richesse du sol ne fera-t-elle point naître de nouvelles guerres? Le Kentucky cessera-t-il d'être la terre du sang, et les édifices des hommes embelliront-ils mieux les bords de l'Ohio que les monuments de la nature?

Vanité de l'Histoire et — déjà — des révolutions? La réflexion *invente* toujours l'objet dont elle a besoin. L'idylle cependant est traversée par une rencontre :

> Un spectacle inattendu frappa nos regards : nous découvrîmes une ruine indienne; elle était située sur un monticule au bord du lac; on remarquait sur la gauche un cône de terre de quarante à quarante-cinq pieds de haut; de ce cône partait un ancien chemin tracé à travers un magnifique bocage de magnolias et de chênes verts, et qui venait aboutir à une savane. Des fragments de vases et d'ustensiles divers étaient dispersés çà et là, agglomérés avec des fossiles, des coquillages, des pétrifications de plantes et des ossements d'animaux.
>
> Le contraste de ces ruines et de la jeunesse de la nature, ces monuments des hommes dans un désert où nous croyions avoir pénétré les premiers causaient un grand saisissement de cœur et d'esprit. Quel peuple avait habité cette île? Son nom, sa race, le temps de son existence, tout est inconnu; il vivait peut-être lorsque le monde, qui le cachait dans son sein, était encore ignoré des trois autres parties de la terre. Le silence de ce peuple est peut-être contemporain du bruit que faisaient de grandes nations européennes tombées à leur tour dans le silence, et qui n'ont laissé elles-mêmes que des débris.

Là *aussi* des civilisations sont mortes, et l'Histoire est un cimetière. Cimetière d'objets? Cimetière d'idées et d'illusions? La nature, la société américaine sont, elles aussi, minées, le dyonisiaque, politique comme naturel, illusoire. Il est encore trop tôt pour que le thème des ruines prenne tout son essor et tout son sens. C'est que l'immédiat livre un trop riche matériel, et pas seulement l'immédiat des paysages, mais celui d'une certaine société. Des images comme de commune traversent, en effet, ce texte de jeunesse :

> Chez les Sauvages tous les travaux publics sont des fêtes : lorsque les derniers froids étaient passés, les femmes siminoles, chicassoises, natchez, s'armaient d'une crosse de noyer, mettaient sur leur tête des corbeilles à compartiments remplies de semailles de maïs, de graine de melon d'eau, de féveroles et de tournesols. Elles se rendaient au champ commun, ordinairement placé dans une position facile à défendre, comme sur une langue de terre entre

deux fleuves ou dans un cercle de collines. À l'une des extrémités du champ, les femmes se rangeaient en ligne, et commençaient à remuer la terre avec leur crosse en marchant à reculons.

Tandis qu'elles rafraîchissaient ainsi l'ancien labourage sans former de sillon, d'autres Indiennes les suivaient ensemençant l'espace préparé par leurs compagnes. Les féveroles et le grain du maïs étaient jetés ensemble sur le guéret; les quenouilles du maïs étant destinées à servir de tuteurs ou de rames au légume grimpant.

Des jeunes filles s'occupaient à faire des couches d'une terre noire et lavée : elles répandaient sur ces couches des graines de courges et de tournesol; on allumait autour de ces lits de terre des feux de bois vert pour hâter la germination au moyen de la fumée.

Les Sachems et les jongleurs présidaient au travail; les jeunes hommes rôdaient autour du champ commun et chassaient les oiseaux par leurs cris.

Communauté des biens de production, caractère de *fête* collective du *travail*, qui n'implique nullement, comme en Europe, rivalités et concurrence. Le travail n'est pas damnation. Preuve : une amnistie est proclamée au moment de la récolte. « Reste touchant de la simplicité primitive de l'homme »; preuve de ce que « le vrai Dieu se fait sentir jusque dans les fausses religions ». Dieu d'un Credo? ou Dieu *figure* pour la nature et la raison universelle? En tout cas, propriété commune, travail en commun, jeux : définition d'un univers d'intégration *exactement inverse de l'univers civil de l'individualisme et des passions*. Dans cet univers, l'homme, pour mieux vivre, n'est pas obligé de lutter contre l'homme.

Tout ceci, toutefois, est en complète décadence. De nouvelles « mœurs » apparaissent. Par exemple, il est interdit, pour d'évidentes raisons tenant à la protection de l'espèce, de tuer les femelles de castors :

S'il se trouve une femme parmi les victimes, la consternation est grande : non seulement c'est un crime religieux de tuer les femelles du castor, mais c'est encore un délit politique, une cause de guerre entre les tribus. Telle était la loi.

Cependant l'amour du gain, la passion des liqueurs fortes, le besoin d'armes à feu, l'ont emporté sur la force

de la superstition et sur le droit établi : des femelles en
grande quantité ont été traquées, ce qui produira tôt ou
tard l'extinction de leur race.

René-Auguste de Chateaubriand, dans son fret de retour
du Québec, ramenait souvent des tonneaux de peaux de
castors. Mâles? Femelles? Qu'importait au capitaine? On voit
le lien profond qui se tisse, à nouveau, entre l'image du père
coupable et l'image de la corruption sociale. Un *nouveau*
despotisme s'élève sur les ruines de la nature, non pas
simplement *sauvages* comme chez Montesquieu (« quand les
sauvages de la Guyane veulent avoir des fruits, ils coupent
l'arbre au pied; voilà le despotisme »), mais bien *civilisé*. D'où
est venu l'appât du gain, la passion des liqueurs et des armes
à feu pour quoi les Indiens se vendent? *Les bons sauvages
n'existent plus,* emportés par le tourbillon de *nos* passions,
qui ne sont pas celles de *notre* passé (l'aristocratie) mais bien
celle de *notre* avenir (la bourgeoisie à laquelle, bon gré mal
gré, s'intègrent les aristocrates). Décidément, le voyage en
Amérique se révèle un voyage au cœur même de la vieille
Europe. On va d'ailleurs retrouver bientôt la chasse aux
castors et le meurtre des femelles *par un Européen* qui ne
savait pas ce qu'il faisait, et qui, cependant, sera coupable [6].
René, coupable de quoi? Coupable comme fils de qui? Un
maillon formel manque encore pour que se constitue le
roman. Le voici.

Les Natchez, tribu-reine du texte, possédaient *à la fois*
une structure économique communautaire et un régime des-
potique, le chef disposant de la récolte commune. Scandale
intellectuel pour un jeune philosophe :

> On a peine à croire comment un peuple chez lequel la
> propriété individuelle était inconnue, et qui ignorait la
> plupart des besoins de la société, avait pu tomber sous un
> pareil joug. D'un côté des hommes nus, la liberté de la
> nature; de l'autre des exactions sans exemple, un despo-
> tisme qui passe ce qu'on a vu de plus formidable au milieu
> des peuples civilisés; l'innocence et les vertus primitives

---

6. Voir dans *les Natchez* l'épisode de la chasse au castor.

de l'état politique à son berceau, la corruption et les crimes d'un gouvernement décrépit : quel monstrueux assemblage!

C'est qu'il existe pour Chateaubriand un lien très fort entre despotisme, inégalité et ce qu'il appelle « une espèce de civilisation physique », c'est-à-dire, au sens péjoratif, matérialiste, uniquement attachée aux objets, aux fétiches :

> L'homme qui ne peut plus se mêler des affaires publiques, et qui livre sa vie à un maître comme une brute ou comme un enfant, a tout le temps de s'occuper de son bien-être matériel. Le système de l'esclavage soumettant à cet homme d'autres bras que les siens, ces machines labourent son champ, embellissent sa demeure, fabriquent ses vêtements et préparent son repas. Mais, parvenue à un certain degré, cette civilisation du despotisme reste stationnaire; car le tyran supérieur, qui veut bien permettre quelques tyrannies particulières, conserve toujours le droit de vie et de mort sur ses sujets, et ceux-ci ont soin de se renfermer dans une médiocrité qui n'excite ni la cupidité, ni la jalousie du pouvoir.

Analyse qu'il convient de traduire et d'actualiser : le despotisme, qui est appropriation des hommes, *toute* appropriation des hommes, est nécessairement malthusien et, en même temps, condamne les hommes à l'égoïsme. Inversement, les hommes qui acceptent de vivre selon l'égoïsme, qui s'enferment dans la vie privée, oublient la liberté et cautionnent la tyrannie. Les Natchez, heureusement, qui connaissent ici des alternances comparables à celles des Troglodytes de Montesquieu, se sont réfugiés dans les bois puis sont revenus à leurs propres sources et, vérifiant d'avance les théories régénératrices et cycliques de Vico [7], ont résolu leur problème en tordant son cou à une formation sociale de caractère « société civile ». La première mesure a été l'établissement — ou le rétablissement — du « communisme », mouvement du cœur, certes, et de la volonté, non résultat de l'Histoire, mais cependant *figure* :

---

7. Que Chateaubriand citera en 1831, ainsi que Hegel, dans la préface des *Études historiques*.

Les nations sauvages, sous l'empire des idées primitives, ont un invincible éloignement pour la propriété particulière, fondement de l'ordre social [8]. De là, chez quelques Indiens, cette propriété commune, ce champ public des moissons, ces récoltes déposées dans des greniers où chacun vient puiser selon ses besoins; mais de là aussi la puissance des chefs qui veillent à ces trésors, et qui finissent par les distribuer au profit de leur ambition [...].

Un conseil de vieillards [...] détruisit le principe de la tyrannie, en réglant d'une manière nouvelle la propriété commune.

Simple, rétrograde et idéaliste communisme du *retour*, certes, non de l'élaboration de *nouveaux* rapports sociaux. Mais il faut savoir lire ce qui est ici *écrit* contre la société civile et *son* ordre social :

Les Natchez régénérés trouvèrent un moyen de se mettre à l'abri de la propriété particulière, sans tomber dans l'inconvénient de la propriété commune. Le champ public fut divisé en autant de lots qu'il y avait de familles. Chaque famille emportait chez elle la moisson contenue dans un de ces lots. Ainsi le grenier public fut détruit, en même temps que le champ commun resta, et comme chaque famille ne recueillait pas précisément le produit du carré qu'elle avait labouré et semé, elle ne pouvait pas dire qu'elle avait un droit particulier à la jouissance de ce qu'elle avait reçu. Ce ne fut plus la communauté de la terre, mais la communauté du travail qui fit la propriété commune.

Les Natchez ont ainsi échappé au dilemne né des analyses de Rousseau : stagner dans un mode de production archaïque ou progresser selon un progrès aliénant. Or, en Europe, et dans la nouvelle Amérique, on ne peut sortir de ce dilemne : *passéisme malthusien* (Bonald, de Maistre et tous les réactionnaires) *ou nouvelle société aliénante* (les chantres bourgeois et libéraux de la « civilisation »). De cette impasse objective (la bourgeoisie est alors le seul avenir de l'humanité) naîtra le vague des passions et le héros moderne, coincé

---

8. Comprendre, sans doute, « de *notre* ordre social ».

entre un passé impossible qui (aristocrate ou bourgeois) a fait de lui un paria, et un avenir insupportable dans lequel il ne se reconnaît pas. L'idée même de régénération doit être lue indépendamment de quelques inévitables connotations moralistes et moralisantes. Après tout, c'est l'idée de *décadence* des formations sociales, dialectiquement inséparable de celle de leur *ascension* qui fait ici son chemin, niant et récusant les ambitions linéaires du perfectibilisme bourgeois, idéologie de la fin de l'Histoire après la seule et dernière révolution impossible : la révolution bourgeoise, la révolution de l'argent.

La société, la société moderne, la société civile et civilisée repose sur la propriété privée. Constitutivement excluante, cette société est celle du règne des passions, du calcul, de l'envie, de la soumission aux fétiches. La société primitive, par contre, repose sur la communauté des biens de production. En conséquence, elle ignorait le calcul et l'ambition individuelle, la lutte intra-humaine et tout son gaspillage. Une société nouvelle, réintégratrice, devrait-elle pour autant *revenir* à la commune sous sa forme primitive? Pas plus que Rousseau, Chateaubriand ne commet cette erreur : il l'a dit, l'économie, le monde de subsistance n'est plus le même. Il ne sait pas encore bien entendu — comment le pourrait-il? — quelle pourrait être la base économique d'une société qui serait en avant de la société civile et réaliserait une commune nouvelle. Dès lors pas de prophétie, et l'écriture se contente, dans *Atala*, par l'éloge littéraire de la commune, fût-elle précaire (ce sera bientôt l'utopie, la communauté du père Aubry), de faire apparaître par contraste les insuffisances et la puissance mutilante de la société civile. On peut aussi trouver ici d'autres germes : le « ni... ni », la double exclusion des extrêmes pourra bien, le temps venu, se faire idéologie du replâtrage et des solutions moyennes, donc de la récession sociale. Le nez sur les nécessités nouvelles, après 1830, le Chateaubriand responsable éventuel de la politique d'une monarchie « moderne » pourra vouloir concilier l'inconciliable [9]. Mais pour le moment, au niveau de la pratique

9. Voir son programme d'éducation politique du duc de Bordeaux, le « futur » Henri V, dans les *Mémoires d'outre-tombe*, IV, 6, 1.

pulsionnelle de l'écriture, et à ce niveau spécifique seulement, quelque chose de considérable a bougé qui ébranle du même mouvement le vieux conservatisme théocratique et féodal et le néoconservatisme des bourgeois victorieux.

Tel est, recentré sur l'essentiel qui est la réflexion sociale, le bilan de cet étrange voyage, réel et littéraire, en Amérique. Il constitue la pièce maîtresse d'un dossier critique qui va prendre la forme romanesque, d'un même mouvement, à la fois, et d'un mouvement nouveau. *Les Natchez*, en effet iront nécessairement plus loin, l'évocation de la nature et l'analyse socio-historique cessant d'y être plus ou moins condamnées à la juxtaposition et à la cohabitation sans harmonie profonde. Le « Chactas à Paris » à la Marmontel [10] s'était révélé impossible, et trop sec. Mais le *Voyage* avait relancé l'écriture, brisant les barrières entre les genres. À son tour il se trouvait plus ou moins bloqué, ne pouvait dire tout ce qui était à dire et perçu, vécu, prendre les raccourcis et parvenir à la densité dramatique nécessaire. Il y fallait autre chose. Il fallait une aventure et un héros. Les Natchez, peuple repère, vont devenir sujet de roman, et le JE voyageur, le JE commentateur, personnage. René devait se trouver là où on en avait besoin. Seul un héros, seul un personnage peut vraiment dire le refus du monde moderne par la conscience, en même temps que l'appel d'une nouvelle modernité. Cela, c'est l'ailleurs de la construction littéraire et de l'écriture.

---

10. Dont Jean Pommier a révélé l'existence antérieure au voyage réel.

3

« Les Natchez » :
le roman de l'interdit

Un problème de tiroirs

Les Natchez sont la plus ambitieuse des constructions littéraires de Chateaubriand, le monument qui fait pendant aux
Mémoires. Encore faudrait-il les lire en y insérant à leur place
les deux épisodes d'*Atala* et de *René* qui en font normalement partie, mais qui en ont été séparés par Chateaubriand
lui-même et qui, depuis, ont toujours été publiés et *lus*
indépendamment du grand ensemble narratif auquel ils
appartenaient. Commencés en Amérique, écrits à Londres
pendant l'exil, *les Natchez* y étaient restés lors du retour en
France en 1800, leur auteur ne rapportant avec lui qu'*Atala*
et *René,* pour lesquels il avait des projets d'emploi
particulier : en 1801 *Atala,* publié à part, devait connaître un
immense succès; un an plus tard, *René* paraissait dans le
Génie du christianisme comme illustration du phénomène
moral moderne appelé « vague des passions ». *Atala* trouvait
alors également sa place dans cette grande construction
apologétique comme illustration des aptitudes du christianisme à produire des passions, de l'émotion et de la beauté,
autrement dit à renouveler l'antique terreur et l'antique pitié
de la tragédie en même temps que le charme de l'antique
épopée. On essayait ainsi de récupérer le roman au profit de
l'entreprise apologétique. Mais *les Natchez,* eux, étaient
oubliés, Chateaubriand n'y faisant que de brèves allusions
dans la présentation de ses deux récits.

Atala et *René* cependant fonctionnèrent vite comme romans *purs* et furent lus comme tels. A tel point que les utilisateurs du *Génie* pour l'éducation de la jeunesse souhaitèrent qu'en disparurent ces deux « tableaux » des passions sans doute par trop perturbants. Chateaubriand tint compte de ces observations : il réédita séparément *Atala* et *René* en 1805 et les fit sortir, à partir de cette date, du *Génie du Christianisme*. C'était gagner sur les deux tableaux et chercher les faveurs de deux publics : d'un côté deux romans sensibles, de l'autre une apologie de la religion rendue plus respectable. Lorsque *les Natchez* furent enfin publiés dans les *Œuvres complètes* en 1826, à partir du manuscrit retrouvé à Londres en 1816, *Atala* et *René* avaient acquis depuis trop longtemps leur autonomie pour qu'on songeât à les remettre à leur place d'origine. Il devait s'ensuivre une situation étrange.

Conformément à la présentation des *Œuvres complètes* en effet, toutes les éditions des *Natchez,* au moment où l'Indien Chactas raconte les malheurs de sa vie au Français René, puis au moment où René lui-même raconte à Chactas les malheurs de la sienne et lui livre son secret, renvoient par une simple note aux deux petits récits que la tradition éditoriale a constitués en unités indépendantes. *Atala* et *René* sont donc des textes doublement orphelins, puisqu'ils ont été par deux fois retirés de l'ensemble au sein duquel ils signifiaient : romans, ils ne font plus partie du grand roman initial; textes illustratifs, ils ne font plus partie de la démonstration qui les avait récupérés au moment de l'opération de ralliement à Bonaparte. Le dommage n'est sans doute pas grand pour le *Génie,* où ils fonctionnaient un peu en contrebande et dont ils minaient les intentions bien-pensantes : plus que la leçon répressive, on retenait la peinture trouble et troublante des « passions ». Il l'est, par contre, pour *les Natchez* qui y perdent deux épisodes-clés et qui, malgré leur masse et leur richesse, deviennent une sorte d'annexe aux écrits majeurs et « classiques » de Chateaubriand. Ce n'est en effet qu'au prix d'une gymnastique quelque peu artificielle et bien rarement pratiquée qu'on peut lire vraiment ce grand roman américain tel que Chateaubriand l'avait conçu : un long récit avec deux retours en arrière explicatifs, deux « tiroirs », complétés d'ailleurs par un troisième texte lui aussi explicatif : la lettre de René à Céluta. Hasard? Innocence? La tradition culturelle scolaire et universitaire a toujours isolé *Atala* et *René,* petits « chefs-d'œuvre » de mesure dans le goût français; elle n'a jamais fait lire la lettre à Céluta qui, lorsqu'elle figure dans les *Œuvres choisies,* est toujours amputée de ses passages les plus clairs et les plus violents. Quant aux *Natchez* en tant qu'ensemble romanesque, on n'y fait guère référence que comme à une espèce de monstre : œuvre touffue, maladroite, péché de jeunesse, etc. La tradition a donc littéralement rendu *impossible,* elle a pratiquement *interdit* la lecture des *Natchez,* œuvre mal léchée, sauvage et littéralement tombée dans les oubliettes de la mémoire culturelle.

Les Natchez, dans leur état connu, résultent d'une réécriture romanesque à Londres en 1796-1797, après l'achèvement de l'*Essai sur les révolutions,* d'un manuscrit rapporté d'Amérique dans lequel il y avait de tout : impressions de voyage, méditations personnelles, ébauches narratives autour du thème du (bon) sauvage. Le matériau à partir duquel a été pratiquée cette réécriture étant largement antérieur à l'*Essai* et cet *Essai* même y puisant beaucoup, il est légitime de lire le roman américain avant l'ouvrage historique. Il est indispensable cependant de bien garder à l'esprit les nécessaires interférences et de considérer que l'*Essai,* ouvrage théorique de réflexion sur l'Histoire moderne, fournit souvent des clés rétrospectives à l'image que le roman donne de cette Histoire (notamment la coupure radicale qui sépare la France de Louis XIV de la France de la Régence). *Les Natchez* débordent et enveloppent l'*Essai* de part et d'autre du temps : ils lui doivent d'importants éléments de mise en ordre idéologique, mais aussi ils font vivre de manière mythique et littéraire ce qui y était encore abstrait. Pour ce qui est de *René,* comme épisode tiré de ces *Natchez,* il ressort de multiples enquêtes et vérifications, ainsi que de la lecture interne et comparée, qu'une confession de René figurait bien dans *les Natchez* d'origine, mais que le texte publié en 1802 avait été repris par Chateaubriand tout à la fin de son exil dans un contexte de misère et d'abandon beaucoup plus que de révolte et qu'il a été terminé et à nouveau mis au point après le retour en France en 1801-1802, cette fois avec des intentions moralisantes et correctives. Il est probable que c'est alors que Chateaubriand ajouta le discours du père Souël, discours bien-pensant et réintégrateur qui n'avait guère de sens dans *les Natchez* primitifs. Pour ce qui est d'*Atala,* il ressort des mêmes recherches que le texte a dû en être assez largement modifié dans un sens « chrétien », la première *Atala* devant être assez durement « philosophique » et anti-« fanatique ». Il y a donc là un autre réel problème de lecture, la qualité et la tonalité des épisodes ici que nous pourrions aujourd'hui réinjecter dans l'ensemble narratif ayant quelque peu changé par rapport à leur qualité et tonalité originale. Au lecteur — s'il le veut et peut — de faire l'effort nécessaire, et de « déchristianiser » des textes qui demeurent de toute façon suffisamment rupteurs pour que l'idéologie dominante ait toujours essayé de les neutraliser au nom de leur seule valeur esthétique et psychologique.

Des effets d'épopée?

Le projet d'écrire un roman « américain » c'est-à-dire indien (il n'y a pas encore de réalité idéologique et littéraire autonome de l'Amérique blanche indépendante depuis 1783) est bien antérieur, on le sait, au voyage et au contact avec les réalités. Il a été conçu à partir de lectures et de réflexions abstraites. Il s'agissait alors d'écrire l'*Histoire d'une nation sauvage au Canada* qui devait montrer, mais nécessairement de manière encore manichéenne, sans contact avec les paysages ni les êtres, sans prise de mesures des contradictions réelles de l'Amérique colonisée puis « libre », la supériorité de l'homme de la nature sur l'homme civilisé. En Amérique, les choses vues infléchissent largement l'écriture dans un sens nouveau. La part du littéraire et du livresque demeure certes importante (les récits de voyageurs, notamment du jésuite Charlevoix, que Chateaubriand a pillés), mais elle ne règne plus seule. De retour en France, Chateaubriand rapporte avec lui un paquet de notes et d'ébauches d'où pouvait sortir aussi bien un récit de voyage qu'un roman. Pendant sa brève campagne à l'armée de Condé, en 1792 et 1793, il transporte dans son havresac le manuscrit d'*Atala* qui, un jour, le sauve d'une balle française. Pendant l'exil à Londres, en

1796-1797, il reprend son travail et, tenant compte des souvenirs et expériences de son voyage mais aussi de sa nouvelle condition de paria et non plus de libre voyageur (c'est alors très probablement que s'accentue, voire que se constitue, la figure du René, métis politique et moral en Amérique comme Chateaubriand lui-même en Angleterre), après également avoir mené à bien l'*Essai* dont les analyses et réflexions sur l'Histoire et sur l'émigration dans l'Histoire vont quelque peu peser sur les thèmes des *Natchez,* il met au point un second manuscrit. Le titre alors envisagé est un titre « commercial » : après *les Sauvages,* encore vaguement épique (?), *René et Céluta,* qui annonçait, lui, des « aventures », est un titre qui cherche un public, avec ses habitudes et ses « goûts ». On notera surtout un recentrage sur des héros individuels et sur le problème du couple. C'est ce dernier titre qui servit dans les négociations avec un libraire en 1797. Dans tous les cas, et *Les Sauvages* sans doute demeurant à l'arrière-plan, voire en sous-titre, on aurait un roman chargé d'événements. Mais d'événements non plus vus par la « raison » philosophique : ardemment vécus par des individus dramatiques. Le roman fait ainsi la transition entre l'œuvre philosophique et l'œuvre de confession. Certains textes d'ailleurs (notamment la *Lettre à Céluta*) sont probablement des tous derniers moments de la rédaction, directement inspirés par une relecture globale des années d'exil : souvenirs de l'union si vite rompue dans la pratique avec Céleste du Buisson de la Vigne; séparation forcée d'avec Charlotte Yves, cette fille d'un pasteur que Chateaubriand a failli demander en mariage alors qu'il était déjà marié. Chateaubriand parlait ainsi de lui-même et donnait à fond dans le sensible après avoir donné dans le philosophique.

Intervient alors une opération surprenante qui semble vouloir renverser le cours nouveau de l'œuvre : une solution « esthétique » apparaît pour équilibrer, neutraliser le réalisme naissant. Chateaubriand s'avise en effet, dans une situation politique et idéologique nouvelle, d'une possibilité inattendue : transformer son roman en *poème* (c'est-à-dire en épopée) en prose et le faire ainsi plaider, non par la proclamation de principes abstraits mais par la pratique et l'exemple, pour un merveilleux *chrétien.* Cette idée est certainement concomitante à la « conversion » religieuse de 1800, et sans doute au premier projet d'un *Génie du Christianisme.* Chateaubriand prépare sa rentrée à Paris. Il revoit alors son texte; il le surcharge de formulations pseudo-homériques, l'orne de réflexions nobles, y fait intervenir Satan et des entités allégoriques (la Discorde, la Renommée, le Génie des fatales amours), selon des recettes qui viennent non seulement de la voltairienne *Henriade,* que tout le monde admirait alors, mais de toute l'épopée classique; il le divise en vingt-quatre chants et l'ouvre par un *Je veux chanter* repris du *Arma virumque cano* de Virgile et de tant d'imitations subséquentes. Mais, probablement pressé de rentrer, il n'accomplit ce travail que sur la moitié environ du manuscrit, la seconde demeurant en conséquence « normalement » narrative et romanesque. Manque de temps. Il est probable aussi que *les Natchez,* roman de la violence et du blasphème, se révélaient « impossibles » dans le nouveau contexte de la conversion et du ralliement. Chateaubriand abandonna donc ce travail de réfection sur un texte que, de toute façon, il ne publierait pas. Mieux valait se mettre sérieusement au *Génie.* C'est ainsi qu'il devait retrouver en 1816 un manuscrit seulement à demi-héroïsé. On comprend aisément qu'en plein romantisme il n'ait pas songé à reprendre un travail que tout déclassait, littérairement parlant, lorsqu'il le publia en 1826. Dans l'immédiat, en tout cas, le texte subit au moins en partie une transformation qui en changeait les conditions éventuelles de réception et de lecture : il s'est agi, un moment, moins de faire dans le philosophique et dans le pathétique que dans l'admirable et dans le haut style qui cherche à légitimer la réalité en l'habillant de périphrases et de clichés. Chaque canon devient *un bronze,* les fusils des indiens *des tubes (à feu* ou non) *empruntés à l'Europe,* la bayonnette *le glaive de Bayonne,* etc. Les comparaisons s'accumulent *(comme un loup qui ayant dévoré un agneau ne respire plus que le meurtre, le Sachem vise l'enseigne Gédoin...).* Les invocations se relaient *(Maintenant, ô Calliope, quel fut le premier Natchez, qui signala sa valeur dans cette mêlée sanglante?).* Cette entreprise n'alla pas loin. Elle rend aujourd'hui le texte souvent insupportable. Mais il se trouve que ce placage d'une écriture ornementale sur le narratif pur, cet effort de dignification culturelle du texte, peut aider à faire apparaître ou se renforcer un autre fil d'écriture : narrative d'une seconde manière, puisqu'elle a résisté à la rhétorique pseudo-épique et puisqu'elle conduit, par-delà ces effets morts, à de l'inattendu, à de la cassure, à du double sens, l'au-delà du simple affirmé conduisant du cliché au héros. La preuve s'en trouve dès le premier paragraphe, où sans préméditation et par une transgression involontaire du convenu, surgit un personnage de ce qui était pourtant destiné à ce qu'il n'y en eût point vraiment :

> A l'ombre des forêts américaines, je veux chanter des airs de la solitude tels que n'en ont point encore entendu des oreilles mortelles; je veux raconter vos malheurs, ô Natchez, ô nation de la Louisiane, dont il ne reste plus que des souvenirs. Les infortunes d'un obscur habitant des bois auraient-elles moins de droits à nos pleurs que celles des autres hommes? et les mausolées des rois dans nos temples sont-ils plus touchants que le tombeau d'un Indien sous le chêne de sa patrie?

Cette « ouverture » a manifestement été ajoutée lors du remaniement épique. Mais les *infortunes d'un obscur habitant des bois* (le singulier noble renvoie ici aux Indiens — de même que *le soldat* dans toute écriture noble renvoyait aux soldats, à l'armée), si elles tiennent aussi bien au premier projet philosophique (peindre les bons sauvages) qu'au second projet épique (peindre une grande catastrophe historique), orientent aussi l'intérêt dans une fausse direction, comme le prouve aussitôt le troisième paragraphe *(René, accompagné de ses guides)*. Car René put devenir, et deviendra, *un obscur habitant des bois*, c'est-à-dire quelqu'un qui a choisi les bois et l'obscurité, un *habitant des bois* d'une qualité et d'une signification nouvelles, le singulier n'étant plus typique et essentiel mais existentiel, désignant non plus une catégorie mais un être unique : non tant être d'affirmation et de vérité qu'être d'une expérience douloureuse et d'une interrogation sans réponse. Le sujet bascule ainsi sur lui-même, les mots, d'abord piégés par la rhétorique, libérant ce sens nouveau qu'est celui du héros vrai, découvert pendant l'aventure successive du voyage, de l'émigration et de l'écriture. Point donc n'est besoin, au nom de quelque esthétique « moderne », d'aller ici mobiliser les vieilles armes et ironies anti-Delille. Sans même sortir du texte, l'écriture moderne, présente à l'origine et résistant à la désécriture académique, fait le procès des procédés mêmes qui sont à son origine. Du singulier noble et fermement idéologique on passe, on peut passer, on est obligé de passer à l'individu romanesque et problématique : René perdu — et pourquoi? — dans les forêts d'Amérique. L'écriture vraie, secouant les oripeaux de l'autre, apparaît plus forte encore.

Ce genre de réfection épique, enfin, a une autre utilité : faisant intervenir le surnaturel, elle sert finalement à en faire lire l'inutilité, et par conséquent le caractère largement suffisant et opératoire du narratif purement humain. Chateaubriand a voulu surnaturaliser son texte; mais il a abouti, par l'échec même de ce surnaturel, à le laïciser plus fortement encore qu'au niveau de la première écriture philosophique. C'est ainsi que les conspirations et menaces en provenance du monde supra-terrestre peuvent sembler devoir à elles seules mettre en cause le bonheur et la paix que connaissent les humains. On pourrait avoir un dessin dramatique facile et mécanique : les hommes sont heureux sur terre, mais là-haut, ON (l'enfer, les ennemis de l'Homme) prépare la perte des naïfs. C'est ce qui se passe au début du livre II : Satan prépare la perte des Natchez chez qui René vient de retrouver — croit-il et croit-on — une famille et la paix. Satan s'adresse aux *Dieux de l'Amérique, anges tombés avec lui*, qui se font adorer *sous la forme d'un serpent* et que l'on invoque *comme les Génies des castors et des ours. Areskoui, le démon de la guerre, Athaënsic, qui excite à la vengence, le Génie des fatales amours* sont appelés à semer la haine et la discorde. Dès lors, le réveil de René, avec sa valeur de baptême, ce réveil merveilleux où le frère d'Amélie, *dans la demeure d'un sauvage* retrouve *un sentiment confus de bonheur trop inconnu à René*, alors que *son sang rafraîchi* descend *de [son] cœur dans [ses] veines*, ainsi que les ruisseaux de lait coulaient dans l'âge d'or alors que le soleil *se levait aux chants d'un peuple pasteur*, ce réveil et les moments qui suivent où René redécouvre ce que c'est qu'une communauté sont menacés par une conspiration des puissances infernales qui ne sauraient accepter que l'Homme soit en repos. L'humanité est donc innocente, et contre Satan le vrai recours serait Dieu? Mais, si ce bonheur et cette illusion sont menacés et vont être détruits, ce n'est pas pour un personnel d'opéra épique auquel nul ne saurait plus croire. C'est par les sentiments humains eux-mêmes, et surtout par les rapports sociaux et par les intérêts qui les sous-tendent ou les engendrent : par l'amour de Céluta pour René, qui va briser l'entente rédemptrice père-frère-sœur et qui va à nouveau culpabiliser René, le renvoyer à ses fantasmes, faire à nouveau de lui un criminel, quelqu'un de marqué par des destinées qui ont traversé les mers à sa suite; par la soif du gain chez les Indiens, gagnés aux pratiques et « valeurs » européennes, aux « vertus » de la société civile et marchande, importatrice de guerres et rivalités dans la société naturelle; par les intrigues des colons. Un minimum de cohérence formelle est théoriquement sauvé par l'appel de Satan, d'abord au *Génie des fatales amours,* ensuite au *Démon de l'or.* Mais que pèsent ces friperies et ces démons qui ne sont pas des personnages et ne sont pas du texte? L'amour humain avec ses interdits et ses transgressions, les lois de la société marchande avec leur pouvoir destructeur, les démons vrais qui naissent de la perturbation de l'innocence sociale et de la destruction des communes primitives, le déchaînement de l'individualisme suffisent à rendre compte des conflits et des destructions qui vont suivre. La caution épique, en son échec même, contribue ainsi, avec tous les risques possibles, à la confirmation du caractère humainement conflictuel et transgressif du texte. Par le recours même à la mythologie, Chateaubriand ruine la mythologie. Le roman moderne est en marche et la démonstration du *Génie* contre les « élégants fantômes » de la fable est déjà faite.

Un manque non historiquement explicité

La présence de René comme héros privilégié dès les premières lignes du roman invite d'abord à une lecture selon l'axe unique de ce personnage. Présence parfaitement mystérieuse et voulue comme telle : *René accompagné de ses guides avait remonté le cours du Meschacebé*. Qui est-il, ce René, qui n'existe que par un prénom, que rien ne présente ni n'introduit après la solennelle et poétique ouverture? Que vient-il faire là où il est? Et à quoi sert le titre collectif, qui semblait devoir orienter l'intérêt vers des Indiens? Pourquoi, dès les premiers mots cette apparente reconversion du sujet vers l'Europe, ce porte à faux avec la promesse du titre? Il n'y a ni préparation (conduisant à un portrait et au départ d'une histoire) ni explication (remontant du portrait ou de l'histoire à des origines). René est là, c'est tout, et c'est sur lui qu'on s'interroge. *Qui est René?* Le texte est avare en renseignements et ne parle que de manière indirecte. On peut noter seulement que *accompagné de ses guides* connote évidemment une certaine richesse et un certain rang : le héros, conformément aux conventions (mais n'est-ce ici que convention?), ne peut être que riche et noble. René est quelqu'un qui vient d'un quelque part d'importance, ce qui rend sa fuite d'autant plus mystérieuse et signifiante. Enfin, *ses guides* connote, plus à distance mais réellement, l'idée de quelqu'un qui, étant guidé, soit est perdu, soit ne sait trop où il va et qui, en tout cas, est d'ailleurs. Ainsi : *Présence, Mystère, Rang, Errance,* sont constitutifs du premier mode d'être du héros, dont le prénom, au surplus connote, en l'absence de patronyme, le parfait individualisme : le héros n'existe pas par son appartenance à une famille. Il est pur individu. Il faut donc aussi compléter : *Présence, Mystère, Rang, Errance, Individualisme, Déracinement,* le tout nécessitant un jour une élucidation et le dévoilement d'un secret. Le texte s'ouvre ainsi sur une énigme dont il serait bien risqué de dire qu'elle sera purement narrative et ne portera que sur des événements. Dès l'incipit, elle porte sur une *qualité.*

La halte dans un village Natchez va permettre, par une double rencontre, une double confrontation. A l'approche des étrangers, les femmes s'enfuient. Les étrangers, cependant, sont poliment accueillis dans une hutte. Le chef est absent. Échange significatif qui définit un double manque, de la lumière et du père : *Où est le soleil (le grand chef)? Le chef (de famille) répondit : Absent. Et le silence recommença.* Le manque va-t-il être comblé?

Suit une première rencontre positive, celle d'une jeune fille, Céluta. *Sa taille haute, fine et déliée, tenait à la fois de l'élégance du palmier et de la faiblesse du roseau. Quelque chose de souffrant et de rêveur se mêlait à ses grâces presque divines. Les Indiens, pour peindre la tristesse et la beauté de Céluta, disaient qu'elle avait le regard de la Nuit et le sourire de l'Aurore. Ce n'était point encore une femme malheureuse, mais une femme destinée à le devenir. On aurait été tenté de presser cette admirable créature dans ses bras, si l'on n'eût craint de sentir palpiter un cœur dévoué d'avance aux chagrins de la vie.* Quelle promesse est incluse dans ce *point encore* et dans *destiné à le devenir?* Et le rapprochement René-Céluta, implique-t-il que René sera pour quelque chose dans cet avenir? Le désir est vie. Le désir est-il péché? La vie est-elle péché? Et pourquoi? Le positif tourne au négatif.

La seconde rencontre positive, ou pouvant l'être, est celle du sachem aveugle. Chactas parle français et demande que l'on traite favorablement ces étrangers qui sont loin de leur patrie. Pourquoi ce thème de l'émigration? Et pourquoi cet exilé au pays de l'exil et de la liberté? Une communication semble s'établir, la communauté de langue en rendant possible d'autres. On pourra, ensemble, parler de la France. Mais laquelle? Et quels sont les vrais liens de René avec la France?

Tout d'un coup les choses vont se nouer : *Le frère d'Amélie ne se lassait point d'admirer le Sachem [...]. Alors le frère d'Amélie dit : Vieillard! puisse le ciel te bénir dans tes enfants! Es-tu le pasteur de ce peuple qui t'environne? Permets-moi de me ranger parmi ton troupeau.* René, qui était présent, mystérieux, noble, errant et individuel, est de plus, et sans aucune explication, *le frère d'Amélie.* QUI EST AMÉLIE? Et pourquoi cette périphrase? Désormais René sera couramment, et comme chose entendue, désigné comme *le frère d'Amélie.* Suggestion qu'être le frère d'Amélie concourt ou suffit à définir et situer René, à expliquer son mystère, et quel mystère? De plus une triade symbolique s'ébauche : Amélie-René-Céluta. Ou sœur-héros-femme. Car il est bien évident que ce n'est pas pour rien qu'on a présenté la jeune indienne et qu'elle est entrée dans le texte. Quant à *la paix des passions éteintes* chez Chactas, elle semble bien *a contrario* constituer René en héros des passions encore vivantes. On a donc : *Présence, Mystère, Rang, Errance, Individualisme, Déracinement, Frère d'Amélie, Passions.*

Dès lors, cette question : existe-t-il un lien entre *passions/frère d'Amélie/déracinement,* le tout rendu plus douloureux encore par le *rang* et la *qualité?* Et *quel* rang? *quelle* qualité? Ne s'agit-il que de féodalité? Ne s'agit-il que de noblesse héritée et conventionnelle?

Ce n'est pas tout. René admire en Chactas l'ancêtre, *le père,* et cela est confirmé par la demande d'adoption. René apparaît donc soit comme un orphelin, soit comme quelqu'un qui renie sa patrie et son père et qui cherche à se réinsérer dans un ordre. Dès lors on a : *Présence, Mystère, Rang, Errance, Individualisme, Déracinement, Frère d'Amélie, Passions, Orphelin, Désir d'insertion ou de réinsertion.* Y a-t-il eu désinsertion d'un ordre devenu faux? Et quel rôle Amélie a-t-elle joué dans cette désinsertion, dans cette fuite? Le texte ne dira que beaucoup plus tard : *« René, qu'as-tu fait de ta sœur? »*

On retrouve ici le problème épique narratif. La narration en effet est coupée de nombreuses additions dans le style noble. *(A l'ombre des forêts américaines, je veux chanter des airs de la solitude tels que n'en ont point encore entendu des oreilles mortelles; je veux raconter vos malheurs, ô Natchez...)* et de comparaisons (après le portrait de Céluta : *telle parut Héro aux fêtes d'Abydos; telle Vénus se fit connaître, dans les bois de Carthage, à sa démarche et à l'odeur d'ambroisie qu'exhalait sa chevelure*) qui sont autant de placages ou de réécriture du « second » manuscrit. Mais de cette conjonction forcée de deux styles résulte, sur un point, un effet sûr : conformément à la tradition homérique, Chactas a été désigné comme *fils d'Outalissi.* Mais, pour désigner René on dit : *frère d'Amélie.* Ce qui dit que René n'a pas de père ou ne peut être défini par son père, et que si René signifie quelque chose c'est uniquement par sa sœur, qu'il y a sans doute un lien entre *frère d'Amélie, passions* et *absence du père?* L'écart par rapport au cliché épique, qui fonctionne valablement et sans problème pour Chactas, permet de mesurer la force d'une rupture encore obscure. René est parti (pour aller où? pour trouver quoi? pour fuir quoi?);

René souhaite s'arrêter; et il s'arrête là où il trouve un père (mais non là où il trouve une femme, Céluta n'étant pour rien dans sa décision). Est-ce qu'il s'est arrêté auprès de Chactas parce que celui-ci, aveugle, coupé du monde et vieux, s'il est le père expérimenté, est aussi l'homme désormais sans passions? Mais aussi Chactas a connu la France : *quelle* France? On verra plus tard. Mais elle est là, en réserve du texte. Très tôt, il est dit qu'il existe, ou qu'il a existé, une France de la sagesse *(Si l'on me trouve quelque sagesse, c'est à un Français que je la dois,* précise Chactas qui pense à Fénelon). On a donc : *René français séparé de la France/France (une certaine France) égale sagesse.* La France qu'a quittée René est-elle encore la France de la sagesse? René dès lors n'est plus élément constitutif et moteur unique du récit. René n'est plus au centre. Coupure, impasse, interdits deviennent le sujet de récit. Coupure, impasse, interdits, vécus et signifiés par un héros, mais aussi liés à l'Histoire, nés de l'Histoire. On n'est pas dans le seul et simple roman « psychologique ». L'histoire ne prend pas la place de l'individu, mais le resitue et le comprend. Il faudrait ici lire d'abord les pages de l'*Essai* sur la grande coupure 1715-1725, sur la véritable révolution qu'a constitué, avant l'autre, le passage de la société Louis XIV à la société Régence : règne de l'argent, règne de l'individualisme philosophique, rupture d'une commune. Le roman de l'individu devient, par l'organisation même des thèmes, roman historique. Et la femme, fait capital, va y jouer un rôle de première importance.

La coupure historique — avant/après — fonctionne et signifie avec force : Chactas a connu la France d'avant, classique et chevaleresque, France de la culture et de la cour de Louis XIV; et René dans son récit dira avoir retrouvé, à son retour de voyage, un pays (la France de la Régence) qui lui était devenu étranger. La pureté de la France « d'avant » n'allait pas cependant sans graves problèmes : Chactas y avait été victime d'injustices flagrantes. C'est que la société civile était déjà présente et efficiente dans la France classique, la France d'après dans la France d'avant. Le récit de Chactas, avant le récit de René, comme le rapport des Persans de Montesquieu, s'il porte sur certaines formes du despotisme traditionnel, porte déjà pour l'essentiel sur les formes modernes de l'absurde. Et il faut lire ici un transfert capital : *Chateaubriand se sert d'une coupure antérieure, mais déjà fortement significative, pour figurer la coupure directement vécue.* 1715-1725 dit 1789-1792. Pourquoi ce transfert? A la fois pour ne pas écrire *directement* le roman de l'émigration et de l'expérience post-révolutionnaire de l'absence au monde et pour dire que la coupure politique de 1789 ne fait que sanctionner une coupure infrastructurelle antérieure. L'essentiel de l'Histoire ne se repère pas aux articulations et brisures les plus voyantes : le jour où a vraiment commencé le règne de l'argent et de l'esprit bourgeois a commencé la solitude du héros. Sainte-Beuve n'a pas compris que Chateaubriand ait fait mélancolique un jeune homme de 1725 : c'est qu'il ne comprenait pas (ne voulait pas comprendre?) que l'Histoire est autre chose qu'événements et décor, qu'elle est évolutions et mutations profondes dans l'épaisseur des sociétés. C'est le roman, ici, qui est réaliste et scientifique. Rousseau l'avait déjà dit et prouvé : dès avant la Révolution avait commencé, dans le monde du luxe et de l'inégalité, dans le monde des intérêts et de l'individualisme, l'exil des « âmes sensibles ».

Est-on condamné pour jamais à la société civile? Non. Et c'est ici que le projet d'un roman américain consacré à la révolte des Natchez va prendre tout son sens. La Préface de 1826 résumera ainsi le sujet : *toutes les tribus indiennes en 1727 conspirent après deux siècles d'oppression pour rendre la liberté au Nouveau Monde.* En 1715, la France d'avant est morte et la France d'après s'est donné libre cours. Il n'y a pas, il n'y a plus, dans cette France d'après, de principe régénérateur. En termes modernes, il n'y a plus de classe, il n'y a plus de réalité ni de force collective susceptible d'opérer une relève historique. *Mais il en existe en Amérique,* là où la société civile fait depuis longtemps si lourdement sentir son poids, là où le conflit n'a jamais été entre féodalité et bourgeoisie marchande mais bien, dès le départ, entre bourgeoisie marchande et exploités (Indiens, esclaves noirs) qui n'ont, contrairement à ce qui se passe en Europe, aucune solidarité entre eux parce que n'ayant pas à vaincre ensemble une aristocratie absente. Les sauvages (les pauvres, le peuple), en Amérique, sont force de liberté, signe d'un en-avant possible par rapport à la société civile, en avant qui, conformément à la plus féconde idéologie révolutionnaire, mobilise et reprend le passé perdu (la nature, la liberté, les libertés, la commune) et, jette les bases d'une liberté nouvelle. Le vrai combat pour la liberté est celui qui se livre contre la société civile : voilà qui demeure vrai et possible en Amérique, impensable en France, où le peuple — inclus dans le Tiers État — est pris aux pièges idéologiques et pratiques d'une société civile qui n'a pas encore remporté toutes ses victoires, achevé toutes ses mutations ni fini sa préhistoire. Double effet évocatoire et conjuratoire d'ailleurs : l'entreprise pour rendre la liberté au Nouveau Monde et en faire vraiment un monde nouveau est historiquement justifiée par la révolte des insurgents de 1783; mais aussi, dans la mesure où l'on s'est vite aperçu que cette révolte, malgré quelques apparences et illusions (« l'Amérique de Caton », que Chateaubriand en s'embarquant s'imaginait trouver là-bas), relevait, elle aussi, de la société civile, la révolte des guerriers indiens est plus « pure ». La révolte républicaine de 1783, théoriquement et sentimentalement fondatrice, apporte rétrospectivement sa caution à une révolte de type primitif, objectivement sans avenir mais plus pure parce que non compromise avec l'argent. Elle la féconde et la transforme, en même temps qu'elle s'en trouve contestée, remise à sa vraie place et dans la perspective vraie. La liberté du Nouveau Monde, la liberté du Monde ne peut venir d'une révolution mercantile. Avis — c'est l'un des thèmes majeurs de l'*Essai* — à ceux qui voient dans la Révolution française bourgeoise une Révolution de la liberté universelle. La Révolution française n'a pas changé les « mœurs », c'est-à-dire les rapports sociaux fondés sur l'inégalité. La Révolution française, ce n'est pas seulement Fleurus : c'est la France des intérêts bourgeois dans laquelle ne saurait se reconnaître le héros-jeune homme ni toute humanité noble, valable. La révolte indienne parle donc pour une autre révolution, sinon purgée du moins encore indemne de toute composante bourgeoise. La France d'où l'on vient, ou qui vous a chassé, qu'elle soit la France encore formellement monarchique déjà toute pénétrée de mercantilisme ou la France nouvelle révolutionnée, est une France de l'exclusion. La révolte anti-coloniale figure ici pour une exigence de nature et de totalité, aspirations profondes du héros.

C'est ainsi que se constitue un ensemble au sein duquel s'opposent deux univers, définis à la fois en termes philosophiques et romanesques. *Le titre de fils donné à un étranger, cette coutume naïve des peuples de la nature de traiter de parents tous les hommes, touchait profondément René :* cela signifie que les peuples civilisés traitent tous les hommes en étrangers et les aliènent au lieu de les intégrer. Renvoi, ici, à quelle expérience familiale, sociale, historique? Et que vient faire, toujours, dans tout cela Amélie? René étranger dans son propre pays, relève-t-il de la même thématique que *le frère d'Amélie?* Le texte est encore muet. Mais il procède lentement à sa propre accumulation primitive.

René faisant de plus en plus problème, ce n'est pas seulement pour obéir à la tradition (le voyageur remercie son hôte et justifie l'hospitalité qu'il reçoit en racontant son histoire) que Chactas formule la demande rituelle : *Raconte-nous ton histoire, jeune étranger.* Cette demande est en fait celle du lecteur lui-même, littéralement provoqué par le texte. Mais Chactas fait intervenir, pour accompagner sa demande, des éléments que nous, lecteurs informés de la vie de Chateaubriand, pouvons lire : *Étranger du pays de l'Aurore, si je t'ai bien compris, il me semble que tu es venu pour habiter les forêts où le soleil se couche? Tu fais là une entreprise périlleuse; il n'est pas aussi aisé que tu le penses d'errer par les sentiers du chevreuil. Il faut que les Manitous du malheur t'aient donné des songes bien funestes, pour t'avoir conduit à une pareille résolution.* De même plus loin : *Trouveras-tu dans nos savanes le repos que tu viens y chercher?* Or Chateaubriand, en 1791, n'était pas allé en Amérique pour y demeurer et pour oublier, mais pour faire des explorations, pour découvrir le passage du Nord et pour revenir célèbre. Le René ici montré par Chactas est donc une création, un ajout par rapport au René du voyage initial. Bien évidemment, c'est le René paria de Londres qui prend la relève, et le voyage est récrit à la lumière de l'exil d'Angleterre. Mais l'attente du lecteur va être déçue : René ne va pas parler. Non tant parce qu'il s'y refuse que parce que, en termes ordinaires de roman, il n'a rien à dire.

Le frère d'Amélie répondit d'une voix troublée : Indien, ma vie est sans aventures, et le cœur de René ne se raconte point. Trois sens se proposent : le récit éventuel est impossible; ce récit n'est pas une « histoire » (des « aventures », au sens courant); surtout le récit n'aura pas lieu pour le moment et le roman va devoir s'en passer. Tout se tient : l'histoire des *Natchez* est chargée en événements, et qu'y viendrait faire un récit sans matière? Il faudra que suffisamment de choses soient arrivées à René dans son nouveau pays pour que sa confession se justifie. Pour le moment, le livre va se soutenir par d'autres moyens, et le sujet des *Natchez* ne sera pas uniquement et directement le récit du passé et le dévoilement du secret de René. Chactas a commis une erreur : la jeunesse de René, le son de sa voix lui avaient fait attendre des *aventures.* De plus, René étant français, un intérêt exotique, pour cet Américain, s'attachait à son histoire, qu'il supposait sans doute aussi chargée que la sienne propre. Chactas s'est trompé. Dès lors, il renonce à sa demande et le récit de René est renvoyé à plus tard, ce qui va faire éclater et proliférer le texte, dans lequel l'histoire de René ne sera, longtemps, que l'un des éléments narratifs et thématiques.

Mais n'y aurait-il pas un autre sens à ce que le récit n'ait pas lieu? Chactas est *la paix des passions éteintes.* En clair : sa vie sexuelle est terminée. Par contre, Chactas reconnaît à la fraîcheur de la voix de René et à la souplesse de ses bras qu'il doit être *à l'âge des passions,* c'est-à-dire que sa vie sexuelle doit être encore très active. Or René n'a pas même à raconter une histoire d'amour. Y a-t-il ici castration? Il y a en tout cas silence. René, jeune homme, ne parle pas d'amour et sa mise en relation avec l'élément féminin a été négative. Oui : René est-il castré? On avance. Car Chactas comprend que René est venu *pour habiter les forêts où le soleil se couche,* que les *Manitous du malheur* ont dû lui donner *des songes bien funestes* pour l'avoir conduit *à une pareille résolution.* Il y a donc eu résolution? Et résolution castratrice de René? Et cette résolution — comment éviter la question? — peut-elle être en rapport avec autre chose que le fait d'être *le frère d'Amélie?* L'élément sexuel, l'élément féminin ne peut être absent du récit à venir. En attendant, le voilà sous une forme nouvelle présenté non par une confession, visiblement prématurée, mais par une suite de rencontres, dans la plus pure norme du récit à plusieurs personnages.

C'est en effet la deuxième apparition féminine : la jeune fille *aux bras nus,* qui chante la chanson de l'hospitalité, conduit René à la peau d'ours qui doit lui servir de lit puis se retire auprès de ses parents : une fois encore l'élément s'offre, est offert par le texte, puis s'esquive ou est esquivé. La couche sur laquelle va dormir René est une couche chaste. Il reste ainsi, malgré l'adoption, non initié, imparfaitement intégré : avec un père, mais sans femme (le père excluant la femme?). Cela s'explique-t-il — comment ne pas s'obstiner? — par *le frère d'Amélie,* qui est absente, elle aussi? Silence. Refus et report du récit. Abstention. Émergence du thème de la castration. Creux ou reculs socio-historiques : le voyage de l'explorateur est décidément devenu le roman de la fuite. C'est la vraie découverte — textuelle — du voyage (écrit, récrit) en Amérique.

A son réveil, René semble être sorti de l'enfer : il n'y a plus de passions. Mais en quoi et pourquoi les passions sont-elles un enfer? Car Chactas, lui aussi, en est libéré et c'est la raison pour laquelle il paraît serein. Ne voilà-t-il pas qui implique, un jour et quelque part, le récit des aventures de Chactas? En tout cas, le réveil de René est comme une seconde naissance du héros, un retour à l'état d'avant quelque péché originel. Lequel? Le sommeil lave : c'est toujours l'idée que la vraie vie est dans la non-vie. Après cela, Satan peut bien s'agiter et *la moderne Bellone* tenter de faire impression sur les tribus. Le vrai péril n'est pas vraiment là. René s'est réveillé dans un enchantement comparable à celui que connaissaient *l'âge d'or* et *les peuples pasteurs.* Mais la nation Natchez, gangrenée par la société civile-marchande et par ses passions, c'est-à-dire par ses intérêts, n'est plus une société de pasteurs mais de laboureurs récemment mis en rapport avec le commerce. Le fort Rosalie est aussi un comptoir. D'où l'illusion, l'erreur, et un second réveil qui suivra, équilibrant et détruisant le premier : le réveil du matin de la nuit de noces avec Céluta, alors que sera détruite l'unité que l'on avait cru retrouver — père-frère-sœur. Chactas seul, homme des temps anciens, représente ici la pureté. Mais les autres? C'est la quatrième approche féminine.

Céluta est visiblement amoureuse du frère d'Amélie, à qui elle se présente toutefois non pas simplement en femme mais en ménagère, lui offrant le pain, le miel et l'eau d'érable. Cependant elle est *agitée,* ce qui dénote en elle de la difficulté à jouer dans le seul registre de l'ordre. Aimer est-il prémonition de malheur? Et pourquoi? Une communauté cependant moins périlleuse l'unit à René ou l'en rapproche : Céluta est orpheline et n'a que son frère; elle est donc constituée dans l'univers sœur-frère (le frère étant ici le substitut du père et de l'amant, mais l'amant pour elle demeurant possible, désiré, *normal*). Est-ce le cas pour René, qui ne voit en elle que l'orpheline? Les deux personnages existent pourtant à partir du couple frère/sœur. Pourquoi René est-il ému lorsque Céluta chante sa mère morte? Mais voici le choc révélateur. C'est la cinquième approche féminine.

Un guerrier apporte à René *une hache pour se bâtir une cabane* et *une vierge* [Mila] *plus belle que Chryséis afin que le nouveau fils de Chactas commençât un lit dans le désert.* Hésitation de René. Embarras et honte de Céluta. Mais Chactas interrompt : *le guerrier adopté par moi ne doit pas être traité comme un étranger.* Ce qui est assez clair : un étranger ne devient Natchez qu'en adoptant les coutumes Natchez, et d'abord en quittant le célibat et en prenant une femme Natchez; c'est donc honorer René comme déjà Natchez que de lui épargner cette obligation. Ainsi l'adoption par Chactas a-t-elle une haute valeur et signification. René échappe au rite initiatique. Mais aussi René va frustrer et offenser Mila, qui est évidemment de manière anagrammatique un double ou un substitut d'Amélie, mais une Amélie non coupable et non culpabilisée. Une fois encore l'acte sexuel n'est pas consommé. René reste seul. Céluta retourne chez son frère, Mila chez ses parents et Chactas vers les Sachems. Mila refuse le collier que lui offre René en dédommagement et René lui dit : *Heureux votre père et votre mère! plus heureux celui qui sera votre époux.* Ce qui a valeur propitiatoire : ce ne *peut* être moi; avec en prime pour le lecteur qui commence à comprendre : si je pouvais être votre époux, c'est que je pourrais être heureux. Mila jette le collier par terre. Chactas a-t-il compris que René ne voulait pas de

Mila? Et pourquoi? Pourquoi l'a-t-il épargné en usant de sa paternité? On peut lire : le père a épargné le viol de la sœur par le frère. Le jeu : *René/père/femme/sœur* va désormais structurer de plus en plus fortement la suite du récit. Mais il va falloir le repérer au travers de tout un épaississement de la matière narrative et de la constitution d'une véritable galaxie de symboles.

A partir d'ici en effet, la narration se complique : menaces de conflit avec les Français; Adario chef suprême; Akansie mère de son héritier; elle aime Ondouré, mais Ondouré aime Céluta, qui aime René; d'où haine d'Ondouré pour René; Akansie prêche la haine de René, donné comme un Français corrupteur possible des vierges, des épouses et des mères; Chactas ramène la paix; Satan va essayer de provoquer quand même la guerre entre les Natchez et les Français. René cependant est attiré par Céluta comme Ulysse par Nausicaa... Mais ce qu'il contemple en elle n'est pas exactement l'élément féminin (l'autre) : c'est la sœur et l'orpheline (soi-même). Le couple Céluta-Ontougamiz se met à fonctionner : ces *deux innocentes créatures, leur tendresse fraternelle enchantait et attristait à la fois le frère d'Amélie.* Quels regrets de quelle innocence perdue jouent ici? Il y a autour de Céluta et de son frère une atmosphère de légitimité. Une sœur vraie et pure dit à son frère, vrai et pur : *Mon frère, voici le fils de Chactas;* le sens étant : ce n'est que dans un univers où les rapports père-fils et fils-père sont normaux et sains que les rapports frère-sœur sont normaux, sains et innocents. D'où, plus tard, dans le récit de René, l'importance de la corruption (pourquoi?) des rapports naturels fils-père pour expliquer que les rapports frère-sœur soient ambigus ou corrompus : seuls un frère et une sœur qui ont vraiment un père peuvent avoir des rapports normaux frère-sœur non perturbés par la sexualité. On n'en est pas là. Mais comment empêcher le lecteur de devancer les temps? Et un jour viendra, nécessairement où il relira. Il comprendra alors ces préparations.

Les conséquences romanesques suivent logiquement : René étant fils de Chactas, et Céluta sœur d'Ontougamiz, René va devenir le frère d'Ontougamiz. Il va accéder ainsi à une certaine normalité. Et c'est ainsi que va naître le thème

70

de l'amitié et de la fraternité entre René et Ontougamiz dont les éléments sont : Céluta vierge; les deux frères; surtout le pacte solennel auquel Céluta participe, ce qui est possible parce qu'on n'est pas dans l'univers d'exclusion de la société civile. Ce qui conduit à l'unité trouvée, apparemment, ou retrouvée : *Le frère d'Amélie presse sur son sein le frère de Céluta*. Le monde dès lors est-il refait en son unité? Le frère d'Amélie est-il, en devenant le frère d'Ontougamiz, devenu un être heureux? Non. Car il y a menace : l'amour, le désir. Pourquoi? La sœur désire l'ami de son frère. L'ami du frère se sent désiré par la sœur de son frère, donc par sa propre sœur. Blocage. Il est évident que Céluta désire naturellement et légitimement René. Mais lui ne la désire pas. Elle lui essaie un vêtement, mais, l'effleurant — et comprenant? il est devenu son frère! — elle s'esquive et l'esquive. Ce n'est pas là marivaudage, mais affleurement et élaboration de thèmes profonds. Amie, sœur, Céluta ne peut être amante. Le blocage de René est dit cette fois par l'intermédiaire d'un autre blocage : la sœur peut-elle désirer le frère? Quelle sœur a, un jour, désiré son frère? Quel frère a été coupable de se faire désirer par sa sœur? Une nouvelle apparition ne saurait passer inaperçue.

Jusqu'ici il n'a été question que de Chactas, René, Céluta, Ontougamiz et Mila. Mais voici, comme s'il était ici nécessaire, un nouveau personnage, et qui, chose curieuse, n'est pas romanesque : *Pour apprécier vos délices, il faut avoir élevé comme moi sa pensée vers le ciel, du fond des solitudes du Nouveau Monde*. Que vient faire ici ce *Comme moi*, ce JE non seulement commentatif mais partie prenante, évidemment sans rapport avec le JE épique abstrait et impersonnel de l'ouverture? Cette phrase a sans aucun doute été ajoutée à Londres sur le second manuscrit. Mais l'importance n'est pas ici la confidence du voyageur : c'est le lien suggéré, établi, entre le JE et René et, par là même, la promotion de JE à un statut nouveau, la suggestion d'une équivalence JE-René. On mesure ainsi la portée des *deux* additions : le JE épique résulte d'une intention froide qui clôt le texte; le JE romanesque (?) engendre un sens nouveau, ouvert, désécurisant, mais aussi, sans qu'on s'en doute encore, dangereusement problématique et signifiant. Il est clair que l'histoire

René-Chactas-Céluta-Outongamiz, désormais articulée sur ce nouveau JE, sert à l'auteur à dire ou reconnaître quelque chose. Mais qu'a-t-il à dire, lui, ce JE qui désormais assume le récit et qui rejoint l'obscur habitant des bois, sur *son* père, *sa* sœur, *son* frère, *son* pays? Ou si, comme pourrait le prouver une recherche de sources, il a trouvé quelque part l'idée de l'histoire René-Chactas-Céluta-Ontougamiz, pourquoi lui a-t-elle ainsi *parlé?* Quelle que soit la date à laquelle a été écrite cette phrase, elle est capitale puisqu'elle produit une nouvelle figure du récit. JE est désormais impliqué. Un jour, JE parlera. Quand le texte fera parler René à la première personne. Mais il faudra encore attendre.

La relance des risques de guerre est l'occasion d'opposer les trafiquants, qui poussent aux hostilités et exploitent divisions et rivalités, et le père Souël qui prêche la paix et la concorde. Satan envoie le Démon de l'or pour contrebalancer l'effet de ses paroles. Simple effet religieux? Les forces et les rapports de forces vont être ici de première importance : d'un côté, le camp de la guerre et de la violence, avec pour mobile l'argent, l'appât du gain; de l'autre, le camp de la paix et de l'honneur, avec Chactas, le Père Souël, René, et aussi le brave et noble capitaine Artaguette, ancien de Malplaquet et de Denain, qui condamne durement les guerres coloniales et voit avec douleur son épée mise au service des marchands. Ainsi paraît à nouveau l'opposition, l'impasse, la coupure, matérialisées, incarnées : France d'autrefois et France noble/France nouvelle, France corrompue (par l'argent) et ennemie aussi bien des Indiens que de René. René en effet va être accusé, à cause de ses amitiés indiennes, d'être *l'envoyé de quelque puissance ennemie.* On peut certes lire ici le thème de l'émigré, de l'allié de l'étranger et celui de l'impureté de ses persécuteurs, mais transposé. Il n'apparaîtra en clair que dans l'*Essai.* Pourtant nos lectures des autres textes nous poussant à détransposer le thème, et la chronologie des rédactions étant incertaine, cette lecture est somme toute légitime. Elle trouve d'ailleurs sa justification dans les premiers aspects du héros, mystérieux, non explicite, métaphysique, mais qui force ainsi à se poser la question du *pourquoi* et des origines. Destin immédiat, fatalité rencontrée, mais qui se lie aussitôt avec une autre, plus ancienne : *la fatalité, attachée aux pas de René, le poursuivait au-delà des mers [...] les esprits des ténèbres profitaient du malheur du frère d'Amélie.* En apparence, il s'agit de mythologie et de machinerie épique. Mais on remarquera qu'il n'y a pas de majuscule à *fatalité,* et que le mot change ainsi de signe littéraire et idéologique. On notera aussi que le *au-delà des mers* porte plus loin que les voyages de l'allégorique Fatalité, sœur de la Discorde, fatiguée parce que si souvent utilisée. On pourra, dans peu de temps, se passer des Esprits des Ténèbres : les Ténèbres sont en René même, et viennent de loin. D'où? C'est ainsi que s'assure la relève des symboles et des mythologies, des ornements d'écriture, et que s'accentue ce dépérissement de l'artifice un moment envisagé pour « soutenir » le texte. Le soutien va venir d'ailleurs.

Ici se place un épisode qui caractérise fortement la première histoire de René, celle qu'on ne lit jamais. Ondouré essaie de tuer le héros. René se défend et se bat bien. Il se montre héros viril. Il sort vainqueur et épargne le traître. Certes Chateaubriand donne ici à nouveau dans le convenu épique (le combat des chefs). Mais quel est le sens de cet épisode? On a vu s'affirmer et se développer une double hostilité : celle de la société civile des ambitions et des intérêts européens (qui a chassé René); celle des homologues chez les sauvages (qui persécute René). Par contre, apparaît un triple soutien : Chactas, le Père Souël, Artaguette, qui définit l'univers patriarcal, envers des sociétés civiles — qui n'ont pas encore de lendemain ni de relève. Mais il est important que, dans cet affrontement, René apparaisse non comme le seul héros du rêve, de l'impuissance, de l'épuisement (l'effeuillement d'une branche d'arbre dans un ruisseau : lire chez Freud le sens de ce symbole de la masturbation), mais comme un héros capable d'action. Lorsque Chateaubriand séparera la confession de René de l'ensemble, il gommera ces possibilités ou poussées d'énergies dont il ne restera que l'image affaiblie et par avance dégradée des folies de l'automne ou des mouvements de rage au moment des vœux d'Amélie : le premier René n'avait rien d'un alangui. Après un long intercalement pseudo-épique, on retrouve bien le double thème fondamental et souterrain, le double thème castrateur : Chactas explique le monde à René (et joue ainsi le rôle du vrai père, qui aurait dû initier René); la pudeur de René devant l'amour. Mais ce premier René, pudique et viril, n'est jamais oisif ni faible : à partir de son combat avec Ondouré, il est une sorte de véritable héros. Cependant ce combat est pour lui, pour l'auteur, pour le lecteur, l'occasion d'une terrible découverte qui relance le thème de la castration : *Si Ondouré aimait Céluta, René n'était point son rival : toute pensée d'hymen était odieuse au frère d'Amélie.* Deux explications sont possibles : le seul univers féminin de René (comme celui de Chateaubriand dans les *Mémoires :* « Je soupçonnais [...] des plaisirs au-delà de mes jeux, des charmes d'une nature ignorée dans un autre sexe où je n'avais vu qu'une mère et des sœurs ») a été celui de sa sœur (et de sa mère) et il ne comprend pas un désir plus normal et plus direct, non gêné par la sororité et la fraternité, comme celui de Céluta. Il comprend la nature de ce désir de Céluta. Mais il censure. Mais alors : pourquoi cette censure? Pourquoi le désir féminin est-il suspect à René? Dans l'épisode d'*Atala,* au contraire, le désir de Chactas sera légitime, naturel, et ne deviendra illégitime et anti-naturel que par suite du vœu d'Atala, vœu que le père Aubry présentera d'ailleurs comme résultant d'un zèle exagéré et dont aurait pu être relevé la jeune fille que sa mère avait imprudemment engagée. L'interdit est ici plus profond et ne saurait être minimisé par quelque analyse philosophique ou repérage d'erreur et de préjugés extérieurs quels qu'ils soient. René ne voit pas l'amour parce qu'il ne veut pas le voir. On est au cœur du roman. *René achève de se constituer en héros du non-désir,* c'est-à-dire en héros du désir intérieurement condamné ou dévié : autour de lui se constituent des réseaux de signification qui (fait capital au niveau de l'ensemble narratif des *Natchez)* constituent objectivement René à partir de leur trame et non à partir d'analyses psychologiques et d'introspections. Deux autres notations vont aussitôt dans le même sens.

Mila, d'abord, refuse les présents traditionnels apportés par l'étranger adopté et lui dit : *tu n'as pas voulu que je fusse ta femme, je ne veux pas être ta sœur; va-t-en.* Ce qui peut avoir un sens clair : *je ne veux pas être la sœur = je refuse l'adoption;* c'est un sens étroitement institutionnel. Mais il y a un sens plus profond : on ne peut être sœur qu'en étant *aussi* femme; on ne peut être femme qu'en étant *aussi* sœur. L'inceste est là : les relations féminines sont nécessairement ambivalentes, la femme étant inséparablement épouse et sœur. Comment en sortir?

Ensuite l'auteur, lorsque Céluta accepte le voile dont René lui fait présent en disant qu'elle le conservera pour le jour de son mariage, commente : *mais aucune parole d'amour ne sortait de la bouche du frère d'Amélie.* C'est bien parce qu'il est le frère d'Amélie que René est incapable d'amour. Le thème de l'exclusion se précise et se renforce. Et d'un coup, alors qu'il va sembler conjuré, il va être dit à nouveau.

Une pause intervient avec l'adoption de René et, signe non ambigu de son adoption et de son intégration, la proposition de Chactas de l'emmener avec les autres guerriers à la chasse au castor, chasse *utile* mais aussi ritualisée, d'importance vitale pour la tribu et dont les règles sont impératives : il est interdit de tuer les castors femelles, qui assurent la reproduction; un tel acte est un *casus belli* entre tribus. René est-il donc pleinement adopté puisqu'on l'expose à un tel risque? Mais le texte dit immédiatement le contraire, par le renvoi au thème de la vendetta : *René n'avait point de famille.* Seule la famille de la victime pouvait poursuivre l'auteur de l'attentat; mais René n'ayant pas de famille, le criminel peut se promener la tête haute. A l'intérieur même du peuple qui l'a adopté et qui l'emmène à la chasse au castor, René reste donc marqué par un manque. Et c'est dans le cadre même de ce manque que René part pour une action apparemment intégratrice (la chasse) mais qui va, par un immédiat retour, accentuer le thème du manque et le dire définitivement en termes non plus psychologiques ou poétiques, mais institutionnels et sociaux. (Ici s'intercale le récit des amours de Chactas destiné à devenir *Atala*).

Au cours de la chasse, René, inexpérimenté, tue des castors femelles et s'attire par là l'inimitié de sa tribu adoptive. Mais l'importance de l'épisode est autre que simplement institutionnelle : il se trouve que le crime de René est d'avoir tué des *femelles*. Or, depuis le début du récit René blesse, déçoit ou frustre l'élément féminin. Voilà qu'il le tue. En a-t-il

75

déjà tué? René a-t-il causé la mort d'une femme? Et cette femme serait-elle sa sœur? Le crime d'avoir tué des femelles castors réside dans le fait d'avoir meurtri un principe positif, reproducteur, fraternel, non un principe *différent,* à plus forte raison hostile. Le meurtre dont s'est rendu coupable René est donc un meurtre incestueux et sacrilège. Dès lors René est cause objective de guerre externe (Indiens contre Indiens), comme il a été cause de guerre interne (divisions chez les Natchez, méfiance envers cet Européen, etc). Le thème se développe dans les deux directions désormais connues. Menacé, René devient l'ami d'Artaguette *(ces deux nobles Français)* : intégration; aimé par Céluta, René se refuse : exclusion. Intégration, mais aussi auto-exclusion : il est significatif que ce soit le second élément qui se précise et s'approfondit, installant dès 1797 un thème que le romantisme, de 1820 à 1830, portera à son plus haut degré d'éloquence (« Je porte malheur à tout ce qui m'entoure »).

Les combats de la guerre sont d'un intérêt secondaire, mais ils servent cependant à montrer un nouveau René. Rééditant les aventures de Chactas, René est fait prisonnier. Menacé de mort, René est sauvé par le « frère de Céluta », ce qui déclenche une autre opposition significative : frère d'Amélie = coupable, inefficace; et le frère de Céluta = innocent, efficace. *On peut donc être frère de deux manières.* Or, René a-t-il eu un frère? A-t-il eu un père et une mère? Il n'existe pour le moment qu'en tant qu'ayant eu Amélie pour sœur. Mais ici joue aussi un autre élément : la fraternité est innocente, lorsqu'elle est virile; elle devient coupable, lorsque s'y introduit l'élément féminin. L'expérience fraternelle René-Amélie apparaît bien comme une expérience négative et de perdition, alors que l'expérience fraternelle René-Ontougamiz est apparemment, constructive, héroïque, positive. Chacune des deux expériences figure pour une société : celle d'Amélie pour une société d'exclusion, celle d'Ontougamiz pour une société d'insertion. Et c'est bien le sens de cette phrase : *Le second soin du frère de Céluta fut de panser les plaies du frère d'Amélie.* Quelles plaies? L'amitié, la fraternité virile guérissent l'autre fraternité. Et il faut rappeler que l'épisode récent du récit de Chactas a mis en place un autre schéma de relations négatives, impossibles, dans lequel Atala, d'amante qui rendait possible la relation positive : Chactas (amant) → Atala (amante), est devenue sœur pour donner la relation négative Chactas (frère) = Atala (sœur). Dans l'histoire de René, les deux sœurs, en tant que femmes sont à la périphérie du récit et de l'accompli : Amélie exclue par le passé (et par la faute?), Céluta exclue par le refus de René. Les deux frères, les deux mâles, eux, sont au centre. Les hommes sont pleinement hommes (René héros aussi viril qu'Ontougamiz, même s'il refuse l'amour : il est guerrier!), mais les femmes ne sont qu'à moitié femmes (soit seulement sœurs, soit refusées comme épouses). Et cela est aussi valable pour Atala que pour Céluta, Nelida, Mila, Amélie. C'est le roman du non-accomplissement sexuel, aussi bien le refus de la vierge des dernières amours que le refus de l'amour pur et naïf des jeunes filles que le héros pourrait épouser. Au centre du monde, il y a les héros mâles et leur amitié, et quelque part sur les bords il y a le périlleux univers féminin, ou marqué du signe négatif de la femme.

Quel est le sens de cette misogynie du texte? On est ici au cœur d'un problème complexe. René, triste et seul, René mourant retrouve pourtant la tendresse, le sens de l'autre et de l'unité. *Revole à tes ombrages, dit-il à son sauveur; les Natchez ont besoin de ton cœur et de ton bras; une épouse, des enfants embelliront tes jours et tu oublieras une amitié funeste. Pour moi, je n'ai ni patrie, ni parents sur la terre : étranger dans ces forêts, ma mort ou ma vie n'intéresse personne. Mais toi, Ontougamiz, n'as-tu pas une sœur?* En d'autres termes : tu peux vivre une vie normale, et d'abord celle dans laquelle on a une sœur et avec elle des relations normales de frère à sœur, alors que cela est impossible à René. Pourquoi? Parce que ma sœur n'était pas ma sœur, ou a existé pour moi autrement que comme une sœur? La faille est là. Ontougamiz le dit lui aussi à sa manière, qui ignore l'existence d'Amélie, mais qui pense que le monde peut se faire autour du couple frère/sœur, non contradictoire avec le couple homme/femme, amant/amante ou époux/épouse : tu pouvais refaire le monde, car *cette sœur* [...] *n'a-t-elle pas levé sur toi des regards de tendresse* [c'est-à-dire de *désir*]? *Ne reposes-tu pas dans le secret de son cœur? Pourquoi l'as-tu dédaignée?* En d'autres termes, le frère dit au frère :

pourquoi refuses-tu ma sœur? La question d'Ontougamiz est celle d'un homme naïf et pur. Ontougamiz essaie d'intégrer René par l'amour *et* par l'amitié. On aurait ainsi, puisque René a été adopté : Nation + Père + Frère + Sœur + Amour, c'est-à-dire le monde refait, réunifié. Or René, exclu, avait été dit tel par la dénomination récurrente *le frère d'Amélie.* Et voici que sont précisées les choses capitales : René n'a *ni parents, ni patrie.* Il est donc plus que *le frère d'Amélie,* ou il semble bien en tout cas que ce thème parle pour quelque chose de plus large que familial. René est un paria. Comment et pourquoi il a perdu sa famille et sa patrie, cela n'est pas dit; non plus que le lien qui peut exister entre la perte de sa famille et la perte de sa patrie. Mais on peut commencer à mettre ensemble : sœur perdue, famille perdue (ancêtres? aînés?), patrie perdue (exil, émigration, recherche d'une nouvelle patrie; considéré comme traître par ses compatriotes), patrie coupée en deux par l'Histoire, lien entre cette coupure historique et bannissement de René. Et dès lors on sort plus résolument encore du drame psychologique ou poétique d'abord suggéré, et Amélie apparaît bien comme la figure de l'unité perdue. Tout se tient : la mère, la sœur, la jeune fille, la famille, la patrie, le partage de l'enfance, possibles pour Ontougamiz, sont impossibles pour René.

Au passage, toutefois, et comme une protestation de la nature contre les structures, l'unité va se faire un moment de la manière la plus normale et la plus attendue : la *sœur* va devenir l'*épouse* et la *mère.* Le texte est ici criant, extraordinaire. Céluta offre le sein à René blessé :

> L'amour a entendu la voix de l'amitié! Céluta est déjà à genoux : timide et tremblante, elle a relevé le front de l'étranger mourant; René lui-même a reconnu la fille du désert, et ses lèvres ont essayé de sourire. Ontougamiz, la tête penchée dans son sein, les mains jointes et tombantes, disait : « Témoin du serment de l'amitié, ma sœur, tu viens voir si je l'ai bien tenu. J'aurais dû ramener mon ami plein de vie, et le voilà qui expire! Je suis un mauvais ami, un guerrier sans force. Mais toi, as-tu quelque chose pour ranimer mon ami?
>
> — Je n'ai rien, s'écrie Céluta désespérée. Ah! s'il eût été mon époux, s'il eût fécondé mon sein, il pourrait boire

avec son enfant à la source de la vie!» Souhait divin de l'amante et de la mère!

La chaste indienne rougit comme si elle eût craint d'avoir été comprise de René. Les yeux de cette femme étaient fixés au ciel, son visage inspiré : on eût dit que, dans une illusion passionnée, Céluta croyait nourrir et son fils et le père de son fils [1].

Il faudrait analyser chaque mot de ce texte, non en termes de « psychologie » des personnages, mais en termes de rapports thématiques. Or, depuis le début, c'est toujours la poitrine de Céluta qui est mentionnée comme constitutive de sa beauté. Il y a fixation évidente du héros au sein féminin. L'unité se refait autour des seins de Céluta, sœur formulant *le souhait divin de l'amante et de la mère :* la sœur devient à la fois la femme qui souhaite qu'un homme aimé lui embrasse les seins et la mère qui souhaite qu'un fils boive son lait. Céluta apparaît comme la prêtresse de l'unité. Mais René peut-il l'entendre et peut-il embrasser les seins de Céluta sans éprouver le sentiment criminel d'embrasser les seins de sa sœur Amélie (qui, bientôt, dans le récit de René à Chactas seront désignées comme *ses charmes innocents?).* Force est de constater que l'image obsédante n'est jamais celle de la possession et de la pénétration, mais celle des caresses et des baisers sur la poitrine féminine. René a-t-il désiré caresser et embrasser les seins de sa sœur Amélie? Et ceci l'a-t-il banni de l'univers historique, social, familial, ou vice versa? Il nous apprendra qu'il n'a pas eu de mère et qu'il a donc été privé du sein maternel. Le manque se renforce : René, désirant les seins de Céluta comme ceux d'une femme, les désire en fait comme ceux de la mère qu'il n'a pas eue et comme ceux de la sœur qui n'a pu être pour lui autre chose qu'une sœur. Les images se brouillent, qui sont distinctes dans le monde du non-manque : sein maternel pour le fils, sein de la femme pour l'amant, non-sexuation de la sœur pour le frère, et donc absence totale d'une possibilité de désir des seins de la sœur pour le frère. La mise en relation

---

1. On comparera à la scène des *Raisins de la colère* de Steinbeck où Rose de Saron donne le sein à Tom dans le camion, à la fin du roman.

avec la famille, la patrie, etc, dit qu'il ne peut s'agir là d'un brouillage de nature exclusivement psychologique, affective et privée. Une fois encore, pour *quoi* figure cette Amélie coupable, interdite et perdue? Le vrai secret du texte est peut-être là. Non pas : qu'est-ce qui s'est passé entre Amélie et son frère, mais (qui peut à la rigueur être dit et dont tout le texte fait attendre que cela soit dit) : pour *quoi* figure ce qui s'est passé entre Amélie et son frère, et qui ne sera pas dit, que rien dans le texte ne fait attendre que cela soit dit? voici pourtant, peut-être, une indication.

Ici se place en effet une nouvelle intervention du JE : *Amitié! qui m'avez raconté ces merveilles, que ne me donnâtes-vous le talent pour les peindre! j'avais le cœur pour les sentir.* Ce n'est pas seulement du Rousseau! Quelle amitié, **quel ami a raconté à JE l'histoire René/Céluta/Ontougamiz? De qui JE a-t-il reçu des confidences? Peu importe au fond.** Par contre, il importe beaucoup que le JE pseudo-épique abstrait du *Je veux chanter* cède à nouveau et décidément la place à un JE sensible. JE semble demander qu'on l'excuse (le manque de talent : fausse modestie d'auteur qui met le texte en valeur), mais il s'affirme comme consubstantiel à l'histoire rapportée : ce n'est pas en étranger qu'il a entendu rapporter cette histoire; *elle est la sienne.* Aussi attend-on que JE s'explique. JE qui est proche de René. Ce ne lui sera pas facile. Et ce sera peut-être un autre sujet. Mais ne s'explique-t-il pas déjà beaucoup?

Contre l'unité possible ou refaite (René-l'ami-le frère-la sœur), on retrouve bientôt les vieux tyrans : les Français de la société civile et l'indien Ondouré qui *songeait à rétablir l'ancienne tyrannie* et qui, symbole, tente aussitôt de violer Céluta. Ainsi se constitue une nouvelle convergence : nouvelle société mercantile/rétablissement de la tyrannie (conséquence politique) viol de la sœur-épouse-mère. On est sorti, semble-t-il, de l'histoire de René. Mais c'est toujours en fait la même histoire qui est dite (et donc René), simplement par d'autres moyens que ceux d'un récit exclusivement linéaire. Le sujet du récit n'est donc pas René, mais un monde qui dit René et que dit René : le monde de la nature impossible et pervertie. Or qu'est-ce qui pervertit la nature? Il n'est jamais que deux réponses : le péché originel et l'Histoire. *Or il n'est jamais question ici du péché originel.* C'est pourquoi Chateaubriand ne pourra pas publier *les Natchez* en même temps que le *Génie du christianisme.* Ce n'est pas la nature humaine qui est coupable. C'est une certaine pratique humaine. Dès lors, on comprend que si l'unité se fait, c'est selon un mode étrange. Non selon le mode de la grâce et du salut, mais selon le mode du sacrifice :

> René n'avait qu'un moyen de payer à Ontougamiz la dette d'une amitié sublime, c'était d'épouser Céluta. *Le sacrifice était grand :* tout lien pesait au frère d'Amélie; aucune passion ne pouvait entrer dans son cœur; mais il crut qu'il devait immoler à la reconnaissance; du moins ce n'était pas à ses yeux démentir sa destinée que de trouver un malheur dans un devoir.

Le scénario n'est donc pas celui qui sera retenu dans l'avant-récit du *René* du *Génie :* ce n'est pas Chactas, ni l'institution qui ont marié René à une Indienne; c'est René qui l'a épousée par devoir, la modification de 1802 s'expliquant par le gommage de toute l'histoire de Céluta et d'Ontougamiz, mais aussi privant René d'un mouvement de gratitude et de reconnaissance qui — résultat de la perversion non de la nature mais des rapports sociaux — doit encore aggraver ses malheurs. Ici, le texte est plus riche et parce que, une fois encore, le réel et ses rapports sont donnés à lire autrement qu'en passant par René seul, le texte s'étoile et se décentre, en même temps qu'il se constitue de manière plus compacte, plus complète, en image plus universalisante d'un réel qui n'est pas réductible, contrairement à l'opération au moins possible en 1802, à l'histoire d'une âme. Céluta, en effet, ici personnage plein alors qu'elle sera inexistante dans *René,* Céluta au lieu d'être comblée, craint. Pourquoi? Cette crainte constitue René :

> Céluta, rougissait [...] Malgré l'amour qui l'entraînait vers René [...] un secret pressentiment pressait son cœur [...] elle sentait qu'elle allait tomber dans le sein de cet homme, comme on tombe dans un abîme.

Le mariage a lieu. Le lendemain, le sens est clair : Céluta, malgré ses premières craintes, est heureuse; elle a franchi une étape; elle s'est donnée; elle a été possédée; pour elle la création recommence ou continue. Mais René? Le lendemain de son mariage, René est triste et pensif, songeant à *son malheur passé*. Mais on apprend aussi quelque chose de plus important : René, jadis (avant Amélie?), a rêvé de femmes ou d'une femme. Est-ce le thème érotique de la sylphide (qui n'apparaîtra qu'après Amélie dans *René*)? C'est en tout cas un texte capital, un aveu sur le passé de René :

> il essaya de réaliser *ses anciennes chimères :* quelle femme était plus belle que Céluta? Il l'emmena au fond des forêts et promena son indépendance de solitude en solitude; mais quand il avait pressé sa jeune épouse contre son sein, au milieu des précipices; quand il l'avait égarée dans la région des nuages, il ne rencontrait point les délices qu'il avait rêvées.

Ce qui peut signifier que René, malgré ses rêves et ses connaissances indirectes, était vierge au moment de son mariage et donc qu'il savait tout sans avoir rien fait (ce sera le thème central du « vague des passions »)? Qu'avec Céluta, première femme réellement possédée, il a essayé de retrouver la sylphide? Ou, plus exactement peut-être, l'image sylphidienne qu'il s'était constituée à partir d'une autre image interdite? Et qu'il a échoué, malgré ou à cause de ce jeu érotico-sentimental (en clair : il n'a pas joui avec Céluta; culpabilisé, malgré la consommation physique, il est insatisfait alors qu'elle est heureuse)? Le mariage, de toute façon, est un échec. Il lui faut des substituts. René ne peut être heureux dans le mariage, qui était pourtant l'un des recours possibles. René dès lors va jouer avec sa femme à la sylphide, à la femme volée. Pourquoi l'emmener au fond des forêts et lui faire l'amour loin du toit conjugal? René cherche en son épouse la femme et ne la trouve pas. Et voici bien une autre faille, un autre manque. Céluta le sent et, en tant que personnage, en administre la preuve. Elle était partie, elle, pour faire l'amour normalement *dans sa maison*. C'est ce qui rendra nécessaire la lettre d'explication que lui enverra plus tard René (il lui faudra s'expliquer à Céluta, comme il lui faudra s'expliquer à Chactas). Mais pour le moment l'échec de René (qui n'est pas lié à une impuissance physique quelconque : René s'est montré viril et Céluta est « heureuse », non frustrée, non traumatisée; elle ne souffre que du manque de l'autre) est lié au thème constitutif du vide et du manque. Il y a eu consommation du mariage (Céluta est enceinte), mais en même temps non-achèvement, non-réalisation. N'ayant pu rendre René heureux, Céluta, aimante, dévouée, fidèle, est malheureuse malgré son bonheur. Elle ne se doute certes pas que René a voulu la tuer, comme il l'avouera bientôt dans la *Lettre,* mais elle est déjà littérairement tuée, poussée du côté de la non-vie, par quelque chose qui constitue René. Elle était une figure de l'ordre possible. Elle devient une figure de l'impossible. Et pourtant, Céluta mariée devient un être du « système », une figure de la société, que Chateaubriand — cela est capital — ne peut pas faire fonctionner autrement : comme consolatrice, par exemple, comme médiatrice, comme intégratrice de René. Et, tout vulgairement, elle *se trompe* et se met à parler en femme ordinaire : elle accuse René, à tort, de lassitude et d'inconstance; elle ne voit ni le malheur qui le marque, ni les raisons de son caractère impénétrable; elle croit que *l'épouse féconde [assurait] les droits de l'amante;* elle provoque surtout une nouvelle rupture en invoquant l'enfant qui va naître et donc les devoirs : *le front du frère d'Amélie s'obscurcit. Nourrir mon fils ou ma fille! dit-il avec un sourire amer : sera-t-il plus heureux que moi? Sera-t-elle plus heureuse que ma sœur? Qui aurait dit que j'eusse donné la vie à un homme?* René, coupé de son passé, ne peut être l'homme d'un avenir. Sans racines, il est nécessairement sans projet. Ces éléments constitutifs du héros ne sont pas encore explicités : on comprendra plus tard que la coupure « ancienne France/France nouvelle » actualisée par l'émigration rend compte de cette réalité, et il faut bien un peu devancer les textes. Mais dans l'immédiat le porte-à-faux est flagrant : désormais Céluta est casée et contribue à définir ou renforcer un système de cases : épouse, future mère, et non amante dramatique ou poétique, elle ne représente plus rien pour René, être plus que jamais de fuite et de manque. Alors revient Mila, amoureuse de René et qui le cherche, le provoque, non sans grâce. Céluta, devenue épouse, ne peut plus être sœur. Mila, elle, est encore dans l'ambiguïté qu'a perdue

Céluta. Mila réincarne la sylphide — ici la naïade. Mila est figure de liberté, parce qu'elle est encore le possible, le non réalisé. Mais elle est plus encore — ce qui rend compte, fonctionnellement, de la jalousie de Céluta : Mila est l'eau et elle est dans l'eau, interdite, étrangère à René, mais aussi, dans le fonctionnement symbolique du texte, elle est le signe d'un univers de la transparence et du fluide, du non-contradictoire, alors que Céluta appartient désormais à l'univers de l'opaque et du rompu. Mila, figure de liberté, chante dans la rivière où elle se baigne. Peu importent les Floridiennes rencontrées (?) par Chateaubriand et les souvenirs de voyage. Dans cet univers contradictoire et de l'impossible unité, Mila signe un autre univers d'innocence, mais inaccessible, irréalisable. Les symboles érotiques disent un univers d'avant les interdits. Mais l'eau, qui à la fois présente et sépare Mila, marque une infranchissable barrière entre cet univers et René. René n'entrera pas dans l'eau où est entré Ontougamiz. Il ne voit pas Mila. Il ne peut pas la voir réellement, entrer dans l'eau de la non-conscience, de la non-déchirure, de la fluidité. René voit Mila comme dans un aquarium. Son âme est plus grande que le monde et pourtant le monde est plus vaste que lui. Les rêves de René sont heurtés. Sa conduite oscille, dans des mouvements de balancier fous, du charme de la vie commune aux paroxysmes auto-destructeurs ou meurtriers. Entre les deux, il retombe et se perd. Mila, offerte et séparée par l'eau, est image de l'impossible aller comme de l'impossible retour. Et cet impossible marque définitivement Céluta du signe d'un possible inacceptable.

Le temps venu de la naissance, le texte éclate à nouveau et se rompt. Rocailles, et non plus eau fluide :

> Céluta pensa perdre la vie, en la donnant à une fille que l'on porta à son père, et qu'en versant des pleurs, il nomma Amélie. Cette seconde Amélie paraissait au moment d'expirer.

Or il faut bien voir qu'au moment de la naissance, René est seul au fond des bois, non auprès de sa femme. Comptons : Mila s'affirme comme femme/sœur disponible contre Céluta, jalouse et bloquée; René donne à sa fille le nom de sa sœur;

René pratique le baptême; René, père, voit sa tristesse augmenter (« Après le malheur de naître, je n'en connais pas de plus grand que de donner naissance à un homme », *Mémoires,* II, 3); Amélie est née avant terme (elle vient trop tart ou trop tôt). L'affaire Mila va se développer sur ce fond d'inquiétude et de déception. Autant de signes de séparation pour marquer une naissance. Et quel est, pendant ce temps, le sens de *Mila avait continué de chercher René?* René, père, est objet de désir, mais ce désir même n'est pas signe de positivité, puisqu'il ne le voit pas. Retour du motif de l'eau interdite. Quant à l'eau du baptême, qu'a-t-elle à voir avec l'eau de l'innocence? Elle marque une faute, la conscience d'une faute et le rite douloureux de l'effort, humainement insuffisant pour y échapper totalement. Le baptême marque autant qu'il sauve. Il y faudrait la grâce. Or, de ce texte, toute grâce est absente. Pour des raisons métaphysiques? Non. Et en voici la preuve :

> Hélas! ces simples et gracieuses amours qui auraient dû couler sous un ciel tranquille, se formaient au moment des orages! Malheureux, ô vous qui commencez à vivre *quand les révolutions éclatent!*

Le mot-clé est prononcé : *les révolutions,* sur lesquelles on écrit par ailleurs un *Essai,* les révolutions (impliquant leur singulier français) qui constituent la coupure véritable, non le péché originel. L'alpha douloureux et meurtrissant, le signe du basculement dans le contradictoire et l'impossible sont de nature historique. La condition humaine est vécue comme historique. Certes, il ne s'agit ici officiellement, avec *les révolutions,* au sens classique, que de grands bouleversements, par exemple de la guerre qui menace entre Français et Natchez. Comme dans l'*Essai,* le champ sémantique du mot est encore flottant. Mais l'expression *les révolutions,* à la date de la rédaction, connote nécessairement une autre réalité, tant dans le champ du réel historique que dans celui de l'écriture. Et, dans l'immédiat, l'écriture dit qu'il y a porte-à-faux « vie privée/Histoire », porte-à-faux « jeunesse/Histoire » : l'Histoire a brisé la jeunesse. Or Chateaubriand avait vingt ans en 1789. En voici le commentaire et l'aveu, avec l'amorce de l'idée capitale de *génération :*

> Amour, amitié, repos, ces biens qui composent le bonheur
> des autres hommes, vous manqueront; vous n'aurez le
> temps ni d'aimer, ni d'être aimés. Dans l'âge où tout est
> illusion, l'affreuse vérité vous poursuivra; dans l'âge où
> tout est espérance, vous n'en nourrirez aucune : il vous
> faudra briser d'avance les liens de la vie, de peur de
> multiplier des nœuds qui sitôt doivent se rompre!

Amour, amitié, repos, bonheur des autres hommes, impliquant bonheur de soi-même et possibilité d'une place dans le monde; que mettre derrière ces mots? N'est-il pas d'abord des hommes alors, en 1797, pour qui il peut y avoir coïncidence entre jeunesse et révolution, entre soi et le monde? En fait, une cassure locale et partielle (aristocratie/révolution française) est hypostasiée comme cassure de tout le réel et il s'en suit une mise en situation, une définition objective du héros comme traître : *Le traître René était l'ennemi de son ancienne patrie.* Révolutions, porte-à-faux « jeunesse-Histoire », accusation de trahison : on est en plein, non pas dans la problématique de l'exil métaphysique ou religieux, mais dans la problématique implicite (en voie d'explicitation) de l'émigration. Mais cette émigration, à un niveau plus complexe, et encore confus, de l'expérience, n'est-elle que celle des nobles dans l'univers révolutionnaire? N'est-elle pas aussi celle de l'émigration de toute jeunesse et de toute qualité dans le monde révolutionnaire? C'est le thème, dans l'*Essai,* des parias et des infortunés perdus dans l'univers anglais de la boutique et de l'argent. En tout cas, il s'agit d'une problématique *politique.* Et cela dans un roman qui, officiellement, ne l'est guère et qui transpose. Mais transposer, est-ce toujours masquer? N'est-ce pas plutôt élargir?

Il se précise en tout cas bientôt qu'une accusation directement *politique* pèse sur René, qui s'ajoute aux autres causes de son exclusion et les fait signifier de manière nouvelle. On ne peut pas encore discerner ce que fera lire l'*Essai* : René seul à Londres et traître, alors que la France nouvelle est victorieuse à Fleurus. Mais on peut déjà lire peut-être davantage : la France nouvelle, (la vraie!) non pas révolutionnaire mais mercantile (la coupure plus haut repérée permet de lire que la vraie révolution est celle qui a fait d'une France pure une France mercantile et égoïstement « philosophique », et non simplement d'une France tyrannique une France libre), accuse René d'être l'ami des Indiens! C'est-à-dire de la nature. *Nature,* donc, égalerait *émigration?* Et *révolution* en conséquence égalerait (contre quoi?) *contre-nature?* Quelle *nature?* Pourrait-ce n'être qu'une nature passéiste et de classe? la nature de la petite patrie, du village natal et des cloches? la nature selon l'ancienne France? Ne serait-ce pas plutôt cette nature, ces exigences, cette qualité que la révolution bourgeoise et de l'argent, nécessairement, domestique et détruit? Le roman anticipe sur l'*Essai,* ou plutôt l'écrit et le récrit à sa manière. René comparaissant devant le tribunal de ses compatriotes, lui-même cherchant à être jugé; René, dans l'hypothèse souhaitée d'un châtiment qui le délivre, recommandant aux siens sa fille *(ma seconde Amélie,* dit-il, *et Chactas, mon second père),* cette théma-tique romanesque est plus politique peut-être que ne le sera jamais toute la « politique » directe de l'*Essai.* Le tribunal devant lequel René souhaite de comparaître n'est nullement celui de Dieu, mais le tribunal de l'Histoire. Valorisation dès lors, acceptation comme valable, de l'Histoire et de ses instances politiques de fait? Reddition de René? Ou constata-tion que la réalité c'est l'Histoire? Et cette Histoire, n'est-ce que René qu'elle convoque à sa barre? N'est-ce pas aussi la société révolutionnée de l'argent? Et l'Histoire n'est-ce pas ici la littérature et l'écriture? En fait, le désir de René, déjà, que la seconde Amélie et le vrai père échappent aux catastrophes qui menacent, est une récusation du tribunal formel et de fait de La Nouvelle-Orléans : ni Amélie ni le vrai père ne sont de son ressort. Ni le livre de Chateaubriand. L'Histoire est inévi-table. Mais l'Histoire a tort. Une autre Histoire dès lors... *René* aussi dira cela. Mais il y a ici bien plus qu'il n'y aura jamais dans *René,* lu seul : la description du tribunal, élément de roman réaliste qui commence à élucider les symboles et force à lire autrement les fantasmes.

La société accusatrice de La Nouvelle-Orléans apparaît en effet essentiellement dominée par l'argent et gouvernée par la police, et donc est donnée à lire comme accusée. Son procès, son contre-procès, le procès de la colonisation est fait par René dans son auto-plaidoyer (sens : nul autre que René, nul autre que le héros de roman, ne pouvait plaider cette cause et présenter ces arguments) en termes d'une rare violence :

> Un vil ramas d'hommes enlevés à la corruption de l'Europe a dépouillé de ses terres une nation indépendante. On a troublé cette nation dans ses fêtes, on l'a blessée dans ses mœurs, contrariée dans ses habitudes. Tant de calamités l'ont enfin soulevée; mais, avant de prendre les armes, elle vous a demandé, et elle a espéré de vous justice : trompée dans son attente, de sanglants combats ont eu lieu. Quand on a vu qu'on ne pouvait dompter les Natchez à force ouverte, on a eu recours à des trêves mal observées par les chefs de la colonie.

Et le récit confirme :

> Le frère d'Amélie fut reconduit en prison, entre deux rangs de marchands d'esclaves, de mariniers étrangers, de trafiquants de tous les pays, de toutes les couleurs, qui l'accablaient d'outrages sans savoir pourquoi.

Le père de Chateaubriand avait été marchand d'esclaves. Si le père est mort ou renié, si le père ne saurait être le vrai père, on comprend ici pourquoi et le sens de la demande d'adoption adressée à Chactas, victime de l'ordre colonial. On lit encore, ce qui est un thème de *la Ruée vers l'or* et de tout le procès moderne de l'Amérique terre de liberté :

> Les Européens n'avaient point encore de tombeaux en Amérique, qu'ils y avaient déjà des cachots : c'étaient les seuls monuments du passé pour cette société sans aïeux et sans souvenirs.

Il n'y a pas de liberté sans aïeux et sans souvenirs. Il n'y a pas de liberté sans légitimité et sans enracinement dans l'authentique et dans le vrai. Mais la société civile, ici la société américaine en ce qu'elle a de plus dénudé, société du fait pur, brutal et anarchique, non du droit, est ici révélée par le héros paria. Plus tard, ambitionnant des responsabilités dans le cadre de son ralliement au « citoyen Premier Consul », Chateaubriand fera l'éloge de la colonisation française en Amérique du Nord... Mais ici on ne peut hésiter sur le sens : c'est encore le philosophe qui parle, bourré de lectures de l'abbé Raynal, mais c'est aussi déjà le héros romantique d'une certaine protestation qualitative (même si elle est apparemment et momentanément passéiste) contre le monde moderne. Il faut bien voir, en effet, que revenir à la civilisation est pour René une condamnation. Lorsqu'il quitte le pays Natchez il trace au crayon cette élégie :

> Me voici seul. Nature qui m'environnez! mon cœur vous idolâtrait autrefois; serais-je devenu insensible à vos charmes? Le malheur m'a touché; sa main m'a flétri. Qu'ai-je gagné en venant sur ces bords? Insensé! ne te devais-tu pas apercevoir que ton cœur ferait ton tourment, quels que fussent les lieux habités par toi?
>
> Rêveries de ma jeunesse, pourquoi renaissez-vous dans mon souvenir? Toi seule, ô mon Amélie, tu as pris le parti que tu devais prendre! Du moins, si tu pleures, c'est dans les abris du port : je gémis sur les vagues, au milieu de la tempête.

La couture est surprenante, la mise en relation mystérieuse. Quel abri? quel port a choisi et trouvé Amélie? La mort? c'est peu probable puisqu'il s'agit d'un *parti* qu'elle a pris. Le mystère demeure entier. Et il ne s'éclaire guère pendant le procès, lorsqu'on demande à René ce que signifie ce nom d'Amélie trouvé dans ses papiers. C'est déjà la question que poseront à l'auteur de *René* les critiques bien-pensants : pourquoi avoir mêlé sa propre sœur Lucile, évident modèle d'Amélie, à cette sombre histoire?

> On lui demanda ce que signifiaient les phrases écrites sur ses tablettes, si ce nom d'Amélie n'était point un nom emprunté et cachant quelque mystère; l'infortuné jeune homme pâlit. Une joie cruelle s'était glissée au fond de son cœur : se sentir innocent et être condamné par la loi, était, dans la nature des idées de René, une espèce de triomphe sur l'ordre social.

Ce qui n'est pas que du rousseauisme. Qu'est-ce, ici, en effet, que *l'ordre social?* Et qu'est-ce que le *triomphe* ici remporté? Chateaubriand, qui bientôt écrira le *Génie,* en tout cas ne se présente guère comme le défenseur de l'ordre social, et voici sans doute une autre cause de l'oubli à

Londres d'un manuscrit impossible. La précaution : *dans la nature des idées de René* est-elle une addition de 1826, de même nature que les notes conjuratrices ajoutées à l'*Essai* la même année? Ou ces mots appellent-ils la correction (ajoutée?) du Père Souël dans son discours en faveur de l'ordre? Même dans le texte de 1797 cette espèce de commentaire et de note interne restituant un noir mouvement peut être tout autre chose qu'une simple prudence : une ambiguïté de plus. René parle comme il peut, et il faut le comprendre.

Avant le jugement, se développe l'épisode mettant en relations Céluta et la mère de Jacques, qui plus ou moins adopte la jeune femme : on remarque qu'il y a toujours autour de René des tentatives pour constituer ou reconstituer des familles. Son procès par des juges iniques ne suffit donc pas à constituer ou à reconstituer le héros comme innocent, ce dont rend compte la note interne signalée plus haut. La non-valeur de la société civile et de sa justice ne constitue ni ne reconstitue René en pure valeur. Jugé par le désordre, il demeure lui-même désordre. Mais il relève par là de plein droit d'une autre justice, dont la justice civile est certes la caricature, mais dont elle dit aussi la nécessité. L'asocialité de René a valeur et fonction critique contre la société fausse, mais elle est aussi signe d'anormalité dans les rapports moi-monde. Le vrai tribunal qui jugera cette faute sera la (mauvaise) conscience même de René.

La condamnation tombe : René sera banni. *C'est-à-dire renvoyé en France!* Or, *renvoyer en France le frère d'Amélie, c'était le reporter à la source de ses maux. Cet homme, étranger sur ce globe, cherchait en vain un coin de terre où il pût reposer sa tête : partout où il s'était montré, il avait créé des misères. Que retrouverait-il en Europe? une femme malheureuse* [ce qui confirme qu'Amélie n'est pas morte]. *Que laisserait-il en Amérique? une femme malheureuse. Dans le monde et dans le désert, son passage avait été marqué par des souffrances. La fatalité qui s'attachait à ses pas le repoussait des deux hémisphères; il ne pouvait aborder à un rivage qu'il n'y soulevât des tempêtes : sans patrie entre deux patries, à cette âme isolée, immense, orageuse, il ne restait d'abri que l'Océan.* Amélie est vivante. Mais aussi la France est la source des maux de René. Ainsi se confirme la dialectique : bannissement de France à cause d'Amélie — bannissement de France à cause des structures mêmes de la société française. Plus tard apparaîtra cette « évidence » que le seul moyen de rentrer en France sans être banni sera d'accepter le nouveau régime. Alors Amélie sera oubliée? Mais ici René, *sans patrie entre deux patries, demande à ne pas subir le supplice de l'existence,* l'existence-châtiment étant au suprême degré l'existence en France. Et c'est au même moment que le portrait se complète : on apprend, par le discours de l'avocat, que *René tenait à une famille puissante* (thème qui disparaîtra dans *René* lorsqu'on le publiera séparément). Mais cette puissance ne lui sert à rien, et c'est même celle, sans doute, qu'il a fuie : René n'a pas fait état de cet argument. Autre contrepoint du texte, que ne sauraient nullement lire les juges : *A ces noms de frère et de sœur, René avait baissé la tête.* Nouveau jalon sur le chemin qui conduit à l'élucidation : il est coupable à cause de sa sœur. Mais, une fois encore, ce n'est pas à ce tribunal qu'il pense devoir et pouvoir s'en expliquer.

Lorsque René retourne au village, Chactas lui trace un plan d'action qui prépare l'admonestation du Père Souël :

> Toi, René, conserve ta vie pour la nation qui t'a adopté; écarte de ton cœur les passions que tu te plais à y nourrir; tu peux voir encore d'heureux jours. Moi je touche au terme de la course. En achevant mon pèlerinage ici-bas, je vais traverser les déserts où je l'ai commencé, ces déserts que j'ai parcourus, il y a soixante ans, avec Atala. Séparé de mes passions et de mes premiers malheurs par un si long intervalle, mes yeux fermés ne pourront pas même voir les forêts nouvelles qui recouvrent mes anciennes traces et celles de la fille de Lopez. Rien de ce qui existait au moment de ma captivité chez les Muscogulges, n'existe aujourd'hui; le monde que j'ai connu est passé : je ne suis plus que le dernier arbre d'une vieille futaie tombée; arbre que le temps a oublié d'abattre.

Mais ce plan de Chactas, qui semble devoir indiquer une issue pratique dans l'immédiat et une philosophie à long terme, ne peut rien sur et pour René. Pour des raisons « psychologiques »? Sans doute, dans la mesure où le héros est désormais suffisamment constitué pour qu'on préjuge de ses réactions. Un autre élément, textuel, intervient toutefois.

Il se produit alors en effet un événement fortuit qui bouleverse et rééclaire tout. Une lettre arrive de France qui annonce à René la mort de *la sœur Amélie de la Miséricorde*. Ainsi Amélie s'était faite religieuse. Mais on ne sait toujours pas pourquoi :

> Cette nouvelle, reçue dans une solitude profonde, au milieu des débris de la cabane abandonnée de Céluta, réveilla au fond du cœur du malheureux jeune homme des souvenirs si poignants qu'il éprouva, pendant quelques instants, un véritable délire. Il se mit à courir à travers les bois comme un insensé. Le père Souël, qui le rencontra, s'empressa d'aller chercher Chactas; le sage vieillard et le grave religieux parvinrent un peu à calmer la douleur du frère d'Amélie. A force de prières, le Sachem obtint de la bouche de l'infortuné, un récit longtemps demandé en vain. René prit jour avec Chactas et le père Souël, pour leur raconter les sentiments secrets de son âme. Il donna le bras au Sachem qu'il conduisit, au lever de l'aurore, sous un sassafras, au bord du Meschacebé; le missionnaire ne tarda pas à arriver au rendez-vous. Assis entre ses deux vieux amis, le frère d'Amélie leur révéla la mystérieuse douleur qui avait empoisonné son existence.

C'est ici que se place le récit qui devait être séparé en 1802 pour former l'épisode du *Génie* dans lequel René avoue que sa sœur lui avait porté un amour criminel, mais dans lequel aussi il dissimule, et au moins atténue, sa propre part de responsabilité dans la naissance de cet amour. Mais après sa confession René, contrairement à ce qui se passe en 1802 dans un épilogue évidemment écrit alors pour la version séparée, ne meurt pas. Il continue à être héros, à avoir des aventures, et le sujet Français-Natchez continue, lui aussi, impliquant René. Le récit reste large et s'élargit encore. Et cette suite n'est pas inutile : elle confère au récit de René une importance relativement modeste dans l'ensemble narratif et elle sert à développer les thèmes antérieurs (Ondouré, par exemple, accusant René d'errer seul dans les bois). Or Ondouré, parmi les Indiens, représente la société civile, avec cette conséquence : les deux civilisations, désormais, sont *semblables*. L'Amérique « civilisée » et colonisée répète l'Europe; elle soupçonne les mélancoliques, les solitaires; les bois sont faits pour travailler (et pour y faire travailler les autres), non pour y errer comme un démon ou comme un mauvais esprit. C'est la reprise de l'accusation lancée contre Rousseau à l'Ermitage : le méchant est toujours seul. Il est vrai qu'en contrepartie se développent des thèmes positifs : Ontougamiz épouse Mila, c'est-à-dire que le frère épouse la sœur, ce qui fait contraste avec le mariage stérile de René. Mais l'équilibre est quand même rompu en faveur du négatif : Céluta est seule, Amélie est mourante; René est de plus en plus isolé; les deux sœurs, Mila et Céluta, veillent sur lui. Mais dans l'attente de quoi? Le récit, malgré tout, se bloque et, dans sa difficulté même, dans son impossibilité à faire triompher quoi que ce soit, dit l'impossibilité de tout triomphe et de toute réintégration.

Intervient alors un nouvel élément décisif pour relancer le récit, mais toujours dans le sens d'un impossible et d'un irréparable absurde. C'est la longue lettre de René à Céluta qui complète le récit fait à Chactas. Ce texte extraordinaire (que personne ne lit jamais puisqu'il est introuvable et puisque ceux qui ont la charge de faire connaître Chateaubriand le censurent constamment) mériterait une analyse ligne à ligne, mot à mot, qui ferait comprendre le sort qui lui a été fait par les morceaux choisis. Pourquoi a-t-on toujours et partout privilégié les « orages désirés » de 1802, finalement si fades lorsqu'on les lit, lorsqu'on les donne à lire d'une certaine manière? La *Lettre à Céluta* est bien, dès 1797, l'un des sommets d'un premier romantisme français, mais d'un romantisme qui n'est pas encore de bonne compagnie, sans cette pseudo-élégance élégiaque qui permettra de « sauver » tant d'autres textes et d'en faire des objets d'études pour l'école. Et que vaut aussi, comparé à cet infernal direct des passions, tout l'infernal de pacotille du romantisme 1830? Pour l'école, pour l'université, pour la culture officielle, tout simplement ce texte n'existe pas. Quel hors-texte, pourtant, au texte si fatigué à force d'être (incomplètement) lu du petit roman! Pourquoi le petit jeu de texte à texte, qui fonctionne si bien de *René* aux *Mémoires* et des *Mémoires* à *René,* n'a-t-il jamais fonctionné au profit du texte dont *René* pourtant est sorti? Voilà bien un texte maudit. Pourquoi? on le comprend trop bien. Des violences érotiques, certes, et des précisions, de terribles aveux concernant Amélie, ce nom gravé sur les arbres (et comment dès lors, totalement innocenter René, et sauver Lucile?). Peut-être surtout cette allusion à des papiers à détruire dans la cabane, et qui ont peut-être été détruits, et qui invitent à croire que *René, les Natchez* même, et cette *Lettre,* ne sont que menue monnaie de ce qui a *vraiment* été écrit en Amérique ou à Londres. Le René élégiaque, domestiqué par les manuels avec un Lamartine lui aussi affadi et qu'il « prépare », ne pouvait s'accommoder de ce texte au vitriol. Le romantisme était fatigue ou puérilité et non pas énergie. Dès lors la *Lettre à Céluta* continue à dormir dans les *Œuvres complètes* et la séance continue. Sainte-Beuve, qui savait lire, mais qui savait aussi que certaines vérités et certains textes n'étaient bons que pour des « publics choisis », a isolé ce passage dans son cours de Liège en 1849 *(Chateaubriand et son groupe littéraire) :*

ne croyez pas désormais recevoir impunément les caresses d'un autre homme; ne croyez pas que de faibles embrassements puissent effacer de votre âme ceux de René. Je vous ai tenue sur ma poitrine au milieu du désert, dans les vents de l'orage, lorsque après vous avoir portée de l'autre côté d'un torrent, j'aurais voulu vous poignarder pour fixer le bonheur dans votre sein, et pour me punir de vous avoir donné ce bonheur. C'est toi, Être suprême, source d'amour et de beauté, c'est toi seul qui me créas tel que je suis, et toi seul me peux comprendre! Oh! que ne me suis-je précipité dans les cataractes au milieu des ondes écumantes? je serais rentré dans le sein de la nature avec toute mon énergie.

et il en a très justement rapproché l'exclamation de Chactas :

Pompe nuptiale, digne de nos malheurs et de la grandeur de nos amours : superbes Forêts qui agitiez vos lianes et vos dômes comme les rideaux et le ciel de notre couche, Pins embrasés qui formiez les flambeaux de notre hymen. Fleuve débordé. Montagnes mugissantes, affreuse et sublime Nature, n'étiez-vous donc qu'un appareil préparé

> pour nous tromper, et ne pûtes-vous cacher un moment
> dans vos mystérieuses horreurs la félicité d'un homme!

Mais, préludant à ce qui sera fait tant de fois par la suite, Sainte-Beuve ayant rapproché ne fait que rapprocher. Et il ne fait pas avancer la lecture d'un pas. Au contraire. *Rentrer dans le sein de la nature avec toute son énergie,* la félicité d'un homme (posséder une femme) que refuse de cacher la nature : la nature n'est pas là qui t'invite et qui t'aime et l'impassible nature n'a pas déjà tout repris.

La destinatrice de la lettre ignore toujours le secret de René et d'Amélie et c'est pour elle seule qu'existe désormais le secret. D'où : *Céluta se trouvait tout à coup jetée hors de la vie : elle sentait qu'elle s'enfonçait dans une solitude, comme l'être mystérieux qui avait trop aimé René.* Céluta peut très bien interpréter autrement que nous et que Chactas et Souël ce cri terrible dont — chose étrange — il ne reste rien dans la confession du héros à Chactas et Souël : *René! René! qu'as-tu fait de ta sœur? Suis-je donc Caïn?* Il demeure donc, dans l'humanité normale, une femme (représentative de plus qu'elle-même) qui ne doit pas savoir? Charlotte Yves? Peu importe. L'essentiel est que l'histoire de René demeure partiellement interdite, peut-être à jamais détruite. Quelque Céluta vraie aurait-elle détruit les papiers? Ou pour quelle Céluta les papiers auraient-ils été détruits? Ou, plus vraisemblablement encore, Chateaubriand n'a-t-il pas voulu tout écrire, ou tout récrire?

Les dernières pages font alterner de manière frénétique thèmes positifs et thèmes destructeurs, avec une accélération très nette en faveur des seconds. Une véritable frénésie érotique (tentatives de viol, viol) et guerrière (massacres) s'empare du roman. René pourtant, un moment, va-t-il à nouveau retrouver la paix? *René prodigue à son épouse des caresses inaccoutumées. « Qu'as-tu, ma Céluta? lui disait-il; rassure-toi. Je viens te protéger et te défendre ».* Est-ce Clarens, et la transformation du héros? *Il fallait retrouver cette petite société supérieure à tout ce qui existait sur la terre; il allait élever sur ses genoux cette seconde Amélie qui aurait les charmes de la première, sans en avoir le malheur.* Non. Et le roman se termine de manière extraordinairement violente. Ondouré tue René et viole Céluta dans le sang même de son mari, au moment même où Céluta était reconnue et retrouvée.

Par-delà cette catastrophe, cependant, semble se renouer le thème positif, *mais en l'absence définitive de René :* le désordre a disparu du monde, Mila devient la mère de la fille de René et ainsi, doublement, la sœur de Céluta. Le mal n'est pas totalement vainqueur. Mais de quel prix a-t-il fallu payer cette apparente victoire de la vie? Le désordre tenait-il seulement à René? En fait le désordre est au cœur même du monde que dit, incarne et intériorise le héros, et la dispersion des Natchez par l'armée française dit la faute, s'il en est une, ne saurait être ici celle du seul René. Il s'agit en effet d'une catastrophe historique. Nouvelle alternative cependant? Et un positif est-il à l'œuvre dans ce négatif? La liberté de l'Amérique, possible ou future, en tout cas inscrite dans l'histoire à faire et connue, est à plusieurs reprises fortement évoquée. Pour le lecteur potentiel de 1797-1799, ce sont là autant de textes qui permettent, ou qui auraient permis de faire parler assez directement La Fayette, 89, et, pourquoi pas, et les victoires de la Liberté. Les Natchez révoltés ont-ils servi d'instruments et d'outils à une Histoire encore masquée? Ouverture? Inscription, encore illisible pour les héros du livre, d'un avenir dans une histoire momentanément aveugle dont les clés appartiennent peut-être aux hommes? René avait répondu dans sa *déplorable confession : Le passé et le présent sont deux statues, incomplètes; l'une a été retirée toute mutilée du débris des âges, l'autre n'a pas encore reçu sa perfection de l'avenir.* Cette phrase, isolée de l'épopée Natchez, prendra en 1802 un sens nouveau. En attendant l'aveugle et l'absurde sont toujours là et, dans le cadre d'une Histoire encore ligotée, les destins individuels, les valeurs comme les mérites ne se sauvent pas seuls. Ce n'est pas René seulement qui est mort pour rien. C'est tout une humanité broyée non par les seules « passions », mais par l'impossibilité de sortir du piège d'une société fondée, précisément, sur les passions et que ne met en cause ou péril nul avenir révolutionnaire. Contrairement à ce que disait Pascal, ce n'est pas l'amour-propre et les libidos qui fondent les sociétés mais la société qui produit et exacerbe amour-propre, passions et libidos. Le roman moderne (Stendhal, Balzac) peut venir, avec ses grands mythes de l'absurdité du désir et de l'ambition dans un univers où tout est piégé.

Reste que Chateaubriand tient à conclure sur René. Mais est-on obligé de le suivre dans cette focalisation sur un individu et cette mise entre parenthèses de l'Histoire?

> La vie et la mort de René furent poursuivies par des feux illégitimes qui donnèrent le ciel à Amélie et l'enfer à Ondouré : René porta le double châtiment de ses passions coupables. On ne fait point sortir les autres de l'ordre, sans avoir en soi quelque principe de désordre; et celui qui, même involontairement, est la cause de quelque malheur ou de quelque crime, n'est jamais innocent aux yeux de Dieu. Puisse mon récit avoir coulé comme tes flots, ô Meschacebé!

L'intérêt pour une écriture et pour une lecture auto-analytique et auto-révélatrice est de souligner *in fine* la culpabilité personnelle de René, que le texte (hors la confession, dont rien n'oblige à penser qu'elle était dans la version écrite à Londres moins audacieuse que celle de 1802) n'avait finalement guère explicitée, et de donner désormais toute sa force à l'exclamation de la lettre à Céluta : *René! René! qu'as-tu fait de ta sœur? Suis-je donc Caïn?* Est-il si important, comme il est possible, que ces lignes aient été écrites sous la dictée de l'aventure avec Charlotte Yves, Chateaubriand, déjà marié, interdit de mariage, n'ayant pas le droit de se laisser aimer? Force est de constater que ce grand roman historique, après la peinture d'une catastrophe historique, s'achève sur une auto-accusation vertigineuse d'un héros impuissant, profondément culpabilisé, en qui semble se concentrer tout le mal qui est au monde. Il n'y a alors, pour équilibrer cette auto-accusation, ni théorie d'ensemble du « vague des passions » (qui relativisera le cas René) comme dans le *Génie du christianisme*, ni (ce qui lui donne quand même valeur et fonction à la fois romanesque et idéologique) l'exhortation réintégratrice du Père Souël dans le *René* de 1802. *Les Natchez* sont un texte de la violence et du désespoir sans issue : Chateaubriand avait commencé par vouloir chanter les Indiens (thème d'ouverture de l'Histoire); il avait fini par chanter René

97

(thème de clôture et de blocage de l'Histoire). Mais René n'est-il signe ici que *de* et *pour* lui-même? Malgré l'accusation finale, malgré aussi la conjuration finale de l'écriture (que le récit écrit puisse être désécrit, annulé, en tout cas jamais rendu public et réservé — hypocrisie? mais aussi ambiguïté de la littérature —, on retrouvera ce mouvement en 1802, avec la même ambiguïté), tout dit que René parle, et qu'il paie, pour un monde profondément marqué du signe de la faute, de l'impossible, du désordre et de l'interdit. Mais la lecture du roman ici suggérée ne permet-elle pas de dépasser la contradiction qui paraît si souvent insoluble entre interdit privé et interdit historique, entre aliénation et frustration? La terrible censure qui pèse sur René est loin de n'être que « psychologique » (René, alors, ne serait qu'un cas clinique, bizarre et peu signifiant) ou de n'être qu'historique et politique (René, alors, ne serait pas un personnage et n'aurait ni identité ni intériorité; il ne vivrait pas, littérairement parlant). Cette censure est les deux à la fois : psychologique parce que politique, politique parce que psychologique. S'il est un secret au monde, ce secret est historique. Mais le meilleur moyen de le dire et de le manifester, c'est de le dire et de le manifester comme il a été vécu : par un héros individuel, microcosme à lui seul de tout l'absurde, de tout l'impossible et de tout l'interdit. *Les Natchez,* roman de l'émigration : ce serait, à s'en tenir là, une lecture bien mécaniste. *Les Natchez,* roman de l'amour interdit pour la sœur, ce serait, à s'en tenir là, une lecture bien anecdotique. Roman historique, roman de l'Histoire, *Les Natchez* ont en leur centre une image de la femme impossible et du héros barré, finalement muet malgré les deux morceaux de difficile éloquence qui ont interrompu son silence initial et son refus de parler. *Les Natchez,* roman de la femme et de l'amour et du jeune homme, ont en leur centre un conflit historique. *Les Natchez* sont un roman, conjointement, de la frustration et de l'aliénation, l'une et l'autre renvoyant aux mêmes forces de censure, de refoulement et d'auto-culpabilisation qui sont celles de la pratique sociale et de l'idéologie dominantes.

L'« Essai sur les Révolutions » :
l'Histoire et le Moi

L'Angleterre marchande

René, coupé de sa patrie (qu'il a quittée) et de son père (qu'il a renié); René suspect de trahison; mais aussi René coupé de l'Histoire antérieure de sa patrie par la coupure historique 1715/1725 (avant : culture, noblesse, vertu; après : immoralité, règne de l'argent, individualisme); René incapable de s'intégrer dans la nouvelle société sauvage qui l'avait accueilli, la nation Natchez devenant société aliénante par ses relations mêmes avec la société coloniale : le motif littéraire de l'exil avait littéralement envahi tout le champ de ce roman américain, qui s'était voulu d'abord roman d'un espace vrai à trouver. Comme René mourait en exil et comme il ne devait jamais s'intégrer à la communauté bien-pensante que lui indiquait le père Souël, on était loin de cet exil choisi, modéré, provisoire, de cet exil-choix-aventure-et-découverte, décidé en commun accord avec Fontanes. L'homme qui débarque en Angleterre cependant ne pouvait-il et ne devait-il pas y trouver asile? L'Angleterre n'accueillait-elle pas les combattants du Roi? Et l'Angleterre n'était-elle pas aussi, depuis longtemps, la vieille terre philosophique? Mais l'Angleterre avait bien changé, dans la pratique et dans l'image qu'on s'en faisait. Deux notations de l'*Essai* le disent :

en Angleterre, le peuple méprise souverainement l'infortune : il ne rêve que guinées; il sent, il frotte, il mord, il examine, il fait sonner son schilling, il ne voit partout que du cuivre ou de l'argent. [...]

Ce marchand, si vous entrez dans son comptoir, ramassera précipitamment l'argent qui se trouve à portée : cette âme de boue confond le malheureux et le malhonnête homme.

Fini, le paradis de Voltaire. L'Angleterre est toujours l'Angleterre marchande. Seulement, de positif, l'indice est devenu négatif. Tuer un roi pour libérer des marchands? C'est cette Angleterre marchande qui a fait mourir son roi sur un échafaud. Ces ouvriers, dont parle plusieurs fois Chateaubriand, qui ne savent même pas quel est cet échafaud à White Hall, figurent bien cette réalité nouvelle que contemple et peut seul alors analyser l'écrivain aristocrate : un peuple, force d'appoint pour assurer la victoire de ses nouveaux maîtres. Révolution? L'image de Louis XVI est là, certes, en souvenir et surimpression, mais pas seulement. Pour Voltaire, la mort du roi anglais avait été effacée par la conquête des *libertés*. Quelles libertés? Ce temps d'illusions n'est plus. Tel est le point de départ d'une réflexion qui s'amorce sur la philosophie de l'Histoire où l'argent, de signe de mérite, devient fatalité. Car quel est cet homme qui est entré dans le comptoir du marchand?

L'objectif et la méthode

Révolution signifie ici changement profond de régime politique, sans qu'intervienne nécessairement l'idée de *qualité* de ce changement. Par exemple, on passe de la monarchie à la république en Grèce ou de la république à la monarchie en Macédoine. D'autre part, pour essayer de comprendre et de faire comprendre la dernière révolution, Chateaubriand s'attache à mettre en parallèle les révolutions grecques et orientales [1] avec les révolutions modernes, essentiellement la française : Tyr et la Hollande, Carthage et l'Angleterre, la Macédoine et la Prusse, la Scythie et la Suisse, les tyrans

---

1. Le second volume, portant sur les révolutions romaines, bien qu'annoncé, ne parut jamais et ne fut probablement jamais écrit.

(individuels ou collectifs) antiques et les Jacobins, les émigrés d'Athènes et de France, les philosophes, les religions, les rois exécutés (Agis, Charles Ier et Louis XVI), les clergés. Chateaubriand, cependant, à la différence de tant d'autres avant et après lui, ne dispose d'aucun fil théorique : climat, races, classes, ou repérages par rapport à quelque grand événement illuminant et classificateur. Mais il part d'une idée féconde à laquelle il revient toujours : celle de la correspondance nécessaire entre les « mœurs » (qui signifient alors les rapports sociaux) et les institutions politiques. Les mœurs évoluent. Conséquemment, les institutions doivent suivre. Or l'erreur de la Révolution française a été, en ce qu'elle a eu de plus extrêmement « républicain », de vouloir plaquer une liberté citoyenne à l'antique sur une société « industrielle » et commerçante dont toutes les pratiques et valeurs sont privées et qui est fondée sur le luxe et l'inégalité. D'où le nécessaire échec et la nécessaire tyrannie d'une révolution artificielle. Telle est la thèse. Elle tire son importance de la priorité attachée aux infrastructures socio-économique : comment dans une société bourgeoise pourrait-on réaliser une véritable démocratie? Thèse réactionnaire? Thèse progressiste? La question n'est pas là. Ce qui importe, c'est que Chateaubriand relève une impossibilité, une contradiction insoluble : l'argent exclut la liberté et la démocratie telles qu'on continue de les rêver, à l'antique, ou plus exactement il ne peut tolérer que *sa* liberté et *sa* démocratie[2]. La liberté citoyenne est un beau rêve du passé. Le monde moderne, lui, fondé sur l'inégalité, est voué au despotisme. Quel despotisme? Ici, Chateaubriand hésite : il pourrait nommer les marchands, les capitalistes; tout l'y conduit; tout aussi l'en écarte, et surtout la solidarité des « propriétaires »... dont pourtant il n'est pas. La république, c'est sûr, est liée à la jeunesse des peuples, et Chateaubriand établit un certain nombre de correspondances qui voudraient bien rappeler celles de Montesquieu : les sauvages connaissent la liberté entière, les pasteurs la république royale, les vertus sociales,

---

2. Ce que Chateaubriand, sous la Restauration, appellera la « morale des intérêts ».

la démocratie; le relâchement des mœurs connaît l'aristocratie, le luxe connaît la monarchie, et la corruption avancée des mœurs connaît le despotisme. Une question se pose : contre qui et contre quoi fonctionne tout cela? Contre Louis XV et son siècle, certes, de l'autre côté de la coupure déjà repérée dans *les Natchez*. Mais Rousseau ne lui a-t-il pas nommé d'autres despotes plus précis? La science sociale vagit encore. Mais ici l'on pivote : la modération l'emportera sur l'extrémisme, tôt ou tard le peuple français rétablira l'équilibre correspondant à ses mœurs. Ainsi, d'un côté, on prédit la société stendhalienne et balzacienne avec la tyrannie conjointe de Bonaparte et de l'argent, le système mettant en place ses véritables souverains; mais de l'autre côté, on fait appel au « bon sens », à la fois pour confirmer ses propres doutes et dans l'espoir d'une paix sociale :

> il ne faut pas précipiter tout à coup les peuples dans les extrêmes, si l'on veut que les réformes soient durables. Il n'est point de révolution là où elle n'est pas opérée dans le cœur : on peut détourner un moment par force le cours des idées; mais, si la source dont elles découlent n'est changée, *elles reprendront bientôt leur pente ordinaire.*

Alors, la liberté citoyenne, qui pourtant était un beau rêve? *Reprendront* renvoie-t-il à quelque revanche aristocratique ou plus probablement à quelque correction bourgeoise d'une révolution excessivement populaire? Toujours est-il que l'attaque est double ici contre les Jacobins et leur caution théorique, les « perfectibilistes », du XVIIIᵉ siècle :

> La grande base de leur doctrine était le fameux système de perfection [...] savoir que les hommes parviendront un jour à une pureté inconnue de gouvernement et de mœurs [...].

Illusions. Non pas revanche joyeuse et sadique comme chez les théoriciens de la droite traditionnelle. Mais bien regret. Les mentalités (et pour cause) retardent sur le volontarisme révolutionnaire :

> Si le cœur ne peut se perfectionner, si la morale reste corrompue malgré les lumières : république universelle,

> fraternité des nations, paix générale, fantôme brillant d'un
> bonheur durable sur la terre; adieu!

Mais comment (le texte ne laisse aucun doute sur ces
regrets) s'en consoler? Comment tout à fait renoncer?

> Autre hypothèse. Ne serait-il pas possible que les peuples
> atteignissent à un degré de lumières et de connaissances
> morales suffisant pour n'avoir plus besoin de culte? La
> découverte de l'imprimerie ne change-t-elle pas à cet
> égard toutes les anciennes données?

Tout n'est peut-être pas fini, et c'est ce que n'ont pas vu les
perfectibilistes, en leurs illusions citoyennes. L'ancien « philosophe » et le JE qui désire ne peuvent suivre les perfectibilistes affirmant que la révolution, en tant que révolution
bourgeoise, est bonne. Mais contre eux quel recours? Tout ce
que Chateaubriand trouve à opposer à cette société marchande, ce sont les « propriétaires » (terriens évidemment, au
sens d'alors), parce qu'ils sont *stables* alors que la société
marchande est *mobile.* Les premiers définissent un espace,
les seconds un temps, un mouvement qui est menace.

> Tandis que les armées se composent, les prisons se rem-
> plissent de tous les propriétaires de France. Or, de toutes
> les aristocraties, celle des richesses, lorsqu'elle n'est pas
> portée à un trop grand excès, est la moins dangereuse en
> elle-même, le propriétaire ayant un intérêt personnel au
> maintien des lois, tandis que *l'homme sans propriétés tend
> sans cesse, par sa nature, à bouleverser et à détruire.*

Ici, *l'homme sans propriété* n'est pas du tout le pauvre : c'est
l'industriel, c'est le spéculateur, c'est l'homme de la propriété
mobilière, l'homme de patente et d'entreprise, l'homme
d'aventure et de risque. Or le crime de la révolution française, avec la caution perfectibiliste, a été de jouer les
marchands et les spéculateurs contre les propriétaires, le
temps contre l'espace, le devenir contre l'enracinement, les
« romans industriels », dira-t-on un jour, contre Plancouët et
Combourg. Donc, dans les conditions concrètes d'alors, l'avenir bourgeois, dès lors qu'il accélère la mainmise, d'abord
morale, idéologique, des bourgeois mobiles sur la société

103

naguère stable, n'est pas facteur de santé mais de corruption. Et il apporte, avec les regrets de son échec universaliste et de son impuissance, la maladie, la morbidité politique. Ainsi tyrans (marchands) à Londres, comme tyrans (révolutionnaires bourgeois) à Paris. Mais à Boston? Pas d'espoir non plus de ce côté. Les néo-Américains ne se sont-ils pas déchirés entre eux sous le regard des Indiens? Mais surtout :

> Nos gazettes ne nous parlent que des Romains de Boston et des tyrans de Londres. Moi-même, épris de la même ardeur lorsque j'arrivai à Philadelphie, plein de mon Raynal, je demandai en grâce qu'on me montrât un de ces fameux quakers, vertueux descendants de Guillaume Penn. Quelle fut ma surprise quand on me dit que, si je voulais me faire duper, je n'avais qu'à entrer dans la boutique d'un frère; et que, si j'étais curieux d'apprendre jusqu'où peut aller l'esprit d'intérêt et d'immoralité mercantile, on me donnerait le spectacle de deux quakers, désirant acheter quelque chose l'un de l'autre, et cherchant à se leurrer mutuellement. Je vis que cette société si vantée n'était, pour la plupart, qu'une compagnie de marchands avides, sans chaleur et sans sensibilité, qui se sont fait une réputation d'honnêteté parce qu'ils portent des habits différents de ceux des autres, ne répondent jamais ni oui, ni non, n'ont jamais deux prix, parce que le monopole de certaines marchandises vous force d'acheter avec eux au prix qu'ils veulent; en un mot, de froids comédiens qui jouent sans cesse une farce de probité, calculée à un immense intérêt, et chez qui la vertu est une affaire d'agiotage.
>
> Chaque jour voyait ainsi, l'une après l'autre, se dissiper mes chimères, et cela me faisait grand mal. Lorsque par la suite je connus davantage les Américains, j'ai parfois dit à quelques-uns d'entre eux, devant qui je pouvais ouvrir mon âme : « J'aime votre pays et votre gouvernement, mais je ne vous aime point », et ils m'ont entendu [3].

3. On lisait dans l'*Introduction* de l'édition originale que l'auteur « dévoré de la soif de connaître », s'était « arraché aux jouissances de la fortune pour aller au-delà des mers contempler le plus grand spectacle qui puisse s'offrir à l'œil du philosophe, *méditer sur l'homme libre de la nature et sur l'homme libre de la société placés l'un près de l'autre sur le même sol* ». Que cette phrase renvoie à un désenchantement concernant les Indiens aussi bien que les Américains « libres », ou qu'elle entende maintenir, face à l'Europe marchande et révolutionnée, un ailleurs politique, elle dit en tout cas le porte-à-faux du projet didactique et idéologique avec le flux littéraire, seul porteur et producteur de sens.

Le pessimisme

L'Amérique même de Washington n'est pas une solution et, l'Angleterre récusée, la France livrée à l'absurde, il n'est plus sur terre d'*ailleurs* politique pensable. C'est la fin de tout un XVIIIe siècle. Sur la base de cette récusation des illusions de la politique abstraite, au nom d'une analyse même elliptique des réalités socio-économiques les plus concrètes, on comprend que de l'expérience des révolutions ne puisse naître une vision optimiste, à plus forte raison triomphaliste de l'Histoire. Le tableau de l'Histoire humaine et de ses mutations ou secousses est désolant. Tout gouvernement est détestable et il n'y a de solution du côté de nulle théorie ou prospective politique. Chateaubriand critiquera, dans les notes de la réédition de 1826, ce qu'il appellera cet « anarchisme » de jeunesse. Mais c'est qu'alors il croira avoir trouvé un système et un espoir de gouvernement susceptibles de résoudre le problème social et politique : le système constitutionnel. Mais en 1796 (c'est une là formalisation logique des repérages du *Voyage*) il rejette aussi bien l'ancien régime (on va voir bientôt de quand il date la coupure) que le nouveau, avec *toutes* ses promesses, quelles qu'elles soient.

Dans ce vide politique éclate (au sens classique : se manifeste, fût-ce de manière scandaleuse) nécessairement le *moi*. Alors que Bonald, par exemple, oppose aux Lumières et à leur « progrès » un contre-système qui se veut cohérent, Chateaubriand ne peut essayer de le subvertir que de l'intérieur. D'où des contradictions et un désarroi idéologique qui favorise ce romantisme que condamnera toujours la droite : il admet les principes démocratiques, mais les déclare impraticables (ils font dégénérer la société et la ramènent à l'état sauvage); il veut sauver la religion, mais il attaque le clergé; il est attaché aux rois et à la noblesse, mais il les montre dépassés et s'en prend vivement aux thèses des ultras irresponsables. Mais ce n'est pas là *seulement* désarroi d'aristocrate : on commence de toute part à faire le tri dans l'héritage des Lumières et de la Révolution, alors même qu'elles portent encore à la réflexion et qu'elles sont attaquées sur leur droite par des fanatiques qui ne comprennent pas l'« intérêt » vital qu'il y a à faire la part du feu avec les bourgeois intelligents. En 1826, Chateaubriand tentera de sortir d'affaire en disant n'avoir pas pu comprendre alors qu'il y avait *deux* libertés : celle des mœurs, impossible à retrouver, et celle des (nouvelles) lumières qui est désormais possible depuis la Charte et la paix. En 1793, il n'y a encore que protestation de l'être, une écriture existentielle, individualiste s'inscrivant nécessairement dans cette perspective de faillite pratique. C'est pourquoi l'*Essai*, qui se serait volontiers voulu oratoire et moraliste à la Plutarque, est écrit sur le ton de l'autobiographie. Mais il faut bien voir que les textes du JE ne forment pas l'axe idéologique majeur du livre. Ils y sont encore nécessairement parasitaires, marginaux. Aussi en 1826 l'auteur éprouvera-t-il en les relisant une sorte de stupeur à la fois littéraire et idéologique. En 1796, ces passages ne sont pas intégrés. En 1826, ils demeurent inintelligibles. D'où le statut capital du fragment et du morceau de bravoure dans un ouvrage qui se voulait composé, académique, éloquent selon les règles, mais dont aussi Chateaubriand déclarait en ouverture que « le désordre apparent qui y règne, en montrant tout l'intérieur d'un homme (chose qu'on voit si rarement) n'était peut-être pas sans une espèce de charme ». « Je ne sais cependant, ajoutait-il, si on peut dire que cet ouvrage manque de méthode » (*Notice liminaire* de l'édition originale). La fin du chapitre I, la vue en passant des Açores, le chapitre *Aux infortunés,* la nuit dans les forêts d'Amérique : autant de preuves de ce que le littéraire et le didactique entretiennent déjà des relations difficiles qui se retrouveront dans le *Génie.* L'ordre et la méthode véritable du livre ne sont pas ceux de la raison démonstrative, mais ceux de la raison littéraire.

L'Histoire et le moi

Essai historique, politique et moral sur les révolutions anciennes et modernes considérées dans leurs rapports avec la révolution française de nos jours : ce titre grave annonce un livre sérieux. Or que lit-on dès les premières lignes?

> Lorsque je quittai la France j'étais jeune : quatre ans de malheur m'ont vieilli. Depuis quatre ans, retiré à la campagne sans un ami à consulter, sans personne qui pût

m'entendre, le jour travaillant pour vivre, la nuit écrivant ce que le chagrin et la pensée me dictaient, je suis parvenu à crayonner cet *Essai*. Je n'en ignore pas les défauts; si le moi y revient souvent, c'est que cet ouvrage a d'abord été entrepris pour moi, et pour moi seul. On y voit presque partout un malheureux qui cause avec lui-même; dont l'esprit erre de sujets en sujets, de souvenirs en souvenirs; qui n'a point l'intention de faire un livre, mais tient une espèce de journal régulier de ses excursions mentales, un registre de ses sentiments, de ses idées. Le moi se fait remarquer chez tous les auteurs qui, persécutés des hommes, ont passé leur vie loin d'eux. Les solitaires vivent de leur cœur, comme ces sortes d'animaux qui, faute d'aliments extérieurs se nourrissent de leur propre substance. [...]

Qui suis-je? et que viens-je annoncer de nouveau aux hommes? On peut parler de choses passées; mais quiconque n'est pas spectateur désintéressé des événements actuels doit se taire. Et où trouver un tel spectateur en Europe? Tous les individus, depuis le paysan jusqu'au monarque, ont été enveloppés dans cette étonnante tragédie. « Non seulement, dira-t-on, vous n'êtes pas spectateur; mais vous êtes acteur, et acteur souffrant, Français malheureux, qui avez vu disparaître votre fortune et vos amis dans le gouffre de la révolution; enfin vous êtes un émigré. » À ce mot, je vois les gens sages, et tous ceux dont les opinions sont modérées ou républicaines, jeter là le volume sans chercher à en savoir davantage. Lecteurs, un moment. Je ne vous demande que de parcourir quelques lignes de plus. Sans doute, je ne serai pas intelligible pour tout le monde; mais quiconque m'entendra poursuivra la lecture de cet *Essai*. Quant à ceux qui ne m'entendront pas, ils feront mieux de fermer le livre; ce n'est pas pour eux que j'écris.

JE? Quel JE? Rien à voir avec celui de Montesquieu dans *l'Esprit des lois*. Et pourquoi JE? *Parce que JE n'a pas sa place dans le jeu des partis,* donc nulle part au monde :

Le mal, le grand mal, c'est que nous ne sommes point de notre siècle. Chaque âge est un fleuve qui nous entraîne selon les penchants des destinées quand nous nous y abandonnons. Mais il me semble que nous sommes tous hors de son cours. Les uns (les républicains) l'ont traversé avec impétuosité, et se sont élancés sur le bord opposé. Les autres sont demeurés de ce côté-ci sans vouloir s'embarquer. Ainsi les premiers nous transportent loin de nous dans des perfections imaginaires, en nous faisant devancer notre âge; les seconds nous retiennent en arrière, refusent de s'éclairer, et veulent rester les hommes du quatorzième siècle dans l'année 1796.

Dès lors, quel ordre est possible dans un livre?

> Il m'a semblé que le désordre apparent qui y règne, en montrant tout l'intérieur d'un homme (chose qu'on voit si rarement) n'était peut-être pas sans une espèce de charme. Je ne sais cependant si on peut dire que cet ouvrage manque de méthode.

L'ordre et la méthode ne sont pas là où on les cherche. Ils ne relèvent pas de l'esprit de géométrie cher à tous les académistes. Ils relèvent de l'esprit, sinon de finesse, du moins de perception du dramatique des choses. Le livre me vaudra des ennemis, dit la *Notice,* parce que je me suis attaché uniquement à la vérité. Laquelle? Non pas celle des partis politiques et littéraires *constitués.* On anticipe ici sur le reclassement des partis tel que l'opérera Stendhal en 1825, ainsi que le Chateaubriand politique d'alors. Le littéraire, en effet, n'est-il pas ici politique? Mais alors, si l'ordre et la méthode réels sont d'un autre ordre, qu'est-ce qui, dans l'ordre politique, est désordre et se trouve mis en cause au travers d'une simple manière d'écrire? L'abbé Morellet peut affûter sa plume pour montrer qu'*Atala* est un livre mal écrit. Des inadéquations décisives ici, se cherchent et se trouvent.

Un JE, un JE à la Rousseau, donc, ouvre le livre. Mais c'est un JE nouveau, en ce sens qu'il va parler l'Histoire en l'écrivant et en s'écrivant. JE est seul, on a vu comment. Mais aussi, en conséquence, JE est *malade.* D'où cette remarque qui n'a pas que valeur autobiographique :

> Attaqué d'une maladie qui me laisse peu d'espoir, je vois les objets d'un œil tranquille. L'air calme de la tombe se fait sentir au voyageur qui n'en est plus qu'à quelques journées.

On est en plein effet lyrique, ce qui est assez surprenant dans un livre sur l'Histoire. De même :

> si par des souvenirs trop tendres je laissais dans le cours cet écrit tomber une larme involontaire, songez qu'on doit passer quelque chose à un infortuné sans amis sur la terre, et dites : Pardonnons-lui en faveur du courage qu'il a eu d'écouter la voix de la vérité, malgré les préjugés si excusables du malheur.

On est moins surpris si l'on songe que ce texte est exactement contemporain des *Natchez* et du premier *René*. Une note de 1826 déclare, de manière à la fois logique et stupéfiante, à propos de ces passages :

> *c'est un roman* où les événements sont obligés, bon gré, mal gré, de se plier à un système.

L'*Essai*, un roman? Et ce roman est pourtant un système? Est-ce là la méthode? Oui. Car derrière *roman* et *système*, il y a l'expérience concrète de l'émigration, et l'écriture est à son tour émigration, puisqu'elle est rupture. JE seul, malade, malheureux, est un JE ouvertement politique et politiquement assumé. JE est le héros d'une nouvelle Histoire.

Une nouvelle Histoire

L'*Essai* est un essai de l'Histoire et un essai sur l'Histoire. Mais pas sur la même Histoire qu'« avant », celle qui ne connaissait que le passé. C'est que l'Histoire ne peut plus être lue et commentée avec cette mise à distance philosophique qui, plus ou moins, caractérisait jusque-là le discours historique. L'Histoire est devenue dramatique et personnelle, parce qu'il y a eu la révolution, qui a secoué, ébranlé, descellé. Avec Montesquieu déjà Plutarque avait reculé, climats, population, dimension des états, transformations de l'économie déclassant les parallèles faciles des carrières et des caractères. Mais l'Histoire chez Montesquieu n'avait jamais le goût de destin. Cette fois, plus n'est besoin de recourir aux bibliothèques ni d'évoquer de lointaines et antiques tragédies :

Bientôt après le sang coula en Amérique. J'ai vu les champs de Lexington; je m'y suis arrêté en silence, comme le voyageur aux Thermopyles, à contempler la tombe de ces guerriers des deux mondes qui moururent les premiers pour obéir aux lois de la patrie. En foulant cette terre philosophique, qui me disait, dans sa muette éloquence, comment les empires se perdent et s'élèvent, j'ai confessé mon néant devant les voies de la Providence, et baissé mon front dans la poussière.

Et Louis XVI a été exécuté... Les ruines sont partout : coutumes, habitudes de pensée, christianisme. Des forces nouvelles sont en scène : les masses. La tragédie est proche, quotidienne, l'avenir sombre. L'Histoire ne peut plus être de l'esprit sur les lois. L'Histoire est chaude. Comment dès lors le JE pourrait-il être encore un JE froid, impersonnel? Il est normal que l'*Essai* soit écrit par un homme qui, en même temps, écrit un roman, et un roman de l'exil. L'*Essai* est écrit par un exilé. Dans *les Natchez*, un héros coupable, inutile, disait le porte-à-faux radical du *moi* et du monde. L'*Essai* tente une théorisation à partir de cette obscure pratique et de cette absurde expérience. Seulement il y parvient bien mal. Parce que, et c'est là une découverte capitale faite à Londres, les révolutions modernes, si absurdes et cruelles, ont quand même leurs racines dans ce *moi* qu'elles condamnent à la solitude et à l'écriture. Oui, c'est la grande découverte de l'*Essai*, scandaleuse, et qui sépare à tout jamais Chateaubriand de Bonald : la Révolution est en nous et vient de nous. Qu'on en juge :

Malgré mille efforts pour pénétrer dans les causes des troubles des États, on sent quelque chose qui échappe; *un je ne sais quoi, caché je ne sais où, et ce je ne sais quoi paraît être la raison efficiente de toutes les révolutions.* Cette raison secrète est d'autant plus inquiétante, qu'on ne peut l'apercevoir dans l'homme de la société. Mais l'homme de la société n'a-t-il pas commencé par être l'homme de la nature? C'est donc celui-ci qu'il faut interroger. *Ce principe inconnu ne naît-il point de cette vague inquiétude, particulière à notre cœur,* qui nous fait dégoûter également du bonheur et du malheur, et nous précipitera de révolution en révolution jusqu'au dernier siècle? Et cette inquiétude, d'où vient-elle à son tour? Je n'en sais rien : *peut-être de la conscience d'une autre vie;* peut-être d'une aspiration secrète vers la Divinité. Quelle que soit son origine, elle existe chez tous les peuples. On la rencontre chez le sauvage et dans nos sociétés. Elle s'augmente surtout par les mauvaises mœurs, et bouleverse les empires. [...]

Et moi aussi je voudrais passer mes jours sous *une démocratie telle que je l'ai souvent rêvée,* comme le plus sublime des gouvernements en théorie; et moi aussi j'ai vécu citoyen de l'Italie et de la Grèce; peut-être mes opinions actuelles ne sont-elles que le triomphe de ma raison sur mon penchant. Mais prétendre former des républiques partout, et en dépit de tous les obstacles, c'est une absurdité dans la bouche de plusieurs, une méchanceté dans celle de quelques-uns.

J'ai réfléchi longtemps sur ce sujet : je ne hais point une constitution plus qu'une autre, considérée abstraitement. Prises en ce qui me regarde comme individu, elles me sont toutes parfaitement indifférentes : mes mœurs sont de la solitude et non des hommes. Eh! malheureux, nous nous tourmentons pour un gouvernement parfait, et nous sommes vicieux! bon, et nous sommes méchants! Nous nous agitons aujourd'hui pour un vain système, et nous ne serons plus demain! Des soixante années que le ciel peut-être nous destine à traîner sur ce globe, nous en dépenserons vingt à naître, et vingt à mourir, et la moitié des vingt autres s'évanouira dans le sommeil. Craignons-nous que les misères inhérentes à notre nature d'homme ne remplissent pas assez ce court espace, sans y ajouter des maux d'opinion? Est-ce un instinct indéterminé, un vide intérieur que nous ne saurions remplir, qui nous tourmente? *Je l'ai aussi sentie, cette soif vague de quelque chose.* Elle m'a traîné dans les solitudes muettes de l'Amérique, et dans les villes bruyantes de l'Europe; je me suis enfoncé pour la satisfaire dans l'épaisseur des forêts du Canada, et dans la foule qui inonde nos jardins et nos temples. Que de fois elle m'a contraint de sortir des spectacles de nos cités, pour aller voir le soleil se coucher au loin sur quelque site sauvage! que de fois, échappé à la société des hommes, je me suis tenu immobile sur une grève solitaire, à contempler durant des heures, avec cette même inquiétude, le tableau philosophique de la mer. Elle m'a fait suivre autour de leurs palais, dans leurs chasses pompeuses, ces rois qui laissent après eux une longue renommée; et j'ai aimé, avec elle encore, à m'asseoir en silence à la porte de la hutte hospitalière, près du Sauvage qui passe inconnu dans la vie, comme les fleuves sans nom de ces déserts.

Homme, si c'est ta destinée de porter partout un cœur miné d'un désir inconnu; si c'est là ta maladie [...]

La butée, le contre-feu s'imposaient :

Mais quelles que puissent être nos occupations, soit que nous vieillissions dans l'atelier du manœuvre, ou dans le cabinet du philosophe, rappelons-nous que c'est en vain que nous prétendons être politiquement libres. Indépendance, indépendance individuelle, voilà le cri intérieur qui nous poursuit. Écoutons la voix de la conscience. Que nous dit-elle, selon la nature? « Sois libre ». Selon la société? « Règne ». Que si on le nie, on ment. [...]

Qu'importe alors que nous soyons dévorés par une cour, par un directoire, par une assemblée du peuple? [...] Et vous, ô mes concitoyens! vous, qui gouvernez cette patrie toujours si chère à mon cœur, réfléchissez : voyez s'il est dans toute l'Europe une nation digne de la démocratie! Rendez le bonheur à la France, en la rendant à la monarchie, où la force des choses vous entraîne. Mais si vous persistez dans vos chimères, ne vous abusez pas. Vous ne réussirez jamais par le modérantisme. Allons, exécrables bourreaux, en horreur à vos compatriotes, en horreur à toute la terre, reprenez le système des Jacobins; tirez de leurs loges vos guillotines sanglantes et, faisant rouler les têtes autour de vous, essayez d'établir, dans la France déserte, votre affreuse république, comme la Patience du Shakespeare, « assise sur un monument, et souriant à la Douleur! »

Mais le sens est évident : l'individu est révolutionnaire, si les révolutions, nécessaires, sont mutilantes. Ainsi, la volonté, l'aspiration révolutionnaires, légitimes, sont-elles prises à leur propre piège. Dès lors, légitime mais condamné à l'illégitime, le désir est *historiquement* mis à distance de lui-même; le désir est historiquement castré. D'où ce vacillement des frontières entre l'*Essai* et le roman. L'explication de cette impasse du moi révolutionnaire et de cette transgression par l'Histoire même de l'appel qui la fonde, se trouve — c'est le point théorique capital du livre — dans l'existence, antérieure à la Révolution française, d'une coupure historique qui aide à rendre compte de ce porte-à-faux constitutif de la modernité.

La grande coupure de l'Histoire moderne

La vraie coupure, dans *les Natchez*, se trouvait déjà signalée en termes de roman entre la fin du règne de Louis XIV (qu'avait vu Chactas) et le début du règne de Louis XV, la Régence (date de la révolte indienne — 1717 — et de l'arrivée de René en Amérique : dans *Atala* il sera précisé que René a débarqué en Amérique en 1725). Cependant, dans *les Natchez*, si la société nouvelle qui exilait René (la société marchande) était attaquée au travers de la société coloniale bourgeoise bien antérieure à la Révolution, l'opposition entre un *hier* et un *après* se faisait uniquement par l'intermédiaire de thèmes et personnages littéraires. S'il y avait présence de la coupure dans le roman et si même on pouvait la lire comme figure d'une autre coupure, si René émigré en 1725 pouvait être lu pour un autre René émigré en 1792, la coupure XVIIe/XVIIIe siècle n'était pas théorisée; et elle n'était jamais explicitée comme pouvant avoir un rapport avec la coupure ancien régime/révolution française, encore moins comme pouvant l'annoncer. Il n'en va plus de même dans l'*Essai*, où non seulement la coupure violente ancien régime/ révolution française est au cœur du propos, mais où la coupure XVIIe/XVIIIe siècle est ouvertement alléguée comme préparant et figurant la coupure ancien régime/révolution française. C'est le livre XLII de la seconde partie (*Le régent. La chute du christianisme s'accélère*) qui donne la clé de la chronologie et de la datation des *Natchez* et de *René*. C'est ce chapitre qui permet de lire de plein droit les phrases capitales mais obscures, lorsque lues seules, de *René* :

> Hélas! mon père, je ne pourrai t'entretenir de ce grand siècle dont je n'ai vu que la fin dans mon enfance, et qui n'était plus lorsque je rentrai dans ma patrie. Jamais un changement plus étonnant et plus soudain ne s'est opéré

chez un peuple. De la hauteur du génie, du respect pour la religion, de la gravité des mœurs, tout était subitement descendu à la souplesse de l'esprit, à l'impiété, à la corruption.

Elles valent pleinement pour 1792 et pour les impressions de Chateaubriand à son retour d'Amérique, alors que formellement elles ne renvoient qu'à un retour datant des premières années de la Régence. On pouvait se douter, dans *les Natchez*, que *la date formelle du roman était substitutive*. On peut être encore plus affirmatif à la lecture de *René*. Mais le chapitre XLII de l'*Essai* permet, sans le moindre doute, de pratiquer la lecture historique du texte romanesque.

Dans le chapitre XLI déjà *(Depuis la réformation jusqu'au régent)*, Chateaubriand a développé un thème appelé à devenir classique : tout vient de la Réforme; le protestantisme a engendré le philosophisme, qui a engendré l'esprit révolutionnaire :

> Dès que les hommes commencent à douter en religion, ils doutent en politique. Quiconque ose rechercher les fondements de son culte, ne tarde pas à s'enquérir des principes du gouvernement. Quand l'esprit demande à être libre, le corps aussi veut l'être, c'est une conséquence naturelle. [...]
>
> Érasme avait préparé le chemin à Luther; Luther ouvrit la voie à Calvin; celui-ci à mille autres. L'influence politique de la réformation se trouvera dans les révolutions qui me restent à décrire.

L'ironie de la remarque ne fait que souligner l'importance de l'événement :

> Parce qu'un moine s'avisa de trouver mauvais que le pape n'eût pas donné à son ordre, plutôt qu'à un autre, la soumission de vendre des indulgences en Allemagne! Pleurons sur le genre humain.

C'est en somme une première coupure. Les éléments de la coupure décisive sont dialectiquement énumérés dans le chapitre XLII :

1. *Naissance de la secte philosophique, cause première et finale de la révolution présente.*
2. *Le bouleversement que Law opéra dans l'État par son papier*
3. *La presse, cette invention céleste et diabolique.*

Il y a la France d'*avant* la critique infinie, d'*avant* le pouvoir de l'argent qui, par la spéculation, ne cherche que sa propre reproduction, d'*avant* la corruption marchande et bourgeoise de la Presse et du Livre. Et il y a la France d'*après.* Point n'est besoin de prise de la Bastille ni de guillotine : *les vraies révolutions sont à repérer dans les structures, non dans les événements voyants et spectaculaires,* dans les changements qualitatifs, non dans les sanctions politiques. Cela dit, ce transfert et cette substitution, pourquoi? Qu'on ne puisse écrire *directement* le roman de l'émigré (très tôt dut se faire jour l'objection à soi-même : comment, alors, demander sa radiation?) et qu'une vision profonde de l'Histoire et de ses ressorts permette de lui substituer le roman d'une *autre* émigration : il est incontestable que des raisons d'opportunisme ont pu jouer. Mais l'essentiel n'est pas là : *un roman de René, héros de Coblentz et de l'armée des Princes, eût été un roman trop étroitement partisan et réducteur, qui eût innocenté les vrais coupables :* non pas les patriotes qui ont vaincu à Fleurus, mais les hommes de l'argent. Ce n'est pas la révolution récente et immédiate qui a tué la poésie du village et des origines : c'est le terrible pouvoir de l'argent, de sa philosophie, de sa presse. Dès 1725, on pouvait donner à lire la mort de toutes ces choses non comme le résultat de l'action des tribuns et émeutiers révolutionnaires, mais comme le résultat de l'action des bourgeois, de leurs intérêts et de leur philosophie. Ce qui coupe en deux le monde moderne ce n'est pas, malgré les apparences, la révolution politique récente. C'est l'avènement déjà ancien de la bourgeoisie, avec son culte de l'illusoire et du faux. La théorie des révolutions se retourne donc ainsi contre le propos le plus apparent du livre : ce qui fait de l'homme moderne un exilé au cœur du réel, ce n'est pas la poussée populaire et violente de 1789-1793, c'est l'assurance de plus en plus impitoyable, même si parfois peu visible, masquée par l'ancien régime, du règne de la société civile. Chateaubriand dans sa pratique romanesque, qu'illustre ici et justifie une théorisation lucide, anticipe sur la pratique du grand réalisme encore à naître : *après* 1789, qui pourtant a marqué le triomphe de la Raison, *avant* ou *après* 1830, qui l'a, n'est-ce pas, achevé, Julien Sorel, Raphaël de Valentin, Lucien Leuwen seront des parias que seul pourra expliquer l'infernal développement des pouvoirs déjà signalé par le romancier de *René.* Égoïsme, individualisme, pouvoir de l'argent, commercialisation de tout, règne du « paroistre », ruine de tout authentique. Il est capital que, tout en laissant intact l'immense pouvoir spécifique de l'écriture romanesque, les analyses formellement historiques de l'*Essai* aident à comprendre le héros de roman qui (comment désormais en être surpris?) est déjà là, ou revient.

Depuis la coupure :
les parias, les infortunés

Après avoir erré sur le globe, l'homme, par un instinct touchant, aime à revenir mourir aux lieux qui l'ont vu naître, et à s'asseoir un moment au bord de sa tombe, sous les mêmes arbres qui ombragèrent son berceau. La vue de ces objets, changés sans doute, qui lui rappellent à la fois les jours heureux de son innocence, les malheurs dont ils furent suivis, les vicissitudes et la rapidité de la vie, ranime dans son cœur ce mélange de tendresse et de mélancolie, qu'on nomme l'amour de son pays.

Quelle doit être sa tristesse profonde, s'il a quitté sa patrie florissante, et qu'il la retrouve déserte ou livrée aux convulsions politiques! Ceux qui vivent au milieu des factions, vieillissant pour ainsi dire avec elles, s'aperçoivent à peine de la différence du passé au présent; mais le voyageur qui retourne aux champs paternels, bouleversés pendant son absence, est à tout coup frappé des changements qui l'environnent; ses yeux parcourent amèrement l'enclos désolé, de même qu'en revoyant un ami malheureux après de longues années, on remarque avec douleur sur son visage les ravages du chagrin et du temps. Telles furent sans doute les sensations du sage Athénien, lorsque après les premières joies du retour il vint à jeter les regards sur sa patrie.

Il ne voit autour de lui qu'un chaos d'anarchie et de misères. Ce n'étaient que troubles, divisions, opinions diverses. Les citoyens semblaient transformés en autant de conspirateurs. Pas deux têtes qui pensassent de même; pas deux bras qui eussent agi de concert. Chaque homme était lui tout seul une faction; et quoique tous s'harmoniassent de haine contre la dernière constitution, tous se divisaient d'amour sur le mode d'un régime nouveau. [...]

O ciel! pourquoi tous ces citoyens condamnés à la ciguë ou à la guillotine? Ces trônes déserts et ensanglantés? ces troupes de bannis, fuyant sur tous les chemins de la patrie?

Relisons à présent :

Je l'ai aussi sentie, cette soif vague de quelque chose. Elle m'a traîné dans les solitudes muettes de l'Amérique, et dans les villes bruyantes de l'Europe; je me suis enfoncé pour la satisfaire dans l'épaisseur des forêts du Canada, et dans la foule qui inonde nos jardins et nos temples. Que de fois elle m'a contraint de sortir des spectacles de nos cités, pour aller voir le soleil se coucher au loin sur quelque site sauvage! que de fois, échappé à la société des hommes, je me suis tenu immobile sur une grève solitaire, à contempler durant des heures, avec cette même inquiétude, le tableau philosophique de la mer!

Note de 1826 sur ce passage :

Voilà certes, un des plus étranges chapitres de tout l'ouvrage, et peut-être un des morceaux les plus extraordinaires qui soient jamais échappés à la plume d'un écrivain : *c'est une sorte d'orgie noire d'un cœur blessé, d'un esprit malade, d'une imagination qui reproduit les fantômes dont elle est obsédée;* c'est du Rousseau, c'est du René, c'est du dégoût de tout, de l'ennui de tout. L'auteur s'y montre royaliste par désespoir de ne pouvoir être républicain, jugeant la république impossible; il déduit hardiment les causes d'une révolution devenue, selon lui, inévitable; et il attaque en même temps avec la même hardiesse cette révolution. Ne trouvant rien ni dans le passé ni dans le présent qui puisse le satisfaire, il en conclut qu'un gouvernement quelconque est un mal; que la liberté civile (il veut dire politique) n'existe point; que tout se réduit à l'indépendance individuelle, d'où il part pour vous proposer de vous faire Sauvage. Il ne sait comment exprimer ce qu'il sent; il crée une langue nouvelle, il invente les mots les plus barbares, et détourne d'autres mots de leur acception naturelle. Assis sur le trépied, il est tourmenté par un mauvais génie; une seule chose lui reste au milieu de ce délire, le sentiment religieux.

J'avais entrepris de réfuter phrase à phrase ce chapitre, mais la plume m'est bientôt tombée des mains. Il m'a été impossible de me suivre moi-même à travers ce chaos : la folie des idées, la contradiction des sentiments, la fausseté des raisonnements, le néologisme, réduisaient tout mon commentaire à des exclamations de douleur ou de pitié. J'ai donc pensé qu'il valait mieux me condamner tout à la fois à la fin de ce chapitre, et faire, la corde au cou, amende honorable au bon sens. Mais cette exécution achevée, je dois dire aussi, avec la même impartialité, qu'il y a dans ce chapitre insensé une inspiration, de quelque nature qu'elle soit, qu'on ne retrouve dans aucune autre partie de mes ouvrages.

Aux infortunés

Ce chapitre n'est pas écrit pour tous les lecteurs; plusieurs peuvent le passer sans interrompre le fil de cet ouvrage : il est adressé à la classe des malheureux; j'ai tâché de l'écrire dans leur langue, qu'il y a longtemps que j'étudie.

Celui-là n'était pas un favori de la prospérité qui répétait les deux vers qu'on voit à la tête de ce chapitre. C'était un monarque, le malheureux Richard II, qui, le matin même du jour où il fut assassiné, jetant à travers les soupiraux de sa prison un regard sur la campagne, enviait le pâtre qu'il voyait assis tranquillement dans la vallée auprès de ses chèvres.

Un infortuné parmi les enfants de la prospérité ressemble à un gueux qui se promène en guenilles au milieu d'une société brillante : chacun le regarde et le fuit. Il doit donc éviter les jardins publics, le fracas, le grand jour; le plus souvent même il ne sortira que la nuit. Lorsque la brune commence à confondre les objets, notre infortuné s'aventure hors de sa retraite, et, traversant en hâte les lieux fréquentés, il gagne quelque chemin solitaire, où il puisse errer en liberté. Un jour il va s'asseoir au sommet d'une colline qui domine la ville et commande une vaste contrée; il contemple les feux qui brillent dans l'étendue du paysage obscur, sous tous ces toits habités. Ici, il voit éclater le réverbère à la porte de cet hôtel, dont les habitants, plongés dans les plaisirs, ignorent qu'il est un misérable, occupé seul à regarder de loin la lumière de leurs fêtes : lui qui eut aussi des fêtes et des amis! Il ramène ensuite ses regards sur quelque petit rayon tremblant dans une pauvre maison écartée du faubourg, et il se dit : Là, j'ai des frères.

Une autre fois, par un clair de lune, il se place en embuscade, sur un grand chemin, pour jouir encore à la dérobée de la vue des hommes, sans être distingué d'eux; de peur qu'en apercevant un malheureux, ils ne s'écrient, comme les gardes du docteur anglais, dans la Chaumière Indienne : un Paria! un Paria! Mais le but favori de ses courses sera peut-être un bois de sapins, planté à quelque deux milles de la ville. Là, il a trouvé une société paisible, qui, comme lui, cherche le silence et l'obscurité. Ces Sylvains solitaires veulent bien le souffrir dans leur république, à laquelle il paie un léger tribut; tâchant ainsi de reconnaître, autant qu'il est en lui, l'hospitalité qu'on lui a donnée.

Lorsque les chances de la destinée nous jettent hors de la société, la surabondance de notre âme, faute d'objet réel, se répand sur l'ordre muet de la création, et nous y trouvons une sorte de plaisir que nous n'aurions jamais soupçonnée. La vie est douce avec la nature. Pour moi, je me suis sauvé dans la solitude, et j'ai résolu d'y mourir, sans me rembarquer sur la mer du monde. J'en contemple encore quelquefois les tempêtes, comme un homme jeté seul sur une île déserte, qui se plaît, par une secrète mélancolie, à voir les flots se briser au loin sur les côtes où il fit naufrage. Après la perte de nos amis, si nous ne succombons à la douleur, le cœur se replie sur lui-même; il forme le projet de se détacher de tout autre sentiment, et de vivre uniquement avec ses souvenirs. S'il devient moins propre à la société, sa sensibilité se développe aussi davantage. Le malheur nous est utile, sans lui les facultés aimantes de notre âme resteraient inactives : il la rend un instrument tout harmonie, dont, au moindre souffle, il sort des murmures inexprimables. Que celui que le chagrin mine s'enfonce dans les forêts; qu'il erre sous leur voûte mobile; qu'il gravisse la colline, d'où l'on découvre, d'un côté de riches campagnes, de l'autre le soleil levant sur des mers étincelantes, dont le vert changeant se glace de cramoisi et de feu; sa douleur ne tiendra point contre un pareil spectacle : non qu'il oublie ceux qu'il aima, car alors ses maux seraient préférables, mais leur souvenir se fondra avec le calme des bois et des cieux : il gardera sa douceur et ne perdra que son amertume. Heureux ceux qui aiment la nature : ils la trouveront, et trouveront seulement elle, au jour de l'adversité.

Commentaire sur l'exemplaire « confidentiel » : « Ici j'ai peint toute ma vie en Angleterre. J'avais d'abord parlé à la première personne, mais il me semble que la troisième fait plus d'effet. »

Les temps dans lesquels nous vivons et la nature de mes études m'ont fait désirer de voir l'endroit où Charles Ier fut exécuté. Je demeurais alors dans le Strand. J'arrivai, après bien des passages déserts, par des derrières de maisons et des allées obscures, jusqu'au lieu où l'on a érigé très impolitiquement la statue de Charles II, montrant du doigt le pavé arrosé du sang de son père. À la vue des fenêtres murées de Whitehall, de cet emplacement qui n'est plus une rue, mais qui forme avec les bâtiments environnants une espèce de cour, je me sentis le cœur serré et oppressé de mille sentiments. Je me figurais un échafaud occupant le terrain de la statue, les gardes anglaises formant un bataillon carré, et la foule se pressant au loin derrière. Il me semblait voir tous ces visages, les uns agités par une joie féroce, les autres par le sourire de l'ambition, le plus grand nombre par la terreur et la pitié; et maintenant ce lieu si calme, si solitaire, où il n'y avait que moi et quelques manœuvres qui équarrissaient des pierres en sifflant avec insouciance. Que sont devenus ces hommes célèbres, ces hommes qui remplirent la terre du bruit de leur nom et de leurs crimes, qui se tourmentaient comme s'ils eussent dû exister toujours? J'étais sur le lieu même où s'était passée une des scènes les plus mémorables de l'histoire : quelles traces en restait-il? C'est ainsi que l'étranger, dans quelques années, demandera le lieu où périt Louis XVI, et à peine des générations indifférentes pourront le lui dire. Je regagnai mon appartement, plein de philosophie et de tristesse, et plus que jamais convaincu par mon pèlerinage de la vanité de la vie, et du peu, du très peu d'importance de ses plus grands événements.

Note de 1826 sur ce passage : « Quelque chose de ces sentiments a passé dans le récit de *René*. Voyez cet épisode. [...] »

D'autres, plus heureux que moi, ont mêlé leur sang au vôtre : c'était ma destinée, de traîner après vous sur la terre une vie désormais sans illusions et pleine de regrets. [...]

C'est un sentiment naturel aux malheureux de chercher à rappeler les illusions du bonheur, par le souvenir de leurs plaisirs passés. Lorsque j'éprouve l'ennui d'être, que je me sens le cœur flétri par le commerce des hommes, je détourne involontairement la tête, et je jette en arrière un œil de regret. Méditations enchantées! charmes secrets et ineffables d'une âme jouissant d'elle-même, c'est au sein des immenses déserts de l'Amérique que je vous ai goûtés à longs traits! On se vante d'aimer la liberté, et presque personne n'en a une juste idée. Lorsque, dans mes voyages parmi les nations indiennes du Canada, je quittai les habitations européennes et me trouvai, pour la première fois, seul au milieu d'un océan de forêts, ayant pour ainsi dire la nature entière prosternée à mes pieds, une étrange révolution s'opéra dans mon intérieur. Dans l'espèce de délire qui me saisit, je ne suivais aucune route; j'allais d'arbre en arbre, à droite et à gauche indifféremment, me disant en moi-même : « Ici, plus de chemins à suivre, plus de villes, plus d'étroites maisons, plus de présidents, de républiques, de rois, surtout plus de lois, et plus d'hommes. Des hommes? si : quelques bons Sauvages qui ne s'embarrassent de moi, ni moi d'eux; qui, comme moi encore, errent libres où la pensée les mène, mangent quand ils veulent, dorment où et quand il leur plaît ». Et pour essayer si j'étais enfin rétabli dans mes droits originels, je me livrais à mille actes de volonté, qui faisaient enrager le grand Hollandais qui me servait de guide, et qui, dans son âme, me croyait fou. Délivré du joug tyrannique de la société, je compris alors les charmes de cette indépendance de la nature, qui surpassent de bien loin tous les plaisirs dont l'homme civil peut avoir l'idée. Je compris pourquoi pas un Sauvage ne s'est fait Européen, et pourquoi plusieurs Européens se sont faits

Sauvages; pourquoi le sublime Discours sur l'inégalité des conditions est si peu entendu de la plupart de nos philosophes. Il est incroyable combien les nations et leurs institutions les plus vantées paraissaient petites et diminuées à mes regards; il me semblait que je voyais les royaumes de la terre avec une lunette invertie; ou plutôt, moi-même agrandi et exalté, je contemplais d'un œil de géant le reste de ma race dégénérée. [...]

Bienfaisants Sauvages! vous qui m'avez donné l'hospitalité, vous que je ne reverrai sans doute jamais, qu'il me soit permis de vous payer ici un tribut de reconnaissance. Puissiez-vous jouir longtemps de votre précieuse indépendance, dans vos belles solitudes où mes vœux pour votre bonheur ne cessent de vous suivre; inséparables amis, dans quel coin de vos immenses déserts habitez-vous à présent? Êtes-vous toujours ensemble, toujours heureux? Parlez-vous quelquefois de l'étranger de la forêt? Vous dépeignez-vous les lieux qu'il habite? Faites-vous des souhaits pour son bonheur au bord de vos fleuves solitaires? Généreuse famille, son sort est bien changé depuis la nuit qu'il passa avec vous; mais du moins est-ce une consolation pour lui, si, tandis qu'il existe au-delà des mers, persécuté des hommes de son pays, son nom, à l'autre bout de l'univers, au fond de quelque solitude ignorée, est encore prononcé avec attendrissement par de pauvres Indiens.

« C'est du René », commentera finalement pour tous ces textes la note de 1826. Mais cette fois, est-il besoin même de le nommer? JE étranger de la forêt, JE venu d'Europe et perdu dans la société et dans la nature indiennes même sur lesquelles il avait compté : la couture est faite de l'*Essai* avec *les Natchez*, avec *René*. On est en plein dans le roman, et le JE voyageur, le JE timidement commentatif du début devenu le JE émigré finit par remplir tout le livre, repoussant vers la périphérie de l'ouvrage les considérations abstraites. Le héros du vague des passions est désormais fortement constitué et, ce qui est un progrès sur *les Natchez*, il est constitué dans une Histoire qui le voue à la destruction. Et pourtant... il est, dans cette Histoire *moderne*, des époques citoyennes. C'est ce qui apparaît nettement dans les passages qui font l'éloge de la Révolution française :

Voilà bien les rudiments d'une force militaire; mais il fallait l'organiser. Un comité, dont on a dit que les talents ne pouvaient être surpassés que par les crimes, s'occupe à lier ces corps déjoints. Et ne croyez pas que les tactiques anciennes des César et des Turenne soient recherchées : non. Tout doit être nouveau dans ce monde d'une ordonnance nouvelle. Il ne s'agit plus de sauver la vie d'un homme et de ne livrer bataille que quand la perte peut être au moins réciproque; l'art se réduit à un calcul de masse, de vitesse et de temps. Les armées se précipitent en nombre double ou triple pour les masses : les soldats et l'artillerie voyagent en poste de Nice à Lille, quant aux vitesses; et les temps sont toujours uns et généraux dans les attaques. On perdra dix mille hommes pour prendre ce bourg; on sera obligé de l'attaquer vingt fois et vingt jours de suite; mais on le prendra. Quand le sang des hommes est compté pour rien, il est aisé de faire des conquêtes. Les déserteurs et les espions ne sont pas sûrs? c'est au milieu des airs que les ingénieurs vont étudier les parties faibles des armées, et assurer la victoire en dépit du secret et du génie. Le télégraphe fait voler les ordres, la terre cède son salpêtre, et la France vomit ses innombrables légions.

De même, dans l'éloge de *la Marseillaise,* donnée comme exemple (scandaleux?) de poésie moderne. De même dans la comparaison des batailles pour l'indépendance de Fleurus et de Salamine. Plus d'un dut être surpris, en 1794, comme en 1826. Mais qui, exactement, et avec le plus de raison? La droite, certes. Mais la « gauche », qui savait lire, et qui voyait l'héroïsme initial et superficiel, l'héroïsme *populaire* d'une révolution dont l'essentiel, était-il dit ailleurs, allait à la solitude de l'individu, à la destruction de toute poésie et de toute authenticité au monde? « L'orgie noire d'un cœur blessé », le sentiment d'avoir été floué dans son désir profond et vital d'autre chose et d'ailleurs, ce n'était pas Fleurus qui les provoquait, ni cette ode républicaine qu'est l'hymne des Marseillais qui « mena tant de fois les Français à la victoire ». C'est bien plutôt, par exemple, ce vote de la Constituante qui consolide les créances des usuriers [4]. Époque citoyenne, la

4. Chateaubriand signalant ce vote, aussi important que la loi Le Chapelier qui interdit les syndicats, est tout proche de Balzac.

Révolution française ne l'a été que de manière bien secondaire. Comment, dès lors, René pourrait-il être guéri, réintégré? C'est bien là la conclusion, idéologique et littéraire de l'*Essai* : cette démocratie, cette République qui finit en Directoire (plusieurs fois nommé), en quoi ont-elles changé profondément quoi que ce soit au sentiment d'exil et d'étrangeté dans le monde?

5

Le « Génie du Christianisme » : apologétique et vision du monde

Problèmes d'une écriture bien-pensante

René, qui vient des *Natchez,* a été récrit, dans le cadre de l'entreprise concordataire de Bonaparte, pour entrer dans le *Génie* et y servir un projet didactique et politique : prouver l'excellence, la pertinence et la nécessité de la religion chrétienne. Mais aussi, en sens inverse, *René* a été écrit et *a été lu,* malgré les précautions prises par son auteur, à l'écart du *Génie,* œuvre édifiante et de paix sociale. D'une part, *René* appuie la thèse du *Génie* (danger des passions, de la complaisance à soi-même, et « fécondité » littéraire et psychologique du christianisme); d'autre part, il le mine ou le fait lire autrement (prégnance des passions, problème de la jeunesse). Mais on peut dire aussi que le *Génie* en tant que projet didactique, *écrit* mobilisant tout un implicite, se nie déjà lui-même à certains moments, et par là sinon implique, du moins appelle et justifie *René.*

Le *Génie* est un texte souvent pédant et morne, comme tous les textes *volontairement* bien-pensants. On n'en cite et connaît le plus souvent que tel passage faisant novation dans le domaine de la critique, de l'esthétique, de l'analyse morale (le vague des passions, les études comparées de héros littéraires, la cathédrale gothique) ou bien, à l'inverse, tel tableau (les Rogations) qui fut longtemps utilisé comme texte de défense religieuse et sociale. Les passages novateurs, universellement connus (?), sont-ils cependant exemplaires

125

ou insolites? Il faut les lire dans leur environnement textuel, contre quoi pour l'essentiel ils signifient et qui les a rendus nécessaires par son enfermement même. En fait *René* et les thèmes du mal de vivre sont intimement tressés dans une écriture exemplifiante affrontée à ses propres problèmes. L'insolite, dans ce texte qui se veut assurant, conduit à *René* et le rend logique et nécessaire, alors même que *René* y est donné à lire comme exemple de la manière dont il ne faut pas vivre. Ainsi, morceaux et fragments, « tableaux » comme on disait alors, ne sont textes que par rupture avec le dessein global. *René* tire son sens de sa valeur de contrebande et de contre-texte dans un ensemble où on l'a vite repéré comme faisant tache et scandale. Le *Génie* est un texte à la fois programmatique et tactique : pour une nouvelle vision du monde, alors que celle des Lumières est durement compromise par la société civile et la Révolution; et Chateaubriand qui se rallie cherche à justifier son ralliement, en même temps que son ralliement engendre sa nécessaire vision du monde. Le ralliement n'est pas qu'opportunisme. La vision du monde n'est pas que valable lecture d'un monde nouveau. En ce sens le *Génie* est un texte qu'il faut lire en entier. Sans quoi *René* ne livre pas son sens dans le *Génie*, et l'on voit mal comment le *Génie* est un texte de crise et de difficulté. Espèce de somme historique et philosophique numéro deux après l'*Essai*, le *Génie* s'essaie à nouveau, mais par d'autres voies, à organiser au sein d'une vision satisfaisante le pulsionnel et le responsable.

La religion chrétienne qui a si bien résisté aux hérésiarques et aux sophistes, à l'époque moderne, a moins bien résisté à ceux que Chateaubriand appelle les « frivoles ». Nous dirions aux écrivains, aux hommes d'esprit, aux mondains, aux représentants de la modernité. Or c'est contre les frivoles qu'est écrit le *Génie*, avec cette charge supplémentaire que sont *Atala* et *René*. Démarche en apparence pascalienne : on adapte l'apologie à l'adversaire. Les frivoles du xviiie siècle, hommes d'un positif immédiat, n'ont pas compris ces autres *réalités* que sont la beauté, le mystère, la profondeur et la complexité du monde, tels que pourtant l'après-révolution les rend manifestes et sensibles. Contrairement à ce que croyait la raison (bourgeoise) le monde n'est ni simple par nature, ni simplifié par l'Histoire. Or à l'ironie auto-satisfaite des frivoles on ne répond pas par des raisons. On répond par des images et par du style. Il ne faut pas tant convaincre que toucher, prendre à contre-pied. Il s'agit d'écrire autrement : Chateaubriand enregistre l'échec de la contre-offensive de l'apologétique catholique du XVIIIe, et il en tire les conséquences.

Mais qui sont les « frivoles »? L'*Essai* a déjà répondu : les corrompus de l'argent, les nouveaux mondains. Chateaubriand dès lors va reprendre le schéma de Pascal : non pas prouver l'excellent par Dieu, mais Dieu par l'excellent. Partir de l'expérience humaine, qui vient d'être profondément renouvelée par la Révolution, le risque étant peut-être que l'humain devienne trop intéressant. *René,* par exemple, roman chrétien, peut faire preuve dans la mesure où il dira l'existence et ira plus loin que la littérature des essences. Mais *René* peut aussi provoquer de troubles attirances, menaçant toute essence, bourgeoise et philosophique aussi bien que traditionaliste. Chateaubriand, c'est entendu, veut faire œuvre d'ordre. Mais quelque chose risque de se passer en cours de route, une évasion, une survalorisation que manifestera l'écriture. Dieu est excellent, la religion est excellente, parce qu'ils rendent compte de l'humain : pour Pascal, des contradictions psychologiques ou morales, pour Chateaubriand (avec moins d'analyses que d'élégies et plus globalement), de l'existence. Le monde moderne aime la poésie, la liberté, les arts, les lettres, mais toutes ces valeurs sont perverties par la frivolité et la corruption. Or la religion est le seul lieu où poésie, liberté, arts, lettres prennent un sens et sont possibles. Idée capitale : poésie, liberté, arts, littérature ne sont pleinement possibles que dans et par un ailleurs dont il n'importe que secondairement qu'il soit baptisé ici *chrétien*. Il faut partir de l'expérience. Mais laquelle? Elle sera ici précisément localisée, alors que Pascal ne datait son humanité que par une fugitive allusion à la Fronde. Mais peut-on quand même partir impunément de l'Homme et de son Histoire, et les risques ont-ils été correctement mesurés? L'homme a changé depuis Pascal.

Chateaubriand s'aperçoit vite du danger : dès les premières pages, lourdement démonstratives, il tient fermement son projet, assénant, multipliant les affirmations bien pensantes : « *la religion développe les passions vertueuses* » ou « *il n'y a point de honte à croire avec Newton et Bossuet, Pascal et Racine* ». Spontanément, il recourt à l'autorité. Il sait, et peu importe que son lecteur l'ignore, qu'il a derrière lui le *René* blasphématoire des *Natchez*. Aussi, à la question :

> N'y a-t-il pas des dangers à envisager toute foi sous un jour purement humain?

il répond :

> Notre religion craint-elle la lumière?

Il faut, en conséquence, « parler la langue de ses lecteurs ». Mais quelle langue, exactement, parlent les lecteurs, et laquelle vont-ils entendre dans ce discours ambigu? Qu'est-ce au juste qu'on avait déjà entendu dans *Atala*, publiée séparément? Un changement de front s'impose et les bondieuseries ne suffisent plus.

Comment arguments et preuves, Chateaubriand va recourir à Rousseau (qu'il condamnera cependant à propos de *René*, le rendant responsable de la « mode » du suicide et de la tristesse) et aux thèmes de la société civile : sentiment de manque et d'inachèvement de soi en même temps que des possibilités profondes. La vie est bloquée. L'histoire est un non-sens. Le vrai est dans la conscience. Arguments dangereux dans un écrit qui se veut d'ordre contre un ordre faux, mais qui risque de parler contre tout ordre, c'est-à-dire immédiatement contre l'ordre auquel on se rallie et que l'on désire conforter. C'est que depuis Pascal il y a eu déblocage de la vie, libération d'énergies, émergences de possibilités nouvelles. Il y a eu la découverte d'une certaine rationalité/irrationalité historique : il y a eu la Révolution et la promotion de toute une humanité, mais il y a eu aussi l'émigration et la dépossession, et pas seulement d'émigrés aristocratiques. L'expérience historique étant différente, le sentiment du possible et de l'impossible le sera aussi. Il y a eu légitimation de certains désirs (le bonheur, « idée neuve »). Il y a eu reconnaissance de certaines possibilités (économiques,

politiques, sociales, militaires). Mais elles ont été aussi perverties et corrompues. L'Histoire est légitime *et* illégitime. La
révolution (nécessaire) se fait par le capitalisme et la bourgeoisie (non nécessaires). L'apologétique dès lors est, à la
limite, impossible, et Dieu seul sait ce que, sans le vouloir, on
est en train de défendre et de trouver.

Une apologétique nouvelle?
des arguments nouveaux en tout cas

Chateaubriand cependant ne commence pas comme Pascal :
par un déshabillage de l'homme public en proie aux puissances trompeuses. Ici on part d'une autre constatation,
positive et spontanément mobilisatrice :

> Les sentiments les plus merveilleux sont ceux qui nous
> agitent un peu confusément. L'homme recherche les
> forêts. Pourquoi? Il y a là un fait dont la « philosophie »,
> qui aime les jardins à la française, rend mal compte.

Il existe une poussée trans-philosophique qu'on ne peut nier,
la philosophie de la clarté étant une philosophie de la censure
et de la clôture du réel, ici une philosophie bourgeoise et de
défense bourgeoise. Retour en arrière? Non. Prise en compte.
La philosophie de la clarté est celle de ceux qui veulent que
désormais, et sur des bases qu'ils ont décidées, l'Histoire soit
claire et finie, tout le reste étant immoral ou laid. Mais le
paria dans les forêts ou dans les faubourgs des villes témoigne du contraire. Il y a un reste historique, un surplus, un
irréductible que va dire et qu'a déjà dit l'écriture : l'émigration, le sentiment de solitude dans la société révolutionnée. Il
existe, on le sait bien aujourd'hui, une constante tentation
des révolutions positives de devenir positivistes pour éliminer
ou nier le « reste », l'historique non dominé qui résulte du
passé aussi bien que du présent, de l'avenir et de leurs
nouveaux problèmes, pour affirmer la fin de l'Histoire et pour
rejeter dans les ténèbres réactionnaires et passéistes [1] tout

---

1. On le dira sous la Restauration. On le dit déjà pour *Atala* : tout ce qui est
romantique est réactionnaire et, bien entendu, payé par Coblentz.

ce qui s'obstine à faire problème et question. Or dans la situation concrète de 1793-1799, qui, en l'absence de forces nouvelles de contestation sociale, dit d'abord et le mieux que tout n'est pas clair ni éclairé, sinon, comme toujours, la littérature? Pourquoi Fontanes (esprit pourtant pratique), aime-t-il Thomas Gray et pourquoi écrit-il telle poésie sur les monastères? Pourquoi la poésie de fait est-elle si facilement religieuse, même chez les agnostiques? Il existe avant de (re)trouver Dieu un immense entre-deux (domaine, bientôt, du roman réaliste) : l'expérience moderne de l'obscur, de l'absurde et de l'incomplet. Tout cela va être dit par une littérature nouvelle qui manifestera un étrange pouvoir, et dont on va faire la théorie.

Mais, dès lors, Chateaubriand va-t-il laisser parler la littérature? Le restaurateur d'ordre, alors même qu'il faisait appel au mystère dès le chapitre III *(De la Trinité)*, le voici qui, littéralement, bloque son texte par le recours à l'autorité, au didactique, à l'affirmation. Il compile. Il accumule les « preuves »; il multiplie références et citations : la trinité égyptienne, n'est-ce pas, par exemple, était inférieure à la chrétienne! Le livre, alors, piétine :

> Une tradition universelle nous apprend que l'homme a été créé dans un état plus parfait que celui où il existe à présent.

Quelle est la valeur de preuve, la valeur lisible, de cette tradition? Tous les philosophes ont dû, paraît-il, l'admettre :

> Si l'homme a été créé, il a été créé pour une fin quelconque, or étant créé parfait, la fin à laquelle il était appelé ne pouvait être que parfaite.

Et alors? Il y a eu désobéissance? *Pourquoi?* Il *doit* y avoir rédemption, recouvrance; la loi de réversibilité est juste, la rédemption ne peut être que hors de l'individu. Où? Et que veut dire *hors?* Mais voici quelque chose de capital :

> La nature a changé depuis la faute de notre premier père.

Une faute a été commise. Mais *quelle* faute? Double sens possible : faute ancienne d'Adam, ou faute de la modernité?

L'industrie qui a ruiné la commune originelle? Dans la commune (cueillette, âge d'or) il n'y avait pas progrès, donc il n'y avait pas mort. La question va revenir souvent dans le *Génie* : après la ruine de la commune, il y a vie, progrès, mais aussi chute, et la vie implique la mort. La Révolution a prétendu résoudre le problème. Elle a fait triompher la mort. Mais ce sont de vieilles et non de modernes raisons qui sont invoquées contre la Révolution : le monde créé par Dieu (les astres) est harmonie; l'effort humain (notamment révolutionnaire) est chaos. Autant d'affirmations partisanes et stériles. L'âge d'or est-il derrière nous ou devant? La discussion serait intéressante, mais elle est ici conduite à faux. Et voilà le châtiment de l'écrivain, ce style bondieusard, dont on se demande si Chateaubriand est dupe, et dans lequel à nouveau il s'enfonce :

> Contemplons maintenant le souverain des cieux dans une bergerie. Il est des cœurs qui ne savent rien voir dans les objets les plus divins, etc., etc.

Ou encore : « Pour nous [...] nous sommes persuadés... » Ce *nous* n'est pas un *moi* et *je* est loin. Dès lors, la littérature se voit enjoindre de traiter les vrais sujets dont elle n'aurait à discuter ni la nature ni l'importance. Chateaubriand parle ici, sinon en flic littéraire, du moins en chapelain du nouveau régime :

> Poètes qui avez reçu le feu créateur [...], peignez-nous cette bienheureuse vierge Marie... [2]

Voici pourtant que resurgit de l'inattendu et du neuf, qui fait sortir un moment le livre de l'argument asséné :

> Nous ne sommes plus les mêmes chrétiens [...], vieillis dans le siècle et non plus dans la foi.

Or, qu'est-ce ici que le « siècle »? Non pas certes encore le XIXe, mais *le* siècle au sens traditionnel de la vie non spiri-

---

2. Cette injonction disparaîtra dans la réédition des *Œuvres complètes* en 1828.

tuelle, de la vie profane; non le siècle historique et numéroté avec lequel on est né, ou avec lequel on débarque en France, retour d'Amérique. Ce siècle-là pourtant, encore abstrait, a un sens, qu'il le veuille ou non, historique :

> Il n'y a plus de Saint Jean au désert et l'heureux catéchumène ne sentira plus couler sur lui ces flots du Jourdain qui emportait aux mers toutes ses souillures.

Le siècle, ici, c'est l'éloignement et la mort d'images chères et assurantes, et c'est toute une évolution dramatique qui est ainsi perçue : celle de la mort de Dieu. Mais ce n'est là que leur et Chateaubriand recommence à asséner ses vérités :

> Le Verbe a daigné se faire semblable à nous.

Cette indignité de l'homme, pourtant, n'est-elle pas contredite par les exigences profondes du moi qui, dès l'*Essai*, a jugé l'Histoire, et qui, très vite, ici reparaît. Décidément, comment être sûr?

Les passions, l'individu, l'Histoire

Voici venir en effet, avec l'adolescence, définie conjointement par les « passions » et par la « conscience » (on dirait aujourd'hui la vie sexuelle et la vie politique), un texte évidemment chargé de souvenirs et qui engage plus qu'on ne veut :

> C'est le moment où le cœur va s'enflammer du feu des passions, le moment où il va concevoir l'être suprême : Dieu devient l'immense génie dont l'adolescent se sent tout à coup tourmenté, et qui remplit les facultés de son âme inquiète et agrandie.

Qu'on se rassure :

> La Religion n'oubliera pas son enfant.

Ce qui signifie qu'avec le chapitre sur la Confirmation, c'est à nouveau l'aplatissement récupérateur. Mais au passage quelque chose a été écrit : cette « *âme inquiète et agrandie* ». La puberté, l'éveil de l'esprit sont des données brutes dont l'histoire est à écrire, dont l'histoire aussi (mais qui le sait, à cet endroit du livre?) est alors déjà écrite dans *René*. On passe, mais quelque chose a bien réellement parlé.

Au moment de l'adolescence, l'homme est encore « à l'état de nature ». Il va maintenant être considéré dans « ses rapports avec la société » et le problème va être d'insérer, d'intégrer les passions et l'intelligence. Serait-ce que, nécessairement, intelligence et passions font brèche? Et si oui, pourquoi? Si les passions sont nature, qu'est-ce qui est anti-nature? La littérature classique ignore ces problèmes et l'adolescence, quasi asexuée, n'y brise rien à l'ordre du monde. Les jeunes gens, jusqu'à *la Marseillaise* y compris, chant d'un monde où il n'existe pas de conflit jeunesse/non jeunesse, sont entrés dans la carrière quand leurs aînés n'y étaient plus. Quand et pourquoi la société fait-elle obstacle à cette double pulsion sexuelle et politique, et quel est le sens de ce nouvel affrontement? L'Éliacin de Racine, le jeune Saint-Simon, les jeunes enfants de la patrie ignorent le vague des passions, et Chérubin s'en arrange avec les chambrières, les comtesses, et les filles de jardinier. En fait, cette rupture ne vaut vraiment que dans l'ordre bourgeois qui à la fois instruit et valorise la jeunesse et la bloque par le sous-emploi, par l'obligation d'accepter sa propre dégradation si l'on veut être employé. Dès lors, les années d'apprentissage, devenant signe prophétique d'une inadaptation, vont devenir littéraires (collège de Dol, jeux solitaires de René). Le temps de la formation et des promesses, mais aussi des découvertes, va se révéler un des maillons faibles du système social et idéologique nouveau. On essaiera de s'en tirer par quelque « leçon » (le père Souël), ce qui n'empêchera pas que des choses au passage aient été écrites qui seules, finalement, devaient être lues.

Voici à nouveau les passions, mais cette fois au niveau de l'Histoire, comme une maladie évolutive. On retrouve l'idée de « nouveaux chrétiens », mais précisée : les hommes sont devenus plus nombreux et donc les rapports humains plus complexes. Dans la commune originale (historique : *avant* le capitalisme; géographique : *à côté* des formations sociales plus avancées, comme en Amérique; ici, il s'agit des premières communautés chrétiennes), de peu d'étendue, consommatrice au jour le jour, hors de tout circuit d'échange, il n'y avait pas de réelle coupure riche/pauvre; on partageait tout, et le prêtre (signe de l'absence de contradictions économiques) gérait la fortune commune. Le processus (fascination, ici, des solutions passéistes) aurait-il été recommencé avec les misères des nouveaux chrétiens? Parlant des catacombes, Chateaubriand parle en fait (qui s'y tromperait et s'y trompait? il travaille ici, sans même le savoir, à ses futurs *Martyrs*) des prisons de 1793 :

> Ce n'est pas dans le feuillage des bois et au bord des fontaines que la vertu paraît avec le plus de puissance; il faut la voir à l'ombre des murs des prisons et parmi des flots de sang et de larmes. Combien la religion est divine, lorsqu'au fond d'un souterrain, dans le silence et la nuit des tombeaux, un pasteur que le péril environne, célèbre, à la lueur d'une lampe, devant un petit troupeau de fidèles les mystères d'un dieu persécuté.

Les communautés restreintes, stables et pures parlent contre les sociétés nombreuses, agitées et corrompues : sitôt que la société grandit, elle périt, ou, ce qui revient au même dans cette perspective fixiste, elle change. Le péril est donc dans l'extension du champ historique manifestée (causée?) par l'augmentation du nombre des hommes. Chateaubriand n'est ici nullement prêt à affronter les problèmes des sociétés de masse. Il pense encore, comme tout le XVIIIe siècle, en termes de conservation et de préservation, recourant sans hésiter (mais on verra la portée auto-punitive et auto-accusatrice de ces assertions) à l'argument pré-malthusien :

> [Abraham] parut dans un temps d'innocence, dans un temps où la terre manquait d'habitants; Jésus-Christ vint, au contraire, au milieu de la corruption des hommes, et lorsque le monde avait perdu sa solitude. *La pudeur peut donc fermer le sein des femmes.*

D'où s'ensuit le culte de la Vierge :

> Le législateur des chrétiens naquit d'une vierge, et mourut vierge. N'a-t-il pas voulu nous enseigner par là, sous les rapports politiques et naturels, que la terre était arrivée à

son complément d'habitants, et que loin de multiplier les générations, *il faudrait désormais les restreindre?*

Et la pensée achève, impitoyable :

> Une population excessive est le fléau des empires. Les barbares du Nord ont dévasté le globe quand leurs forêts ont été remplies; la Suisse était obligée de verser ses industrieux habitants aux royaumes étrangers, comme elle leur verse ses rivières fécondes; et, sous nos propres yeux, au moment même où la France a perdu tant de laboureurs, la culture n'en paraît que plus florissante. Hélas! misérables insectes que nous sommes! bourdonnant autour d'une coupe d'absinthe, où par hasard sont tombées quelques gouttes de miel, nous nous dévorons les uns les autres lorsque l'espace vient à manquer à notre multitude. Par un malheur plus grand encore, plus nous nous multiplions, plus il faut de champ à nos désirs. De ce terroir qui diminue toujours et de ces passions qui augmentent sans cesse, doivent résulter tôt ou tard d'effroyables révolutions.

Est-ce clair? Ni sexe ni industrie. Toute l'idéologie malthusienne est là, caution et conséquence, à la fois, d'une pratique nécessaire aux formations sociales menacées. Croissez et multipliez, ainsi, concerne les conversions à opérer non les enfants à faire! Une note en fin de volume précise d'ailleurs utilement que lorsque la population est nombreuse la propriété se divise et que, nécessairement, les « passions » s'allument et la stabilité, menacée, disparaît. La puissance (pro)créatrice est ainsi devenue menace; le célibat des femmes, la virginité masculine permettent de conjurer partiellement le péril des passions, déjà repéré au moment de l'adolescence comme force de rupture : *la seule solution au problème des passions et au problème de l'Histoire est ainsi de nature castratrice.* Il naît un nouveau conflit (conséquence et « découverte » poétique du christianisme) entre virginité et « orages du cœur » qui, le texte le dit, *existent.* Le désir est naturel mais il engendre le désordre, et il est condamné à ne pas être créateur. L'ordre ne peut donc s'affirmer qu'aux dépens du désir devenu passion. Si la virginité fascine, c'est qu'elle dit un monde préservé, et c'est qu'elle témoigne, avec ses propres armes et son langage à la fois absolu et limité, pour la non-corruption.

Le défaut de l'analyse est visible : Chateaubriand, venu de son passé aristocratique et qui n'a pas encore réellement découvert le monde moderne en sa positivité, raisonne uniquement dans le cadre d'une économie stable, où tout est plus aisément partagé que dans une économie en expansion où une population nombreuse peut être signe et moyen de solutions créatrices. Mais au fait, à qui s'adresse ici Chateaubriand, et à qui parle son texte? A la société « frivole » et libertine, qui est contre le célibat, mais aussi pourtant contre la contraception? Ne serait-ce pas plutôt à lui-même et au sens de son désir? Une censure fonctionne à l'intérieur de l'être, et les analyses cherchent à lui donner justification et dimension institutionnelle. Ainsi René ne vivra pas avec sa femme. Mais est-ce le christianisme qui a *produit* cela? Ou ne l'a-t-il que codifié? Chateaubriand fait le détour par l'économie politique après être parti de l'expérience humaine individuelle. Et pour trouver finalement quoi? Dieu et sa loi? Ou la loi bourgeoise? Les masses, à leur manière, entrent dans l'Histoire : les masses et le nombre, au moment où un enfant à Combourg ne faisait qu'un cadet dépourvu de plus. L'expulsion de l'être hors du non-être et de la non-conscience dans l'Histoire est une faute. D'où la mère de René, qui lui a infligé la vie, en mourra, en est morte, tuée par le texte qui cherche à dire ce drame moderne de la naissance, alors que Mme de Chateaubriand avait vécu. Il faut bien que quelqu'un paie. On prend ce qu'on a sous la main.

En attendant, on essaie de se tirer d'affaire avec le mariage, qui unit pureté et société. Mais le mariage peut être lui-même un piège. Le mariage, en effet, « point sur lequel roule toute l'économie sociale », est fondé sur des devoirs et non sur des plaisirs. Mais si les plaisirs sont la nature? C'est encore ici une cruelle dichotomie qui intériorise une passion sociale : le désir (mouvement) est menace, et la société (espace) ne peut être fondée sur le mouvement; le mariage ne saurait donc s'inscrire dans le fil des passions. L'être de passion n'aura donc pas de femme. Mais pourtant il aura des désirs. Comment en sortir? « Ne donnons point à l'hymen les ailes de l'amour. » On n'épouse pas la sylphide. Mais la sylphide existe quand même. Où retrouver l'unité de soi? Un « fantôme volage » ne peut être « une sainte réalité ». Mais d'où naissent donc les fantômes volages? René entraîne Céluta dans les bois pour jouer la comédie d'Eros. Mais Céluta voulait être une épouse et non une sylphide, rôle que le texte réserve à Mila, charmeresse et baigneuse, figure de fuite et d'ailleurs. Autre impasse : idéologie de la liberté ou idéologie de la responsabilité? Le mariage, finalement, est bon pour les autres. Pas pour René, héros démonique et révélateur, chercheur de totalité, alors que la solidité sociale est au prix de *dissociations.* L'apologétique, décidément, a du mal à se constituer. Va-t-on trouver un terrain plus solide du côté du gouvernement de la cité?

Gouvernement et connaissance

Avant Jésus-Christ, on a un chaos de lois. Depuis Jésus-Christ, on dispose de lois enfin cohérentes. Pourtant, le roman des sociétés le montrera, l'a montré *(les Natchez);* le monde n'est pas clair et *René* contredit par avance la conclusion des *Martyrs :* Constantin, quel qu'en soit son désir, ne ferme jamais l'abîme des révolutions dont on sait, depuis Londres, que la source est en nous, c'est-à-dire non tant dans *l'âme* que dans les profondeurs de la *réalité* humaine. Et cependant un monde s'obscurcit à mesure que la société civile explicite ses propres conséquences. En même temps, on constate, après avoir noté l'émergence des passions, l'affaiblissement de la foi. Or à quelles conditions y a-t-il foi dans une société? De même pour l'espérance : *« nécessité implique privation et privation marche avec désir. »* L'espérance est en relation avec « les misères ». Mais lesquelles? Le christianisme a inventé une nouvelle vertu : la charité, qui ne suit pas les intérêts et qui n'est pas ambitieuse. Mais qu'est-ce qu'intérêts et ambition? Ici ce ne sont que vices individuels, non lois et structures. Mais, dans un monde qui s'étend et se corrompt, apparaît un nouvel exercice des vertus. L'Histoire est « gré du sort », inconstance de la fortune, *« révolutions »;* elle n'a plus la rationalité de Montesquieu. Mais il existe une anti-Histoire : le code chrétien. Cette nouvelle négation de l'histoire-valeur fonctionne de manière double : elle est réaction de classe (comment, pour un fils de la noblesse, admettre la rationalité de 89-93?), mais aussi elle est réaction critique (89-93 a installé les gens que René trouve à son retour en France). Il demeure dès lors une exigence trans-révolutionnaire. Laquelle? Et qu'est-ce que ce « cœur du juste » qui continue à parler, donc à réclamer et à signifier? Est-ce que c'est le cœur qui connaît? Et alors, *quel* cœur? Creux et plein d'ordures? ou ayant tous les droits, et fondateur du droit?

Il fallait bien que figurât dans une apologie le procès de la connaissance et du progrès, fondements de toute pratique sociale et de tout espoir prométhéen. Il est à noter cependant (fait capital) que, à l'antique curiosité d'Adam concernant la nature et le cosmos, Chateaubriand ajoute celle, toute moderne, qui porte sur la politique et la « psychologie de l'homme » :

> Le secret de l'existence politique et morale de peuples, les mystères les plus profonds du cœur humain sont renfermés dans la tradition de cet arbre admirable et funeste.

Le temps a marché. Il y a eu Pascal et Montesquieu, leurs analyses et découvertes, leurs formulations. Il ne s'agit plus seulement, pour récuser les prétentions de la connaissance, des secrets de la nature et de la création.

Mais alors : *comment écrire un livre démonstratif sur la base du procès de la connaissance?* Ce qui est manifeste ne vaut rien, disait Pascal. Existe-t-il une autre manière de connaître, de prouver, de donner à lire? Autre erreur : Adam a voulu connaître par vanité, mais aussi par amour; s'il y a eu rupture d'une commune ce ne fut pas, comme le dirent ou le diront Rousseau et Saint-Simon, pour répondre à de nouveaux *besoins.* Le psychologisme ici occulte le réel historique. Pourtant, à l'origine des *Natchez* et de *René,* il y a rupture de commune. En fait, l'imagination qui, pour Pascal, était *à l'intérieur* du cercle des illusions, brise ici ce cercle et fait preuve contre le divertissement civil et sa « raison ». C'est que Pascal s'en prenait à l'imagination mondaine, alors que l'imagination poétique, dans *René,* est critique, révélatrice du réel, questionneuse des certitudes « positives » qui, elles-mêmes, à la limite, relèvent de l'imaginaire, du fictif, du fictionnel, du mystifiant-mystifié. La preuve en est immédiatement administrée par ce portrait :

> L'homme, tel que nous le voyons, n'est vraisemblablement pas l'homme primitif. Il contredit la nature : déréglé quand tout est réglé, double quand tout est simple, mystérieux, changeant, inexplicable, il est visiblement dans l'état d'une chose qu'un accident a bouleversée : c'est un palais écroulé et rebâti avec des ruines; on y voit des parties hideuses, de magnifiques péristyles qui n'aboutissent à rien, de hauts portiques et des voûtes abaissées, de fortes lumières et de profondes ténèbres : en un mot de la confusion, le désordre de toute part, surtout au sanctuaire.

Cet homme-là parle, et pas seulement par sa fin, par son être. Et à cette splendeur correspond une nouvelle impasse, avec un bien curieux affleurement de vocabulaire : « tout ce qui a été créé a nécessairement une marche *progressive* ». Mais Adam est allé trop vite. Ce qu'il voulait, il l'aurait eu plus tard. Il a voulu tout connaître à la fois. Mais quelle instance décide qu'on a des sentiments suffisants pour des connaissances nouvelles? Autre blocage. Adam est quand même (retenons cet acquis) inscrit dans l'Histoire.

Suit une autre distinction curieuse : la curiosité de l'amour est pardonnable; celle de la connaissance est folle. Parce que la connaissance est compromise et connotée du côté des frivoles, des lumières et des intérêts bourgeois? Parce que l'amour, folie d'autrefois, est parole pour demain? Parce que la science nouvelle ne saurait être celle des idéologues mécanistes? La quête de René autour du monde est une quête passionnée. Mais passionnée pour quelles « raisons »? Il y a procès de la connaissance et de la conscience, mais aussi (comme finalement dans tout effort apologétique et démonstratif sérieux, mais ici, plus que l'intellectuel, c'est le politique et le littéraire qui font balle) relance de la connaissance et de la conscience. Il y a eu intervention de l'Histoire, le vécu s'est historisé. La connaissance, dont on institue le procès, a donc, à l'insu de tous, progressé. Telle est la revanche du vécu.

Le voici à nouveau ce vécu, tel que l'avait ignoré Pascal : les ruines découvertes en Amérique et qui, décidément, hantent Chateaubriand :

> On a demandé, mais sans succès, quel peuple a laissé de pareilles traces? L'homme est suspendu dans le présent entre le passé et l'avenir, comme sur un rocher entre deux gouffres; derrière lui, devant lui, tout est ténèbres; à peine aperçoit-il quelques fantômes qui, remontant du fond des deux abîmes, surnagent un instant à leur surface, et s'y replongent.

Quel renouvellement de l'argument des deux infinis! L'homme n'est plus présenté entre l'infiniment grand cosmique et l'infiniment petit microscopique, mais entre le passé et l'avenir *historiques :* découverte consécutive à la découverte pratique des révolutions, comme chez Pascal à la découverte pratique du microscope et de la lunette de Galilée. *L'angoisse ne provient plus de l'infinie suspension entre ces deux pôles de l'univers physique mais de l'infinie suspension entre les deux pôles de l'univers politique.* Quel passé? Quel présent? Quel avenir? A la différence de Pascal, Chateaubriand est bien obligé de tenir compte des civilisations et de leur histoire. Quelle relecture! Les effets sont en apparence les mêmes : blocage, frayeur, angoisse, mais devant l'Histoire, et qui donc disent l'Histoire. L'Histoire dramatique, dimension nouvelle de l'humanité n'est pas séparable (autre élément de la science nouvelle) de l'émergence et de la valorisation critique d'un moi, non plus haïssable mais dramatique et poétique.

Idéologie, pour autant, du progrès? Non pas. Ayant écrit :

> L'habitude, nous dirions presque l'amour du tombeau, que la matière a contractée, détruit tout projet de réhabilitation dans ce monde, parce que nos années ne sont pas assez longues pour que nos efforts vers la perfection première puissent jamais nous y faire remonter.

Chateaubriand commente en note, mettant clairement en cause Mme de Staël :

> Et c'est en ceci que le système de *perfectibilité* est tout à fait défectueux. On ne s'aperçoit pas que si l'esprit gagnait

toujours en lumières, et le cœur en sentiments ou en vertus morales, l'homme, dans un temps donné, se retrouvant au point d'où il est parti, serait de nécessité immortel; car, tout principe de *division* venant à manquer en lui, tout principe de *mort* cesserait. Il faut attribuer la longévité des patriarches, et le don de prophétie chez les Hébreux, à un rétablissement plus ou moins grand des équilibres de la nature humaine. Ainsi les matérialistes qui soutiennent le système de *perfectibilité* ne s'entendent pas eux-mêmes, puisqu'en effet cette doctrine, loin d'être celle du matérialisme, ramène aux idées les plus mystiques de la spiritualité.

L'attaque était apparue déjà dans l'*Essai* où elle s'inscrivait dans la bataille contre les Jacobins et leurs illusions. Il s'agit ici — c'est beaucoup plus grave — de ce qui *reste* de la Révolution, et de ceux qui continuent à croire au progrès comme s'il ne s'était rien passé et qui, évanoui le mythe spartiate et romain de 1793, se font objectivement les théoriciens de la bourgeoisie consulaire. Mais, par-delà l'immédiat, l'illusion de la perfectibilité philosophique est de croire que le progrès est réalisable dans le cadre d'une vie humaine, *c'est-à-dire qu'on puisse mettre fin à l'Histoire*. Or, contre cette perfectibilité à visée utilisatrice courte, qui raisonne en termes d'individu et non d'humanité, quelque chose parle, qui est le sentiment de l'incomplet et le rejet des essences et institutions. Les essences théologiques, elles, étaient contestées déjà par l'existence individuelle, mais les essences révolutionnées peuvent se voir opposer des essences néo-théologiques ou néo-religieuses qui, finalement, ne sont pas totalement incompatibles avec cette même existence. Chateaubriand parle ainsi deux langages et deux pratiques : langage et pratique de l'existence (contre l'apologétique essentialiste), langage et pratique néo-théologique et néo-religieuse (contre les essences révolutionnaires). Limitée à elle-même, l'existence peut très bien renouer avec le théologique et le religieux : telles sont évidemment les limites d'une révolte et d'un refus de nature individuelle et passéiste qui ne sont pas sans efficace critique, mais qui, aussi, se trouvent guettés par toutes les récupérations bien-pensantes. *Seule l'écriture littéraire pourra empêcher cette récupération.*

L'illusion révolutionnaire a été de croire à la réalisation indivi-duelle, à l'échelle humaine, du progrès et de l'accomplisse-ment, alors que l'expérience intime et l'écriture continuent à dire la déchirure et l'incomplet. La littérature seule pourra faire que déchirure et incomplet ne soient pas des thèmes réactionnaires. Contradiction majeure chez Chateaubriand : contre l'ambition individualiste, avec ses cautions perfectibi-listes, l'Histoire doit être stabilisée et fermée; mais aussi, contre les illusions de réussite et les solutions de type bourgeois, fait appel une déchirure aux conséquences aussi imprévisibles que limitées. Déchirure *et* clôture : le couple fonctionne vraiment, dès lors que l'on perçoit qu'il fonctionne contre le fini de l'ambition marchande et contre ses satisfac-tions. Mais aussi, contre une nouvelle ouverture révolution-naire possible et dangereuse (à la fois pour le moi et pour l'aristocratie), contre un néo-prométhéisme éventuel au pro-gramme précis, peut faire argument l'objection cyclique, que l'on voit ici renaître et qui prouve bien que Chateaubriand ne raisonne toujours pas dans le cadre de l'*expansion* et du *mouvement,* mais dans le cadre de l'*état* et de l'*espace :* le progrès, la perfectibilité sont aujourd'hui des essences justifi-catives de nouvelles situations de force et, contre elles, proteste ce sens intime d'être encore, ou plutôt à nouveau (c'est tout le romantisme), dans un *état,* dans un *espace* occupés *de fait* mais non *en droit.* Mais il y a *aussi* dans ce refus celui de toute occupation à terme de l'espace par l'homme, la condamnation de toute entreprise : c'est ainsi que René refuse d'exercer un métier. Redoutable ambiguïté entre le refus des compromissions avec l'ordre civil nouveau et une attitude finalement négative et irresponsable qui le coupe de tout *travail* sauf, précisément, celui de l'écriture.

L'homme s'est rendu maître de trois éléments : la terre, l'eau, récemment l'air (le ballon d'observation de Fleurus), mais ce n'est là qu'un faible crayon de ce qu'il aurait pu être et faire si ses entreprises n'étaient pas marquées d'une incomplétude inséparable de toute sa pratique. L'entreprise n'est pas péché en elle-même, mais elle est entachée de péché. Dès lors, le péché originel est *figure* pour le caractère incomplet et malthusien du développement économique tel qu'il s'est manifesté jusqu'alors. Mais il est aussi figure pour l'inaptitude à tout progrès de toute conscience et de toute existence limitée à elle-même, incapable, pour des raisons qui sont lisibles, de passer des pulsions (de signification historique) à la maîtrise de l'Histoire. Tout un mode d'être romanesque, tout un devenir littéraire sont ici inscrits comme possibles, le caractère non récupérable de René, sa constante puissance d'évasion pouvant aussi bien fonctionner contre la clôture libérale bourgeoise que contre l'ouverture révolutionnaire nouvelle.

Le progrès quand même?

Chateaubriand discute ainsi beaucoup plus longuement et de manière beaucoup plus personnellement engagée que Pascal le problème du progrès. C'est que l'Histoire l'y force. Pour Pascal, le progrès se présentait encore sous les formes rudimentaires d'une double libido relativement facile à démasquer et à réduire : le libertinage et la Fronde. Pour Chateaubriand, il s'agit de la Révolution française et de la philosophie du XVIIIe siècle, avec leurs conséquences qu'on ne saurait plus désormais considérer comme le seul résultat de l'amour-propre et des passions. Posée en termes neufs, la discussion ira nécessairement plus loin. On part, comme chez Pascal, de la comparaison entre l'instinct animal et la raison humaine, seule capable de progrès. Mais Chateaubriand ajoute cette comparaison : le règne animal comme le règne végétal est en équilibre; chez l'homme et chez les hommes il y a déséquilibre :

> Par quelle incompréhensible destinée l'homme seul est-il excepté de cette loi si nécessaire à l'ordre, *à la conservation,* à la paix, au bonheur des êtres? Autant l'harmonie des qualités et des mouvements est visible dans le reste de la nature, autant leur désunion est frappante chez l'homme. Un choc perpétuel existe entre son entendement et son désir, entre sa raison et son cœur.

Originellement, le même équilibre régnait chez l'homme, mais il s'est perdu et, désormais, il y a une contradiction entre *besoins* et *capacités.* Et ceci est vrai non seulement de l'individu, mais aussi des nations « considérées dans leur ensemble ». Comment ne pas s'accorder sur cette description? Saint-Simon le premier dira clairement que l'Histoire humaine est à la fois légitime et incomplète. Chateaubriand, lui, ne peut dépasser le stade de la constatation d'une déchirure entre désir et vouloir être. Cette déchirure, toutefois, fonctionne contre la bonne conscience bourgeoise révolutionnée, la bourgeoisie, classe alors la plus révolutionnaire, n'étant pas *tout* le progrès ni *toute* la révolution, et étant cependant le progrès et la révolution pensables. Cette impasse, source possible de bonne conscience aristocratique, est aussi susceptible d'être reconnue et lue par les victimes les plus authentiques et les plus exigeantes de l'ordre nouveau. C'est que l'orgueil et les intérêts bourgeois réalisent *du* progrès, mais l'entravent, et laissent l'homme divisé, relançant ainsi l'idée de manque, de limites et d'inaccomplissement : manque psychologique et moral, aussi bien que manque à gagner historique. La Révolution, finalement, ne nous a réellement rendus maîtres ni de nous-mêmes ni du monde. D'où le retour de l'angoisse métaphysique. La Révolution a ouvert les portes de « l'avenir du monde »? Oui, mais... D'où, son congé donné au progrès moderne immédiat, cette vision de ce qu'*aurait pu être* le progrès sans, quelque part et un jour, une tache, une faute, une erreur. Malgré les Lumières et malgré la Révolution, le ciel reste vide :

> Qui sait si la plus grande partie des générations ne fût point demeurée vierge, ou si ces millions d'astres qui roulent sur nos têtes ne nous étaient point réservés comme des retraites délicieuses où nous eussions été transportés par les anges? On pourrait même aller plus loin : il est impossible de calculer *à quelle hauteur d'arts et de sciences l'homme parfait et toujours vivant sur la terre eût pu atteindre.* S'il s'est rendu maître de bonne heure de trois éléments; si, malgré les plus grandes difficultés, il dispute aujourd'hui l'empire des airs aux oiseaux, que n'eût-il point tenté dans sa carrière immortelle? La nature de l'air, qui forme aujourd'hui un obstacle invincible au changement de planète, était peut-être différente avant le déluge. Quoi qu'il en soit, il n'est pas indigne de la puissance de Dieu et de la grandeur de l'homme, de supposer que la race d'Adam fut destinée à parcourir les espaces, et à animer tous ces soleils qui, privés de leurs

habitants par le péché, ne sont restés que d'éclatantes solitudes.

On peut se demander ce qui empêche et a empêché l'homme d'être « parfait ». Il l'a été. Il aurait pu l'être. Il ne l'est plus. Que serait cette idée, cependant, si elle n'avait été vécue et écrite?

Littérature et histoire problématique

Relisons :

> Quels *nouveaux arguments* n'aurait-on point formés contre l'Écriture, si on avait connu un autre prodige historique qui tient également à des ruines, hélas! comme toute l'histoire des hommes? On a découvert depuis quelques années, dans l'Amérique septentrionale, des monuments extraordinaires sur les bords du Muskingum, du Miami, du Wabache, de l'Ohio, et surtout de Scioto, où ils occupent un espace de plus de vingt lieues en longueur. Ce sont des murs en terre avec des fossés, des glacis, des lunes, demi-lunes et de grands cônes qui servent de sépulcres. On a demandé, mais sans succès, quel peuple a laissé de pareilles traces! L'homme est suspendu dans le présent, entre le passé et l'avenir, comme sur un rocher entre deux gouffres; derrière lui, devant lui, tout est ténèbres; à peine aperçoit-il quelques fantômes qui, remontant du fond des deux abîmes, surnagent un instant à leur surface, et s'y replongent.

Exercice pascalien? Réflexions d'ordre général? Non. A nouveau, comme dans l'*Essai*, Chateaubriand puise et recopie. Revoici donc cet orgueil, mais cette expérience : la littérature :

> Pour moi, amant solitaire de la nature, et simple confesseur de la Divinité, je me suis assis sur ces ruines. Voyageur sans renom, j'ai causé avec ces débris comme moi-même ignorés. Les souvenirs confus des hommes, et les vagues rêveries du désert se mêlaient au fond de mon âme. La nuit était au milieu de sa course : tout était muet, et la lune, et les bois, et les tombeaux. Seulement, à longs intervalles, on entendait la chute de quelque arbre que la

hache du temps abattait, dans la profondeur des forêts :
ainsi tout tombe, tout s'anéantit.

En fait de nouveaux arguments... L'historisation de la
réflexion se poursuit, René découvrant *du sens* à ses impressions d'autrefois. Ainsi, l'innocence sociale, c'était le temps
où « la prévoyance inutile ne détruisait pas le bonheur ».
C'est-à-dire où l'on n'était pas en proie au temps, au calcul.
Dans une économie de cueillette, par exemple, non soumise
à la recherche du profit et à la loi de l'accumulation, des
sentiments devenus « naturels » aux modernes (espoir, inquiétude, âpreté, prévoyance) mais qui sont des sentiments de la
vie médiatisée en société marchande, n'avaient *encore* aucun
sens, ni aucune expression littéraire. C'est le passage auto-
commentateur capital sur l'automne, devenu, depuis le progrès, la saison des tempêtes. René n'était pas capable de ce
recul. Mais aussi, sans *René,* ce recul n'aurait jamais été
pris :

> *Dans le départ des oiseaux de l'automne,* ils ne remar-
> quaient point la fuite des années, et la chute des feuilles
> ne les avertissait que du retour des frimas. Lorsque le
> coteau prochain avait donné toutes ses herbes à leurs
> brebis, montés sur leurs chariots couverts de peaux, avec
> leurs fils et leurs épouses, ils allaient à travers les bois
> chercher quelque fleuve ignoré, où la fraîcheur des ombra-
> ges et la beauté des solitudes les invitaient à se fixer de
> nouveau.

L'astronomie, alors, était purement descriptive et la poésie
était au cœur même de l'image du monde. Mais cette figura-
tion naïve et stable a disparu avec l'intervention dans l'Histoire du Temps, de la corruption, *c'est-à-dire* (ô Rousseau !) *la
propriété :*

> Ces beaux jours s'évanouirent; les hommes en gardèrent
> une mémoire confuse, dans ces histoires de l'âge d'or, où
> l'on trouve le règne des astres mêlé à celui des troupeaux.
> L'Inde est encore aujourd'hui astronome et pastorale,
> comme l'Égypte l'était autrefois. Cependant, avec la cor-
> ruption naquit la propriété, et avec la propriété la mensu-
> ration, second âge de l'astronomie.

Pour Rousseau, la corruption est le fruit de la société civile. Pour Chateaubriand, beaucoup plus idéaliste et qui tient à l'idée chrétienne de chute et de faute, la société civile, au contraire, est le fruit de la corruption. Impasse objective. La contradiction est certes repérée, mais, faiblement productive dans le champ théorique et argumentaire, il lui faudra, pour faire sens, le champ du poétique et du littéraire. Ainsi, le XVIIIe siècle a découvert les plus hautes merveilles de l'astronomie, et pourtant :

> Qui l'aurait pu penser? le moment où l'on découvrit tant de nouvelles preuves de la grandeur et de la sagesse de la Providence, fut celui-là même où l'on ferma davantage les yeux à la lumière : non toutefois que ces hommes immortels, Copernic, Tycho-Brahé, Képler, Leibniz, Newton, fussent des athées; mais leurs successeurs, *par une fatalité inexplicable,* s'imaginèrent tenir Dieu dans leurs creusets et dans leurs télescopes, parce qu'ils y voyaient quelques-uns des éléments sur lesquels l'Intelligence universelle a fondé les mondes.

Fatalité inexplicable : l'idéologie renonce et l'analyse, même anathématique, n'est que faiblement convaincante, alors même que, dans le roman, dans le texte littéraire et vécu, la vie proteste et parle :

> Lorsqu'on a été témoin des jours de notre révolution; lorsqu'on songe que c'est à la vanité du savoir que nous devons presque tous nos malheurs, n'est-on pas tenté de croire que l'homme a été sur le point de périr de nouveau pour avoir porté une seconde fois la main sur le fruit de science? et que ceci nous soit matière de réflexion sur la faute originelle : *les siècles savants* ont toujours touché aux *siècles de destruction (soulignés dans le texte).*

Réaction idéologique aujourd'hui bien connue : lorsque l'Histoire échappe commence le procès de la science. Vive l'ignorance! La science et le développement des Lumières auraient dû vérifier Dieu (ou le capitalisme). Ils ont fait le contraire : Dieu se porte de plus en plus mal (et le capitalisme aussi). Dès lors ce n'est pas Dieu, ce n'est pas le capitalisme qui ont tort, c'est la Science, les Lumières. Mais il est vrai aussi que ce procès des Lumières est celui des Lumières appropriées par la bourgeoisie, vécues comme aliénantes et frustrantes par l'homme. D'où cette capitale donnée existentielle : le désir moderne ne peut pas ne pas passer par les structures médiatisées, et dès lors il s'éprouve nécessairement comme impur. Mais le désir, s'éprouvant impur, ne peut pas, pour autant, ne pas être. Et toute l'expérience humaine s'inscrit dans un espace-prison. Or, c'est un espace-prison que la société civile et c'est un espace-prison qu'une Histoire appropriée à une classe. Et, contre l'espace-prison, joue, par exemple, la flèche gothique, figure du désir. Et hors de l'espace-prison fuit, ou rêve de fuir, le héros René; monastère ou voyage, faubourg ou nature solitaire :

> On dira peut-être que les causes qui donnèrent naissance à la vie monastique n'existant plus parmi nous, les couvents étaient devenus des retraites inutiles. Et quand donc ces causes ont-elles cessé? N'y a-t-il plus d'orphelins, d'infirmes, de voyageurs, de pauvres, d'infortunés? Ah! lorsque les maux des siècles barbares se sont évanouis, la société, si habile à tourmenter les âmes, et si ingénieuse en douleur, a bien su faire naître mille autres raisons d'adversité, qui nous jettent dans la solitude! Que de passions trompées, que de sentiments trahis, que de dégoûts amers nous entraînent chaque jour hors du monde! C'était une chose fort belle que ces maisons religieuses où l'on trouvait une retraite assurée contre les coups de la fortune, et *les orages de son propre cœur.* Une orpheline abandonnée de la société, à cet âge où de cruelles séductions sourient à la beauté et à l'innocence, savait du moins qu'il y avait un asile où l'on ne se ferait pas un jeu de la tromper. Comme il était doux pour cette pauvre étrangère sans parents d'entendre retentir le nom de sœur à ses oreilles! Quelle nombreuse et paisible famille la religion ne venait-elle pas de lui rendre! un père céleste qui ouvrait sa maison, et la recevait dans ses bras.
>
> C'est une philosophie bien barbare et une politique bien cruelle, que celles-là qui veulent obliger l'infortuné à vivre au milieu du monde.

Qui sont, ici, ces « infortunés » que l'on voudrait « obliger à vivre au milieu du monde »? Le chapitre de l'*Essai* a déjà répondu. La littérature, au sens fort du terme, frappe de plus

148

en plus fort à la porte. Et les couvents, on le sait depuis *René*, ce n'est pas ici, au sens bête, cette fois, de la littérature.

Mais la littérature ne tient-elle pas lieu de couvents? La philosophie de la bourgeoisie a tué le passé. Or l'homme total est à la fois passé et avenir :

> Il faut du merveilleux, un avenir, des espérances à l'homme, parce qu'il se sent fait pour vivre au-delà de notre univers.

Notre univers peut-il n'avoir qu'un sens métaphysique? L'idée d'un ailleurs tient toujours à la nature de l'ici. Et quand il n'est plus d'ailleurs historique pensable, les généralisations et universalisations métaphysiques renaissent. Le langage aussitôt s'en trouve bouleversé, la clarté ne va plus. Apparaît alors, pour faire et dire le nouveau, la littérature, qui est refuge, renfermement, mais aussi (le « progrès » est capital par rapport aux couvents de l'Histoire!) arme. Lorsque échappent les certitudes, on ne peut plus écrire ni parler de la même façon. Ce processus, Chateaubriand l'a bien repéré à propos de Bossuet; à propos du « telle que la mort nous l'a faite » :

> C'est, parce que le verbe *faire*, appliqué à la mort qui *défait* tout, produit une contradiction dans les mots et un choc dans les pensées, qui ébranlent toute l'âme; comme si pour peindre un événement si soudain, si malheureux, les termes avaient changé d'acception et que le langage fût bouleversé comme le cœur. *(Soulignés dans le texte.)*

La littérature paraît avec le manque à dire et elle est travail du langage, elle est efforcement, non quiète chartreuse. Chateaubriand est ici à cent lieues de tout académisme et de toute conception purement ornementale de la littérature. C'est ce qu'avait fait comprendre sa pratique depuis les débuts. C'est ce dont il commence ici la théorie, et qu'il va bientôt reprendre avec le vague des passions. Pour le moment, il pose à son texte et à son projet une question bien embarrassante : que faire, dans cette perspective, d'une littérature classique dont on voudrait bien faire une arme de défense sociale et de conservation morale?

Le thème d'une coupure antérieure à celle de la Révolution, et figurant pour elle, trouve ici, conformément au dessein de l'ouvrage, une expression culturelle et esthétique, c'est-à-dire morale et conservatrice : *Que l'incrédulité est la principale cause de la décadence du goût et de la dégénération du génie* (titre du chapitre 5, livre IV de la troisième partie). Qu'est-ce que, par exemple, l'éloquence révolutionnaire comparée à l'éloquence chrétienne? « Marat, Danton et Robespierre ont mis la langue, comme la patrie, à la torture. » Le discours réactionnaire, comme on voit, est solidement constitué et fonctionne. Bonald reprendra : « la littérature est l'expression de la société », c'est-à-dire la société a la littérature qu'elle mérite et donc, si l'on veut une meilleure littérature, il faut une meilleure société. *Mais qu'est-ce qu'une meilleure société?* La mission, en tout cas, dont s'était vu chargé le xviie siècle par les Lumières se trouve inversée : pour Voltaire, le siècle de Louis XIV avait fait avancer la raison; pour Chateaubriand, il a donné l'exemple de l'ordre, de la discipline et du goût. Mais que devient ici l'échappée du langage, comme chez Bossuet ou Pascal, cet « effrayant génie »? Où est la vraie valeur, la vraie fécondité du xviie siècle? Le thème de la coupure s'appauvrit, perd de sa valeur critique. Il n'oppose plus société classique à société marchande, mais société conservatrice à société révolutionnaire. Aucun doute, le xviie siècle est ici mobilisé au profit de Bonaparte. Mais que faire, alors, de la littérature? L'athéisme, c'est entendu, « est aussi nuisible aux beautés du génie qu'à celles du sentiment; il est la source du mauvais goût et du crime qui marchent toujours ensemble ». Mais suffit-il de rétablir l'ordre et la religion pour avoir une littérature? Et quelle est la vraie nature d'une religion culturellement productive? Faut-il qu'une religion, pour produire de l'art et de la poésie, soit *aussi* répressive et d'ordre moral? Où est ici la religion-liberté des martyrs et de l'infinie rêverie gothique? Les pages fameuses sur la cathédrale ne parlent pas tant pour une insertion rigoureuse que pour une évasion loin de tout ce qui contraint et enferme. Alors? Une fois de plus, impasse, contradiction. La question est déjà posée : René peut-il servir Constantin? En d'autres termes, si l'art et la poésie sont indispensables à l'homme, comment un système de gouvernement est-il possible? Le *Génie* va essayer de dépasser sur ce point les négations de l'*Essai*.

Du gouvernement?

Deux signes de ce qu'un gouvernement est possible : la commune indienne et la commune chrétienne des Jésuites du Paraguay. Le modèle indien a été présenté dans *Atala;* le modèle chrétien est longuement analysé dans le *Génie*. Dans un premier temps, Chateaubriand insiste sur le rôle patriotique des missionnaires. Ces hommes « aujourd'hui si méprisés » ont rendu d'importants services « à leur pays », « à nos marins », « à notre commerce », ce qui renvoie à des réalités marchandes dont *les Natchez* et l'*Essai* avaient fait pourtant bonne justice. C'est que Chateaubriand écrit désormais dans une grande perspective « nationale ». Idéologie libérale donc? Non, car dans ces colonies jésuites on remarque que ce qui est à l'œuvre c'est une pensée et une volonté organisatrices, c'est-à-dire l'exact inverse du laissez-faire. Les missionnaires ont été des défricheurs. Mais les défricheurs d'une « idée ». Une république *économique* s'organise, chez eux, en dehors de toute économie de marché :

> Il n'y avait point de marché public dans les bourgades : à certains jours fixes, on donnait à chaque famille les choses nécessaires à la vie. Un des deux missionnaires veillait à ce que les parts fussent proportionnées au nombre d'individus qui se trouvaient dans chaque cabane. La terre était divisée en plusieurs lots et chaque famille cultivait un de ces lots pour ses besoins. Il y avait en outre un champ public appelé la Possession de Dieu. Les fruits de ces terres communales étaient destinés à suppléer aux mauvaises récoltes, et à entretenir les veuves, les orphelins et les infirmes; ils servaient encore de fonds pour la guerre. S'il restait quelque chose du trésor public, au bout de l'année, on appliquait ce superflu aux dépenses du culte, et à la décharge du tribut de l'écu d'or, que chaque famille payait au roi d'Espagne.

C'est du dirigisme avoué, direct, du phalanstérisme autoritaire :

> Les paresseux étaient condamnés à cultiver une plus grande portion du champ commun; ainsi, une sage économie avait fait tourner les défauts même de ces hommes innocents, au profit de la prospérité publique. [...]
>
> Tout était réglé, jusqu'à l'habillement qui convenait à la modestie, sans nuire aux grâces. Les femmes portaient une simple tunique blanche, rattachée par une ceinture; leurs bras et leurs jambes étaient nus; elles laissaient flotter leur chevelure, qui leur servait de voile. Les hommes étaient vêtus comme les anciens Castillans. Lorsqu'ils allaient au travail, ils couvraient ce noble habit d'un sarrau de toile blanche. Ceux qui s'étaient distingués par des traits de courage et de vertu portaient un sarrau de couleur pourpre.

C'est ainsi que les Sauvages, naguère cruels, ont été régénérés :

> Chez ces Sauvages chrétiens, on ne voyait ni procès ni querelles : *le tien et le mien n'y étaient pas même connus;* car, ainsi que l'observe Charlevoix, c'est n'avoir rien à soi que d'être toujours disposé à partager le peu qu'on a avec ceux qui sont dans le besoin. Abondamment pourvus des choses nécessaires à la vie; gouvernés par les mêmes hommes qui les avaient tirés de la barbarie, et qu'ils regardaient, à juste titre, comme des espèces de divinités; jouissant dans leurs familles et dans leur patrie, des plus doux sentiments de la nature; connaissant les avantages de la vie civile, sans avoir quitté le désert, et les charmes de la société, sans avoir perdu ceux de la solitude; ces Indiens se pouvaient vanter de jouir d'un bonheur qui n'avait point eu d'exemple sur la terre. L'hospitalité, l'amitié, la justice, et les tendres vertus, découlaient tout naturellement de leurs cœurs, à la parole de la religion, comme des oliviers laissent tomber leurs fruits mûrs au souffle des brises.

« En lisant cette histoire », on éprouve « le désir de passer les mers, et d'aller, *loin des troubles et des révolutions,* chercher une vie obscure dans la cabane de ces sauvages ». Il ne s'agit décidément pas de changer quoi que ce soit, et toute idée

152

d'une *action* sur la société qui est la sienne semble étrangère à Chateaubriand. Une société sans propriété, donc sans révolutions, n'existe qu'*ailleurs*. Où cela peut-il bien conduire? Y aurait-il là quoi que ce soit de capable de convaincre René que la cité moderne peut être vivable? En fait, on s'en aperçoit à mesure qu'on avance, l'intérêt politique du *Génie* n'est pas d'ordre programmatique. Il est d'ordre idéologique et théorique, fantasmatique.

Par cette idée, par exemple, que le christianisme est modernité s'introduit, en effet, la pensée historique. Le christianisme n'est pas qu'une parole; il est venu codifier un progrès, et c'est là une « politique » qui compte :

> L'homme reste toujours le même, mais la société vieillit : avec une raison plus mûre, il faut des institutions plus sages. Déjà les philosophes enseignaient que les dieux ne se laissent point toucher par des hécatombes, et qu'ils n'acceptent que l'offrande d'un cœur humilié : *Jésus-Christ confirma ces notions vagues de la raison.* L'Agneau mystique, dévoué pour le salut universel, remplaça le premier né des brebis, et à l'immolation de l'homme physique, fut à jamais substituée l'immolation des passions, ou le sacrifice de l'homme moral.
>
> *Plus on approfondit le christianisme, plus on remarque qu'il n'est que le développement des lumières naturelles, et le résultat nécessaire de la vieillesse de la société.*

Le christianisme n'a pas fait que rendre un compte correct des contradictions morales de l'homme (c'était la thèse de Pascal); il a donné aux hommes un gouvernement qui correspond au mûrissement général de la société. Mais peut-il, en 1802, en donner un nouveau? Ici s'affirme la thèse qui se veut non plus évasion mais pratique : le gouvernement actuel réalise la synthèse entre le minimum de prospective et d'entreprise (que justifie la nouvelle pratique et la nouvelle philosophie de l'Histoire) et le maximum de pouvoir conservateur et d'organisation préservatrice (qui est l'apport du christianisme à la modernité). Comme la mélancolie — qui est la conséquence de l'affrontement du moi et de la société civile (autrement dit, révolution puis réaction; ou, comme le dira si bien Gide, qui n'allait pas si loin, « ferveur retombée ») — fait *aussi,* empiriquement, partie de la modernité, l'opération est peut-être risquée. Car prendre en compte la mélancolie est une chose, la maîtriser en est une autre. La mélancolie, c'est le refus fondamental des essences et des institutions. Et pourtant la mélancolie est logiquement *moderne.* Comment s'en sortir?

Le gouvernement naturel n'étant plus, comment retrouver le gouvernement-père? Les Lumières avaient insisté sur le gouvernement issu de soi. L'expérience post-révolutionnaire insiste sur l'orphelin. Comment ici ne pas à nouveau, recourir à la littérature?

Le gouvernement naturel n'étant plus — ou n'étant accessible que dans un irréaliste ailleurs —, s'impose le choix d'un gouvernement qui vous adopte (comme dans *les Natchez*) et que l'on reconnaisse : *un gouvernement du père.* On est ici au cœur du problème Chateaubriand.

L'image du père qui gouverne n'est-elle pas redécouverte et proposée, d'abord, dans ce *Pater noster,* alors, comme les cloches, oublié des Français, et que Chateaubriand révèle et réapprend à son lecteur? Elle apparaît certes liée à un type précis de société :

> Donne-nous aujourd'hui notre pain quotidien :
> Comme cela est touchant et philosophique! Quel est le seul besoin réel de l'homme? Un peu de pain; encore il ne lui faut qu'aujourd'hui *(hodie);* car demain existera-t-il?

L'image protectrice est mise en relations avec un mode de vie au jour le jour, de cueillette beaucoup plus que d'industrie prévisionnelle, et l'on peut se demander ce que pensaient de cette idéologie pré-industrielle les manufacturiers qui soutenaient Bonaparte. Mais c'est que le projet de gouvernement est ici avant tout *un projet de guérison.* Il s'agit de fermer des blessures : le gouvernement doit assurer l'ordre et permettre de vivre selon la nature; un René devrait pouvoir s'intégrer. Aussi le père et le gouvernement-père n'ont-ils pas tant à être pionniers qu'organisateurs et modérateurs de ce qui est. On comprend, bien sûr, que le gouvernement n'a pas à être perfectibiliste.

Dès lors l'affirmation : christianisme = modernité ne risque pas de conduire à quelque prophétisme et tout est encore bien loin de Lamennais. Le gouvernement ne peut être qu'un gouvernement de codification de tout le contradictoire et de tout l'acquis de notre expérience. L'idée, chez Chateaubriand, n'est pas près de dépérir : il s'agit d'encadrer; il s'agit de discipliner l'anarchisme individualiste et les ambitions, les intérêts aussi (on voit ici pointer l'oreille de l'idéologie noble), qui ont laissé l'individu malheureux. Il s'agit de réinventer quelque voie moyenne, sage, « naturelle », qui évite soubresauts et ruptures. Comment tenir les forces humaines? Non seulement pour qu'elles ne détruisent rien autour d'elles, mais surtout pour qu'elles ne se détruisent pas elles-mêmes? Cela nous vaut un extraordinaire aveu sur la fonction sociale de la religion :

> Dans l'ordre présent des choses, qui réprimera une masse énorme de paysans libres et éloignés de l'œil du magistrat; qui pourra, dans les faubourgs obscurs d'une grande capitale, prévenir les crimes d'une populace indigente et sans maître, si ce n'est une religion qui prêche la morale et la paix, qui parle de devoir et de vertus à toutes les conditions de la vie? Détruisez le culte évangélique, et il vous faudra dans chaque village une police, des prisons et des bourreaux.
>
> Il est temps enfin de s'effrayer sur l'état où nous avons vécu depuis quelques années, et de ne plus apporter, par nos sophismes, d'entraves aux intentions paternelles du gouvernement. Qu'on songe à la race qui s'élève dans nos villes et dans nos campagnes; à tous ces enfants qui, nés pendant la révolution, n'ont jamais entendu parler de Dieu, ni de l'immortalité de leurs âmes, ni des peines ou des récompenses qui les attendent dans une autre vie; à tous ces enfants accoutumés à dédaigner l'autorité paternelle, qui s'affaiblit partout où la religion s'éteint; qu'on songe à ce que peut devenir un jour une pareille génération, si l'on ne se hâte d'appliquer le remède sur la plaie. [...] Que la philosophie, qui ne peut après tout pénétrer chez le pauvre, se contente d'habiter les salons du riche et qu'elle laisse au moins les chaumières à la religion [...].

Texte évidemment policier (mais pas seulement), qu'on ne cite guère lorsqu'on parle du *Génie,* et qui annonce M. Thiers et Veuillot, comme aussi Saint-Simon [3]. Texte auquel on pourra opposer bien d'autres lorsque, sous la Restauration, les yeux de Chateaubriand se seront ouverts. Pour le moment, on en est là.

Du vague des passions

Le christianisme est une religion pour ainsi dire double : s'il s'occupe de la nature de l'être intellectuel, il s'occupe aussi de notre propre nature; il fait marcher de front les mystères de la Divinité, et les mystères du cœur humain : en dévoilant le véritable Dieu, il dévoile le véritable homme.

Une telle religion doit être plus favorable à la peinture des *caractères* qu'un culte qui n'entre point dans le secret des passions. La plus belle moitié de la poésie, la moitié dramatique, ne recevait aucun secours du polythéisme; la morale était séparée de la mythologie. Un Dieu montait sur son char, un prêtre offrait un sacrifice; mais ni le Dieu ni le prêtre n'enseignaient ce que c'est que l'homme, d'où il vient, où il va, quels sont ses penchants, ses vices, ses vertus, ses fins dans cette vie, ses fins dans l'autre.

Pascal avait ignoré (aux deux sens du terme) cet aspect culturel et littéraire de l'apologétique. Chateaubriand, en lui donnant toute son importance, enregistre et provoque à la fois une immense promotion de la littérature [4]. Il promeut aussi la critique littéraire à des fonctions que n'eût pas soupçonnées Pascal : il ne s'agit plus d'appliquer des règles et de dire le droit; il s'agit de lire les signes culturels.

La méthode choisie est habile : on démontre successivement la supériorité des « caractères » chrétiens sur les « caractères » païens : Adam et Eve valant mieux qu'Ulysse et Pénélope, le Lusignan de Voltaire vaut mieux que Priam, et Zaïre qu'Iphigénie. Voltaire enrôlé dans la phalange des poètes « chrétiens », est-ce là une habileté? Non, si l'on garde à l'esprit que tout modernité est pénétrée de christianisme.

---

3. Il faut s'attacher à la dernière phrase qui montre que la « philosophie » bourgeoise est perçue comme telle par les aristocrates « pauvres » mais qui tiennent à l'ordre. Ce sera le lieu de bien des configurations idéologiques ultérieures.
4. Voir, dans la même collection, *René, un nouveau roman*, p. 47 sqq.

Tout poète moderne peignant des « caractères » païens ne travaille-t-il pas, « sans s'en apercevoir lui-même », insiste Chateaubriand, en chrétien, et par là même ne transforme-t-il pas ses « modèles »? Ainsi de la Phèdre de Racine. Ainsi de son Andromaque. Mutation capitale qui justifie l'assertion audacieuse : « Nous nous proposons d'ouvrir un nouveau sentier à la critique. » Toute création littéraire exprime une vision du monde. Ainsi l'Andromaque homérique « est plus épouse que mère; celle d'Euripide un caractère à la fois rampant et ambitieux qui détruit le caractère maternel; celle de Virgile est tendre et triste, mais c'est moins encore la mère que l'épouse ». L'Andromaque moderne, elle, voit son fils plus que son époux, et elle souhaite que son fils soit, plus que la noblesse de ses ancêtres, fier de leurs vertus :

> Dis-lui par quels exploits leurs noms ont éclaté,
> Plutôt ce qu'ils ont *fait* que ce qu'ils ont *été*.

Mais voici bien l'essentiel :

> Cette humilité que le christianisme a répandue dans les sentiments, *et qui a changé pour nous le rapport des passions,* comme nous le dirons bientôt, perce à travers tout le rôle de la moderne Andromaque. Quand la veuve d'Hector, dans *l'Iliade,* se représente la destinée qui attend son fils, la peinture qu'elle fait de la future misère d'Astyanax a quelque chose de bas et de honteux; l'humilité, dans notre religion, est bien loin d'avoir un pareil langage : elle est aussi noble qu'elle est touchante. Le chrétien se soumet aux conditions les plus dures de la vie : mais on sent qu'il ne cède que par un principe de vertu; qu'il ne s'abaisse que sous la main de Dieu, et nous sous celle des hommes; il conserve sa dignité dans les fers : fidèle à son maître sans lâcheté, il méprise des chaînes qu'il ne doit porter qu'un moment et dont la mort viendra bientôt le délivrer; il n'estime les choses de la vie que comme des songes, et supporte sa condition sans se plaindre, parce que la liberté et la servitude, la prospérité et le malheur, le diadème et le bonnet de l'esclave, sont peu différents à ses yeux.

Andromaque captive et exilée parle donc pour le fondamental exil qui est celui de la condition humaine. C'est-à-dire d'une certaine condition humaine. Car cette Andromaque, victime du sort, mais qui lui oppose une infinie richesse intérieure, ne parle-t-elle qu'une métaphysique abstraite et générale en sa modernité même? En fait, il semble bien que l'exilée parle pour Chateaubriand, comme plus tard pour Baudelaire. Andromaque a dû parler à René dans la solitude de Kensington, comme elle parlera au poète des *Tableaux parisiens*. René aide à lire ou à relire l'Andromaque de toujours, mais surtout celle de Racine. Le christianisme a donc bon dos. René n'avait pas besoin d'Henriette d'Angleterre pour comprendre Andromaque. Andromaque est devenue une héroïne de Chateaubriand. A quoi sert la « prévoyante sagesse » des institutions chrétiennes? Le René du retour est un René de l'ordre et de la morale. C'est aussi un René de la littérature-écriture et de la littérature-(re)lecture. L'apologétique, dès lors, a-t-elle gagné son pari?

La réponse se trouve dans *Atala* et *René*, « tableaux » lascifs des passions, d'abord présentés comme *leçons* à comprendre, mais vite lus comme textes complices de ce qu'ils étaient censés censurer [5]. C'est tout le problème de Chateaubriand romancier alors même qu'il se veut homme d'ordre. Insoluble contradiction? C'est sans doute pour en sortir qu'ont été entrepris *les Martyrs*.

---

5. Voir *René, un nouveau roman*.

158

6

« Les Martyrs » et l'« Itinéraire » : du triomphalisme aux ruines

Première enfoncée, première double lecture : ce livre d'exotisme historique qui peint les contemporains de Constantin et le monde païen au moment où se répand le christianisme, cet exercice à partir des modèles classiques (Homère, la Bible, mais aussi Milton) est en fait un texte *moderne*. Non pas, évidemment, par les clés qui purent exciter les salons et intéresser la police : que Hiéroclès soit Fouché et la cour de Dioclétien celle de Napoléon est d'un intérêt secondaire. Mais que les martyrs aient fini par vaincre leurs persécuteurs et leur religion par survivre, il y a là un autre élément qui ne pouvait pas ne pas être lu.

La correspondance est évidente, en effet, entre les souffrances des chrétiens et celles des victimes de la Terreur. La voici d'abord avouée, proclamée :

> Ah! si la Muse sainte soutenait mon génie, si elle m'accordait un moment le chant du cygne ou la langue dorée du poète, qu'il me serait aisé de redire dans un touchant langage les malheurs de la persécution! *Je me souviendrais de ma patrie : en peignant les maux des Romains, je peindrais les maux des Français.* Salut, épouse de Jésus-Christ, Église affligée, mais triomphante! Et nous aussi, nous vous avons vue sur l'échafaud et dans les catacombes. Mais c'est en vain qu'on vous tourmente, les portes de l'Enfer, ne prévaudront point contre vous; dans vos plus grandes douleurs, vous apercevez toujours sur la montagne les pieds de celui qui vient vous annoncer la paix; vous n'avez pas besoin de la lumière du soleil, parce

que c'est la lumière de Dieu qui vous éclaire : c'est pourquoi vous brillez dans les cachots.

La voici ensuite transposée :

> Le gouvernement de ce monstre avare et débauché, en répandant le trouble dans les provinces, augmente encore l'activité de la persécution. Les villes sont soumises à des juges militaires, sans connaissances et sans lettres, qui ne savent que donner la mort. Des commissaires font les recherches les plus rigoureuses sur les biens et les propriétés des sujets; on mesure les terres, on compte les vignes et les arbres; on tient registre des troupeaux. Tous les citoyens de l'Empire sont obligés de s'inscrire dans le livre du cens, devenu un livre de proscription. De crainte qu'on ne dérobe quelque partie de sa fortune à l'avidité de l'Empereur, on force, par la violence des supplices, les enfants à déposer contre leurs pères, les esclaves contre leurs maîtres, les femmes contre leurs maris. Souvent les bourreaux contraignent des malheureux à s'accuser eux-mêmes et à s'attribuer des richesses qu'ils n'ont pas. Ni la caducité, ni la maladie, ne sont une excuse pour se dispenser de se rendre aux ordres de l'exacteur; on fait comparaître la douleur même et l'infirmité; afin d'envelopper tout le monde dans les lois tyranniques, on ajoute des années à l'enfance, on en retranche à la vieillesse.

Qui pouvait, en 1811, s'y tromper? Le Temple, les Carmes, l'Abbaye ont été les catacombes des temps modernes et le discours politique de droite est ici évident. Mais contre quoi fonctionne-t-il? Uniquement contre la Convention? Un autre sens s'impose : devenu tyrannique, fusilleur du duc d'Enghien en 1804 puis d'Armand de Chateaubriand en 1808 (bientôt aussi du républicain Lahorie), l'Empire a pris la relève de la Terreur. L'Empire est l'insupportable présent. L'avenir est du côté des fidèles que l'on veut chanter.

Comment n'aurait-on pas, dès lors, tout autre chose qu'un « poème »? Comment n'aurait-on pas un roman historique, finalisé par l'expérience contemporaine? Il y a là un élément important d'ouverture et de dynamisation. Mais il y a *aussi*, parce que finalisation et ouverture sont de droite, élément d'un blocage. Nul des héros de ce roman, en effet, confronté à une histoire chaotique, n'apprend peu à peu vraiment à la lire. C'est que l'annonce et tout ce qui est précurseur parle, finalement, non tant pour un départ que pour un retour. La révolution chrétienne, avec Constantin, avait engagé et annoncé. Mais elle fonctionne ici, idéologiquement, uniquement pour retrouver.

S'agit-il là du texte le plus mort de Chateaubriand? Idéologie, déjà, de la « civilisation occidentale », triomphalisme chrétien mais aussi culturel et grande machine épico-merveilleuse : très tôt, on a tenu le livre pour un échec comme *ensemble*. Quelle idée, aussi, alors même que la crise de l'Église et du christianisme sont des faits patents — et douloureusement ressentis — de bâtir tout un roman sur cette idée : le triomphe du christianisme, mettant fin à l'Histoire déchirée et problématique, inaugure une Histoire désormais unifiante et unifiée! Que faire, dans cette perspective, de la Réforme et de la Révolution française? Le triomphe de Constantin et la proclamation de la religion chrétienne comme religion de l'Empire (c'est-à-dire de l'humanité), l'Évangile devenant charte politique inaugurent l'ère des certitudes : une telle idée n'avait des chances d'être opératoire et crédible que dans le contexte d'un *nouveau* triomphe du christianisme. Hypothèse plausible en 1801 au moment du Concordat. Hypothèse qui ne tient plus alors que, de toute évidence, Bonaparte devenu Napoléon n'est *plus* un nouveau Constantin. Toute finalisation passée qui n'est pas relayée par une finalisation présente est évidemment illusoire. C'est pourquoi on ne peut plus croire à la *fable* des *Martyrs*.

D'autres axes de lecture, heureusement, existaient. Eudore aux avants-postes en Germanie c'est Chateaubriand à l'armée de Condé et, plus profondément, le mythe de Velléda, vierge amoureuse et criminelle, renoue avec des obsessions connues. D'autre part *les Martyrs* sont un grand livre du passé européen; ce sont *les Martyrs,* que sut découvrir et défendre à vingt-deux ans le jeune Guizot, et qui ont converti Augustin Thierry à l'Histoire. *Les Martyrs* ont été un livre d'éveil pour des générations, à qui ils donnaient à lire l'Histoire selon la modernité. Mais il ne s'agit pas seulement d'une modernité documentaire ou décorative, d'une modernité d'images. Il s'agit d'une modernité de *sens*.

D'abord un procédé technique (qui n'est pas neuf, mais qui est appelé à d'extraordinaires développements) impose une signification : un personnage ou un lieu, aujourd'hui connus du lecteur par le sens qu'ils ont acquis depuis, sont présentés alors qu'ils n'ont pas encore de sens et sont encore vacants, libres de sens. Le roman procède à une présentation encore obscure et suspendue de ce qui est aujourd'hui clair et assuré. Toute une série d'images exemplaires sont donnés à lire *avant* que l'Histoire ne les ait accomplies comme exemplaires. Il existe un avenir lisible de l'Histoire. Or tel n'était jamais le cas dans l'*Essai* ni dans *René* :

> Un hameau du proconsulat de Carthage fut le berceau de mon second ami. *Augustin est le plus aimable des hommes.* Son caractère, aussi passionné que celui de Jérôme, a toutefois une douceur charmante, parce qu'il est tempéré par un penchant naturel à la contemplation : on pourrait cependant reprocher au jeune Augustin l'abus de l'esprit; l'extrême tendresse de son âme le jette aussi quelquefois dans l'exaltation. Une foule de mots heureux, de sentiments profonds, revêtus d'images brillantes, lui échappent sans cesse. Né sous le soleil africain, il a trouvé dans les femmes, ainsi que Jérôme, l'écueil de ses vertus et la source de ses erreurs. Sensible jusqu'à l'excès au charme de l'éloquence, il n'attend peut-être qu'un orateur inspiré pour s'attacher à la vraie religion : *si jamais Augustin entre dans le sein de l'Église, ce sera le Platon des Chrétiens.* [...]
>
> Des sentiments si généreux dans l'héritier de Constance, et peut-être de l'Empire romain, me rendaient plus cher le prince protecteur et compagnon de ma jeunesse. Aussi ne laissais-je échapper aucune occasion de réveiller les idées ambitieuses au fond de son cœur : car *l'ambition de Constantin me semble être l'expérience du monde.* [...]
>
> *La France est une contrée sauvage et couverte de forêts qui commence au-delà du Rhin.* [...]
>
> Les époux martyrs avaient à peine reçu la palme, que l'on aperçut au milieu des airs une croix de lumière, semblable à ce Labarum qui fit triompher Constantin; la foudre gronda sur *le Vatican,* colline alors déserte, mais souvent visitée par un Esprit inconnu. [...]

Évangile littéraire. Parole à lire et à développer. Parole à recevoir et à vivre. Mais aussi (confirmation de la validité du message) parole à défendre par les armes :

> La pieuse Hélène a porté ses pas à cette terre sacrée : elle veut arracher le tombeau de Jésus-Christ aux profanations de l'idôlatrie; elle veut renfermer dans de majestueux édifices tant de lieux consacrés par les paroles et les douleurs du Fils de Dieu. Elle appelle de toutes les parties du monde les Chrétiens à son secours; ils descendent en troupe aux rivages de la Syrie : les pieds nus, les yeux baignés de pleurs, ils s'avancent, en chantant des cantiques, vers la montagne où s'opéra le salut des hommes.

Parole de croisade et de politique. Parole de gouvernement. Évangile temporel. L'avenir du monde est à lire et à faire. Cet avenir cependant, étant chrétien, ce n'est plus sur le bouclier d'Énée qu'il se lit, mais sur les portes du Saint Sépulcre où Cymodocée admire et déchiffre des scènes sculptées qui le dévoilent :

> Cymodocée contemple en silence les merveilles chrétiennes : fille de la Grèce, elle admire les chefs-d'œuvre des arts créés par la puissance de la foi, au milieu des déserts. Les portes du nouvel édifice attirent surtout ses regards. Elles étaient de bronze, et roulaient sur des gonds d'argent et d'or. Un solitaire des rives du Jourdain, animé de l'esprit prophétique, avait donné le dessin de ces portes à deux célèbres sculpteurs de Laodicée. On voyait la Ville Sainte tombée au pouvoir d'un peuple infidèle, assiégée par des héros chrétiens : on les reconnaissait à la croix qui brillait sur leurs habits. Le vêtement et les armes de ces héros étaient étrangers; mais les soldats romains croyaient retrouver quelque traits des Francs et des Gaulois parmi ces guerriers à venir. Sur leur front éclataient l'audace, l'esprit d'entreprise et d'aventure, avec une noblesse, une franchise, un honneur, ignorés des Ajax et des Achille. Ici le camp paraissait ému à la vue d'une femme séduisante, qui semblait implorer le secours d'une troupe de jeunes princes; là, cette même enchanteresse enlevait un héros sur les nuages, et le transportait dans des jardins délicieux; plus loin, une assemblée d'Esprits de ténèbres était convoquée dans les salles brûlantes de l'Enfer : le rauque son de la trompette

du Tartare appelle les habitants des ombres éternelles, les noires cavernes en sont ébranlées, et le bruit, d'abîme en abîme, roule et retombe. Avec quel attendrissement Cymodocée aperçut une femme mourante sous l'armure du guerrier! Le Chrétien qui lui perça le sein va tout en pleurs puiser de l'eau dans son casque, et revient donner une vie éternelle à la beauté qu'il priva d'un jour passager. Enfin la cité sainte est attaquée de toutes parts, et l'étendard de la Croix flotte sur les murs de Jérusalem. L'artiste divin avait aussi représenté, parmi tant de merveilles, le poète qui devait un jour les chanter : il paraissait écouter au milieu d'un camp le cri de la religion, de l'honneur et de l'amour; et plein d'un noble enthousiasme, il écrivait ses vers sur un bouclier.

Toute la finalisation de l'Histoire a changé et c'est bien là une révolution consacrée par une littérature qui rompt avec la tradition culturelle classique. Ce roman historique chrétien n'a plus rien à voir avec la chrétienté a-temporelle de Pascal : une humanité, *de* l'humanité est historiquement chargée de mission et notamment (autre finalisation) l'humanité *française* :

> Vous attendrez auprès de Constance le moment de sauver les Chrétiens et l'Empire; et, quand il en sera temps, ces Gaulois qui ont déjà vu de près le Capitole vous en ouvriront le chemin.

De l'Orient à l'Occident. Du paganisme à la chrétienté. De Rome à la France. Telles sont les clés de l'Histoire universelle. Michelet ne contredira pas tellement.

Le choix idéologique des clés cependant ne porte-t-il pas en lui-même un risque grave de dépérissement de la parole? Les martyrs, quels qu'ils soient, sont une semence d'aujourd'hui triomphant; ils ont toujours eu raison contre quelque histoire armée, alors qu'eux-mêmes ne l'étaient pas (encore), et ils ont ouvert le champ de la connaissance et du savoir. Or ce thème fonctionne à la perfection dans la perspective d'une Histoire non pas dialectique, mais messianique, telle que va l'enseigner après l'Église, l'école républicaine bourgeoise. Un futur (inconnu), qui est notre présent (connu), est donné comme inscrit dans un présent romanesque que les acteurs ne vivent qu'incomplètement, mais que complète la lecture qui, elle, peut et doit les comprendre. Peu importe, finalement, le contenu, chrétien ou non. Ce qui importe, c'est la méthode : une histoire, *aujourd'hui jugée claire et enseignée comme claire et lisible,* donc morale, est présentée en germe nécessaire dans un hier encore confus. *L'Histoire est désormais close* et l'on n'a plus à s'interroger. Or on ne saurait plus retenir aujourd'hui l'idée d'une Histoire à jamais clarifiée : 1) parce que le christianisme n'est pas la fin de l'Histoire; 2) parce que l'Histoire n'est jamais finie. Certes, une autre lecture, sur le moment, a été possible : le roman, en effet, impliquait un sens de l'Histoire, un au-delà signifiant des gestes individuels, isolés. Les martyrs chrétiens deviennent ce qu'aime toute la pratique idéaliste de l'Histoire : des précurseurs, et de l'inachevé conduisant à de l'achevé. De tout un concret grec, romain, barbare, *les Martyrs* tirent et font un sens; il y a dans le roman une devinette historique. Et c'est là que les deux lectures sont possibles : en un sens, le roman participe à la laïcisation de l'Histoire. Mais, dans la mesure aussi où l'Histoire ne nous apparaît plus tant à *deviner* qu'à *faire* et toujours dans la contradiction, *les Martyrs* « datent », méthodologiquement et théoriquement. L'Histoire va quelque part, par des moyens historiques, et cela est positif. Mais *les Martyrs* supposent aussi qu'il n'y ait plus de René dans une société désormais intégrée. Un événement décisif longuement mûri est ici à la fois *rupture* et *fusion :* rupture avec un ordre ancien conflictuel; fusion au sein d'une unité nouvelle d'éléments socio-historiques hétérogènes, mais qui, ayant vaincu ensemble, peuvent et doivent désormais vivre ensemble. Ce peut être aussi bien maîtres et serviteurs, dans le cas de la fin de la société esclavagiste, que bourgeois et prolétaires dans le cas de la fin de la société d'ancien régime. Un grand principe unificateur est venu fermer à jamais l'abîme des révolutions. Il peut s'appeler religion, mais aussi raison, égalité. Il peut se réaliser ou demeurer formel. Christianisme, constitution anglaise, Indépendance américaine, Révolution française ont fonctionné et fonctionneront ainsi dans la perspective d'un compromis national et social qui doit assurer la cohésion théorique et pratique de société révolutionnées une fois pour toutes. Le matérialisme historique et dialectique a radicalement jugé cette pratique du roman historique et de l'Histoire : Balzac et Aragon, à partir d'événements-clés, d'événements tournants ou d'événements-sommets, écrivent, eux, la relance de l'histoire et des luttes de classes, la nouvelle opacité des nouveaux rapports sociaux avec, aussi, de nouveaux éléments de lecture. *Les Martyrs,* comme *Ivanhoe* chez Scott, mettent fin à l'Histoire et aux luttes de classes.

Procès d'intention? Ou lecture de la seule potentialité du texte? En aucune façon, puisque l'idéologie du non-antagonisme des classes est inscrite en clair dans le texte.

Christianisme et rapports sociaux

Dans ce roman de l'histoire chrétienne en effet, qui refuse de n'envisager le christianisme que d'un point de vue intérieur, le christianisme ce sont de nouveaux rapports sociaux et donc de nouveaux rapports politiques. Le christianisme, c'est la liberté. D'abord parce qu'il marque la fin de l'esclavage. Et il ne s'agit pas là que du respect, désormais, en chaque homme de l'image du créateur. Il s'agit bien d'une mutation économique repérée, alléguée comme telle : *la société fonctionne mieux avec des travailleurs et des serviteurs « libres ».* La preuve :

> Mon hôte, dit Démodocus à Lasthénès, tu me sembles mener ici la vie du divin Nestor [...]. Quelle abondante moisson! Que d'esclaves laborieux et fidèles!
> — Ces moissonneurs ne sont plus mes esclaves, répliqua Lasthénès. Ma religion me défend d'en avoir : je leur ai donné la liberté.

Déjà dans *les Natchez* il avait été question de cet autre progrès : passer du massacre des ennemis à leur utilisation comme esclaves. Deux âges du progrès humain. On ne soupçonne pas encore le troisième : le salariat. Argument, n'en déplaise à Chateaubriand, parfaitement *libéral* et bourgeois : *la prospérité est preuve pour le mérite.* L'entreprise de Lasthénès, patriarcale et fortement hiérarchisée, est une grande famille prospère où chacun est à sa place. Il y a bien dans le roman des images de la pauvreté chrétienne (l'évêque à pied avec son bâton, les catacombes) : l'image qui s'impose dès le début est celle d'une somptuosité et d'une harmonie de la société chrétienne et de son organisation. Le christianisme n'a pas ici besoin de monastères. Le christianisme est un nouvel âge d'or. Les travailleurs libres servent bien leurs maîtres. Les maîtres serviront bien César. Et la poésie unit le tout dans cette image inattendue de Noël :

> Le vent avait porté à ces pasteurs la voix de Cymodocée et d'Eudore : ils étaient descendus en foule de leurs montagnes pour écouter ces concerts; ils crurent que les Muses et les Sirènes avaient renouvelé au bord de l'Alphée le combat qu'elles s'étaient livré jadis, quand les filles de l'Achéloüs, vaincues par les doctes Sœurs, furent contraintes de se dépouiller de leurs ailes.

Quelque chose marche mieux sur une terre qui paraît unifiée. Où sont ici Pascal et les diverses libidos? Où est la folie de la croix? Le christianisme est ordre social. Maîtres libéraux et travailleurs consentants. Et, *de plus,* le christianisme est l'idéologie d'une liberté héritière de toutes les autres :

> Lorsque mes ancêtres furent bannis de Rome pour avoir défendu la liberté, et qu'on n'osa même plus porter leurs images aux funérailles, ma famille se réfugia dans le Christianisme, asile de la véritable indépendance.

Paroles, d'avance, du futur théoricien de la Charte. Comment concilier cette vision avec la nouvelle visée impériale et le néo-constantinisme? Ne faudrait-il voir dans l'*imperium* que la garantie suprême de cet ordre paternaliste? Ici Chateaubriand bute et doit bien laisser la parole à d'autres. Car l'*imperium,* si nécessaire et contre quoi déjà parle si fort l'organisation démocratique des Germains, comment ne pas voir ce qu'il est et ce à quoi il sert? Qu'est-ce que le progrès romain sinon la société civile? C'est la druidesse Velléda qui le dit :

> Condamnés aux plus rudes travaux, vous abattez vos forêts, vous tracez avec des fatigues inouïes les routes qui introduisent l'esclavage jusque dans le cœur de votre pays : la servitude, l'oppression et la mort accourent sur

167

ces chemins en poussant des cris d'allégresse, aussitôt que le passage est ouvert.

Eudore pourtant sert cet empire-là? Et « *Lasthenes est le chrétien le plus riche de la Grèce* ». La contradiction du texte dit la contradiction du réel :

> Les Chrétiens exercent des arts utiles; leurs richesses alimentent le trésor de l'État; ils servent avec courage dans nos armées; ils ouvrent souvent dans nos conseils des avis pleins de sens, de justesse et de prudence.

Mais à ce christianisme, et bientôt à *sa* Rome, résistent les libres barbares, les libres *Bretons*.

Quoi d'étonnant si, Eudore, avec des traits de René, soit un René *devenu* convenable? On s'est beaucoup complu à souligner tout ce qui en Eudore persiste du héros qui le précède. Eudore a connu, lui aussi, des tentations « philosophiques », mais c'est un René convenable et guéri. René était amoral et incapable de *recevoir* aucune morale. Eudore, lui qui est beau, parle comme un sage :

> À ces cris, le chien aboie, le chasseur se réveille. Surpris de voir cette jeune fille à genoux, il se lève précipitamment : « Comment! dit Cymodocée confuse et toujours à genoux, est-ce que tu n'es pas le chasseur Endymion?
> — Et vous, dit le jeune homme non moins interdit, est-ce que vous n'êtes pas un ange?
> — Un Ange! » reprit la fille de Démodocus.
> Alors l'étranger, plein de trouble :
> « Femme, levez-vous, on ne doit se prosterner que devant Dieu. »

Eudore, fils de la liberté et fils de son père, croyant de bonne heure et futur martyr, est intégré, jamais exclu. Mieux : la religion a gardé son adolescence du vague des passions :

> La religion tenant mon âme à l'ombre de ses ailes, l'empêchait, comme une fleur délicate, de s'épanouir trop tôt; et, prolongeant l'ignorance de mes jeunes années, elle semblait ajouter de l'innocence à l'innocence même.

Les tumultes sont bien loin. Du moins on le voudrait. On nous raconte bien tout au long les doutes d'Eudore, mais ces doutes sont au passé, et le célèbre récit n'est qu'un détour pour conduire à un Eudore exemplaire, dont l'éducation est faite, et prêt à *servir*. René est mort en Eudore, alors que le père Souël avait échoué dans son entreprise de sauvetage et de réintégration. L'indifférence et l'impiété sont bien encore là :

> Trois ans passés à Rome dans les désordres de la jeunesse avaient suffi pour me faire presque entièrement oublier ma religion. J'en vins même à cette indifférence qu'on a tant de peine à guérir, et qui laisse moins de ressource que le crime.

Mais, constitutives chez René, elles n'ont été qu'un moment pour Eudore. Dissipations romaines ?

> Saisi d'une espèce de vertige, je monte en désordre sur mon char. Je pousse au hasard mes coursiers, je rentre dans Rome, je m'égare, et après de longs détours j'arrive à l'amphithéâtre de Vespasien. Là j'arrête mes chevaux écumants.

Mais elles sont données à lire comme liquidées :

> Ne croyez pas que nous fussions heureux au milieu de ces voluptés trompeuses. Une inquiétude indéfinissable nous tourmentait.

> C'est ainsi qu'au milieu de nos félicités, nous n'étions que misère, parce que nous avions abandonné ces pensées vertueuses qui sont la vraie nourriture de l'homme, et cette beauté céleste qui peut seule combler l'immensité de nos désirs.

L'inquiétude est ici *mise en perspective,* et donc ne saurait être « mal du siècle ». D'où la moindre force d'impact de ces textes qui viennent du dossier de René, mais d'un dossier qu'on voudrait aujourd'hui refermer :

> *Depuis longtemps je ne sais quel instinct voyageur me poursuit :* vingt fois le jour, je suis prêt à vous dire adieu, à porter mes pas errants sur la terre. Le principe de cette

inquiétude ne serait-il point dans la vide de nos opinions et de nos désirs?

— Jérôme, répondit Augustin, vous avez fait ma propre histoire : *comme vous, je suis tourmenté d'un mal dont j'ignore la cause*; je n'ai pas toutefois comme vous le besoin de m'agiter : je ne soupire au contraire qu'après le repos, et je voudrais, à l'exemple de Scipion, placer mes jours dans la suprême région de la tranquillité. Une langueur secrète me consume; je ne sais de quelle attache. *Ah! s'il était quelque vérité cachée*, s'il existait quelque part une fontaine d'amour inépuisable, intarissable, sans cesse renouvelée, où l'on pût se plonger tout entier; Scipion, si ton songe n'était pas une erreur divine [...].

Votre confession, ô mes amis, dis-je alors, a cela d'étrange, qu'elle est aussi la mienne. Mais je réunis en moi seul les deux plaies qui vous tourmentent, *l'instinct voyageur, et la soif du repos? Quelquefois ce mal bizarre me fait tourner les yeux avec regret vers la religion de mon enfance.*

Et Augustin est là, juste à point, pour parler de sa mère chrétienne. Celle de René était morte. Les rêveries de ces jeunes païens n'ont pas valeur de choc, puisqu'elles sont *aussi* discussions et rêveries de futurs convertis. Le René de l'*Essai* se souvient, et celui de l'armée de Condé, dans ce passage célèbre :

Tandis que je contemplais les feux réguliers des lignes romaines, et les feux épars des hordes des Francs; tandis que, l'arc à demi tendu, je prêtais l'oreille au murmure de l'armée ennemie, au bruit de la mer et au cri des oiseaux sauvages qui volaient dans l'obscurité, je réfléchissais sur ma bizarre destinée. Je songeais que j'étais là, combattant pour des Barbares, tyrans de la Grèce, contre d'autres Barbares dont je n'avais reçu aucune injure. L'amour de la patrie se ranimait au fond de mon cœur; l'Arcadie se montrait à moi dans tous ses charmes. Que de fois durant les marches pénibles, sous les pluies et dans les fanges de la Batavie; que de fois à l'abri des huttes des bergers où nous passions la nuit; que de fois autour du feu que nous allumions pour nos veilles à la tête du camp; que de fois, dis-je, avec de jeunes Grecs exilés comme moi, je me suis entretenu de notre cher pays! Nous racontions les jeux de

> notre enfance, les aventures de notre jeunesse, les his-
> toires de nos familles.

ou encore :

> Je ne saurais vous peindre ce que j'éprouvai en retrouvant
> au fond de ce désert le tombeau d'Ovide. Quelles tristes
> réflexions ne fis-je point sur les peines de l'exil, qui étaient
> aussi les miennes, et sur l'inutilité des talents pour le
> bonheur!

L'impact cependant ne saurait plus être le même. Un argument décisif d'ailleurs s'impose. L'amante-sœur, ne peut plus
causer les mêmes ravages, et les refus d'Eudore, la distance
qu'il met entre la vierge amoureuse, qui n'est pas Amélie, et
lui disent plus que tout ce qui a changé :

> Je te fais pitié, me dit-elle. Mais si tu me crois atteinte de
> folie, ne t'en prends qu'à toi. Pourquoi as-tu sauvé mon
> père avec tant de bonté? Pourquoi m'as-tu traitée avec
> tant de douceur? Je suis vierge, vierge de l'île de Sayne :
> que je garde ou que je viole mes vœux, j'en mourrai. Tu en
> seras la cause. Voilà ce que je voulais te dire. Adieu.
> Elle se leva, prit sa lampe et disparut.
> Jamais, seigneurs, je n'ai éprouvé une douleur pareille.
> Rien n'est affreux comme le malheur de troubler l'inno-
> cence. Je m'étais endormi au milieu des dangers, content
> de trouver en moi la résolution du bien et la volonté de
> revenir un jour au bercail. Cette tiédeur devait être punie :
> j'avais bercé dans mon cœur les passions avec complai-
> sance, il était juste que je subisse le châtiment des
> passions!

Transportées, comme elles l'ont été, de *René* dans *les Martyrs* [1], ces phrases changent totalement de sens : Eudore
n'est pour rien dans la naissance de la passion de Velléda et
il ne sera coupable que d'y succomber, quitte ensuite à
s'enfuir vers l'ordre et la sainteté. Eudore, sinon guéri du
moins qui le sera, espère que la vierge folle guérira de son
« fatal amour ». C'est que son œil est fixé sur une autre
réalité :

---

1. Cette remarque est de Pierre Louÿs.

Comme Ulysse regrettant son Ithaque, ou comme les Troyennes exilées aux champs de la Sicile, je regardais la vaste étendue de flots, et je pleurais. Né au pied du mont Taygète, me disais-je, le triste murmure de la mer est le premier son qui ait frappé mon oreille en venant à la vie. À combien de rivages n'ai-je pas vu depuis se briser les mêmes flots que je contemple ici! Qui m'eût dit, il y a quelques années, que j'entendrais gémir sur les côtes d'Italie, sur les grèves des Bataves, des Bretons, des Gaulois, ces vagues que je voyais se dérouler sur les beaux sables de la Messénie? Quel sera le terme de mes pèlerinages? Heureux si la mort m'eût surpris avant d'avoir commencé mes courses sur la terre, et lorsque je n'avais d'aventures à conter à personne!

Quel sera le terme de mes pèlerinages? Il n'y avait pas de réponse dans *René*. Il y en a une dans *les Martyrs,* et Eudore est déjà sur le chemin du retour, Eudore qui parle au milieu des siens, écouté par sa future fiancée. Velléda peut bien parler comme René :

> Souvent, pendant les tempêtes, cachés dans quelque grange isolée ou parmi les ruines d'une cabane, nous eussions entendu gémir le vent sous le chaume abandonné. Tu croyais peut-être que, dans mes songes de félicité, je désirais des trésors, des palais, des pompes? Hélas mes vœux étaient plus modestes, et ils n'ont point été exaucés! Je n'ai jamais aperçu au coin d'un bois la hutte roulante d'un berger, sans songer qu'elle me suffirait avec toi. Plus heureux que ces Scythes dont les Druides m'ont conté l'histoire, nous promènerions aujourd'hui notre cabane de solitude en solitude, et notre demeure ne tiendrait pas plus à la terre que notre vie.

Pour le héros, cet idéal d'errance est radicalement dépassé. L'acte sexuel lui-même, s'il demeure violent, appartient à un passé pardonné, effacé. Chateaubriand n'a pas retenu une première version manuscrite plus violente des blasphèmes de son héros, et cette censure est bien significative :

> Velléda, dis-je à mon amante, ne songeons plus qu'à vivre l'un pour l'autre; renonçons à nos Dieux; étouffons nos remords dans les plaisirs. Pourquoi ces Dieux nous ont-ils

donné des passions invincibles? Eh bien? qu'il nous punissent, s'ils le veulent, des dons qu'ils nous ont faits. J'ai puisé dans ton sein la fureur de ton amour, et puisque la vertu nous échappe, méritons du moins les supplices de l'éternité par toutes les délices de la vie.

Quant au reste...

Dans ce moment, une vague furieuse roulant contre le rocher qu'elle ébranle dans ses fondements. Un coup de vent déchire les nuages, et la lune laisse tomber un pâle rayon sur la surface des flots. Des bruits sinistres s'élèvent sur le rivage. Le triste oiseau des écueils, le lumb, fait entendre sa plainte semblable au cri de détresse d'un homme qui se noie : la sentinelle effrayée appelle aux armes. Velléda tressaille, étend les bras, s'écrie : « On m'attend! » Et elle s'élançait dans les flots. Je la retins par son voile... O Cyrille! comment continuer ce récit? Je rougis de honte et de confusion; mais je vous dois l'entier aveu de mes fautes : je les soumets, sans en rien dérober, au saint tribunal de votre vieillesse. Hélas! après mon naufrage, je me réfugie dans votre charité, comme dans un port de miséricorde! Épuisé par les combats que j'avais soutenus contre moi-même, je ne pus résister au dernier témoignage de l'amour de Velléda! Tant de beauté, tant de passion, tant de désespoir m'ôtèrent à mon tour la raison : je fus vaincu.

Non, dis-je, au milieu de la nuit et de la tempête, je ne suis pas assez fort pour être Chrétien!

Je tombe aux pieds de Velléda!... L'Enfer donne le signal de cet hymen funeste; les Esprits de ténèbres hurlent dans l'Abîme; les chastes épouses des Patriarches détournent la tête, et mon Ange protecteur se voilant de ses ailes remonte vers les cieux! La fille de Ségenax consentit à vivre, ou plutôt elle n'eut pas la force de mourir. Elle restait muette dans une sorte de stupeur qui était à la fois un supplice affreux et une ineffable volupté. L'amour, le remords, la honte, la crainte, et surtout l'étonnement agitaient le cœur de Velléda : elle ne pouvait croire que je fusse ce même Eudore jusque-là si insensible; elle ne savait si elle n'était point abusée par quelque fantôme de la nuit, et elle me touchait les mains et les cheveux pour s'assurer de la réalité de mon existence. Mon bonheur à moi ressemblait au désespoir, et quiconque nous eût vus

173

au milieu de notre félicité, nous eût pris pour deux coupables à qui l'on vient de prononcer l'arrêt fatal [2].

Le texte est beau. Mais *Eudore est-il coupable?* Non. Et la preuve. René était « le frère d'Amélie ». Eudore, lui, est « le fils de Lasthénès ». Dès lors, son récit n'a plus rien à voir avec la « confession déplorable » des *Natchez*. Aussi Eudore peut-il être un politique lucide et, martyr, martyr utile et promis à un avenir, parler comme Polyeucte :

> Festus, suivant les formes usitées, dit :
> Quel est ton nom?
> Eudore répond :
> — Je m'appelle Eudore, fils de Lasthénès.
> Le juge dit :
> — N'as-tu pas connaissance des édits qui ont été publiés contre les Chrétiens?
> Eudore répond :
> — Je les connais.
> Le juge dit :
> — Sacrifie donc aux dieux.
> Eudore répond :
> — Je ne sacrifie qu'à un seul Dieu, créateur du ciel et de la terre.

Aussi Eudore ne meurt-il point solitaire, mais dans une lumière de triomphe :

> Le fils de Lasthénès entend dans les airs des concerts ineffables, et les sons lointains de mille harpes d'or, mêlés à des voix mélodieuses. Il lève la tête, et voit l'armée des Martyrs renversant dans Rome les autels des faux dieux, et sapant les fondements de leurs temples parmi des tourbillons de poussière.

Eudore est donc bien résolument l'*anti-René*, dont l'image est évoquée au début du livre XXIV, comme pour mieux opposer l'errance du premier héros à la disponibilité positive de son successeur :

---

2. Bien entendu, ceci ne figure jamais dans les morceaux choisis. René Canat résume : « Eudore [...] ne résiste pas à la passion de Velléda qui meurt pour avoir violé ses vœux ». Faut-il saluer?

174

O Muse, qui daignas me soutenir dans une carrière aussi longue que périlleuse, retourne maintenant aux célestes demeures! J'aperçois les bornes de la course; je vais descendre du char, et pour chanter l'hymne des morts, je n'ai plus besoin de ton secours. Quel Français ignore aujourd'hui les cantiques funèbres? Qui de nous n'a mené le deuil autour d'un tombeau, n'a fait retentir le cri des funérailles? C'en est fait, ô Muse, encore un moment, et pour toujours j'abandonne tes autels! Je ne dirai plus les amours et les songes séduisants des hommes : il faut quitter la lyre avec la jeunesse. Adieu, consolatrice de mes jours, toi qui partageas mes plaisirs, et bien plus souvent mes douleurs! Puis-je me séparer de toi sans répandre de larmes! J'étais à peine sorti de l'enfance, tu montas sur mon vaisseau rapide, et tu chantas les tempêtes qui déchiraient ma voile; tu me suivis sous le toit d'écorce du Sauvage, et tu me fis trouver dans les solitudes américaines les bois du Pinde. À quel bord n'as-tu pas conduit mes rêveries ou mes malheurs? Porté sur ton aile, j'ai découvert au milieu des nuages les montagnes désolées de Morven, j'ai pénétré les forêts d'Erminsul, j'ai vu couler les flots du Tibre, j'ai salué les oliviers du Céphise et les lauriers de l'Eurotas. Tu me montras les hauts cyprès du Bosphore, et les sépulcres déserts du Simoïs. Avec toi je traversai l'Hermus rival du Pactole; avec toi j'adorai les eaux du Jourdain, et je priai sur la montagne de Sion. Memphis et Carthage nous ont vus méditer sur leurs ruines; et dans les débris des palais de Grenade, nous évoquâmes les souvenirs de l'honneur et de l'amour.

Quoi d'étonnant si l'auteur conclut sagement, annonçant qu'il renonce aux « lettres » pour se mettre à l'histoire?

O Muse, je n'oublierai point tes leçons! Je ne laisserai point tomber mon cœur des régions élevées où tu l'as placé. Les talents de l'esprit que tu dispenses s'affaiblissent par le cours des ans; la voix perd sa fraîcheur, les doigts se glacent sur le luth; mais les nobles sentiments que tu inspires peuvent rester quand tes autres dons ont disparu. Fidèle compagne de ma vie, en remontant dans les cieux laisse-moi l'indépendance et la vertu. Qu'elles viennent, ces Vierges austères, qu'elles viennent fermer pour moi le livre de la Poésie, et m'ouvrir les pages de l'Histoire. J'ai consacré l'âge des illusions à la riante

peinture du mensonge : j'emploierai l'âge des regrets au
tableau sévère de la vérité.

René, cependant, n'était-il que « riante peinture du mensonge » à « l'âge des illusions »? On le voudrait...

Ainsi, patriotisme, religion, famille, héroïsme, culture,
toutes les Frances et toutes les Gaules (éternelles, évidemment) tous les grands hommes, tous les grands écrivains,
toutes les grandes leçons, toutes les grandes figures de
l'Histoire, Hélène, Vercingétorix, Brennus, Constantin, Clo-
tilde, Clovis, les Croisés (et pourquoi pas Chateaubriand?),
tous les grands défenseurs de la « civilisation » : *les Martyrs*
en un séns sont un roman didactique de la grandeur nationale et occidentale. Tout un enseignement (Michelet, Lavisse
et l'école « républicaine ») s'inscrit à la suite des *Martyrs,*
première grande somme idéologico-politico-poétique de l'Occident bourgeois et chrétien, à la fois civilisateur de ses
propres barbares et rempart contre la barbarie, bien entendu
orientale.

Il y a cependant des butées et des contre-feux. Et tout
d'abord la mobilisation de tant d'éléments du passé appelés à
devenir éléments d'ordre peut très bien avoir valeur critique.
Par exemple ce tableau de la société franque :

> Il existe, dans les forêts de la Germanie, un peuple qui
> prétend descendre des Troyens (car tous les hommes,
> ravis des belles fables de vos Hellènes, veulent y tenir par
> quelque côté); [...] ce peuple, formé de diverses tribus de
> Germains, les Sicambres, les Bructères, les Saliens, les
> Cattes, a pris le nom de Franc, qui veut dire libre, et qu'il
> est digne de porter ce nom.
>
> Son gouvernement est pourtant essentiellement monar-
> chique. Le pouvoir partagé entre différents rois se réunit
> dans la main d'un seul, lorsque le danger est pressant. La
> tribu des Saliens dont Pharamond est le chef, a presque
> toujours l'honneur de commander parce qu'elle passe
> parmi les Barbares pour la plus noble. Elle doit cette
> renommée à l'usage qui exclut chez elle les femmes de la
> puissance, et ne confie le sceptre qu'à un guerrier.
>
> Les Francs s'assemblent une fois l'année, au mois de
> mars, pour délibérer sur les affaires de la nation. Ils
> viennent au rendez-vous tout armés. Le roi s'assied sous

un chêne. On lui apporte des présents qu'il reçoit avec beaucoup de joie. Il écoute la plainte de ses sujets, ou plutôt de ses compagnons, et rend la justice avec équité.

Les propriétés sont annuelles. Une famille cultive chaque année le terrain qui lui est assigné par le prince, et après la récolte, le champ moissonné rentre dans la possession commune. Le reste des mœurs se ressent de cette simplicité. Vous voyez que nous partageons avec nos maîtres la saye, le lait, le fromage, la maison de terre, la couche de peaux.

La filation héroïque et légendaire des Francs avec l'Antiquité, la mise en rapport Franc/franchises, le coup de lumière sur la tribu dont la loi (salique) sera celle de la monarchie française, l'articulation pluralisme féodal/unité monarchique élue, la simplicité des mœurs *et surtout* la pratique communautaire de la propriété comme chez les *Natchez,* tout cela, même comme enclave, peut très bien fonctionner contre la société civile qui est déracinement, disparition des libertés, pouvoir dégradant des femmes, pouvoir dictatorial usurpé, fondé non sur l'honneur, sur le mérite et sur le choix mais sur la seule hérédité, le luxe et la propriété privée. Ce peut très bien être la recherche naïve d'une formule *anti-libérale* qui unisse liberté, démocratie, efficacité, vertus, etc...

D'autre part, *les Martyrs* ont pu contribuer à constituer l'idéologie patriotique à une époque où le patriotisme était une valeur neuve allant dans le sens de l'évolution du réel. Si Thierry, si Michelet, si tant d'autres ont lu avec enthousiasme *les Martyrs,* c'est qu'ils y trouvaient ce sentiment d'une histoire et d'une conscience historique *modernes,* radicalement libérées de l'héritage classique, intégrant le Peuple à une Histoire qui ne se serait pas faite sans lui. Bretagne, Germanie, Gaules, Italie deviennent ici des terres *majeures* et dont n'a plus honte la culture. Le *Génie* avait réglé son compte à la mythologie étrangère dans la littérature. *Les Martyrs* achèvent le travail dans l'histoire[3]. L'épaisse géographie européenne et barbare des *Martyrs* fait que l'Histoire ne

_____

3. Histoire : processus historique; histoire : le genre.

peut plus être celle des boudoirs et des cours. L'Histoire se fait dans les forêts et dans les landes. Chez nous.

Ce n'est pas tout. Il y a aussi la protestation contre Napoléon. Napoléon, signataire du Concordat, rompt violemment avec le Pape en même temps qu'il accentue le caractère dictatorial de son régime. Constantin, lui, était la liberté nouvelle. Aujourd'hui, la religion se sépare du pouvoir. Dès lors la liberté cherche à nouveau des refuges. L'exécution du duc d'Enghien déjà, aujourd'hui celle du malheureux Armand de Chateaubriand ne sont-elles pas de nouvelles exécutions de martyrs par un nouveau Dioclétien? Hiéroclès dès lors n'est-il pas Fouché? Que l'on ajoute l'exil de Mme de Staël, la surveillance policière qui s'exerce sur Chateaubriand, bientôt l'affaire de l'article du *Mercure* et celle du discours à l'Académie, et l'on verra les choses sous un jour nouveau. Napoléon n'est plus Constantin. Faut-il dès lors lire le roman comme l'appel à un *nouveau* Constantin, qui serait Louis XVIII? Constantin, dans le roman, est un prince légitime écarté du pouvoir. Louis XVIII est bien loin, et bien improbable alors sa restauration. Mais quand même?

La réponse de la littérature : l'« Itinéraire »

Le « nouveau » triomphe. Cependant, depuis plusieurs années déjà, Chateaubriand a eu l'idée d'écrire l'histoire de sa vie, qui sera l'histoire d'une souffrance et d'un manque. Sitôt rentré de Terre Sainte, il va se mettre au travail. Mais l'écriture des *Mémoires,* reprenant *René,* ne va-t-elle pas mettre Eudore en question? On n'attendra pas si longtemps : l'*Itinéraire de Paris à Jérusalem,* en effet, qui est le dossier des *Martyrs,* tient un discours exactement inverse de celui du roman. Là, nulle reconstruction du passé. Mais un présent sans ruse. Ce n'est pas Eudore qui écrit :

> En quittant de nouveau ma patrie, le 13 juillet 1806, je ne craignis point de tourner la tête, comme le sénéchal de Champagne : presque étranger dans mon pays, je n'abandonnais après moi ni château ni chaumière.

L'orage continua une partie de la nuit. Toutes les voiles étant pliées, et l'équipage retiré, je restai presque seul auprès du matelot qui tenait la barre du gouvernail. J'avais ainsi passé autrefois des nuits entières sur des mers plus orageuses; mais j'étais jeune alors, et le bruit des vagues, la solitude de l'Océan, les vents, les écueils, les périls, étaient pour moi autant de jouissances. Je me suis aperçu, dans ce dernier voyage, que la face des objets a changé pour moi. Je sais ce que valent à présent toutes ces rêveries de la première jeunesse; et pourtant telle est l'inconséquence humaine, que je traversais encore les flots, que je me livrais encore à l'espérance, que j'allais encore recueillir des images, chercher des couleurs pour orner des tableaux qui devaient m'attirer peut-être des chagrins et des persécutions.

Ce n'est pas Eudore qui voit ainsi la Grèce, non plus promise au Christ, mais dégradée — et dès lors à quoi donc a servi Constantin? — par l'occupation turque :

Le vice-consul m'attendait sur la grève. Nous allâmes loger au bourg des Grecs. Chemin faisant, j'admirai des tombeaux turcs, qu'ombrageaient de grands cyprès aux pieds desquels la mer venait se briser. J'aperçus parmi ces tombeaux des femmes enveloppées de voiles blancs, et semblables à des ombres : ce fut la seule chose qui me rappela un peu la patrie des Muses.

Silence sur les ruines de Sparte. Léonidas ne répond pas. Le thème des ruines et de la mort, du soleil couché, de celui qui passe et qui ne revient pas, de l'enfant nu montrant des ruines, de la France qui peut-être même mourra comme la Grèce, ce thème qui est celui d'un nouveau René est au cœur du livre. La conclusion triomphaliste des *Martyrs* aurait-elle été ironique? Mais que dire de ces rappels et de ces découvertes :

Je me rappelle encore le plaisir que j'éprouvais autrefois à me reposer ainsi dans les bois de l'Amérique, et surtout à me réveiller au milieu de la nuit. J'écoutais le bruit du vent dans la solitude, le bramement des daims et des cerfs, le mugissement d'une cataracte éloignée, tandis que mon bûcher à demi éteint rougissait en dessous le feuillage des arbres. J'aimais jusqu'à la voix de l'Iroquois, lorsqu'il élevait un cri du sein des forêts, et qu'à la clarté des étoiles, dans le silence de la nature, il semblait proclamer sa liberté sans bornes. Tout cela plaît à vingt ans, parce que la vie se suffit pour ainsi dire à elle-même, et qu'il y a dans la première jeunesse quelque chose d'inquiet et de vague qui nous porte incessamment aux chimères, *ipsi sibi somnia fingunt;* mais, dans un âge plus mûr, l'esprit revient à des goûts plus solides : il veut surtout se nourrir des souvenirs et des exemples de l'histoire. Je dormirais encore volontiers au bord de l'Eurotas ou du Jourdain, si les ombres héroïques des trois cents Spartiates, ou les douze fils de Jacob devaient visiter mon sommeil; mais je n'irais plus chercher une terre nouvelle qui n'a point été déchirée par le soc de la charrue; il me faut à présent de vieux déserts qui me rendent à volonté les murs de Babylone, ou les légions de Pharsale, *grandia ossa!* des champs dont les sillons m'instruisent, et où je retrouve, homme que je suis, le sang, les larmes et les sueurs de l'homme.

L'unification se fait ici non par le christianisme, mais par la mort. Les civilisations chrétiennes ne sont-elles pas mortelles?

La Grèce, sous les empereurs romains, devait ressembler beaucoup à l'Italie dans le dernier siècle : c'était une terre classique où chaque ville était remplie de chefs-d'œuvre.

La Grèce est un double désert : désert de ruines, désert politique. Du positif cependant? Car, si Sparte ce sont les Jacobins farouches, Athènes ne peut-elle être la liberté éclairée (d'avance, la monarchie constitutionnelle)?

L'amour de la patrie et de la liberté n'était point pour les Athéniens un instinct aveugle, mais un sentiment éclairé, fondé sur ce goût du beau dans tous les genres que le ciel leur avait si libéralement départi; enfin, en passant des ruines de Lacédémone aux ruines d'Athènes, je sentis que j'aurais voulu mourir avec Léonidas, et vivre avec Périclès.

La phrase demeure au conditionnel. Dès lors, à nouveau, les oiseaux de passage, retrouvés là-bas, à l'autre bout de leur course, comme une vérification :

180

J'avais vu, lorsque nous étions sur la colline du Musée, des cigognes se former en bataillon, et prendre leur vol vers l'Afrique. Depuis deux mille ans elles font ainsi le même voyage; elles sont restées libres et heureuses dans la ville de Solon, comme dans la ville du chef des eunuques noirs. Du haut de leurs nids, que les révolutions ne peuvent atteindre, elles ont vu au-dessous d'elles changer la race des mortels : tandis que des générations impies se sont élevées sur les tombeaux des générations religieuses, la jeune cigogne a toujours nourri son vieux père. Si je m'arrête à ces réflexions, c'est que la cigogne est aimée des voyageurs; comme eux « elle connaît les saisons dans le ciel ». Ces oiseaux furent souvent les compagnons de mes courses dans les solitudes de l'Amérique; je les vis souvent perchés sur les wigwum du Sauvage; en les retrouvant dans une autre espèce de désert, sur les ruines du Parthénon, *je n'ai pu m'empêcher de parler un peu de mes anciens amis.*

On retrouve Dieu. Mais plus le Dieu de Corneille. Le Dieu de Pascal. Non plus le Dieu des armées et des institutions, mais le Dieu de l'absence et de l'appel. Une citation des *Pensées* signe, idéologiquement, le texte :

> Ce tableau de l'Attique, ce spectacle que je contemplais, avait été contemplé par des yeux fermés depuis deux mille ans. Je passerai à mon tour : d'autres hommes aussi fugitifs que moi viendront faire les mêmes réflexions sur les mêmes ruines. Notre vie et notre cœur sont entre les mains de Dieu; laissons-le donc disposer de l'une comme de l'autre [...].
>
> D'autres dormiront à leur tour sur mon dernier lit, et ne penseront pas plus à moi que je ne pensai au Turc qui m'avait cédé sa place. « On jette un peu de terre sur la tête, et en voilà pour jamais. »

Plus d'*ordre* humain. Tout est fragment, cassure, au mieux fidélités et reliquats, comme ces religieux chrétiens de Jérusalem. Plus grave encore : la littérature elle-même est crise et en crise :

> Quand les anciens pèlerins avaient accompli le voyage de la Terre Sainte, ils déposaient leur bourdon à Jérusalem, et prenaient pour le retour un bâton de palmier : je n'ai

point rapporté dans mon pays un pareil symbole de gloire, et je n'ai point attaché à mes derniers travaux une importance qu'ils ne méritent pas. Il y a vingt ans que je me consacre à l'étude, au milieu de tous les hasards et de tous les chagrins, *diversa exilia et desertas quaerere terras :* un grand nombre de feuilles de mes livres ont été tracées sous la tente, dans les déserts, au milieu des flots; j'ai souvent tenu la plume sans savoir comment je prolongerais de quelques instants mon existence : ce sont là des droits à l'indulgence, et non des titres à la gloire. J'ai fait mes adieux aux Muses dans *les Martyrs,* et je les renouvelle dans ces *Mémoires* qui ne sont que la suite ou le commentaire de l'autre ouvrage. Si le ciel m'accorde un repos que je n'ai jamais goûté, je tâcherai d'élever en silence un monument à ma patrie; si la Providence me refuse ce repos, je ne dois songer qu'à mettre mes derniers jours à l'abri des soucis qui ont empoisonné les premiers. Je ne suis plus jeune; je n'ai plus l'amour du bruit; je sais que les lettres, dont le commerce est si doux quand il est secret, ne nous attirent au-dehors que des orages : dans tous les cas, j'ai assez écrit, si mon nom doit vivre; beaucoup trop, s'il doit mourir.

On ne peut expliquer ce texte uniquement par les attaques d'origine gouvernementale dont *les Martyrs* avaient été l'objet. Quant au monument à élever en silence à la patrie, les *Études historiques,* il ne verra le jour qu'après juillet 1830 et marqué d'un coin certes insoupçonnable en 1810. L'œuvre monumentale, la vraie, sera écrite dans un tout autre registre, par René sur René. Ce sera le livre de la différence et de l'absence, de la fuite du temps, non la somme impossible d'une Histoire qui échappe. Contre l'idéologie constantinienne des *Martyrs,* l'*Itinéraire* annonce que va s'écrire le livre de la conscience : les *Mémoires.* L'occasion de 1815 et les chances d'une carrière et d'une action politique vont venir interférer, mais de manière toute provisoire, et comme une preuve de plus, à de multiples niveaux, que l'exercice d'une maîtrise réelle ne se fait pas là où le plus communément on l'imagine.

7

L'entreprise politique

Les événements

1814. *De Buonaparte et des Bourbons.* Chateaubriand rend à Louis XVIII par sa plume, dit-on, autant de services qu'une armée de cent mille hommes. Ses services sont mal récompensés. Bouderie et grogne à la Vallée-aux-Loups.

1815. Chateaubriand accompagne Louis XVIII à Gand pendant les Cent-Jours et lui propose un plan d'action constitutionnel. Au retour, cependant, il soutient à fond la politique de réaction. Il compte sur la Restauration pour fonder un régime original dans lequel il jouerait un rôle important. Chateaubriand, pair de France et ministre d'État, ne pardonne pas à Louis XVIII d'avoir traité avec Fouché et bientôt de collaborer avec les revenants de l'Empire et de la Révolution.

1816 sqq. Prise de position en faveur d'une véritable monarchie constitutionnelle : *la Monarchie selon la Charte* est saisie par la police et Chateaubriand perd son poste de ministre d'État. Chateaubriand haï par les ultras aussi bien que par les ministériels de Decazes. Il proteste contre les persécutions dont sont victimes les royalistes après la dissolution de la « Chambre introuvable ». Cette même année, à Londres, il retrouve son manuscrit des *Natchez* et donc un *René* perdu (?). À ce moment, découverte de *René* par la jeunesse.

1818. Chateaubriand journaliste fonde et dirige *le Conservateur*, qui s'oppose à *la Minerve* de B. Constant, et qu'on appelle *« Minerve blanche »*. Carrière politique.

1821. Assassinat du duc de Berry. Furieuse attaque contre Decazes (« les pieds lui ont glissé dans le sang »). Ministère Villèle dans lequel Chateaubriand, aux Affaires étrangères, trouve enfin à s'employer. Congrès de Vérone. Chateaubriand pousse à l'intervention en Espagne. Les fournisseurs aux armées (Ouvrard) y font des affaires d'or, mais, très fier, Chateaubriand déclare que la guerre d'Espagne est le *René* de sa politique. Hostilité constante cependant contre l'affairisme et la politicaillerie du régime.

1822. Premier manuscrit cohérent des *Mémoires*. Le récit de l'enfance et de la jeunesse y a pris une place importante.

1824. Chateaubriand, « impossible », dit-on, par ses ambitions, mais qui n'accepte pas l'opportunisme de Villèle et « l'ordre des choses » est brutalement démissionné par Villèle. Il passe à l'opposition semi-libérale, multiplie les articles dans le *Journal des Débats,* défend la liberté de la presse, devient l'idole de la jeunesse. La droite, avant de perdre Lamartine et Hugo, a perdu Chateaubriand qui se rapproche de la gauche. Discours lucide sur l'agiotage à propos de la conversion des rentes et de la loi d'indemnité aux émigrés.

1826 sqq. Publication de l'*Essai,* augmenté de notes, aux tomes I et II des *Œuvres complètes.* Opération de librairie d'un homme financièrement aux abois, mais aussi opération littéraire et politique d'un homme qui relit sa jeunesse. Sens de plusieurs notes : l'*Essai,* c'était déjà *René. René* paraît à nouveau dans les *Œuvres complètes.* Il ne fait définitivement plus partie du *Génie,* mais figure, avec *Atala* et *le Dernier Abencérage,* dans un volume de « romans ». Publication, enfin des *Natchez,* également dans les *Œuvres complètes.* Le texte, trop marqué de pseudo-classicisme et d'ambitions néo-épiques mais aussi de violences qui ne surprennent plus alors que triomphe le romantisme, vient trop tard. Chateaubriand regrette cependant de ne plus pouvoir écrire ainsi. Il se trouve trop sage.

1827. « Édition abrégée » du *Génie du Christianisme,* « à l'usage de la jeunesse ». Bien entendu *Atala* et *René* n'y figurent pas, non plus que *Du vague des passions* et autres textes. Courageux défenseur du « siècle » et de la liberté, Chateaubriand demeure ainsi un auteur bien-pensant.

1829. Nomination à Rome comme ambassadeur, par le ministère de centre gauche Martignac après la chute de Villèle. Chateaubriand démissionne au moment où Charles X appelle Polignac. Il avait prévu depuis longtemps la possibilité d'un coup d'État et la chute de la monarchie.

1830 sqq. Chateaubriand, porté en triomphe par des étudiants, reste fidèle aux Bourbons mais admire le républicain Carel et se fait le combattant et le polémiste de la légitimité. Violente hostilité à Louis-Philippe. Sous la monarchie de Juillet, publication, en 1831, des *Études historiques* (accentuation du thème du progrès, ouvertures aux thèmes de l'histoire philosophique; rupture idéologique avec Bonald et Bossuet). Poursuite des *Mémoires. L'Avenir du Monde* (1834), esquisse de la *Conclusion* est publié par Sainte-Beuve. Le projet d'écrire un *Vieux René* ne sera jamais réalisé. La *Vie de Rancé* (1844) en tient sans doute lieu mais aussi, à la fin de la monarchie bourgeoise, témoigne de l'impossibilité, désormais et pour longtemps, d'écrire de manière académique. Les *Mémoires* sont vendus à une société qui les rétrocède à Émile de Girardin. Ils paraîtront en feuilleton.

1848. Chateaubriand meurt après les journées de juin. Balzac, candidat à son fauteuil à l'Académie française, n'est pas élu. Sujet de « discours français » et texte à rêver : quel eût été l'éloge de René par l'auteur de *la Comédie humaine?* Le 19 juillet, la Seconde République, qui vient de massacrer les ouvriers parisiens, enterre solennellement René au Grand Bé à Saint-Malo. Discours d'Ampère. Chateaubriand récupéré par l'ordre moral.

À l'aube de la Restauration : l'optimisme

> Non, je ne croirai jamais que j'écris sur le tombeau de la France; je ne puis me persuader qu'après le jour de la vengeance nous ne touchions pas au jour de la miséricorde. L'antique patrimoine des rois peut être divisé : il ne

périra point, ce royaume que Rome expirante enfanta au milieu de ses ruines, comme un dernier essai de sa grandeur [1].

Optimisme un peu drapé. Mais optimisme. L'explication doit en être cherchée dans la sensibilité politique d'un ancien cadet breton. Le père de Chateaubriand disait que le Roi ne valait pas les os d'un honnête homme, et l'image positive du Roi ne fait en rien partie de l'héritage idéologique de René. Ce roi, c'est la cour, la noblesse abandonnée, appauvrie. Et le Roi est absent de René, enfant d'une famille puissante... Or voici ce qu'expose Chateaubriand aux Français dans sa fracassante brochure de « rentrée » :

> Les fonctions attachées à ce titre de Roi sont si connues des Français, qu'ils n'ont pas besoin de se le faire expliquer : le roi leur représente aussitôt l'idée de l'autorité légitime, de l'ordre, de la paix, de la liberté légale et monarchique. Les souvenirs de la vieille France, la religion, les antiques usages, les mœurs de la famille, les habitudes de notre enfance, le berceau, le tombeau, tout se rattache à ce nom sacré de roi : il n'effraie personne; au contraire, il rassure. Le roi, le magistrat, le père; un Français confond ces idées. Il ne sait ce que c'est qu'un empereur; il ne connaît pas la nature, la forme, la limite du pouvoir attaché à ce titre étranger. Mais il sait ce que c'est qu'un monarque descendant de saint Louis et de Henri IV : c'est un chef dont la puissance paternelle est réglée par des institutions, tempérée par les mœurs, adoucie et rendue excellente par le temps, comme un vin généreux né de la terre de la patrie, et mûri par le soleil de la France. Cessons de vouloir nous le cacher : il n'y aura ni repos, ni bonheur, ni félicité, ni stabilité dans nos lois, nos opinions, nos fortunes, que quand la maison de Bourbon sera rétablie sur le trône [2].

Le ton, décidément, est bien à l'optimisme, voire à l'idylle. René aurait-il retrouvé un père? On comprend les raisons objectives, générales : après mars 1814 et le retour de

_____

1. *De Buonaparte et des Bourbons,* 30 mars 1814.
2. *Ibidem.*

Louis XVIII, après l'accueil des corps constitués et celui du peuple, après la déclaration de Saint-Ouen et la Charte, c'est l'ordre et c'est la paix. Pas de spoliations. Pas d'épuration. À s'en tenir donc à ce qui se passe en France, *René,* ici, n'aurait plus de sens. Le ton a été un peu forcé dans la diatribe contre l'« étranger » Buonaparte, mais vite tout se calme. Ce n'est que sous la seconde Restauration, avec le contrecoup des Cent-Jours, la Terreur blanche et le déchaînement des intérêts, ce n'est qu'avec la manifestation de plus en plus évidente des contradictions profondes du système de compromis élaboré l'année précédente que vont reparaître l'âpreté, l'inquiétude et le doute. Pour le moment tout va bien ou peut aller, malgré quelques ombres : Carnot se plaint au roi, dans son fameux *Mémoire,* de ce qu'on reçoit trop bien les émigrés, et Chateaubriand doit lui répondre par ses *Réflexions politiques;* la Chambre des députés (l'ancien Corps Législatif de l'Empire) est hostile. Quant à Chateaubriand lui-même, malgré ses fanfares royalistes, il se morfond à la Vallée-aux-Loups. Un poste d'ambassadeur en Suède lui paraît une insulte : il rêve d'aller retrouver Nathalie de Noailles ou regrette de n'être pas mort le jour de l'entrée du roi à Paris. Nouvelles tentations de René. Ses projets constitutionnels ne rencontrent-ils pas que le scepticisme? Et lui propose-t-on quoi que ce soit? La vision d'ensemble cependant demeure optimiste et elle le devient plus encore lorsque Chateaubriand réunit ses textes en 1828 dans ses *Œuvres complètes,* les faisant jouer alors en masse contre une époque de plus en plus difficile et déchirée, impure : 1814, pour lui c'est un peu son Assemblée constituante et sa fête de la Fédération, le véritable matin du siècle.

Il y a à cela des raisons profondément personnelles et de signification profondément historique :

> Nous sommes à peu près sûrs que les hommes les plus distingués par leurs talents seront appelés au timon de l'état; car un homme absolument nul ne peut occuper longtemps une première place sous un gouvernement représentatif [3].

3. *De l'état de la France au 4 octobre 1814.*

Il serait facile d'ironiser sur le thème : suivez mon regard. On laissera ce travail à Henri Guillemin. Mais on ne peut que prendre au sérieux ces réflexions d'un ancien cadet de Bretagne sur la société nouvelle, qui est une société *libérée,* et pas seulement par la victoire des « Alliés » :

> Autrefois quels étaient l'espoir et l'ambition d'un gentilhomme ? De devenir capitaine après quarante années de service, de se retirer sur ses vieux jours avec la croix de Saint-Louis et une pension de 600 francs. Aujourd'hui, s'il suit la carrière militaire, un avancement rapide le portera aux premiers rangs. À moins d'une étrange faveur ou d'une action extraordinaire, un cadet de Gascogne ou de Bretagne serait-il jamais devenu, sous l'ancien régime, colonel, général, maréchal de France ? Si, réunissant toute sa petite fortune, il faisait un effort pour venir solliciter quelque emploi à Paris, pouvait-il aller à la cour ? Pour jouir de la vue de ce roi qu'il défendait avec son épée, ne lui fallait-il pas être présenté, avoir monté dans les carrosses ? Quel rôle jouait-il dans les antichambres des ministres ? Qu'était-ce, en un mot, aux yeux d'un monde ingrat et frivole, qu'un pauvre gentilhomme de province ? Souvent d'une noblesse plus ancienne que celle des courtisans qui occupaient sa place au Louvre, il ne recevait de ces enfants de la faveur que des refus et des mépris. Ce brave représentant de l'honneur et de la force de la monarchie n'était qu'un objet de ridicule par sa simplicité, son habit et son langage : on oubliait que Henri IV parlait gascon, et que son pourpoint était percé au coude[4].
>
> Le temps de ces dédains est passé[4].

C'est bien René qui parle ici, René cadet et fils de cadet. Un René qui voit ce beau jour où il peut dire à ses frères d'aujourd'hui que certains des malheurs d'autrefois n'ont plus de sens. L'Histoire et la vie, la vie et l'Histoire sont devenues claires l'une par l'autre. Il y a eu mouvement. Il y a eu progrès. Aussi jamais Chateaubriand n'a-t-il été aussi lucide et raisonnable que lorsqu'il s'adresse aux ultras adversaires de la Charte :

---

4. *De l'état de la France au 4 octobre 1814.*

L'ancienne constitution du royaume était sans doute excellente; mais pouvez-vous en réunir les éléments. Où prendrez-vous un clergé indépendant, représentant, par ses immenses domaines, une partie considérable des propriétés de l'état? Où trouverez-vous un corps de gentilshommes assez nombreux, assez riches, assez puissants pour former, par leurs anciens droits féodaux, par leurs terres seigneuriales, par leurs vassaux et leur patronage, par leur influence dans l'armée, un contrepoids à la couronne? Comment rétablirez-vous ces privilèges des provinces et des villes, les pays d'états, les grands corps de magistrature qui mettaient de toutes parts des entraves à l'exercice du pouvoir absolu? L'esprit même de ces corps dont nous parlons n'est-il pas changé? L'égalité de l'éducation et des fortunes, l'opinion publique, l'accroissement des lumières, permettraient-ils aujourd'hui des distinctions qui choqueraient toutes les vanités? Les institutions de nos aïeux, où l'on reconnaissait les traces de la sainteté de notre religion, de l'honneur de notre chevalerie, de la gravité de notre magistrature, sont sans doute à jamais regrettables; mais peut-on les faire revivre entièrement? Permettez-donc, puisqu'il faut enfin quelque chose, qu'on essaie de remplacer l'honneur du chevalier par la dignité de l'homme, et la noblesse de l'individu par la noblesse de l'espèce. En vain voudriez-vous revenir aux anciens jours : les nations comme les fleuves ne remontent point vers leurs sources; on ne rendit point à la république romaine le gouvernement de ses rois, ni à l'empire d'Auguste le sénat de Brutus. Le temps change tout, et l'on ne peut pas plus se soustraire à ses lois qu'à ses ravages [...].

Toutes les bases d'une liberté raisonnable y sont posées [dans la Charte]; et les principes républicains s'y trouvent si bien combinés, qu'ils y servent à la force et à la grandeur de la monarchie [...].

Elle convient donc également, cette Charte, à tous les Français : les partisans du gouvernement moderne parlent au nom des lumières qui leurs semblent éclairer aujourd'hui l'esprit humain; les défenseurs des institutions antiques invoquent l'autorité de l'expérience : ceux-ci plaident la cause du passé, ceux-là l'intérêt de l'avenir! Les républicains disent : « Nous ne voulons pas retourner à la féodalité, aux superstitions du moyen âge ». Les royalistes s'écrient : « Nous ne voulons pas, de constitution en constitution, nous égarer dans de vains systèmes, aban-

189

donner ces idées morales et religieuses qui ont fait la gloire et le bonheur de nos aïeux. » Aucun de ces excès n'est à craindre dans l'espèce de monarchie rétablie par le roi; dans cette monarchie viennent se confondre les deux opinions : l'une ou l'autre comprimée produirait de nouveaux désastres. *Les idées nouvelles donneront aux anciennes cette dignité qui naît de la raison, et les idées anciennes prêteront aux nouvelles cette majesté qui vient du temps.* La Charte n'est donc point une plante exotique, un accident fortuit du moment : c'est le résultat de nos mœurs présentes; c'est un traité de paix signé entre les deux partis qui ont divisé les Français : traité où chacun des deux abandonne quelque chose de ses prétentions pour concourir à la gloire de la patrie [5].

Aussi n'est-ce pas (encore) cynique opportunisme que de constater ce fait, justificateur à lui seul du compromis :

> la grande, la véritable émigration est depuis longtemps rentrée en France. Elle a pris des intérêts communs avec le reste des Français par des alliances, des places, des liens de reconnaissance, et des habitudes de société.

Les Français n'ont aucune raison de se diviser et l'analyse s'adresse aux fanatiques et nostalgiques de droite comme de gauche. Et l'on va plus loin. Une alliance possible se dessine en effet entre les expériences et les fidélités, que perçoit et inscrit dans un avenir possible l'homme qui avait soustrait René aux artifices du père Souël :

> Certes, nous avons beaucoup perdu par la révolution; mais aussi, n'avons-nous rien gagné? N'est-ce rien que vingt années de victoires? N'est-ce rien que tant d'actions héroïques, tant de dévouements généreux? Il y a encore parmi nous des yeux qui pleurent au récit d'une noble action, des cœurs qui palpitent au nom de patrie.

Noble action, patrie : les mots se rejoignent, et les choses; émigrés qui ont souffert au loin et soldats de l'armée nou-

---

5. *Réflexions politiques sur quelques écrits du jour et sur les intérêts de tous les Français,* 1814; (nous soulignons).

velle qui se sont bien battus, tous sont compris dans une patrie qui n'est plus seulement la *petite* patrie de René et qui est la « France nouvelle ». Fleurus aussi bien que Kensington y ont leur place et leur sens. Souvenirs de gloire et souvenirs d'émigration sont devenus comme autant de creusets et d'écoles, l'armée de Condé, la Vendée, les nuits chez les sauvages de l'Amérique rejoignant (le vague des passions liquidé) champ de Mars et forum républicains tant regrettés dans le *Génie* et alors interdits, croyait-on, aux modernes :

> Nos jeunes gens, *nourris dans les camps ou dans la solitude,* ont quelque chose de mâle ou d'original qu'ils n'avaient point autrefois.

Ainsi, à l'aube de la Restauration, Chateaubriand est fermement persuadé, si l'on ose dire, qu'*il n'y aura pas de romantisme.* Accepter, en effet, sans réticences la déclaration de Saint-Ouen et notamment la légitimation des biens nationaux; unir les intérêts légitimes et les libertés; lutter contre l'affairisme et le carriérisme; lutter contre ceux qui n'ont rien compris à l'Histoire et contre les spéculateurs qui prétendent la mobiliser à leur seul profit : ce programme, dans le cadre des luttes d'alors est, subjectivement, parfaitement mobilisateur. Il est à noter qu'il implique une irréductible hostilité aux profiteurs (bourgeois) de la Révolution qui parlent de liberté :

> Tout homme qui suit sans varier une opinion est excusable, du moins à ses propres yeux; un républicain de bonne foi, qui ne cède ni au temps ni à la fortune, qui, quoique ennemi des Rois, a en horreur les tyrans, mérite d'être estimé quand d'ailleurs on ne peut lui reprocher aucun crime. Mais si des fortunes immenses ont été faites; si, après avoir égorgé l'agneau, on a caressé le tigre; si Brutus a reçu des pensions de César, il fera mieux de garder le silence; l'accent de la fierté et la menace ne lui conviennent plus...

Mais ce compte réglé avec ces gens-là, dont on espère qu'ils se tiendront tranquilles, on peut envisager la marche en avant : « aux peuples désormais, écrit Chateaubriand, sont permis le long espoir et les vastes pensées ». Il n'est pas question ici de mal du siècle.

Sincérité?

Faux problème, qui ne peut faire les délices que de ceux-qui-font-pas-de-politique et qui, donc, refusent à la littérature, aux écrivains, aux intellectuels, le droit d'avoir un rôle et une efficacité politique. Certes, le défenseur de la Chambre Introuvable a tout fait pour avoir la peau de Villèle; le chantre de Louis XVI et de la Vendée s'est allié avec Benjamin Constant; le chasseur de tête de 1815, qui suppliait le roi (au nom de « ses peuples ») de « suspendre le cours de son inépuisable clémence » [6], s'est fait constitutionnaliste; l'homme qui dédia le *Génie* au « citoyen Premier Consul » s'est fait royaliste; le « philosophe » de l'*Essai* s'est fait le défenseur de la foi, etc. Sur ces thèmes faciles on a depuis longtemps, à gauche et à droite, considérablement (et avec quelle bonne conscience!) brodé. « Faisons Mme de Chateaubriand duchesse et tout ce bruit s'apaisera » : telle était, paraît-il, sous Villèle, la religion du ministère. De même Chateaubriand ayant écrit : « Buonaparte tuait ceux qu'il estimait », le philosophe Azaïs, au service de Decazes, lui rétorquait : « Eh! M. le Vicomte, il vous a laissé vivre ». Simple facilité polémique? De manière beaucoup plus intelligente, le même Azaïs se livrait à cet étonnant déshabillage idéologique du noble pair :

> Pourquoi [...] donner l'exemple d'un mouvement inverse et essayer d'entraîner à votre suite toute une génération nouvelle, *vers des lieux où vous-mêmes ne pourriez plus vivre*, et qui, de jour en jour, doivent devenir plus inhabités? [...] Par vos inclinations, vos idées, vos principes réels et soutenus, vous appartenez aux générations nouvelles. Si, depuis 1815, vous vous êtes dévoué, par vos protestations, aux intérêts et aux opinions des générations passées, *ce ne peut être que par des motifs étrangers à vos dispositions intérieures; l'expression de celle-ci vous échappe sans cesse; et, dans cette expression, il y a certitude et vérité;* dans vos protestations, au contraire, il y a le langage emprunté d'un homme qui est monté sur une

---

6. *Discours à Orléans comme président du collège électoral du Loiret.* La phrase fameuse a été supprimée de la réimpression des *Œuvres*.

scène où il se sent déplacé, mais où il faut bien qu'il joue son rôle.

Bien sûr. Et la contradiction est habituellement repérée. Azaïs cependant manque un effet très attendu, puisqu'il entendait enfermer Chateaubriand dans le dilemme typiquement libéral et bourgeois : si l'on n'est pas pour la réaction (« gothique »), on est nécessairement pour la « liberté » (libérale et bourgeoise), et si l'on n'est pas pour la « liberté » (libérale et bourgeoise), on est nécessairement pour la « réaction » (« gothique ») [7]. Mais qui ne verrait que les jeux de l'opportunisme et du mensonge politique, s'il est un terrain où ils peuvent se développer à fond, c'est bien celui, précisément, de ce faux dilemme, de ce dilemme en train de devenir faux au moment où se déplace l'axe des luttes de classes et où le conflit, d'aristocratie/bourgeoisie, est en train de devenir bourgeoisie/autre chose : jeunesse pour le moment, peuple, puis prolétariat bientôt. Azaïs, en ces temps où Chateaubriand est l'homme non pas de l'extrême droite mais d'une certaine droite et où le libéralisme doctrinaire apparaît encore à tous comme subjectivement et objectivement mobilisateur, peut bien se faire le porte-parole des générations nouvelles et assigner à Chateaubriand son lieu vrai : il n'en demeure pas moins que c'est contre les siens que se soulèveront bientôt les mêmes générations. Dès lors Chateaubriand ne relève pas d'un jeu piégé. S'il est en porte-à-faux, inclassable, inclassé, et donc aux yeux de l'idéologie dominante absurde ou malhonnête truqueur, c'est qu'il s'est mis hors du cercle idéologique et politique contemporain. Ses premières prises de position ne laissent aucun doute sur son adhésion à une politique résolument constitutionnelle et sur son acceptation positive des transformations intervenues. Mais s'il est hostile aux gothiques, est-il pour autant l'homme de la liberté des libéraux et de l'argent? Et s'il est pour la Charte, est-il pour autant l'homme des ministres? Sa solitude, partout, est d'ailleurs significative jusqu'au jour où toute une jeunesse

_____

7. De même : si vous êtes anti-industriel, vous êtes un aristocrate. C'est ce que dira en 1825 à l'intellectuel le bourgeois du *Nouveau complot contre les industriels* de Stendhal.

193

libérale voudra le reconnaître pour son maître et son guide. Significatives aussi les impuissances et contradictions de sa conduite *lorsqu'il fait autre chose qu'écrire*. En fait et pour l'essentiel, Chateaubriand n'est pas véritablement un homme politique, et ce n'est pas à l'œuvre d'une politique explicite qu'il doit être jugé : pendant que ses voisins tiennent un discours, il en tient un autre, que l'on n'entend pas réellement, et qui pour le siècle n'est que bruit mal compréhensible et confus. L'exemple le plus frappant est bien ce qui se passe au *Conservateur* où tout le séparait des plus brillants et des plus percutants royalistes que lui seul, pourtant, avait su réunir : non seulement le cardinal La Luzerne, mais Lamennais et le grand Bonald, qui n'admettait ni l'idée ni la pratique d'un parti royaliste, ayant sa théorie, sa stratégie, sa tactique, sa presse, ses comités d'intervention et ses groupes de pression, Bonald, si fermement opposé à tout jeu à l'intérieur du système représentatif qui légitimerait ce système même et ce qu'il exprimait du (nécessairement) coupable siècle. La preuve en est cent fois donnée. De même pour ce Villèle, suspect compagnon de route, toujours prêt, à l'inverse de son aile droite, à entrer en négociation avec le pouvoir. Pour Bonald, Chateaubriand est un capitulard opportuniste, pour Villèle un irréaliste irresponsable. Comment pourrait-il être ici question de « sincérité » ou d'insincérité? Ne ferait-on pas mieux de se poser la question de pertinence ou de non-pertinence? Et ce au plan d'intervention vrai de Chateaubriand, qui est celui de l'écriture? Il n'y a pas cependant que le problème de la politique. Il y a le problème de la relation même au monde comme il va. On peut ici quelque peu anticiper sur les réflexions que provoqueront les *Mémoires*.

Il est facile de « montrer », comme H. Guillemin, comment la vie du Chateaubriand temporel et politique fut haletante et dépendante : vie d'un homme qui n'avait rien, toujours courant après les places et les emplois, rageant de n'être pas pris, et pour qui un poste, il ne faut jamais l'oublier, c'était d'abord un traitement. Chateaubriand apparaît ainsi comme étant toujours sans prises sur l'événement et toujours forcé de courtiser ceux qui gouvernent pour en tirer pied ou aile. Toute sa vie est celle d'un homme qui, hors du coup financièrement et politiquement, improductif, voudrait bien être dans la partie mais qui n'y réussit jamais que par bribes, qui ne s'intègre jamais à rien. Mais ici, attention! De quel droit reprocher à Chateaubriand d'avoir été pauvre et d'avoir eu besoin de gagner sa vie? Ne vaudrait-il pas mieux prendre la question par l'autre bout, par le bon bout : la condition matérielle des intellectuels et des écrivains dans le monde moderne? Ne vaudrait-il pas mieux, allant plus loin, étudier dans la variété des cas concrets cette condition? On peut penser par exemple à Henri Beyle et Honoré Balzac qui sont, au sens le plus plein du terme, des « industriels » (un peu de papier noirci se vend plus cher que le prix de l'encre et du papier, écrit Stendhal en 1825), des hommes de l'ère nouvelle qui est celle du *travail*. Et en même temps, cette société du travail, ils en instituent vite, de l'intérieur, une critique radicale qui les conduit à envisager une contre-société du travail et de l'industrie. Ainsi, ils sont à la fois dedans et non pas dehors mais *au-delà*. Chateaubriand, lui, venu de Combourg et de la vie noble, est dehors, et, il voudrait être dedans. *Il n'y parvient pas.* D'où la névrose, une sorte de barre intérieure qui tient aux origines de classe. Ceux qui parlent toujours de sincérité supposent chez le sujet envisagé une totale et abstraite liberté. Ils ne tiennent pas compte de la névrose ni surtout de ses composantes historiques.

Et c'est ici que Guillemin rate l'essentiel, pour des raisons idéologiques et méthodologiques précises. Car la mise en pièce de la fiction d'une belle vie, à laquelle tenait Chateaubriand mais aussi l'hagiographie subséquente [8], cache le problème : *quelle vie? d'où venue?* et *allant où?* Et donc quel rapport au métier d'écrivain comme à tout métier déjà? La vie de Beyle et de Balzac est, grosso modo, homogène à leur écriture. La vie de Chateaubriand, non. Chateaubriand, conscience aristocratique aiguë, est sensible aux horreurs, aux impuretés de la société civile. Mais il n'en peut guère faire qu'une critique *de droite* et seulement partiellement pertinente. En même temps, pour vivre, il lui faut

---

8. En voir un premier état dans les gravures de la première édition en librairie des *Mémoires*.

mendier après cette société. Balzac et Stendhal, consciences aiguës, mais consciences plébéiennes, sensibles aux mêmes horreurs et impuretés, peuvent en faire, eux, une critique *de gauche* à partir d'arguments pertinents, et cette société ils n'ont pas à y mendier : ils ont à y travailler et à s'y accomplir. Et c'est là qu'est le problème : il y a nécessairement chez Chateaubriand un langage vrai de sa critique, mais déplacé, décalé, coupé par rapport à sa propre vie. Or cette idée de coupure s'impose, on le sait, dès le début de l'aventure de René. Et l'on sait bien qu'il s'agissait d'une coupure historique, qui, détruisant concrètement la commune ancienne, la détruit aussi et la rend impossible *idéologiquement*. On ne vit plus au XIVe siècle; on ne peut plus vivre au XIVe siècle, et l'image date de l'*Essai* : on ne peut rester au milieu du fleuve. *Mais que faire sur l'autre rive où l'on n'est pas chez soi?* Ne voir là que les mésaventures d'un individu rageur et maladroit, c'est ne pas tenir compte de ce fait fondamental que Chateaubriand est un aristocrate à la rigueur révolutionnaire qui tente de survivre dans une société révolutionnée. Or ni cet aristocratisme de Chateaubriand n'est, loin de là, un problème de pur sujet, ni le contexte révolutionnaire-révolutionné n'est une contingence badine. L'Histoire nouvelle est névrogène : d'une part, révolutionnante, elle implique la mort (pratique) et la sur-mort (idéologique) de quelque chose, la coupure nécessaire et douloureuse d'avec certaines pratiques et valeurs qui fondaient et structuraient une humanité. D'autre part, révolutionnée, fixée, essayant de se fixer, elle est une Histoire impure. Entre un lieu passé devenu un non-lieu et un lieu futur qui est encore, lui aussi un non-lieu, l'expérience et l'exigence aristocratique se trouvent coincées, parce qu'il leur manque cet élément capital (plébéien) de l'ambition vitale et de la chasse du bonheur. Il y aura bien complexe ou névrose chez Stendhal et Balzac, mais d'une autre valeur et d'un autre fonctionnement. Deux configurations s'imposent.

Dans la première (Chateaubriand), d'un positif qui était le passé, on est renvoyé à un négatif qui est le présent. Mais ce présent négatif ne trahit pas tant, comme dans la seconde (Stendhal, Balzac), une promesse, qui n'avait pas été faite, que l'on n'avait pas reçue, qu'il ne valorise le positif ancien (que l'on avait reçu ou, peut-être plus exactement, que l'on a redécouvert et alors revécu). L'impossibilité et la mauvaise conscience de l'entreprise (trahir le passé et achever de le tuer en se mettant au service de l'inacceptable ou de l'impossible) entraîne un jeu de fantasmes qui, tout en assurant une maîtrise relative, n'aboutit qu'à mieux souligner un manque. Les tentatives normatives du père Souël sont certes récusées, qui relèvent trop clairement des complicités entre la répression ancienne et la nouvelle, l'aristocratique et la bourgeoise. Mais rien ne se peut mettre à la place qu'une sorte d'appel sans destinataires réels. Où est la « France nouvelle »? Où est la « Jeune France »? Seule la lecture peut donner une fertilité réelle à cette écriture qui ne libère pas tant l'écrivant qu'elle ne l'enferme plus encore dans une névrose dont la véritable portée critique lui échappe et qui suppose, un jour et quelque part, la lecture pour trouver son sens. Chez Stendhal et chez Balzac, toute une suite de héros dont on est fier, qui sont des individus réels, figurent pour une société réelle qui continue à se battre et à vivre. Rien de tel chez Chateaubriand qui, au petit matin de 1841, ne laissera derrière lui, et pour lui survivre, nul contre-univers romanesque et qui soit promesse. Chateaubriand, fidèle à ses origines, écrit ses dernières lignes dans le désert, mais non Stendhal et Balzac, écrivains d'un monde moderne engendrant son propre envers et sa propre contre-vitalité. Dès lors, comment « classer » Chateaubriand autrement que par référence à des possibilités pratiques? Il faut décidément chasser la « morale » de la réflexion sur la littérature, comme il a fallu la chasser de la politique. Dans les deux cas, il s'agit de la morale bourgeoise, nécessairement juge et partie.

L'aventure politique

Faisant de nécessité vertu, Louis XVIII et son gouvernement, malgré l'élection d'une premier chambre ultra-royaliste (la Chambre introuvable) et malgré la répression qui suit la seconde chute de Napoléon, doivent s'appuyer sur les forces réelles du pays : couches bénéficiaires de la Révolution, personnel administratif et politique de l'Empire (dont les créances sont honorées, alors que sont refusées des pensions aux Vendéens). On donne un coup de barre contre les ultras. C'est l'ordonnance du 5 septembre 1816 qui dissout la Chambre introuvable. Puis c'est la formation de ministères modérés et « doctrinaires », derrière lesquels on voit Guizot, Barante, Royer-Collard et qui, pratiquant une politique de bascule, s'appuient sur les hommes de l'Empire et feront voter les lois indispensables à la consolidation de l'ordre révolutionné (notamment la loi Gouvion Saint-Cyr sur l'organisation de l'armée). Le grand homme, alors, est pour des années Decazes, ministre de la police devenu président du conseil. Tout est mis en œuvre pour obtenir de « bonnes » élections. Partout et sans pudeur, mais avec efficacité, la police et l'administration se mobilisent. En 1816, la furieuse brochure de Chateaubriand *De la monarchie selon la Charte* est saisie par un commissaire de police et l'auteur perd, avec la confiance (?) du Roi, son poste de ministre d'État. Désespérés, les ultras, d'ailleurs surveillés et manipulés par la police, pensent un moment à des actions violentes : appel à l'étranger (affaire de la « Note secrète »), changement de dynastie en faveur du comte d'Artois (Conspiration du bord de l'eau). Réactions aventuristes et stériles : cette forme de monarchie n'a plus d'avenir. Mais l'autre, celle qui gouverne, la «réaliste »? Beau de Loménie, le premier, a montré comment l'affairisme et un certain capitalisme naissant avaient trouvé en Decazes (de Decazeville) à la fois son homme et son symbole. La véritable base sociale du pouvoir, malgré l'apparence bourbonienne, c'est la France révolutionnée qui entend bien à la fois consolider et arrêter sa révolution. Dans cette situation, le Chateaubriand idyllique de 1814 se trouve forcément coincé. Son ralliement même, en 1822, après la chute de Decazes consécutive à l'assassinat du duc de Berry, à un gouvernement « royaliste » présidé par Villèle ne pourra se faire que du bout des lèvres. C'est que Villèle n'est finalement qu'un politicien et un habile. Il devait, en 1825, faire voter la fameuse loi du « milliard des émigrés », mais assortie d'une conversion des rentes et d'une loi de finances qui faisaient le bonheur des agioteurs et des seigneurs de la Bourse. Il devait, surtout, bientôt lancer une attaque en règle contre la liberté de la presse. Dès lors, le vieil amour de Chateaubriand pour la liberté, sa haine pour la monarchie absolue, mais aussi ses refus profonds de la société affairiste ne peuvent que faire à nouveau de lui un adversaire non du Roi mais du pouvoir de fait : administration, police, ministres. C'était déjà le sens de la guerre qui s'était engagée en 1818 entre Decazes et *le Conservateur* et qui reprendra contre Villèle, après la destitution de 1824, dans le *Journal des Débats* et à la tribune de la Chambre des Pairs. Au passage, serait-on tenté de dire, Chateaubriand, ministre des Affaires étrangères, avait fait décider et exécuter l'expédition d'Espagne : il en sera toujours très fier, y voyant jusqu'au *René* de sa politique. C'est qu'il avait, pensait-il, rendu à l'armée sa fierté et son unité, restauré la légitimité et surtout réussi ces prouesses de tout mener sous le feu d'une presse libre. C'est un peu son moment d'illusion. Il ne voit pas tout ce qu'il y eut d'affairiste dans cette campagne. Il ne comprend pas le mouvement démocratique espagnol [9]. La parenthèse du pouvoir refermée par le renvoi de 1824 le rend heureusement à son rôle de dénonciateur et d'analyste. 1830 le trouvera ayant prédit depuis longtemps les risques de coup d'État et averti le pouvoir des conséquences qui s'ensuivraient. Le bilan est donc clair : Chateaubriand a été beaucoup plus un homme d'opposition qu'un homme de gouvernement, et ce qu'il convient d'étudier, c'est le sens et le contenu de cette opposition.

Au *Conservateur,* face à l'opportunisme ministériel, une certaine logique royaliste se mobilise : on est pour la Charte, l'extension du suffrage et la liberté de la presse; toutes mesures dont on pense qu'elles profiteraient aux royalistes [10]. On essaie de faire sortir les forces royalistes d'une certaine semi-clandestinité ou de l'opposition de salon et d'en faire des forces de place publique. Et tout se fait, malgré plus d'une certaine arrière-pensée chez quelques-uns, sous le signe du plus hardi constitutionnalisme. Le rôle de Chateau-

9. Pour la vérité sur la guerre d'Espagne, voir ce qu'en disent sur le moment Stendhal dans son *Courrier anglais* et plus tard Victor Hugo dans *les Misérables.*
10. Ne pas oublier que la Droite est alors pour le suffrage universel (les chaumières voteraient pour les châteaux), alors que la gauche est pour le suffrage censitaire restreint. Au suffrage universel, Manuel n'eût jamais été élu député de la Vendée.

briand ici est clair : à court terme, la perspective des élections de 1819, à long terme, la nécessité de sortir du folklore et de la politique sentimentale de boudoir, conduisent les ultras à accepter le leadership d'un homme en qui on voyait un dangereux rêveur, un jacobin (que ne murmurait-on pas sur cet *Essai* historique jadis publié à Londres et alors inconnu!), mais dont le prestige et un certain sens de la modernité s'imposaient. De son côté, Chateaubriand acceptait une discipline et des voisinages qui pouvaient surprendre. Il marquait un point important cependant en devenant politiquement nécessaire et en s'assurant par son travail rédactionnel des revenus dont il avait le plus grand besoin. Des appuis pour une carrière, mais aussi un passage à la pratique politique. L'Histoire, certes, redevient chaque jour contradictoire et scandaleuse, et il s'éloigne vite le printemps de 1814! Et ce sera bien pire encore après la rupture de 1824. C'est aux *Débats*, cette fois, que Chateaubriand, devenu l'idole ambiguë des hommes nés avec le siècle, relance son engagement et son combat. Les deux moments ne sont pas contradictoires, au contraire. Mais le premier a sa coloration propre, en cela que Chateaubriand ne saurait y faire encore clairement mouvement vers la Gauche et que c'est à l'intérieur de la Droite qu'il élabore son système.

Le Conservateur secoue vivement les ministères plus ou moins opportunistes ou modérés qui se succèdent de la dissolution de la Chambre introuvable à l'assassinat du duc de Berry. Adversaire implacable du carriérisme libéral et bourgeois tel qu'il se renforce sous les apparences du gouvernement royal, mais adversaire non moins résolu de l'opportunisme légitimiste qui se paie de mots, adversaire des « ministres » qui trahissent la couronne ou du moins l'idée qu'il s'en fait, Chateaubriand est en fait déjà l'adversaire irréductible de ce qui sera le Juste-Milieu de la monarchie de Juillet. Les ministres développent le pouvoir de la police, qui échappe à tout contrôle parlementaire, rognent la liberté de la presse et favorisent l'agiotage. Le pouvoir cesse d'être unité pour se faire désordre. Comment s'étonner qu'à l'occasion Chateaubriand se déclare solidaire d'hommes de gauche comme Benjamin Constant et le général Foy? Le grand déchirement commence, la grande absurdité... C'est que les Cent-Jours, puis l'ordonnance du 5 septembre ont mis fin à l'idylle de la première Restauration :

> Les Cent-Jours avaient tout appris, avaient montré le fond de tous les cœurs, avaient fait tomber tous les masques : d'un côté étaient les amis, de l'autre les ennemis. Plus de confusion, plus de mélange; la main de la Providence avait séparé elle-même l'ivraie du bon grain. Les maîtres du champ moissonné n'avaient plus qu'à choisir, et ils choisirent l'ivraie [11].

Aussi on patauge. Et pourtant...

> La Providence, pour sauver la France et l'Europe, opéra son dernier miracle; elle fit sortir des collèges électoraux de l'usurpateur la Chambre royaliste de 1815. Pour la première fois, après trente années de triomphes et de crimes, la Révolution fut enfin attaquée corps à corps. On entendit parler de religion, de morale et de justice, la Chambre de 1815 voulait rétablir sur ces fondements éternels de la société la monarchie légitime et les libertés publiques. La Révolution vit le péril : elle rappela ses forces, séduisit le ministère, le rendit favorable à sa cause : tout s'arma pour briser le dernier instrument de salut; et, chose à jamais déplorable, l'Europe monarchique applaudit à l'ordonnance du 5 septembre! Mais quelle révolution s'était donc opérée dans les conseils? Les gouvernements étaient-ils devenus plus inaccessibles à la contagion révolutionnaire? ne mettaient-ils plus aucun intérêt à la tranquillité intérieure de la France? Ils jugent sans doute mieux aujourd'hui la mesure ministérielle, dont ils ne sentirent pas d'abord la conséquence; ils ne virent qu'un acte de fermeté dans un acte de destruction. C'est de ce moment que les doctrines anti-sociales se sont ranimées; c'est de ce moment que les révolutionnaires sont sortis de leur retraite pour s'emparer des pouvoirs; *c'est de ce moment que les principes ont été proscrits;* c'est de ce moment que des lois démocratiques ont reporté dans la puissance politique et dans la puissance militaire les hommes et les systèmes qui ont bouleversé l'Europe et la France.

---

11. 15 août 1819.

Ainsi parle le Chateaubriand blanc. De quelle sorte de blanc? Le parti ministériel, qui se veut réaliste, instaure la « morale des intérêts » [12] (c'est-à-dire la morale bourgeoise), la morale de l'égalité (c'est-à-dire la morale individualiste) dont Chateaubriand souligne avec force et passion qu'elle n'est pas la morale de la liberté :

> La liberté est le sentiment des âmes élevées : elle produit les grandes actions, crée les grandes patries, et fonde les institutions durables; elle se plaît dans l'ordre et la majesté; elle s'allie avec tous les gouvernements, hors avec le despotisme.
> L'égalité absolue est la passion des petites âmes : elle prend sa source dans l'amour-propre et l'envie, elle enfante les basses résolutions, et tend sans cesse au désordre et au bouleversement.

Bouleversement de quoi? Retenons l'essentiel : les hommes de l'égalité (bourgeoise) ne se soucient absolument pas de liberté. Et Chateaubriand multiplie les proclamations sur la liberté possible, dont il montre qu'elle a nécessairement pour ennemie l'égalité absolue, c'est-à-dire, dans ce contexte, la consécration sans limites des droits de l'ambition individualiste, telle que la carrière d'un Thiers ou les divers Rastignac balzaciens vont l'illustrer. Mais cette critique de la déviation bourgeoise de la modernité ne fait pas de lui pour autant un réactionnaire :

> La doctrine de la nation nouvelle, en supposant qu'elle signifie quelque chose, veut apparemment dire ceci : que les siècles ne rétrogradent point; que chaque génération amène des changements dans la société; qu'aujourd'hui, par exemple, l'ancien gouvernement est détruit sans retour; qu'on ne peut plus imposer par le rang et la naissance, si les vertus ou les talents n'ajoutent leurs avantages naturels à ces avantages politiques; que l'éducation, descendue dans les classes inférieures de la société, établit entre les hommes une sorte d'égalité

---

12. Expression lancée par Chateaubriand dans un article retentissant du *Conservateur* en 1818. Voir le texte de cet article, reproduit dans les *Mémoires, III,* 2e ép., livre 1, 10, et ci-dessous, p. 302.

qu'aucune puissance ne peut détruire; que *ce nouvel ordre de choses a produit une nation nouvelle qui, loin de renoncer aux droits acquis, bouleverserait le monde si on lui refusait ce qu'elle est faite pour obtenir* [13].

Est-ce clair? Et ceci :

Cent fois nous avons déclaré que le rétablissement de l'ancien régime était impossible, que les éléments de ce régime étaient à jamais détruits, qu'il fallait donc suivre le mouvement politique du siècle, que la Charte satisfaisait à tous les besoins nouveaux. Nous avons fait un million de fois l'éloge du gouvernement constitutionnel; et si ce gouvernement est maintenant connu et entendu de la France, nous osons dire que c'est nous qui l'avons rendu populaire par les explications que nous en avons données [14].

Telle était la logique d'une politique vraie tenant compte de l'Histoire. Le système ministériel cependant ne retient de l'évolution historique que le fait, non le droit :

Il paraîtrait qu'il existe une sorte de coalition entre le ministre des finances, MM. Baring, Lafitte et autres, pour ne vendre de rentes que dans une proportion convenue, jusqu'à l'adoption de quelque grande mesure financière [15].

La politique officielle est la corruption officielle de toute valeur :

Les bonnes lois ne sont que la conscience écrite : la morale des intérêts contrarie la conscience. Que disent les lois? Respectez le bien d'autrui. Que disent les intérêts? Prenez le bien d'autrui.

La morale des intérêts est donc par le fait anti-sociale. Elle prend pour levier politique les vices des hommes au lieu d'agir avec leurs vertus. Or les vices sont faibles et caducs; vous bâtissez donc avec des instruments qui se briseront dans vos mains.

---

13. 7 août 1819.
14. 15 août 1819.
15. 21 janvier 1819.

Dès lors la jeunesse et le siècle en seront corrompus, et c'est là un premier repérage capital des causes profondes du mal du siècle :

> *La lassitude est partout;* chacun soupire après le repos; les uns veulent du moins profiter des restes de leur vie; les autres, commençant cette vie, ne partagent ni nos haines ni nos amours. Les générations se succèdent chaque jour en silence et celles qui naissent et celles qui meurent ramènent incessamment dans le monde le calme de l'enfance et des tombeaux. On croit qu'on a toujours affaire aux mêmes hommes, et par le fait on agit sur une société nouvelle [16].

> *Nos enfants s'élèvent au milieu du désordre des idées morales;* leurs oreilles et leurs yeux s'accoutument à entendre et à voir le mal : ils apprennent à étouffer leurs vertus, à suivre leurs passions. Quelle race doit donc sortir du milieu de nos exemples? La jeunesse, naturellement généreuse, sera flétrie avant d'avoir atteint l'âge où l'expérience détruit les illusions. Ces systèmes, que nous promenons sur la France, loin de la fertiliser, la rendront stérile : ils ne ressemblent pas à ces charrues qui fécondent la terre, mais à celles qui coupent les fleurs [17].

On parle de démocratie, mais

> La loi des élections, disent les indépendants, est une loi populaire, une concession faite au peuple, des droits acquis que vous ne pouvez plus retirer. En ce faisant, vous vous placeriez en dehors de la nation.

> Ce n'est point, disent plus justement les royalistes, une loi populaire, c'est au contraire une loi qui exclut le peuple des élections, et qui crée une classe de privilégiés à cent écus : et dans cette classe de privilégiés réside essentiellement l'opinion démocratique. Pour que la loi fût populaire, il faudrait qu'elle descendît plus bas. Loin d'avoir donné des droits au peuple, vous lui en avez ôté [18].

On parle de l'esprit du siècle, mais

> maintenant que nous avons renversé nos fondations chrétiennes, si nous ne créons pas, à l'aide de la morale des

---

16. 22 déc. 1818.
17. 5 déc. 1828.
18. 30 nov. 1818.

devoirs, un esprit public, les intérêts individuels ne rétabliront pas les monuments de l'antique charité. Élevez nos hommes politiques à ne penser qu'à ce qui les touche, et vous verrez comment ils arrangeront l'État. Ils chercheront à arriver au pouvoir par mille bassesses, non pour faire le bien public, mais pour faire leur fortune. Vous n'aurez que des ministres corrompus et avides, semblables à ces esclaves mutilés qui gouvernaient le Bas-Empire, et qui vendaient tout au plus offrant, se souvenant d'avoir eux-mêmes été vendus[19].

Comment ne pas penser à Musset et à toute une littérature à naître, lorsque Chateaubriand écrit :

On voit donc que la doctrine de la nation nouvelle se réduit à la vérité exprimée dans cette phrase banale : *nous sommes enfants de notre siècle.*

Mais être les enfants de notre siècle, dans les années 1818-1820, *devient une fatalité.* D'où, pour ce royaliste, la phrase fameuse qui est déjà une terrible condamnation de l'« enrichissez-vous » de Guizot :

Quoi de plus absurde que de crier aux peuples : ne soyez pas dévoués! n'ayez pas d'enthousiasme! ne songez qu'à vos intérêts! c'est comme si on leur disait : ne venez pas à notre secours, abandonnez-nous, si tel est votre intérêt. Avec cette profonde politique, lorsque l'heure du dévouement arrivera, chacun fermera sa porte, se mettra à la fenêtre, et regardera passer la monarchie.

On est en 1818...

Une écriture politique : journaliste et pamphlétaire

Dans le langage de Chateaubriand, il est entendu que la Charte, la France, le Roi, la liberté représentent les intérêts généraux; et les ministres, les pouvoirs de fait, l'égalité, les intérêts particuliers :

---

19. 5 déc. 1818.

On est obligé de reconnaître que toutes les accusations contre la liberté de la presse n'ont pas le plus léger fondement; on reste convaincu qu'il faut chercher non dans des intérêts généraux, mais dans de misérables intérêts particuliers, la cause d'un déchaînement qui autrement serait dit inexplicable [20].

Or, dès que les intérêts particuliers entendent gouverner (et gouvernent), on entre dans une nouvelle tyrannie, dans un nouveau système de féodalité. On trahit ce qu'il y avait eu de volonté d'universalisme dans la révolution française. Qui, par exemple, ne veut pas de la liberté de la presse? « Les petites tyrannies qui ne peuvent s'exercer à l'aise, les abus qui n'ont pas les coudées franches. » Qu'est-ce que la censure?

> La censure a tellement vieilli pour nous, qu'elle nous paraît ce qu'elle est en effet, une loi caduque, ressuscitée du double despotisme féodal et impérial : elle a quelque chose de risible, comme les droits de queuage et de remuage, et d'odieux comme l'oppression militaire.

« Quelques individus » veulent imposer leur point de vue à « la société entière ». Qui? La réponse ne souffre aucune ambiguïté : les anciens féodaux, *mais aussi les nouveaux* :

> Les générations contemporaines ne meurent pas exactement le même jour : au milieu de la race nouvelle, il reste des hommes du siècle écoulé qui crient que tout est perdu, parce que la société à laquelle ils appartenaient a fini autour d'eux, sans qu'ils s'en soient aperçus. Ils s'obstinent à ne pas croire à cette disparition; toujours jugeant le présent par le passé, ils appliquent à ce présent des maximes d'un autre âge, se persuadant toujours qu'on peut faire renaître ce qui n'est plus.
>
> À ces hommes qui surnagent sur l'abîme du temps, viennent se réunir (avec les adversaires de la liberté de la presse dont je vous ai déjà parlé) quelques individus de diverses sortes : des ambitieux qui s'imaginent découvrir dans les institutions tombées en vétusté un pouvoir nouveau près d'éclore; des jeunes gens simples ou zélés qui

20. *Opinion sur la loi relative à la police de la Presse*, 1827.

croient défendre, en rétrogradant, l'antique religion et les vénérables traditions de leurs pères; des personnes encore effrayées des souvenirs de la révolution; enfin des ennemis secrets du pouvoir existant, qui, témoins joyeux des fautes commises, abondent dans le sens de ces fautes, pour amener une catastrophe[21].

Bon. Ceux-là, on les attendait et on les connaissait. Mais ceux-ci?

[...] une partie de ceux-là mêmes qui, pendant vingt-cinq ans, ont crié à la constitution et à la liberté. Ils ont bouleversé la France pour quelques lettres de cachet, et ils trouvent aujourd'hui très bon qu'on fasse des élections avec des commissaires de police. Ces anciens partisans de la liberté de la pensée déclament contre la liberté de la presse; ils la voulaient pour détruire, ils ne la veulent plus pour réparer; ou plutôt ils la veulent encore, mais pour eux seuls, mais au profit de leur vanité, de leurs intérêts, de leurs passions, et par le moyen de la police. Ils ne savent comment allier leurs vieux principes et les nouvelles doctrines; ils se mettent à la torture pour combattre et défendre à la fois le gouvernement représentatif, embarrassés qu'ils sont dans la théorie qu'ils avouent et dans la pratique qu'ils craignent. Ils voudraient aujourd'hui qu'on nous retirât d'une main ce qu'on semblerait nous donner de l'autre. C'est précisément ce qui a eu lieu dans tout le cours de la révolution : une constitution n'était pas plus tôt achevée qu'on la proclamait comme un chef-d'œuvre; mais à l'instant même on en suspendait la partie la plus essentielle : *libres par la loi, esclaves par l'administration, voilà notre histoire depuis vingt-cinq ans.*

Ainsi c'est l'idée même d'*autrefois* qui, de manière passionnante, change de sens, et ce que Chateaubriand appelle d'une manière admirablement ambiguë, « la vieille société politique ». *Autrefois*, en effet, ce n'est plus seulement la nostalgie féodale; c'est aussi la nostalgie des vieilles bandes thermidoriennes et impériales. *Ancien régime* même est une expression qui devient double, comme le dit admirablement ce grand texte de 1827 :

---

21. *Opinion sur la loi relative à la police de la Presse.*

Ce projet sur lequel il vous reste à conclure est donc, selon moi, l'ouvrage de *ces étrangers dans le nouveau siècle*, de ces voyageurs qui n'ont rien regardé, de ces hommes qui font le monde selon leurs mœurs, et non selon la vérité. Ils ont l'horreur des lettres : craignent-ils d'être dénoncés par elles à la postérité? c'est une véritable terreur panique : pourquoi avoir peur d'un tribunal où ils ne comparaîtront pas? Les ministres sont-ils eux-mêmes les hommes d'autrefois? Le projet de loi est-il l'ouvrage de leurs intérêts, de leurs préjugés, de leurs souvenirs, de leurs mœurs? N'ont-ils fait que céder à des influences étrangères? Ont-ils été trompés par le bruit que l'on a fait autour d'eux, bruit qu'ils auraient pris pour les réclamations de la France? N'ont-ils simplement cherché que la sûreté de leurs places? Tout ce que nous savons, c'est que le projet de loi est devant nous. Il était difficile de rendre palpable aux générations présentes ce songe du passé *(Ibid.).*

Le passé? Quel passé? Qui est le passé? Pas seulement les nostalgiques troubadours et à tourelle...

Sans principes, sans orientation fixe, sans base large, le système est condamné à l'opportunisme et au bricolage : on ne peut « croire à un dessein suivi, à un enchaînement de principes dans un système qui, jusqu'à présent n'a marché que par bonds et n'a su donner que des saccades ». Le mot est lâché. *Saccades :* c'est-à-dire fausseté, inauthenticité du laisser-faire. L'Histoire vraie, la politique vraie doivent être logique et organisation. Aussi n'est-il pas indifférent qu'apparaisse ici une idée qui était chère aux saint-simoniens, celle de coordination et d'organicité, pour nous de cohérence et de logique idéologique :

Le principe pour lequel depuis soixante ans les hommes ont été agités dans les deux mondes s'étant enfin fixé, il en est résulté que *la société s'est coordonnée* à ce principe : il a pénétré toutes nos institutions. Les lois, les mœurs, les usages ont graduellement changé : on n'a plus considéré les objets de la même manière, parce que le point de vue n'était plus le même. Des préjugés se sont évanouis, des besoins jusqu'alors inconnus se sont fait sentir; des idées d'une autre espèce se sont développées; il s'est établi d'autres rapports entre les membres de la famille privée et les membres de la famille générale; il a fallu créer un nouveau langage pour plusieurs parties de l'économie sociale. Nos enfants n'ont plus nos sentiments, nos goûts, nos habitudes : leurs pensées prennent ailleurs leurs racines [...].

En vain on s'irrite contre les développements de l'intelligence humaine. Les idées, *qui étaient autrefois un mouvement de l'esprit hors de la sphère populaire, sont devenues des intérêts sociaux;* elles s'appliquent à l'économie entière des gouvernements. Tel est le motif de la résistance que l'on trouve lorsqu'on veut aujourd'hui repousser les idées.

Quel matérialisme, ici, chez l'enchanteur! Où sont Dieu, l'âme, le péché originel? Un ordre nouveau est né et se cherche, qui est celui de la liberté. La vraie liberté toutefois est organisation. Et si la liberté moderne de fait est désorganisation, c'est que son ordre potentiel est miné de l'intérieur par le désordre de l'égalité. Mais quelle égalité? Il faut y insister encore : l'égalité *bourgeoise,* qui n'est pas fondatrice mais dissociatrice, en ce qu'elle reconnaît tous les droits à l'individu, y compris d'abord ceux de la morale des intérêts. Or cette égalité est négatrice de la liberté :

Les révolutionnaires veulent l'égalité absolue, et n'ont aucun amour sincère de la liberté [...].

Dans les écrits des révolutionnaires, vous distinguerez une haine violente du clergé et de la noblesse, comme de toute supériorité sociale; vous y trouverez le vœu bien formel de la division des propriétés, ce qui conduit à la loi agraire, par la loi agraire à la démocratie, et par la démocratie au despotisme. Mais en même temps ces écrits ne présentent qu'une très molle défense de la liberté : leurs auteurs ont une tendance naturelle à flatter le pouvoir; tantôt, selon leurs intérêts du moment, ils prêchent la tyrannie ministérielle; tantôt ils attaquent les tribunaux, sollicitent des mesures arbitraires, invitent à proscrire une classe d'hommes, et proposent libéralement de faire des ilotes [22].

---

22. *Le Conservateur,* 15 août 1819.

Révolutionnaires doit être mis ici entre guillemets. Car révolutionnaires de *quelle* révolution? De la Révolution, sous ses multiples formes et de ses efforts successifs pour la liberté, sont nés un ordre et une logique *possibles.* Mais en fait tout aboutit à la consécration, au nom de l'égalité, c'est-à-dire au nom des appétits, d'une nouvelle inégalité, d'une nouvelle dictature :

> On se demande si c'est pour arriver à l'ovation de tels et tels ministres que la république a brisé le trône et élevé l'échafaud de Louis XVI, que la Vendée a versé son sang, que Buonaparte a vaincu l'Europe, que Louis XVIII a donné la Charte? Sommes-nous punis par où nous avons péché? Devons-nous expier l'extrême grandeur par l'extrême petitesse [23]?

Ici s'amorce le thème de la caricature, de la dégénérescence de l'Histoire, du règne des nains et des bouffons tyranniques comme conséquence concrète d'une grande coulée émancipatrice. Et ce système de nains et de bouffons n'est pas même maître (est-ce une surprise?) des mécanismes qu'il prétend conduire :

> On n'avait jamais vu, on ne reverra jamais l'étonnant et déplorable spectacle d'un ministre occupé publiquement, pendant un an, d'une affaire de bourse, pour faire réussir une opération repoussée du public, employant à cet effet les mesures les plus insolites, se colletant dans *le Moniteur* avec les rentiers, les menaçant d'un remboursement impossible, et dont il avait lui-même combattu l'idée; leur disant que les 5 pour 100 sont exclus de la sphère du crédit; qu'ils ne figurent plus au grand-livre que pour mémoire; que les propriétaires qui ont apporté un milliard 500 millions au trésor royal, en échange de rentes aujourd'hui classées, n'éprouvent d'autre appréhension que d'en être chassés par le remboursement. On n'avait jamais vu, si ce n'est au temps de Law et de l'abbé Terray, un ministre faisant du crédit à coups de gazettes et d'ordonnances, et finissant par être trompé, même dans ses tristes plans [24].

---

23. *Dernier avis aux électeurs,* 1827.
24. *Journal des Débats,* 8 août 1825.

Le libéralisme ne peut pas maîtriser sa propre crise ni rationaliser son propre projet. Il joue.

D'où le motif littéraire de la comédie politique : les hommes de l'apparence voudraient faire croire qu'ils sont les hommes du vrai; les petits voudraient faire croire qu'ils sont grands; les déguisés et les tordus voudraient se faire passer pour droits et beaux. Très tôt, Decazes-Maître Jacques revient sans cesse comme le personnage ridicule-clé de la pièce qui se joue en ce théâtre d'ombres sur cette scène politique devenue estrade :

> Lorsqu'il s'agit de créer de nouveau la monarchie, de remplacer la pierre angulaire du temple, de raffermir les colonnes de la justice sur leurs bases éternelles, *on est au tour d'adresse de jongleurs et aux équilibres des funambules.* Jadis la France eut de plus nobles destinées, et l'urne du sort n'était pas pour elle *le sac d'un escamoteur* [...] [25].

> *Des nains ministériels,* montés sur les débris de nos libertés, ont osé attacher un bandeau sur les yeux de la France, imitant la gloire, qui seule était de taille à atteindre le front de la fille aînée de l'Europe. Prétendent-ils tuer cette France quand elle ne les verra plus? Mais ne pourrait-elle pas étendre son bras dans l'ombre? Malheur à ceux sur qui s'abaisserait sa main! [...] [26].

> Tous ces hommes de police et d'antichambre à qui l'on a donné la Charte à exécuter en font entre eux des espèces de répétitions, *comme des musiciens que l'on forcerait à jouer sur des instruments dont ils n'auraient aucune pratique :* c'est une cacophonie effroyable [...] [27].

> Je pourrais, messieurs, déposer sur ce bureau cinq ou six gros volumes imprimés contre moi, sans compter autant de volumes d'articles de journaux. Viendrai-je, moi chétif, pour l'amour de ma petite personne, vous demander en larmoyant la proscription de la première de nos libertés? On m'aura dit que je suis un méchant écrivain, et que j'étais un mauvais ministre : si cela est vrai, quel droit aurais-je de me plaindre? Le public est-il obligé de parta-

25. *De la nouvelle dictature ministérielle,* 14 janvier 1820.
26. *Dernier avis aux électeurs,* 1827.
27. « Des fautes du ministère », *le Conservateur,* 25 août 1819.

ger la bonne opinion que je puis avoir de moi? Arrière ces susceptibilités d'amour-propre! Fi de toutes ces vanités! Autrement, tous les personnages de *Molière viendraient nous présenter les pétitions contre la liberté de la presse, depuis Trissotin jusqu'à Pourceaugnac, depuis le bon M. Tartuffe jusqu'au pauvre Georges Dandin* [...]28.

Il était réservé à *la censure libérale du bon M. Tartuffe* de se porter en moins d'un mois à des excès jusqu'ici inconnus, tout en nous déclarant que les résultats de la censure paraissaient si peu incertains aux vrais amis de la liberté de la presse que pour eux le triomphe de celle-ci ne date que de ce jour.

Aujourd'hui il n'y a que six censeurs; et la signature d'un seul secrétaire, pris en dehors de leur confrérie, suffit pour rendre valide la maraude censoriale [...] 29.

Cette Chambre nouvelle, où le ministère a une majorité acquise, démontre que l'opinion réelle de la France est tout en faveur du système que l'on suit. Soutiendrez-vous que l'on a agi déloyalement, que l'on a écarté des collèges électoraux nos adversaires? Loin de là, on les a appelés de toutes parts; les préfets les ont instruits de ce qu'ils avaient à faire. Quelle opinion a été enchaînée? Le journal royaliste n'a-t-il pas désigné le candidat royaliste, le journal libéral, le candidat libéral?

Et l'orateur, en prononçant ces paroles, aurait sous sa main une liasse de journaux censurés et d'arrêtés de préfets, et, comme les Plaideurs, il en montrerait les pièces; et *Perrin Dandin, réélu, dirait avec attendrissement : Vraiment il plaide bien!* [...] 30

Quel festival, décidément, chez l'homme des clairs de lune! Un certain Chateaubriand s'est *trouvé,* dans une culture et dans un style jadis bourgeois, mais qui joue désormais contre la néo-bourgeoisie. Une étape décisive vient d'être franchie.

Dans cette situation politique nouvelle, un phénomène littéraire étrange se produit qui va surprendre les admirateurs du maître : le journaliste et le polémiste prennent le relais du poète et du romancier.

28. *Du sacre de Charles X,* 29 juin 1825.
29. *Dernier avis aux électeurs,* 1827.
30. *Ibid.*

Que l'on eût pour système de confier les places à des hommes nouveaux qui n'auraient commis aucun excès, qui n'auraient appartenu à aucune époque de la révolution, qui n'auraient trahi ni la République, ni Buonaparte, ni le Roi, qui n'auraient point servi l'usurpateur pendant les Cent-Jours, ni suivi à Gand le souverain légitime, on pourrait comprendre en politique cette froide impartialité. Mais placer également un royaliste et un jacobin, celui qui a rempli tous ses devoirs et celui qui les a violés tous, celui qui a fait le bien et celui qui a fait le mal, ce n'est plus un équilibre, c'est tout simplement une monstruosité morale, un véritable crime politique qui tôt ou tard amènerait la destruction d'un État.

Eh bien! le système ministériel n'en est pas même à ce point d'impartialité : tout en prétendant qu'il maintient l'équilibre entre les opinions et les hommes, il se jette entièrement du côté démocratique. Toutes les concessions sont faites à la révolution; toutes les lois, du moins les lois principales, sont conçues dans le sens de l'opinion démocratique; les royalistes sont chassés de l'administration, des tribunaux, de l'armée : un service rendu à la monarchie légitime est une cause sûre d'exclusion. Malheur à celui qui a donné le scandale de la fidélité! Plus la félonie est récente, plus elle est recherchée : on la choisit fraîche et nouvelle pour qu'elle soit vive et durable. L'ancienne félonie de 1793 est si vieille qu'elle est presque de la fidélité : on demande surtout pour députés les députés des Cent-Jours, pour juges et pour préfets les juges et les préfets des Cent-Jours. L'obscurité de la trahison ne met pas à l'abri des bienfaits du ministère; si quelque adjoint d'une mairie de campagne a prêté à l'usurpateur un serment inconnu, les ministres vont déterrer ce mérite caché, chercher la vertu anti-monarchique à la charrue; la trahison a ses Cincinnatus [31].

Modèle évident de discours français. C'est encore, si on veut, du Chateaubriand « écrivain ». Mais voici autre chose, qui relève d'un modèle moderne cette fois, avoué par l'écriture, et que tous les contemporains durent reconnaître :

Veut-on savoir jusqu'à quel point la manie de faire et de découvrir des conspirations a été portée? Tandis que

31. *Le Conservateur*, 15 avril 1819.

monsieur le ministre de la police était compromis dans une conspiration à Bruxelles, un autre personnage grave était également compromis en Bretagne : l'histoire est curieuse.

À quelques lieues de Dinan, sur les bords de la Rance, s'élève un château gothique. M. de ..., ancien seigneur de ce château, avait dans toutes les occasions périlleuses pris les armes pour la cause royale. Longtemps chef de chouans, et connu comme tel dans le pays, il était par conséquent devenu suspect depuis le retour de la légitimité. Son manoir, flanqué de tours féodales, était surveillé par ces hommes qui, depuis l'an 1793 jusqu'à ce jour, ont dénoncé les royalistes à la Convention, au Directoire, à Buonaparte, et qui continuent à les dénoncer au gouvernement royal, par habitude. Le château depuis longtemps semblait tout-à-fait abandonné; cependant on avait entendu dans ses cours, ses jardins et ses bois, une voix qui criait : Vive le Roi! aux armes! marche! en avant les Gars! Il faut remarquer que ce dernier commandement des chefs de la Vendée était jadis celui de du Guesclin, et que le cœur du héros breton était déposé dans un couvent de Bénédictins à Dinan. En avant les Gars! était donc un vieux cri de loyauté et de victoire, connu de toute antiquité dans les bois des Côtes-du-Nord.

Grande dénonciation, rapport circonstancié, rassemblement de chouans dans le château, exercice à feu, évolutions, cocardes vertes, telles que celles indiquées à la Chambre des pairs et niées par monsieur le ministre de l'intérieur. Le jour est pris pour attaquer la forteresse. On marche avec précaution la nuit, par des sentiers déserts. On arrive au lever du jour au pied du donjon. On somme le gouverneur d'abaisser le pont-levis; rien ne paraît. On se disposait à donner l'assaut, lorsqu'une porte vient à s'ouvrir, et l'on voit sortir un paysan avec sa charrue et ses bœufs. Arrêté par les assiégeants, il est conduit à leur capitaine, qui l'interroge sur le cri séditieux de Vive le Roi! entendu dans le château. Le chouan, démêlant l'affaire, répond dans son langage breton : « Mes biaux Messieurs, vous ne trouverez pas les Gars; mais si voulaz entrer, vous prendraz le général ». On se jette dans le château, on se saisit des passages. Au milieu de tout ce bruit, un vieux corbeau effarouché prend sa volée, et le paysan de crier : « Le général s'envole, vous avaz fait trop de tapage ». C'était un corbeau privé à qui M. de ... avait appris à répéter : « Vive le Roi! En avant les gars! » On ne put

> jamais forcer le général à descendre de l'arbre où il s'était
> réfugié : il avait la prudence de sa race; et, quoiqu'il fût
> blanc comme neige de toute cette conspiration, il savait
> bien que la calomnie s'obstinerait à le noircir [32].

Oui, qui n'aurait reconnu la manière de Paul-Louis Courier?
Après l'éloquence du discours classique, la vivacité de la
brochure et, autant que par des arguments, c'est par du style
que l'on répondait à un pouvoir balourd. Appel à l'opinion et
à l'esprit. Où sont les grandes machines épiques? Le pouvoir
donne la comédie. Mais une comédie, ça se démonte. Le
Génie, jadis, appelait un nouveau Molière? On n'est pas loin
de l'avoir dans cette partie surprenante de l'œuvre de
l'enchanteur : Molière, la Racine des Plaideurs, Mirabeau, et,
pas très loin, les petits journaux de gauche avec leurs articu-
lets et leurs caricatures. Seulement un ton un peu plus
soutenu... Voilà Chateaubriand pamphlétaire.

Oui, le pamphlet marche bien, tourne rond, l'ironie s'y
composant (c'est la différence avec Courier) avec l'éloquence, et la clarté en devenant poétique : Chateaubriand
dépasse le journalisme, alors même qu'il vient de lui emprunter ses armes. Voici encore quelques exemples. Jamais cités :

> Dernièrement un ministre n'était rien moins que Fabius
> Cunctator, à l'âme ardente, à la décision froide, se prépa-
> rant à fondre du haut de la montagne sur les soldats
> d'Annibal. Comme il n'était question dans tout cela que de
> finances, on se demandait si la montagne était l'hôtel de
> Rivoli, la Bourse, le Capitole, la rue Notre-Dame-des-Vic-
> toires le champ de bataille, et quelque banquier le général
> carthaginois. De terribles défis que personne n'accepte,
> des monologues que personne ne lit, sont consignés le
> matin dans une des gazettes de l'autorité, et répétés le
> soir par l'autre. On n'oserait peut-être pas avouer les
> principaux écrivains de ces gazettes, jadis rédacteurs des
> correspondances privées où le prince, aujourd'hui roi, était
> chaque jour insulté. Voilà les soutiens du trône, les inter-
> prètes des doctrines du ministère [33]!

_____

32. *Le Conservateur,* 12 mai 1819.
33. *Sur le projet de loi sur la police de la Presse.*

Les censeurs, si dangereux, comme on le voit, en politique, deviennent des critiques en littérature : ils ont leurs coteries, leurs haines, leurs amours; ils coupent et tranchent à leur gré, permettent ou refusent d'annoncer les nouveaux et les anciens écrits, effacent certains noms, biffent les éloges de certains ouvrages : ils interdiraient le feu et l'eau à Racine, et accorderaient le droit de cité à Cotin. Peut-on espérer autre chose, lorsqu'on donne à la médiocrité tout pouvoir sur le génie, à l'obscurité toute autorité sur la gloire? Si vous introduisiez l'envie et la sottise dans le temple de la renommée, n'en briseraient-elles pas les statues?

Les nouveaux censeurs empruntent à l'administration supérieure l'urbanité qui la distingue. Les journaux politiques n'ont qu'une heure (de sept à huit heures du soir) pour être marqués et fouettés. Avant sept heures, il n'y a personne au bureau; après huit heures, on n'admet plus rien à la censure du jour : c'est le cercle de Popilius pour l'opinion. Il semble pourtant que des commis à 6.000 francs de gages pourraient traiter un peu plus poliment le public qui les paie, à la vérité bien malgré lui. Des feuilles périodiques, dont le tirage est considérable, sont cruellement embarrassées lorsqu'on n'a qu'un moment pour remanier une composition mutilée. La haine de l'intelligence humaine et le mépris des lettres se devraient mieux masquer *(Ibid.)*.

On raconte que des fiacres et des gendarmes viennent tous les soirs chercher les censeurs et les reconduisent chez eux : on pense que les gendarmes sont là en guise de gardes d'honneur.

Une partie des travaux de la censure a lieu après le coucher du soleil; il y a des ouvrages qui ne se font que la nuit. Cela se passe pourtant assez loin de M. le ministre de l'intérieur pour que son sommeil n'en soit point troublé *(Ibid.)*.

Qui, chez les siens d'origine, devait, décidément, reconnaître Chateaubriand? Où était Atala sur les genoux de Chactas? Et que pensait-on, par exemple, de cette Bastille que rien ne nomme mais que tout le texte écrit et impose?

Ils comptent sans le temps, sans les événements, sans la force du siècle, sans l'esprit des peuples. Ne confondons pas le génie qui rêve avec la médiocrité qui extravague;

quelques idées vieillies, cantonnées dans des têtes étroites et usées, peuvent-elles régir une nation où les lumières sont entrées de toutes parts? Une garnison d'invalides, retranchée dans un donjon délabré, fait-elle la loi aux assiégeants, lorsque la place est prise et le pays occupé?

L'écriture politique est ici devenue majeure.

Un premier « avenir du monde »

On s'extasie beaucoup (et habilement) devant les prophéties, dans les *Mémoires,* d'un homme retiré du monde et qui en devine l'avenir. Il faut bien savoir cependant que c'est au cœur même du combat, sous la Restauration, contre un libéralisme qui ne se soucie guère des libertés, que s'est forgée une vision du présent et de l'avenir qui semblent devoir radicalement déclasser *René :*

> La presse périodique est une force immense sortie de la civilisation moderne; on ne l'étoufferait ni par la violence ni par le dédain. Née des besoins de la société nouvelle, elle a pris son rang parmi ces faits que les hommes n'abandonnent plus, une fois qu'ils en sont saisis; elle a remplacé pour nous la tribune populaire des anciens; elle est à l'imprimerie ce que l'imprimerie a été à l'écriture. Il n'est au pouvoir de personne de la détruire, pas plus que d'anéantir les grandes découvertes qui ont changé la face du monde. Il faut vivre, quoi qu'on en fait, avec la boussole, la poudre à canon, l'imprimerie et, de nos jours, avec la machine à vapeur : c'est fort malheureux sans doute, mais c'est comme cela; qu'y faire? Ainsi, la presse périodique proclame aujourd'hui des vérités qui n'étaient autrefois renfermées que dans les livres [...]
>
> Les esprits [...] étaient-ils préparés, comme ils le sont aujourd'hui, à recevoir des impressions populaires? N'y avait-il pas encore, en 1789, des ordres politiques, des grands propriétaires, des corporations, d'antiques mœurs, de vieilles habitudes, de récents souvenirs, qui luttaient contre les nouvelles doctrines? Depuis cette époque, la révolution a fait rouler sur la France son pesant niveau; tout en a été écrasé, choses et hommes. Les illusions du passé ont disparu; les appuis du trône ont été brisés;

chaque individu, devenu libre par ses malheurs, a appris à ne compter que sur lui-même, à ne s'estimer que par ses qualités propres, et cette légitimité naturelle, qui remplaça la légitimité politique absente, a fondé dans les esprits une indépendance désormais invincible.

Dans l'ordre physique, le développement inouï de l'industrie, la diffusion des lumières parmi les classes inférieures de la société, ont multiplié les ressources des peuples, en même temps qu'elles les ont rendus indociles à tout pouvoir qui ne se fonde pas sur la raison.

Jetez un regard sur le monde, et voyez le spectacle qu'il vous présente.

Des républiques occupent une immense partie de la terre sur les rivages des deux océans; chez ces peuples, qui ont toute la vigueur de la jeunesse, dans ces pays vierges encore, la civilisation perfectionnée de l'ancienne Europe va prêter ses secours à une nature puissante et énergique. Les machines de l'Angleterre exploiteront les mines de l'Amérique, découverte, pour ainsi dire, une seconde fois. Des bateaux à vapeur remonteront tous ces fleuves destinés à devenir des communications faciles, après avoir été d'invincibles obstacles. Les bords de ces fleuves se couvriront en peu de temps de villes et de villages, comme nous avons vu sous nos yeux de nouveaux États américains sortir des déserts du Kentucky. Dans ces forêts, réputées impénétrables, bientôt passeront, sur des chemins de fer, comme sur les routes de la Grande-Bretagne, ces espèces de chariots enchantés marchant sans chevaux, transportant à la fois à une vitesse extraordinaire, des poids énormes, et cinq à six cents voyageurs. Sur ces fleuves, sur ces chemins, descendront, avec les arbres pour la construction des vaisseaux, les richesses des mines qui serviront à les payer; et l'isthme qui unit l'une et l'autre Amérique rompra sa barrière pour donner passage à ces vaisseaux dans l'un et l'autre océan [34].

Ou encore :

Aujourd'hui il y a une Amérique indépendante et civilisée; dans cette Amérique il y a six grands états républicains, deux ou trois plus petits, et une monarchie constitution-

---

34. *Discours d'adieu du président des États-Unis au général La Fayette (24 octobre 1825).*

nelle. Ces neuf ou dix nations, jetées tout à coup dans un des bassins de la balance politique, rendent, comparativement, le poids des monarchies européennes plus léger. Ce n'est plus une querelle entre la France, l'Autriche, la Prusse, la Russie et l'Angleterre, qui fera le destin de la société chrétienne. La diplomatie, le principe des traités de commerce et d'alliance, le droit politique, vont se recomposer sur des bases nouvelles. Les vieux noms, les vieux souvenirs perdent aussi de leur autorité au milieu des récentes générations, au milieu des jeunes espérances d'un univers qui se forme dans d'autres idées [35].

La nature s'arrête-t-elle? mais les idées restent-elles stationnaires? mais les peuples se taisaient-ils? mais les lumières sont-elles tout à coup étouffées? Non : en Europe, les vieilles générations sont prêtes à disparaître; en Amérique, des nations nouvelles se forment, et cette Amérique, qui a reçu de nous des constitutions, nous les renvoie. Le mouvement est donné, et ne sera point suspendu; nous serons surpris, au milieu des divisions politiques et religieuses que le ministère a fait naître, par des révolutions qui seront les dernières de l'ancien ordre de choses. Ces révolutions arrivent : elles sont à notre porte. Puisque nous refusons de prendre pour pilotes le talent, la raison, le bon sens et l'expérience, il ne nous reste qu'à nous abandonner, les yeux fermés, à la tempête : nous n'avons pas voulu conduire les événements; nous serons conduits par eux [36].

L'éloquence est forte et dépasse de loin les effets du pamphlet. Il ne s'agit plus d'incidents absurdes ou ridicules. Il s'agit de vision de l'Histoire. Le pouvoir est à la fois ridicule et absurde. Il a contre lui l'immédiat et l'avenir, le détail quotidien et ce qui, de manière invincible, s'annonce et s'impose. Ainsi se constitue un réalisme étrange où s'articulent journalisme, réalisme et prophétie. Dans *René,* le quotidien n'avait pas droit de cité et l'Histoire vers l'avant n'était qu'absence. Quel changement! Et comment peut-on encore accorder de l'importance au fameux débat sur la sincérité? Ce qui constitue la marche au progrès, ce n'est pas la polémique

35. *Des républiques d'Amérique et de France* (28 octobre 1825).
36. *De la clôture de la session de la chambre des Pairs* (11 octobre 1826).

au jour le jour, mais le mouvement même d'une vision. Comment un mot, décisif, ne se rencontrerait-il pas ici?

Le siècle et ses enfants

On ne trouve jamais chez le Chateaubriand de la Restauration le mot *siècle* employé avec le sens traditionnel de *mal*. Lorsque siècle signifie erreur ou corruption, il s'agit toujours soit des siècles gothiques auxquels voudraient nous ramener les ultras, soit du XVIIIe siècle, le siècle de la honte et de la coupure :

> Ce siècle a été une longue orgie commencée dans la débauche et finie dans le sang [37].

Car, comme dans l'*Essai* déjà, ce que Chateaubriand met en cause dans le XVIIIe siècle, ce n'est pas seulement l'irréligion de l'esprit philosophique, mais bien d'abord les infrastructures socio-économiques, comme le prouvent tous ces grands textes qui creusent et continuent le sillon ouvert en 1794 :

> L'ancienne constitution de la France fut attaquée par la tyrannie de Louis XI, affaiblie par le goût des arts et les mœurs voluptueuses des Valois, détériorée sous les premiers [...] Bourbons par la réforme religieuse et les guerres civiles, terrassée par le génie de Richelieu, enchaînée par la grandeur de Louis XIV, *détruite enfin par la corruption de la Régence et la philosophie du dix-huitième siècle*.
>
> La révolution était achevée lorsqu'elle éclata : c'est une erreur de croire qu'elle a renversé la monarchie; elle n'a fait qu'en disperser les ruines, vérité prouvée par le peu de résistance qu'a rencontré la révolution. On a tué qui on a voulu, on a commis sans efforts les crimes les plus violents, parce qu'il n'y avait rien d'existant en effet, et qu'on opérait sur une société morte. La vieille France n'a paru vivante, dans la révolution, qu'à l'armée de Condé et dans les provinces de l'Ouest. Une poignée de gentils-hommes, commandés par le descendant du vainqueur de Rocroi, a terminé dignement *l'histoire de la noblesse fran-

37. *Marche et effet de la censure* (1827).

çaise, et les paysans vendéens ont montré à l'Europe *les anciennes communes de France* [...] [38].

M. de Malesherbes fut un homme à part au milieu de son siècle. Ce siècle, précédé des grandeurs de Louis XIV, et suivi des crimes de la révolution, disparaît comme écrasé entre ses pères et ses fils. Le règne de Louis XV est l'époque la plus misérable de notre histoire : quand on en cherche les personnages, on est réduit à fouiller les antichambres de M. le duc de Choiseul, ou les salons de madame d'Épinay et de madame Geoffrin. *La société entière se décomposait :* les hommes d'état devenaient des gens de lettres, les gens de lettres des hommes d'État, *les grands seigneurs des banquiers,* et les fermiers généraux des grands seigneurs [...] [39].

Et qu'est-ce que notre siècle sinon le développement logique du siècle du Régent ?

Lors de l'apparition du système de Law, la magistrature et le sacerdoce élevèrent la voix; le Parlement fit des remontrances, l'Église tonna du haut de la chaire contre *un système également subversif de l'ordre et de la morale publique.*

Aujourd'hui la France entière est appelée à la Bourse; tous les genres de propriété sont obligés de venir s'y perdre. Ceux qui voudraient éviter de jouer, la loi les y contraint par corps, les uns cédant aux tentations, les autres aux menaces. Toutes les classes de la société ont appris le bas langage de l'agiotage; une inquiétude générale s'est emparée des esprits. On entend répéter de toutes parts cette question alarmante : « Où allons-nous? » « Que devenons-nous? ». On ne sait comment disposer de ce qu'on possède : se retirera-t-on d'une rente continuellement menacée? Placera-t-on son argent en fonds de terre? L'ensevelira-t-on dans ses coffres, en attendant de meilleurs jours?

Face à ses siècles mauvais se dresse, fort, exigeant, le jeune XIXe siècle, toujours pris comme référence positive :

38. *De la Vendée*, 1819.
39. *Le Conservateur*, 1819.

Charles X s'est élevé au niveau de sa fortune; il a montré qu'il connaissait *les mœurs de son siècle*.

La loi n'est point *de ce siècle;* elle n'est point applicable à l'état actuel de la société.

Cessons, messieurs, de flétrir *le siècle qui commence :* nos enfants valent mieux que nous.

De quoi les ennemis du roi et de la patrie ne parlent-ils pas! Mais ils comptent sans le temps, sans les événements, sans *la force du siècle,* sans l'esprit des peuples.

Si je m'étais exprimé avec tant de franchise, on s'écrierait que je veux faire *rétrograder le siècle*.

Siècle égale *fait*. Mais un fait qui est le droit, et qui fonde le droit nouveau. En cela, *siècle* égale, et implique, *jeunesse*. Il égale et implique aussi *promesse* et *liberté*. C'est le sens de ce curieux passage sur Bonaparte, où Chateaubriand reprend une expression alors courante dans les milieux intellectuels depuis qu'elle avait été lancée par Victor Cousin :

> Dans l'ordre illégitime même, Buonaparte n'a péri que parce qu'il a été infidèle à sa mission : né de la république, il a tué sa mère. Il s'est hâté de jouir et d'abuser de sa gloire comme d'une jeunesse fugitive; il paraissait sur tous les rivages; il s'inscrivait précipitamment son nom dans les fastes de tous les peuples; il jetait en courant des diadèmes à sa famille et à ses soldats; il se dépêchait dans ses monuments, dans ses lois, dans ses victoires. Penché sur le monde, d'une main il terrassait les rois, de l'autre il abattait le géant révolutionnaire; mais en écrasant l'anarchie il étouffa la liberté, et finit par perdre la sienne sur son dernier champ de bataille.
>
> Et nous, du milieu de notre infirmité, du fond de nos chères ténèbres; nous, vieux malades d'un autre âge, presque oubliés dans celui-ci, nous aurions la prétention de repousser ces principes, que Buonaparte, tout vivant, tout éclatant, *tout enfant de son siècle qu'il était,* n'attaqua pas impunément; principes qui laissèrent ce géant sans force lorsqu'il s'en fut séparé!

Mais voici l'autre face du siècle. L'esprit du siècle commence à n'être plus l'esprit de liberté, l'esprit universel, mais l'esprit des intérêts avec ses petitesses et son égoïsme :

222

Rassurons-nous cependant. *C'est un des caractères de ce siècle* de craindre les maux impossibles et d'être indifférents à ceux qui vivent pour ainsi dire au milieu de nous.

Ce despotisme sans dignité est aussi dangereux pour le roi que pour le peuple, *surtout dans un siècle* où l'administration paie tout et a tout envahi [...].

Je sais que *dans ce siècle* on est peu frappé des raisons placées au-delà du terme de notre vie : le malheur journalier nous a appris à vivre au jour le jour. Nous vendons les bois; nous voyons la conséquence physique et prochaine; quant à la conséquence morale et éloignée qui ne doit pas nous atteindre, peu nous importe [...].

Faut-il pour autant, au nom de ce siècle-là, condamner l'autre?

Cessons, messieurs, de flétrir le siècle qui commence : nos enfants valent mieux que nous [...].

Une jeunesse pleine de talent et de savoir, une jeunesse sérieuse, trop sérieuse peut-être, n'affiche ni l'irréligion ni la débauche. Son penchant l'entraîne aux études graves et à la recherche des choses positives [...].

Mais observez, je vous prie, messieurs, que cette jeunesse, si tranquille maintenant avec la liberté de la presse, était tumultueuse au temps de la censure. Elle s'agitait sous les chaînes dont on chargeait la pensée. Par une réaction naturelle, plus on la refoulait vers l'arbitraire, plus elle devenait républicaine; elle nous poussait hors de la scène, nous autre générations vieillissantes, et dans son exaspération elle nous eût peut-être écrasés tous. Bannie du présent, étrangère au passé, elle se croyait permis de disposer de l'avenir : ne pouvant écrire, elle s'insurgeait; son instinct la portait à chercher à travers le péril quelque chose de grand, fait pour elle, et qui lui était inconnu : on ne la contenait qu'avec des gendarmes. Aujourd'hui, docile jusque dans l'exaltation de la douleur, si elle fait quelque résistance, ce n'est que pour accomplir un pieux devoir, que pour obtenir l'honneur de porter un cercueil : un regard, un signe l'arrête. Sous la menace d'une nouvelle loi de servitude, cette jeunesse donne un rare exemple de modération; à la voix d'un maître qu'elle aime, elle comprime ces sentiments que la candeur de l'âge ne sait ni repousser, ni taire : plus de mille disciples (délicatesse toute française!) cachent leur admiration, leur reconnaissance : ils remplacent par des applaudissements dus au plus beau talent ceux qu'ils brûlaient de prodiguer à la noblesse d'un sacrifice.

Musset ne dira rien d'autre. Ce n'est pas seulement la Restauration en ce qu'elle eut d'absurdement passéiste qui laissa sur une plage d'ennui les enfants du siècle. C'est la Restauration des *intérêts*. Car qu'est-ce que le mal du siècle? Un phénomène psychologique, une tare, une faiblesse agaçante et fâcheuse d'une génération? Tout dit clairement, dès ces textes fondateurs, qu'il s'agit d'un mal *historique*, de la prise de conscience d'une inadéquation historique. Pour le moment, Chateaubriand garde encore ferme l'idée d'une solution possible, mais il entrevoit aussi le blocage, la situation sans issue :

> Il y a deux moyens de produire des révolutions : c'est de trop abonder dans le sens d'une institution nouvelle, ou de trop y résister. En cédant à l'impulsion populaire on arrive à l'anarchie, aux crimes qui en sont la suite, au despotisme qui en est le châtiment. *En voulant trop se roidir contre l'esprit d'un siècle,* on peut également tout briser, marcher par une autre voie à la confusion, et puis à la tyrannie.

Or *l'esprit* d'un siècle ce sont d'abord ses *enfants,* ceux qui peuvent, et ceux qui exigent. Ceux aussi (situation nouvelle depuis la dissipation du premier optimisme de 1814) qui se trouvent *barrés.* L'occasion se présente bientôt de s'adresser à eux. Depuis 1824 Chateaubriand est passé à l'opposition. Deux ans plus tard, il publie le premier volume de ses *Œuvres complètes.* Celui-ci s'ouvre sur une *Préface générale* qui est un appel ardent à la jeunesse du siècle.

L'appel à la France nouvelle et l'enfance malheureuse

Dans *René,* la politique comme fatalité n'était qu'à l'horizon lointain, jamais concrète. Quant à une contre-politique on n'avait que celle, inacceptable, du père Souël, à quoi on n'opposait que le refus existentiel du héros. Une contre-politique positive était apparue possible avec les remises en ordre post-révolutionnaires : liquidation libératrice du passé, mais aussi, par-delà les violences initiales, possibilité d'humanisation dynamique du temps et de l'espace historiques. Une carrière ouverte à l'aristocratie de la liberté, mais aussi à la liberté de l'aristocratie. Il n'y avait que la « tyrannie » de perdante. Entendez : celle des siècles gothiques, celle de l'affreux XVIIIe siècle, celle de l'Empire finissant. Et les références justificatives étaient aussi bien 1789 et l'Amérique que les anciennes lois fondamentales d'avant le despotisme monarchique. C'était là, subjectivement et objectivement, une chance pour le moi du vide et du manque. Mais il y a plus : conséquence de l'historisation objective comme subjective de tout le processus humain, ce moi devient vite un moi collectif, qui se reconnaît en d'autres moi comme eux se reconnaissent en lui; un moi de *génération,* génération-promesse d'abord et malgré tout; génération-fatalité aussi bientôt. On va voir pourquoi.

La *Préface générale* se place d'abord sous le signe de l'argent. Pourquoi, en effet, publier une collection de cette importance et de ce prix? Au fil des jours, passe encore d'imprimer : ce peut être états d'âme ou réaction à l'événement. Mais ainsi tout reprendre, et ressortir tant d'inédits? Vanité? Opération commerciale? La *Préface générale* est d'abord une justification de cet acte encore incongru : publier des livres et leur chercher des acheteurs, qui est signe que l'on est passé du côté de ceux que l'on n'appelle pas encore les intellectuels, mais qui existent. Mais signe aussi qu'il existe un lien entre l'acte (abstrait?) d'écrire et la condition (concrète) d'écrivain : M. de Chateaubriand, pair de France, a signé un contrat avec le grand libraire « industriel » Ladvocat [40]. Mais

> Si j'avais été maître de la fortune, je n'aurais jamais publié le recueil de mes ouvrages.

Ce n'était un secret pour personne que la publication des *Œuvres* était une opération financière à laquelle il avait fallu

---

40. Le Dauriat d'*Illusions perdues,* inventeur du papier à grande marge et l'éditeur d'avant-garde du romantisme.

consentir. Utilisation d'un passé, mais qui enchaînait l'avenir : Chateaubriand sera encore rivé à la chaîne en 1831 où il lui faudra trimer pour livrer les volumes promis par contrat. L'enchanteur, qui s'est laissé dépouiller de tout sauf de son indemnité de pair, a dû passer sous les fourches caudines de la librairie. Ses motifs, dans cette opération, sont, expose-t-il au lecteur, « honorables » : en d'autres termes, il publie pour survivre, non pour gagner, comme tout le monde, de l'argent. Bien avant l'affaire des *Mémoires* vendus en feuilleton. Rapports entre l'écriture et l'argent dont ne soufflaient mot les écrivains bourgeois correctement pourvus : Guizot, Michelet, Hugo même. On lira bientôt en tête des *Études historiques* :

> Si je n'avais pas tant fait de sacrifices aux libertés de mon pays, je n'aurais pas été obligé de contracter des engagements qui s'achèvent de remplir dans les circonstances doublement déplorables pour moi. Je ne puis suspendre *une publication dont je ne suis pas le maître.*

Ainsi l'enchanteur tenu dans un grenier comme le premier Lucien de Rubempré venu et devant livrer sa marchandise! Toute l'entreprise est mise dès l'abord sous le signe de l'argent, roi et tyran bourgeois, qui se soumet aussi bien les nobles dépossédés que la jeunesse intellectuelle de la France nouvelle. Écrire est un métier. Le livre est une marchandise : nouvelle et décisive coupure. Qu'en eussent pensé Montesquieu et Voltaire?

On peut en venir alors à une annonce importante qui, cette fois, semble-t-il, met le texte sous le signe exclusif du passé :

> J'ai entrepris les Mémoires de ma vie : cette vie a été fort agitée. J'ai traversé plusieurs fois les mers; j'ai vécu dans la hutte des sauvages et dans le palais des rois, dans les camps et dans les cités. Voyageur aux champs de la Grèce, pèlerin à Jérusalem, je me suis assis sur toutes sortes de ruines. J'ai vu passer le royaume de Louis XVI et l'empire de Buonaparte; j'ai partagé l'exil des Bourbons, et j'ai annoncé leur retour.

Ces *Mémoires* annoncés, nous savons aussi quel sera leur destin de marchandise. Pour le moment ils ne semblent vouloir être, librement (?), qu'une méditation sur une fortune et une carrière singulières. Mais rien (retenons bien ceci) sur la vie privée : cette vie « qui a été fort agitée », c'est seulement, semble-t-il, celle du voyageur et du témoin des révolutions, dont on ne sait encore si elles sont autant de signes d'un progrès ou d'une universelle et vaine agitation :

> Deux poids qui semblent attachés à ma fortune la font successivement monter et descendre dans une proportion égale : on me prend, on me laisse; on me reprend dépouillé un jour, le lendemain on me jette un manteau, pour m'en dépouiller encore […].

> Accoutumé à ces bourrasques, dans quelque port que j'arrive, je me regarde toujours comme un navigateur qui va bientôt remonter sur son vaisseau, je ne fais à terre aucun établissement solide […].

Ce n'est pas la vie d'un enfant blessé. Du moins pour le moment. Ce qui frappe en effet, c'est que cet homme, qui a tout vu de ces « trente prodigieuses années qui viennent de s'écouler » et qui a « beaucoup prédit », n'en demeure pas moins par les images, par la rhétorique, par les thèmes pessimistes, un homme du passé, un homme d'avant. La transition se fait vite cependant à autre chose; le monde, en effet, c'est la vie, si le moi c'est la mort. Va-t-on insister sur la mort ou sur la vie?

> Présenté à Louis XVI, j'ai vu Washington au début de ma carrière, et je suis retombé à la fin sur ce que je vois aujourd'hui. Plusieurs fois Buonaparte me menaça de sa colère et de sa puissance, et cependant il était entraîné par un secret penchant vers moi, comme je ressentais une involontaire admiration de ce qu'il y avait de grand en lui. J'aurais tout été dans son gouvernement, si je l'avais voulu; mais il m'a toujours manqué pour réussir une passion et un vice : l'ambition et l'hypocrisie.

Le texte semble bien *choisir* :

> De *pareilles vicissitudes* me travaillèrent presque au sortir d'une enfance malheureuse.

Arrêtons-nous. C'est l'aveu capital, l'indication maîtresse : il existe un lien direct et signifiant entre enfance malheureuse et politique, donc bientôt entre jeunesse et politique, pour nous entre biographie et Histoire, entre infra-Histoire de la biographie et du parcours affectif et sur-Histoire ou intra-Histoire de l'entrée dans le monde et de la pratique du monde.

Un peu de publicité pour les *Mémoires* à paraître ne doit pas dissimuler l'essentiel : le témoin de l'enfance ne peut pas ne pas être un témoin politique et le témoin politique ne peut pas ne pas être un témoin de l'enfance. Le récit de l'enfance n'est pas coquetterie d'homme d'État, et la politique n'est pas qu'un champ de plus, une occasion plus large pour l'exercice du moi. Le moi veut vivre et le champ nouveau de sa recherche et de son effort est nécessairement désormais politique. Une frontière ainsi s'abolit qui séparait jadis les *Confessions* de Rousseau, par exemple, des *Mémoires* de Saint-Simon; une unification s'opère, fondatrice d'une certaine modernité et requérant par avance l'intervention théorisante de Freud aussi bien que celle de Marx : la jeunesse est l'un des signes du monde, l'idée de jeunesse, beaucoup plus que celle de race, pouvant introduire, par l'intermédiaire de l'idée de conflit de générations, à l'idée de lutte des catégories, bientôt des classes sociales. La jeunesse est chose sérieuse. Et la jeunesse moderne est sérieuse. Or, quel est son sort, quelles sont les « vicissitudes » qui la travaillent? De Combourg nous revoici en 1826 :

> Vingt-cinq ans se sont écoulés depuis le commencement du siècle. Les hommes de ving-cinq ans qui vont prendre nos places n'ont pas connu le siècle dernier, n'ont point recueilli ses traditions, n'ont point été nourris dans l'ordre politique qui l'a régi, en un mot ne sont point sortis des entrailles de l'ancienne monarchie, et n'attachent au passé que l'intérêt que l'on prend à l'histoire d'un peuple qui n'est plus [...]. Ces enfants qui n'entendirent que le bruit des armes échappèrent à l'oppression de l'Empire. Ils n'eurent que les jeux de la victoire dont leurs pères portaient les chaînes. Race innocente et libre, ces enfants n'étaient point nés quand la Révolution commit ses forfaits : ils n'étaient pas hommes quand la Restauration multiplia ses fautes [...]. Combien il eût été facile de s'emparer de l'esprit d'une génération sur laquelle les malheurs qu'elle n'a pas connus ont néanmoins répandu une ombre, et jeté quelque chose de grave. La Restaura-

tion s'est contentée de donner à cette jeunesse sérieuse
des représentations théâtrales des anciens jours, des imitations du passé qui ne sont plus le passé.

Texte capital qui, à la fois, définit les conditions d'un nouveau
romantisme (bien différent de celui des émigrés) et donne
une nouvelle définition du romantisme. Et que l'on n'aille pas
croire qu'il ne s'agisse que d'un conflit « jeunesse
biologique/société » : en fait, le conflit « jeunesse/société »
est indice pour le conflit « monde vieux/monde nouveau ». Et
il ne s'agit pas d'une protestation affective, mais d'une
renvendication politique :

> Et l'on croirait que le monde ait pu changer ainsi, sans que
> rien ait changé dans les idées des hommes!

Jeunesse sérieuse, enfance malheureuse : la première est
celle que Chateaubriand a sous les yeux, la « classe pensante » de Stendhal, les « jeunes gens, enfants du siècle et
de la liberté » du jeune Balzac, l'autre celle de Chateaubriand
lui-même qui va parler de Combourg. Mais pas seulement.
René, qui n'avait pas été étudiant, n'était pas encore un jeune
homme « sérieux », mais les jeunes gens sérieux, en devenant
héros vont se découvrir de plus en plus avoir eu, eux aussi,
une enfance malheureuse. Ils vont se découvrir, chacun à sa
manière, un Combourg [41]. C'est par là que la préface de
1826, loin d'être l'acte démagogique d'un vieil écrivain à la
recherche de la popularité, est un grand texte de la *couture*.
On a fort accusé Chateaubriand d'avoir transporté ses songes
dans la politique, mais c'est que les songes étaient déjà
politiques et que la politique continue le questionnement des
songes. Le salut à la jeunesse de la *Préface générale* n'est
pas un ralliement mais une découverte, et l'annonce d'un
récit à venir d'une enfance malheureuse travaille dans le
même sens que le combat pour une politique conforme aux
vœux des forces vives de la France. Par là l'homme d'avant
est l'homme de tous les aujourd'hui : aujourd'hui de la
littérature personnelle; mais aussi, nécessairement,

41. Voir bientôt le *Joseph Delorme* de Sainte-Beuve et, un peu plus tard, le
Raphaël de Balzac dans *la Peau de chagrin.*

aujourd'hui de la littérature politique. Il va livrer les sources biographiques de *René;* il va donner à lire aussi le roman complet d'un René qui pense aujourd'hui qu'un avenir est peut-être possible, que l'absurde et odieux système des ultras et des intérêts ne saurait tenir, et que peut-être, demain, avec ses jeunes cadets, René va gouverner. Illusions? Joseph Delorme saluera bientôt avec enthousiasme le ministère Martignac, victoire (pensait-il et pensait-on) de la jeunesse et de la pensée après le long règne de Villèle. Stendhal et tant d'autres verront dans la victoire de Juillet 1830 le triomphe enfin assuré de la même jeunesse et de la même pensée. La *Préface générale* s'inscrit par avance dans ce mouvement, et le précède. Un nouveau matin du siècle est possible et les deux JE profonds de Chateaubriand (celui du manque et du refus, mais aussi celui de la responsabilité), qui parlent et se cherchent depuis les origines, se rejoignent un moment. Tout aussi cependant peut basculer dans le néant. La disgrâce de 1824 est-elle annonce d'une grande revanche politique qui serait à la fois celle du siècle et celle du moi? Ou bien est-elle déjà la preuve de la mort des rêves? Finalement, 1826, après 1801 et 1814, est le second grand carrefour où s'arrête René « à l'entrée des voies trompeuses de la vie ». Les *Œuvres complètes* publient pour la première fois le *Voyage en Amérique* et *les Natchez* et rééditent l'*Essai,* alors pratiquement inconnu : reconstitution de tout un premier matin du siècle et d'une carrière; chères vieilles choses qui souvent (notamment l'*Essai*) devaient faire grincer les dents de la droite. Mais on y joint un large choix des textes politiques produits depuis 1815 et qui manifestent l'union profonde, la continuité de l'écrivain à l'homme public. Mais surtout, au tome VII *(Voyages),* on donne quelques extraits des fameux *Mémoires* en préparation.

Alors surgit une question : De Combourg à la France nouvelle, ce pourrait être le *Second Faust* de René, le dépassement d'une tentation? Mais aussi, malgré la France nouvelle, ou contre la France nouvelle, mystifiante et mystifiée, Combourg relu et revisité par l'écriture, ce peut être une terrible vérification en même temps qu'une dramatique annonce.

En 1826, à la veille d'événements aussi révélateurs et

déterminants que la crise économique de 1827 (qui met en accusation la société nouvelle) et le ministère Martignac de 1828 (qui fait luire la promesse d'une libéralisation), la *Préface générale* est comme un moment suspendu de l'écriture et du temps, de l'écriture dans le temps. On ne peut vraiment lire cette préface que si l'on sait ce qui a suivi. Mais elle éclaire aussi par avance ce qui a suivi, elle aide à le lire. À cette date, il est vrai que les *Mémoires* sont commencés, mais auraient-ils suivi exactement le même cours si la « France nouvelle » avait été possible? On sait que Chateaubriand ne se remettra vraiment à les écrire qu'après la retraite forcée de 1830.

La nouvelle alliance

La convergence au niveau des principes (principes clairs, mais aussi allergies, intuitions) devait bien finir par conduire à une convergence pratique. À être si fort et si constamment contre les exécutants de la société civile, Chateaubriand ne pouvait pas ne pas rejoindre, un jour, ceux qui, fût-ce avec des armes émoussées et avec des arguments ambigus, luttaient contre la forme politique la plus absurde et la plus révoltante de la société civile de toujours. C'est-à-dire, en 1827, les hommes de la gauche libérale à qui le ministère Villèle confère une nouvelle virginité.

Pour les élections de 1827, les constitutionnalistes de droite et de gauche s'allient contre Villèle et ses ministres. Une collaboration s'établit entre l'*Association pour la liberté de la Presse* des royalistes d'opposition et la naissante association *Aide-toi le ciel t'aidera* des libéraux. Chateaubriand avait depuis longtemps formulé l'avertissement que la gauche reprenait aujourd'hui à l'adresse des amateurs de coups d'État : l'éventualité d'un refus de l'impôt. Pour descendre dans la rue, on n'en était pas là.

De 1814 à 1820, Chateaubriand s'appuyait sur les fidèles qu'on oubliait ou persécutait, sa rigueur constitutionnelle trouvant une force dans une certaine pureté face à l'impureté du pouvoir. En même temps, il plaidait (argument résolument étranger à la Droite) pour l'accession au pouvoir et aux honneurs des nouvelles capacités qui pouvaient, par exemple, *constituer* vraiment la Chambre des Pairs. Cette fois il change résolument de registre. C'est que, dans l'immobilisme et l'inefficacité du système, toutes les couches sociales se sentent menacées. L'inquiétude n'est pas seulement du côté des victimes. Elle est au cœur même du pouvoir et de ses bénéficiaires. Le pouvoir est doublement nu : sous le regard (déjà) de l'Histoire, et sous son propre regard. Où est Bonald? Où sont les « saines doctrines »? Il n'y a plus personne pour gouverner au nom de certitudes, et pas même à côté de l'opposition de « gauche », coalition sans principes et sans unité. C'est ainsi que l'Histoire est à la fois promesse et piège.

L'immédiat cependant du combat appelle des reclassements et des alliances. Et c'est un véritable appel à la mobilisation de tous les opposants, avec, cette fois, presque l'organisation d'un parti :

> Une société d'hommes de bien, également attachés à la religion, au roi, à la patrie, s'est formée dans le dessein de venir au secours de la première de nos libertés.
>
> Les brochures qu'ils vont publier seront répandues gratis à Paris et dans les départements pour être connues. Le public apprendra par elles et la vérité que la censure enlève aux feuilles indépendantes, et les mensonges qu'elle laisse dans les journaux ministériels.
>
> Les amis de la liberté de la presse placent leurs ouvrages sous la sauvegarde et sous la censure des tribunaux. De bons citoyens, des sujets fidèles, de vrais Français, des hommes religieux qui veulent la liberté et non la licence, qui désirent la paix et non le désordre, n'ont rien à redouter des lois. Les uns signeront leurs écrits, les autres garderont l'anonyme. Taire son nom, ce n'est pas le cacher.
>
> Tel est le plan dont les amis de la liberté de la presse commencent l'exécution dès ce moment même [42].

Chateaubriand travaille ici à préparer beaucoup plus qu'un simple changement de ministère.

Mais, plus en profondeur encore, importe un autre rapprochement, méthodologique celui-là : avec les matérialistes,

---

[42]. *Opinion sur le projet de loi relatif à la police de la Presse* (1827).

avec les hommes de la naissante science sociale. Essentiellement avec Charles Dupin le célèbre statisticien, auteur des *Forces productives de la France* (1827) et qui avait démontré, chiffres à l'appui, que le conflit était inévitable entre la « France nouvelle » et la gérontocratie. Chateaubriand l'a lu et l'a cité [43] :

> Notre mal présent vient de la résistance d'une poignée d'hommes aux changements produits par les siècles. Des calculs fournis dernièrement par M. le baron Dupin viennent à l'appui de mon assertion et sont comme les éloquentes pièces justificatives de mon discours. « Hâtons-nous, dit-il, d'indiquer les vastes changements survenus dans la population française, dans ses mœurs, ses idées et ses intérêts, depuis la fin de l'Empire. Durant treize années seulement, douze millions quatre cent mille Français sont venus au monde, et neuf millions sept cent mille sont descendus dans la tombe... Déjà près du quart de la population qui vivait sous l'Empire n'existe plus. Les deux tiers de la population actuelle n'étaient pas nés en 1789, à l'époque où fut convoquée l'Assemblée constituante; les hommes qui comptaient alors l'âge de vingt ans ne forment plus aujourd'hui qu'un neuvième de la population totale; ils représentent les grands-pères et les grand-mères de nos familles; enfin la totalité des hommes qui comptaient vingt ans lors de la mort de Louis XV ne forme plus que la quarante-neuvième partie de cette population; ils représentent les bisaïeuls et les bisaïeules de nos familles...
> Ainsi les hommes qui comptaient vingt ans lors de la mort de Louis XV ne forment plus que la quarante-neuvième partie de la population totale de la France; ceux qui comptaient vingt ans en 1789 n'en forment plus que la neuvième, et les deux tiers de la population actuelle n'étaient pas nés au commencement de la révolution. »

Commentaire immédiat :

> Maintenant, si vous retranchez du petit nombre d'hommes qui ont connu l'ancien régime ceux qui ont embrassé le

---

43. Sur Charles Dupin, voir Pierre Barbéris, *Balzac, le baron Charles Dupin et les statistiques*, in l'Année Balzacienne, 1965, et, du même, *Balzac et le mal du siècle*, 2 vol., Gallimard, 1970.

régime nouveau, à combien peu se réduiront ces hommes d'autrefois qui, toujours les yeux attachés sur le passé, le dos tourné à l'avenir, marchent à reculons vers cet avenir!

C'est pourtant ces demeurants d'un autre âge qu'on écoute : les passions ministérielles s'emparent de cette raison décrépite; ou plutôt, lorsque les passions agissent, le radotage d'une sagesse surannée se charge de prouver que les passions n'ont pas tort. Chaque jour nous fournit une preuve nouvelle des anachronismes où tombe, relativement à la société, la faction du passé qui nous tourmente.

René sociologue! René trouvant dans les sciences exactes la vérification de ses analyses politiques et de son repérage d'un nouveau vague des passions! Ce recours à Dupin, dont personne ne parle jamais, constitue une véritable révolution idéologique et politique. Une alliance absolument nouvelle, et en apparence contre nature, lance dans le mouvement du siècle, en compagnie d'hommes de l'extrême avant-garde libérale, cet enchanteur de soixante ans qui avait chassé avec Louis XVI et monté dans ses carrosses... Oui, l'homme de *René* et du *Génie* a les mêmes lectures, presque les mêmes fréquentations et hantises qu'un Henry Beyle et un Honoré Balzac, les mêmes admirations que le polytechnicien Auguste Comte et tous les polytechniciens saint-simoniens. Contre Villèle, contre les néo-féodaux de toute nature, pour montrer la force, les réalités de la France nouvelle, le noble pair cite des textes qui courent alors tout Paris et passionnent la jeune France intellectuelle, des textes hier barbares en leur dénomination même, aujourd'hui arguments pour toute une modernité : *Forces productives de la France* de Dupin, *Notions de Statistiques sur la librairie pour servir à la discussion des lois de la presse* de Daru. Il était tout à l'heure question de style. Voilà qu'il est question de science. Où est ici la seule politique du cœur? Où est l'amateur que l'on a tant raillé? Ce n'est pas « poésie », ce n'est pas étroite réaction d'ambition déçue que cette proclamation :

Tel que le temps m'a laissé, tel il me retrouve : soutenant les mêmes principes, et n'ayant point rencontré au poste éminent où j'ai passé les lumières qui ont obligé mes ci-devant amis à abandonner leurs doctrines. Il faut même

> que les ténèbres qui m'environnent se soient étendues sur
> eux lorsque j'étais ministre, car ils soutiennent que la
> licence de la presse n'a commencé que le 6 juin 1824
> [...] [44].

Non, ce n'est pas « romantisme » politique. Le moi, fidèle et sûr, parle pour une politique nouvelle toujours possible qui a pour elle non les songes et les vœux du cœur, mais la réalité objective en son dynamisme, en ses forces essentielles. Dès lors :

> Vieux capitaine d'une armée qui a déserté ses tentes, je continuerai, sous la bannière de la religion, à tenir d'une main l'oriflamme de la monarchie, et de l'autre le drapeau des libertés publiques. Aux antiques cris de la France de saint Louis et de Henri IV, Vive le roi! Montjoie! saint Denis!, je joindrai les cris nouveaux de la France de Louis XVIII et de Charles X, tolérance! lumières! liberté! Peut-être rattacherai-je avec plus de fruit au trône et à l'autel les partisans de l'indépendance, que je ralliai à la Charte de prétendus serviteurs du trône et de l'autel.
>
> L'honneur et mon pays me rappellent sur le champ de bataille. Je suis arrivé à l'âge où les hommes ont besoin de repos; mais si je jugeais de mes années par la haine toujours croissante que m'inspirent l'oppression et la bassesse, je croirais avoir rajeuni.

En restant soi-même et en rajeunissant, on prend force et on mûrit. On retrouve les exigences de sa jeunesse, mais en les défaisant aussi quelque peu pour mieux les servir :

> Les songes ont bien leur mérite, mais ce n'est pas à nous, émigrés, qu'il faut venir raconter des songes. Nous avons assez déraisonné dans notre jeunesse, pour que la raison nous soit venue dans nos vieux jours. Et nous aussi nous disions en 1789 que personne ne voulait de la révolution, comme certaines gens disent aujourd'hui que personne ne veut de la Charte; et nous aussi nous nous vantions d'avoir pour nous l'argent et l'armée, et nous aussi nous ne parlions que d'être fermes, que de frapper des coups d'État, pour sauver malgré eux les insensés qui ne pen-

---

44. *Marches et effets de la Censure* (1827).

saient pas comme nous. Un matin nous nous réveillâmes exilés, proscrits, dépouillés; nous cherchâmes nos chimères dans notre havresac, elles n'y étaient plus; mais nous y trouvâmes l'honneur qu'un Français emporte toujours avec lui.

La classe pensante?

Au point de départ de l'alliance, il y a peut-être cette idée (à partir évidemment d'une expérience personnelle et d'une constatation) : 1) de la fatale valorisation/constitution — et prolétarisation/valorisation en retour — des intellectuels dans le siècle; 2) de la constitution — sur la double base : qualification/exclusion — de ce que Stendhal à la même époque appelle « classe pensante ». La classe pensante est *digne :* Chateaubriand avait demandé que, parmi les gloires nationales, les littérateurs soient honorés au même titre que les militaires et les industriels. Mais aussi la classe pensante est *persécutée.* Par qui? Voici un texte d'une particulière violence :

Censure avant publication, et jugement après publication, comme s'il n'y avait pas eu censure; rétroactivité, annulation ou violation des contrats; atteinte au droit commun; proscription de la presse non périodique; accaparement ou destruction de la presse périodique; voies ouvertes à la fraude, amorces offertes à la cupidité, invitation aux trahisons particulières, appel et encouragement à la chicane, *intervention de l'arbitraire, haine des lumières, antipathie des libertés publiques, embrouillements, entortillements, ténèbres.*

La discussion sur le projet de loi sur la presse de Villèle ne fait ici que réactiver un problème de fond. Mais est-ce un politicien blanc qui parle ici? Et sinon, contre qui parle-t-il? La classe pensante est forcée à l'exil, au retrait, et ce à l'intérieur même de la France nouvelle. Car qui censure finalement? Les hobereaux? Ou la grande coalition des intérêts? Qui reprendra les procès de presse après 1830? Les clivages apparents vacillent. Et le mot de « ténèbres » est clair; on porta longtemps au débit de la seule féodalité ce dont en fait accouchent les Lumières en dégénérant et devenant à leur tour féodales. *Lumières porteuses de ténèbres...* Qui y eût songé au temps de l'*Essai?* Les ministres sont contre la culture. Mais pour qui gouvernent les ministres? Certainement pas pour quelques colombiers ou tourelles... Une nouvelle Sainte Alliance est là, qui unit les vieilles oubliettes aux moyens de la moderne inquisition et de la moderne administration bourgeoises. Qui sont les véritables adversaires de la presse et de l'intelligence? À cette Sainte Alliance, cependant, quelque chose échappe, et Chateaubriand en triomphe : des savants, des écrivains, des intellectuels refusent de cautionner Villèle en entrant dans le comité de censure. Non seulement de jeunes professeurs, aujourd'hui oubliés, mais l'illustre Cuvier. Ainsi, on est de plus en plus nombreux *ensemble,* et il ne s'agit plus seulement, comme en 1814, d'additionner émigrés et soldats de la République. Ensemble? QUI? Et POUR QUOI? Chateaubriand salue. Il a trouvé les siens. Où est l'ultra de 1815? Mais notre étonnement redouble à cet étonnant discours sur la crise et sur l'inquiétude :

> Si quelque chose me semblait appuyer le système que j'ai combattu dans les faits du passé et dans les craintes de l'avenir, je pourrais croire que je me trompe; un j'ai eu tort ne me coûtera jamais; mais quand je jette les yeux sur la France, je ne puis m'empêcher de voir le commerce et les manufactures en détresse, la propriété foncière écrasée et menacée du retrait du dégrèvement, dans le cas possible d'un déficit; j'aperçois des tribunaux dont l'indépendance fatigue, une Chambre des pairs objet, dans un certain parti, de desseins plus ou moins hostiles; une opinion publique qu'on a d'abord voulu corrompre, ensuite étouffer; une capitale en deuil, la tristesse dans le présent, l'incertitude dans l'avenir. Les hommes que leurs places rattachent au système que l'on suit sont-ils satisfaits? Interrogez-les en particulier : excepté le petit nombre qui, par caractère ou par besoin, est tombé dans la pure domesticité, tous vous exprimeront des alarmes.
>
> Au reste il est naturel que tout souffre, parce que tout est dans une position forcée. *Le gouvernement représentatif tend à amener les capacités au pouvoir, et le système que l'on suit les repousse. Il arrive de là qu'il n'y a pas une véritable supériorité sociale, pas un talent de*

quelque valeur qui ne soit en opposition ouverte avec l'administration [45].

C'est ce divorce qui fait que, bientôt, on va vraiment se mettre à la fenêtre pour voir passer la monarchie.

---

45. *Opinion sur le projet de loi relatif à la police de la Presse.*

8

Après juillet

Nouvelles ruptures

Les lendemains de Juillet, dans les *Mémoires* (où tout est écrit à distance) sont présentés dans une lumière de catastrophe héroïque, tout culminant avec le discours d'adieu de l'« inutile Cassandre » à la Chambre des Pairs, le 7 août. Sur le moment toutefois les choses sont moins claires, pour l'évidente raison que, le régime n'étant pas encore devenu ce qu'il deviendra et la haine demeurant forte pour le système responsable des Ordonnances, Chateaubriand ne peut pas être contre « une révolution qui consacre, écrit-il, des principes que j'ai défendus et protégés » :

> Le gouvernement actuel me protège comme un étranger paisible, je dois à ses lois reconnaissance et soumission, tant que j'habite sur le sol où il me permet de respirer. Je lui souhaite des prospérités, parce qu'avant tout je désire celle de la France; ses ministres sont honorables; quelques-uns sont habiles. Le chef de l'état mérite des respects; il ne fait point le mal; il n'a pas versé une goutte de sang; il s'élève au-dessus des attaques; il comprend la foi jurée à un autre autel que le sien : cela est digne et royal [1].

Le chef de l'état mérite des respects : non pas « le Roi », bien entendu, mais on est quand même loin des variations sur le « Philippe » des *Mémoires.* Et pourtant Chateaubriand refuse

---

1. *De la restauration et de la monarchie élective,* mars 1831.

le serment au moment où les néo-carlistes de Fitz-James (à qui se rallie Balzac) optent pour une politique de présence. Nouvelle bataille? En fait, si la révolution ne se ralliait pas Chateaubriand, elle pouvait du moins le libérer. À la question qui lui a été posée dans *la Presse* de savoir pourquoi il refusait de servir la révolution, il répond :

> Je n'avais pas oublié cette question, mais je m'étais déterminé à n'y pas répondre; je voulais sortir en paix du monde politique, comme je sors en paix du monde littéraire dans la préface du grand ouvrage qui termine mes *Œuvres complètes* [2], et qui paraîtra dans quelques jours. À quoi bon, me disais-je, armer de nouveau les passions contre moi? Ma vie n'a-t-elle pas été assez agitée? Ne pourrais-je trouver quelques heures de repos au bord de ma fosse?

La politique, c'était à nouveau et comme toujours, des coups donnés et nécessairement reçus de tous les côtés :

> Dans cet opuscule [...] les partis se trouveront plus ou moins froissés : je n'en caresse aucun; je dis à tous des vérités dures. Je n'ai rien à ménager : dépouillé du présent, n'ayant qu'un avenir incertain au-delà de ma tombe, il m'importe que ma mémoire ne soit pas grevée de mon silence.

Et dans la faillite de Juillet, ce qui va bientôt s'appeler « le naufrage du monde moderne », cette exacerbation se comprend assez bien. Mais le moi ne saurait renoncer à ce qui fut et demeure en lui de politique, alors même qu'il est seul et que sa solitude prend, précisément, un sens politique :

> Je ne dois pas me taire sur une restauration à laquelle j'ai pris tant de part, qu'on outrage tous les jours, et que l'on proscrit enfin sous mes yeux. Sans coterie, sans appui, je suis seul chargé et seul responsable de moi. Homme solitaire, mêlé par hasard aux choses de la vie, ne marchant avec personne, isolé dans la restauration, isolé après la restauration, je demeure, comme toujours, indépendant

---

2. Les *Études historiques*.

> de tout, adoptant, des diverses opinions, ce qui me
> semble bon, rejetant ce qui me paraît mauvais, peu sou-
> cieux de plaire ou de déplaire à ceux qui les professent.

Seulement, dans le contexte d'après Juillet, la situation du moi ne peut plus être la même que dans celle de 1826-1827. Alors il existait une alternative pensable au système : la Restauration vraie, la Charte et les libertés. Cette alternative n'existe plus. Parce que les Bourbons de la branche aînée sont bannis? Cela, ce sera la légende, qui ne prendra vraiment qu'avec le temps. Sur le moment, encore, il faut lire ces lignes étonnantes :

> J'ai dû demeurer fidèle, comme individu, à ce qui me
> semblait la meilleure sauvegarde des libertés publiques, la
> voie la moins périlleuse par laquelle on pouvait arriver au
> complément de ces libertés.
> Ce n'est pas que j'aie la prétention d'être un larmoyant
> prédicant de politique sentimentale, un rabâcheur de
> panache blanc et des lieux communs à la Henri IV. En
> parcourant des yeux l'espace qui sépare la tour du Temple
> du château d'Edimbourg, je trouvais sans doute autant
> de calamités entassées qu'il y a de siècles accumulés sur
> une noble race. Une femme de douleur a surtout été
> chargée du fardeau le plus lourd, comme la plus forte : il
> n'y a cœur qui ne se brise à son souvenir; ses souffrances
> sont montées si haut, qu'elles sont devenues une des
> grandeurs de la révolution. *Mais enfin on n'est pas obligé
> d'être roi :* la Providence envoie les afflictions particulières
> à qui elle veut, toujours brèves parce que la vie est courte;
> et ces afflictions ne sont point comptées dans les desti-
> nées générales des peuples.

C'est parfaitement clair. Malgré tant de déclamations à venir sur le thème : « Madame, votre fils est mon roi », il n'y a pas de fondement mystique à une politique de fidélité mais un accord qui se veut rationnel à une politique rationnelle. Et le métier de roi, s'il est un métier, n'est qu'un métier. Chateaubriand ne va-t-il pas jusqu'à écrire :

> Si par l'élection on arrive au changement de race, ce peut
> être quelquefois utile.

Et si l'on remonte au fameux discours du 7 août, on avait déjà ceci, qu'on ne lira jamais avec assez de soin :

> Ce n'est ni par un dévouement sentimental, ni par un attendrissement de nourrice transmis de maillot en maillot depuis le berceau de saint Louis jusqu'à celui du jeune Henri, que je plaide une cause où tout se tournerait de nouveau contre moi si elle triomphait. Je ne vise ni au roman, ni à la chevalerie, ni au martyre. Je ne crois pas au droit divin de la royauté, et je crois à la puissance des révolutions et des faits. Je n'invoque pas même la Charte, je prends mes idées plus haut : je les tire de la sphère philosophique de l'époque où ma vie expire. Je propose le duc de Bordeaux tout simplement comme une nécessité d'un meilleur aloi que celle dont on argumente.

La révolte de Juillet a été juste, et la brochure de mars 1831 précise :

> Je ne m'apitoie point sur une catastrophe provoquée; il y a eu parjure, et meurtre à l'appui du parjure : je l'ai proclamé le premier en refusant de prêter serment au vainqueur.

après le discours du 7 août :

> Jamais défense ne fut plus juste et plus héroïque que celle du peuple de Paris. Il ne s'est point soulevé contre la loi, mais pour la loi; tant qu'on a respecté le pacte social, le peuple est demeuré paisible; il a supporté sans se plaindre les insultes, les provocations, les menaces : il devait son argent et son sang en échange de la Charte, il a prodigué l'un et l'autre.
>
> Mais lorsqu'après avoir menti jusqu'à la dernière heure on a tout à coup sonné la servitude; quand la conspiration de la bêtise et de l'hypocrisie a soudainement éclaté; quand une terreur de château organisée par des eunuques a cru pouvoir remplacer la terreur de la République et le joug de fer de l'Empire, alors ce peuple s'est armé de son intelligence et de son courage; il s'est trouvé que ces *boutiquiers* respiraient assez facilement la fumée de la poudre, et qu'il fallait plus de *quatre soldats et un caporal* pour le réduire. Un siècle n'aurait pas autant mûri les destinées d'un peuple que les trois derniers soleils qui viennent de briller sur la France.

Les motifs profonds du refus de servir le nouveau régime ne sont donc nullement à chercher dans une impossibilité sentimentale mais dans un diagnostic lucide porté sur un nouveau système qui ne fait que reprendre l'ancien, celui de la morale des intérêts. La pertinence de l'analyse est ici à nouveau étonnante :

> Il existe deux sortes de révolutionnaires; les uns désirent la révolution avec la liberté : c'est le très petit nombre; les autres veulent la révolution avec le pouvoir : c'est l'immense majorité. [...]
> On a voulu les libertés tant qu'elles ont été en opposition à un pouvoir qu'on n'aimait pas, et qui semblait prendre à tâche de contrarier les idées nationales : ce pouvoir abattu, ces libertés obtenues, qui se soucie d'elles, si ce n'est moi et une centaine de béats de mon espèce?

N'en doutons pas : de nouveaux ralliements se préparent, car comment ne pas s'entendre entre gens d'hier et d'aujourd'hui qui ne se soucient pas de la liberté?

> Croyez-vous que ces docteurs qui jadis nous démontraient l'excellence des lois d'exception, puis qui devinrent épris de la liberté de la presse quand ils furent tombés, qui se vantent aujourd'hui d'avoir toujours combattu en faveur des libertés, croyez-vous qu'ils ne soient pas enclins à revenir à leur première tendresse pour une sage liberté, ce qui, dans leur bouche voulait dire la liberté à livrée ministérielle, chaîne et plaque au cou, transformée en huissier de la Chambre? Ne les entend-on pas déjà répéter l'ancien adage de l'impuissance : Qu'il est impossible de gouverner comme cela!

Ce n'est pas tout. Né du peuple, en effet, et de la presse, le nouveau système ne peut pas ne pas gouverner, très vite, contre le peuple et contre la presse :

> À la plus petite émeute qui n'est pas dans le sens de son opinion, à la plus légère égratignure dans un journal, le plus fier partisan de la liberté de la presse invoque tout haut ou tout bas la censure.

Le nouveau système est condamné à une stérile *résistance*,

incapable de choisir ce qui devrait être sa loi vraie : le mouvement [3].

Les embarras de cette monarchie se décèlent à tous moments : elle est en désaccord avec les monarchies continentales absolues qui l'environnent. Sa mission est d'avancer, et ceux qui la conduisent n'osent avancer; elle ne peut être ni stationnaire ni rétrograde : et dans la crainte de se précipiter, ses guides sont stationnaires et rétrogrades. Ses sympathies sont pour les peuples; si on lui fait renier ces peuples, il ne lui restera aucun allié. Elle marche entre trois menaces : le spectre révolutionnaire, un enfant qui joue au bout d'une longue file de tombeaux, un jeune homme à qui sa mère a donné le passé et son père l'avenir.

L'impasse est totale. On recule en Belgique; on abandonne les révolutions européennes. Scandale? Mais comment faire autrement en Europe, si l'on ne veut pas être dévoré à l'intérieur par les forces de liberté? Dès lors tout se corrompt. La guerre aurait été

une condition de vie pour un gouvernement qui aurait compris le mouvement de juillet. Maintenant l'heure n'est-elle point passée? L'Europe a été témoin de nos tergiversations; les rois sont revenus de leur stupeur, les peuples de leurs espérances : ceux-ci même trompés, sont devenus indifférents ou ennemis. Notre révolution n'a plus les caractères purs et distinctifs de son origine; elle n'est plus qu'une révolution vulgaire; des esprits communs l'ont engagée dans des routes communes. Ce qui se serait opéré par l'élan naturel des masses, ne pourrait peut-être s'accomplir actuellement que par des moyens devant lesquels tout homme de bien reculerait.

Hélas! telle a été l'administration de la France depuis quelques mois, que je vois des citoyens éclairés, d'un jugement sain, d'une âme élevée, incliner à croire qu'il y aurait danger pour l'ordre intérieur dans une rupture avec l'étranger.

---

3. L'opposition entre politique de *résistance* (C. Périer) et politique de *mouvement* (Lafitte) appartient à la problématique et au vocabulaire de l'époque. Voir la brochure de Balzac, *Politique de deux ministères*, juin 1831.

Comment en sortir? Une idée s'impose avec une force croissante : il existe bien un avenir, mais il est sans communication avec un présent qui reprend (mais avec quel poids nouveau!) couleur d'absolue fatalité. Désormais, l'avenir, au lieu d'être inscrit en puissance dans le présent, est nécessairement rupture, catastrophe. Et uniquement cela :

> Nous marchons à une révolution générale : si la transformation qui s'opère suit sa pente et ne rencontre aucun obstacle, si la raison populaire continue son développement progressif; si l'éducation morale des classes intermédiaires ne souffre point d'interruption, les nations se nivelleront dans une égale liberté; si cette transformation est arrêtée, les nations se nivelleront dans un égal despotisme. Ce despotisme durera peu à cause de l'âge avancé des lumières, mais il sera rude, et une longue dissolution sociale le suivra. Il ne peut résulter des journées de juillet, à une époque plus ou moins reculée, que des républiques permanentes ou des gouvernements militaires passagers, que remplacerait le chaos. Les rois pourraient encore sauver l'ordre et la monarchie en faisant les concessions nécessaires : les feront-ils? Point ne le pense.

Dès lors il n'y a plus d'action, et le moi parle à nouveau. Autour de soi comme vers l'avant, il n'est plus que fatalités, atomisations, ruines, débris. La dernière révolution a fait voler en éclats l'idée d'une possibilité d'intégration des révolutions à l'ordre et de l'ordre aux révolutions. À nouveau on se cogne aux murs et l'on s'affole :

> Que voulons-nous? Que cherchons-nous? un niveau plus parfait encore que celui qui nous égalise? Mais l'inégalité renaît de la nature même des hommes et des choses. Combien de révolutionnaires, choqués de n'arriver à rien dans le cours de la révolution, tournèrent sur eux les mains désespérées qu'ils avaient portées sur la société! Le bonnet rouge ne parut plus à leur orgueil qu'une autre espèce de couronne, et le sans-culottisme qu'une sorte de noblesse dont les Marat et les Robespierre étaient les grands seigneurs. Furieux de retrouver l'inégalité des rangs jusque dans le monde des douleurs et des larmes, condamnés à n'être encore que des vilains dans la féodalité des niveleurs et des bourreaux, ils s'empoisonnèrent

245

ou se coupèrent la gorge avec rage, pour échapper aux supériorités du crime.

Nous remettrons-nous entre les mains de ces vétérans révolutionnaires, de ces invalides coupe-tête de 1793, qui ne trouvent rien de si beau que les batailles de la guillotine, que les victoires remportées par le bourreau sur les jeunes filles de Verdun et sur le vieillard Malesherbes? qui croient qu'on se laisserait trancher le col aujourd'hui aussi bénignement qu'autrefois? qu'il serait possible de rétablir le meurtre légal et le superbe règne de la terreur, le tout pour jeter ensuite la France échevelée et saignante sous le sabre d'un Buonaparte au petit pied, avec accompagnement de bâillons, menottes, autres menus fers, et parodie impériale?

D'un autre côté, que voudrait ce vieux parti royaliste, plein d'honneur et de probité, mais dont l'entendement est comme un cachot voûté et muré, sans porte, sans fenêtre, sans soupirail, sans aucune issue à travers laquelle se pût glisser le moindre rayon de lumière? Ce vieux et respectable parti retomberait demain dans les fautes qu'il a faites hier : toujours dupe des hypocrites, des intrigants, des escrocs et des espions, il passe sa vie dans de petites manigances, qu'il prend pour de grandes conspirations.

Entre les hommes qui livreraient toutes nos libertés pour une place de garçon de peine au service de la légitimité, et ceux qui les vendraient pour du sang à une usurpation de leur choix, et *ceux qui n'étant ni de l'un ni de l'autre bord restent immobiles au milieu, on est bien embarrassé.*

C'est le nouveau romantisme, la troisième vague [4]. Il n'y a plus d'action. Il n'y a plus de moi possible et fécond. On n'a jamais réellement pris en compte ces événements d'après Juillet pour comprendre ce qu'il faut bien appeler le néo-romantisme de Chateaubriand, celui qui va s'exprimer dans les *Mémoires* et qui n'est pas, alors, isolé. René avait cru dans la Charte, dans la jeunesse, dans la France nouvelle, et tout reprenait des couleurs d'illusion, mais aussi, cette fois, de mensonge et de farce. René allait nécessairement renaître

----

4. Les deux premières étant celle de l'émigration (romantisme de droite), puis celle de la « France nouvelle » (romantisme s'étendant aux couches plébéiennes).

de ses cendres, en même temps que devait reparaître une vieille tentation. C'est en effet l'extraordinaire image :

> Sans coterie, sans appui, je suis seul chargé et seul responsable de moi. Homme solitaire, mêlé par hasard aux choses de la vie, ne marchant avec personne, isolé dans la restauration, isolé après la restauration, je demeure, comme toujours, indépendant de tout, adoptant, des diverses opinions, ce qui me semble bon, rejetant ce qui me paraît mauvais, peu soucieux de plaire ou de déplaire à ceux qui les professent. *Au moyen-âge, dans les temps de calamités, on prenait un religieux, on l'enfermait dans une petite tour où il jeunait au pain et à l'eau pour le salut du peuple. Je ne ressemble pas mal à ce moine du douzième siècle; à travers la lucarne de la geôle expiatoire, je vais prêcher mon dernier sermon aux passants, qui ne l'écouteront pas.*

Treize ans plus tard, la *Vie de Rancé* conclura : « Les constitutions de Rancé ne nous paraissent qu'un objet de curiosité, que nous allons voir en passant ». René, par « préjugé », avait refusé le cloître. La voilà à nouveau cette tentation de la retraite. Mais il ne s'agit plus, aujourd'hui, de prouver le christianisme et ses institutions. Quelques mois plus tard, Balzac sera fasciné par la solitude de la Grande Chartreuse [5].

Bientôt une proposition de bannissement des membres de la branche aînée donne à Chateaubriand l'occasion de reprendre son analyse du nouvel ordre des choses :

> Tout le monde dit en parlant de ce qui est : « cela ne peut pas aller comme cela ». L'assertion serait juste, s'il s'agissait de la vie, mais si ce que l'on prend pour la vie est l'agonie, une lente gangrène? Cela va, parce que le dernier moment n'est pas arrivé : le Bas-Empire mit quatre siècles à mourir.
>
> Dans une *société morbifique*, les formes transitoires du gouvernement ont aussi, comme cette société même, une sorte de végétation animale entre l'être et le néant. *La difficulté d'avenir* que nous éprouvons, l'absence de tout, l'essai malheureux de tout, la dégénération de tous les

---

5. Voir les traces de cette tentation dans *le Médecin de campagne.*

caractères, la résistance molle de toutes les existences qui souhaitent rester comme elles sont dans *l'horreur du plus petit mouvement,* sont des misères de nature à prolonger notre état politique au-delà de sa force naturelle : différents maux se neutralisent. La misère du pouvoir sera pour lui peut-être une cause même de durée : on ne l'attaquera pas parce qu'il n'est rien; on n'y pensera plus; on oublie ce qu'on méprise.

Pesons ces expressions : *société morbifique, difficulté d'avenir, horreur du plus petit mouvement;* ce sont autant de signes d'enterrement du programme de la *Préface générale,* mais c'est aussi une convergence, jusque dans le vocabulaire, avec toute la jeune littérature d'alors [6] :

> Si le gouvernement républicain fût résulté de la révolution de juillet, il aurait mis à l'aise bien des consciences : en lui prêtant serment, on n'aurait rien trahi, car c'eût été un changement de principe, et non un roi substitué à un roi; il n'y eût pas eu usurpation, mais un autre ordre de choses. Quant à moi, qui suis républicain par nature, monarchiste par raison, et bourbonniste par honneur, je me serais beaucoup mieux arrangé d'une démocratie, si je n'avais pu conserver la monarchie légitime, que de la monarchie bâtarde octroyée de je ne sais qui [...].
>
> Que peut-on prévoir? Où est l'avenir? quelle sera sa forme? à quelle distance est-il?

Le grand dessein constitutionnel avait été fondamentalement un dessein d'intégration. Il s'appuyait sur une hypothétique force de relève : la France nouvelle. Notion creuse, finalement. Car où est aujourd'hui cette France nouvelle? Enfoncée jusqu'au cou dans la curée et dans le Juste-Milieu, ou bien exclue. Et c'est bien l'idée destructrice de tous les espoirs de la fin de la Restauration : l'ordre nouveau est un ordre d'*exclusion.* On voit paraître cependant, parmi les exclus, quelqu'un qui ne figurait pas naguère dans les comptes de la « France nouvelle ». Preuve que l'Histoire ne se répète jamais exactement et que tout avance :

---

6. Voir Pierre Barbéris, *Balzac et le mal du siècle,* Gallimard, tome II.

La manière dont on s'est proposé de reconstituer la pairie a quelque chose de la monarchie confuse de juillet, et du tripotage des velléités et des craintes ministérielles. Point d'hérédité, qu'on voulait au fond de l'âme, et qu'on implorait par amendement; des catégories, qui ne créent pas une véritable aristocratie et qui détruisent l'égalité nationale; aristocratie qui résulte du privilège des places comme l'aristocratie de cour, *tandis que les classes en dehors de ces places, c'est-à-dire le peuple, est exclu.*

Quelque chose s'est passé là, dans la réalité, dans les consciences, mais qui ne fait que creuser encore le trou. Car, volé, exclu, ce peuple que peut-il, pour autant, à l'Histoire nouvelle? C'est infiniment plus grave qu'en 1826-1827 : où imaginer, désormais, une force de relève? Une alternative n'est-elle pas possible cependant? Chateaubriand s'accroche à l'idée de Henri V dont il faut lire la présence dans le texte, contre le pseudo-ordre Juste-Milieu, comme substitutive de celle du peuple, aussi nécessaire qu'impossible. Le prince, en effet, ne saurait régner par seul droit de *naissance :*

> L'éducation d'un prince doit être en rapport avec la forme du gouvernement et les mœurs de son pays. Or, il n'y a en France ni chevalerie, ni chevaliers, ni soldats de l'oriflamme, ni gentilshommes bardés de fer, prêts à marcher à la suite du panache blanc. *Il y a un peuple qui n'est plus le peuple d'autrefois, un peuple qui changé par les siècles, n'a plus les anciennes habitudes et les antiques mœurs de ses pères.* Qu'on déplore ou qu'on glorifie les transformations sociales advenues, il faut prendre la nation telle qu'elle est, les faits tels qu'ils sont, entrer dans l'esprit de son temps, afin d'avoir action sur cet esprit.
>
> Tout est dans la main de Dieu, excepté le passé qui, une fois tombé de cette main puissante, n'y rentre plus.
>
> On veut aujourd'hui une monarchie de raison et non de sentiment. Le monarque qui a le plus de chances de maintenir en France l'ordre et la liberté est celui auquel tôt ou tard la couronne sera dévolue. Si l'on ne voit dans Henri V que le chef d'une petite faction, qu'une pagode sainte dont les droits sont réputés antérieurs et supérieurs à ceux du peuple; qu'un enfant revendiquant un sceptre par la seule raison qu'il est fils de son père, c'en est fait de lui. La légitimité est une religion dont la foi est morte;

cette religion serait encore la meilleure sanction des droits de la nation, en ce qu'elle communique à ces droits quelque chose d'historique et de traditionnel, de fort et de sacré, mais elle ne tire plus son pouvoir d'elle-même.

Voilà qui, de toute évidence, ne cherchait pas à plaire, et les abonnés de *la Quotidienne* durent frémir. Ils auraient peut-être dû remarquer que le mot *peuple,* pourtant, avait pivoté sur lui-même, que tout à l'heure c'était le peuple en blouse des barricades et qu'ici c'était la nation, toutes classes nouvelles réunies. On retrouvera ce problème à propos du regard en arrière des *Mémoires* sur cette époque. Notons pour le moment que ce qui seul justifierait vraiment Henri V, ce serait, comme en 1826, l'alliance avec l'avenir :

Le sceptre du jeune Henri, soutenu des mains de la jeune France pour le bonheur même de celui qui règne, eût mieux valu pour le repos de cette France qu'une *couronne entortillée à un pavé et lancée d'une fenêtre* [...].

Ce qu'il fallait à cette royauté, c'était de l'élan, de la jeunesse, de l'intrépidité. Tourner le dos au passé, marcher avec la France nouvelle à la rencontre de l'avenir : telle était sa destinée.

On vient nous dire que les Bourbons qui ne trouveraient pas à emprunter un schelling en Angleterre, qui n'ont plus en France que des lambeaux vendus à l'encan et au rabais, paient avec leur argent les mécontents de l'Ouest et du Midi ! Un petit nombre d'honnêtes gens croient à cette absurdité, faute de s'être rendu compte des faits, trompés qu'ils sont par des brocanteurs de consciences : il est tout simple que ces trafiquants, ayant toujours vendu leur opinion, se figurent qu'on n'en a point, si elle n'est payée. Quand ceux-ci auront étendu jusqu'aux carlistes les lois de mort ; quand les parodistes de la terreur auront fait revivre l'âge d'or du sang ; quand ils auront repris dans les arsenaux des Lebon et des Carrier, les superbes machines des forts génies ; quand ils auront fait tomber mon chef, comme jadis tomba celui de mon frère, *qu'ils regardent dans ma tête et dans ma poche ; ils trouveront l'une pleine de projets de liberté et de gloire pour ma patrie avec Henri V, l'autre vide.*

Le pouvoir nouveau est lui aussi, comme sous la Restauration, un faux pouvoir. Le pouvoir nouveau a banni la jeunesse, l'intelligence et la liberté. Un pas décisif est ici franchi. Cette seconde brochure paraît (novembre 1831) au moment du plein succès de la réédition de *la Peau de chagrin,* alors que Balzac, par refus du nouvel ordre de choses, est en train de virer au carlisme, tout en continuant à être fidèle à la chère *Caricature* de son ami Philippon, dont Chateaubriand fera bientôt la connaissance en prison. Or la première citation ci-dessus pourrait parfaitement figurer dans *la Caricature* et la seconde est un lieu commun de tous les adversaires de gauche du régime. Quant à la fin de la troisième, avec le thème de la pauvreté, elle explique que toute la jeunesse de gauche ait fait un succès au vieux héros de la liberté de la presse qui va à pied alors que tant d'autres tiennent le haut du pavé. Une nouvelle alliance se noue ici, qui va infiniment plus loin que celle de 1827 avec Dupin et Constant. L'amitié avec le républicain Carrel, va bientôt constituer un signe supplémentaire de l'évolution de Chateaubriand vers la gauche. Dans la préface des *Études historiques,* est-ce qu'il n'ira pas jusqu'à écrire à propos des écrits de Carrel consacrés à la guerre d'Espagne :

> *Nous tous* qui, dispersés par les orages de notre patrie, avons porté le havresac et le mousquet en défense de notre propre opinion pour des causes étrangères, nous éprouvons un attendrissement de soldats et de malheur à la lecture de cette histoire si bien contée, *et qui semble être la nôtre.*

NOUS TOUS! une histoire qui est LA NÔTRE! À nouveau, fraternité des parias, des exclus, des fidèles! Mais cette fois, dans les parias, les exclus, les fidèles, il n'y a pas seulement les pauvres, vagues et sans contours, de 1802 : il y a, explicitement, les hommes de gauche, ceux que le système bourgeois exclut, non seulement socialement mais politiquement. En 1793, les hommes de la Révolution, dans l'*Essai,* étaient intégrés à un ordre, à une histoire, à une action, et seuls les émigrés faisaient l'expérience radicale de la solitude et de l'échec. Voici, en 1831, les révolutionnaires exclus et parias à leur tour : ce n'est plus seulement René l'aristocrate que condamne et rejette à l'errance la société civile. C'est toute noblesse, c'est tout courage. Et Chateaubriand n'hésite pas à recopier, à prendre en compte ces lignes d'un républicain qui n'avaient pu ne pas lui aller droit au cœur :

> Les passions qui ont fait la guerre d'Espagne, dit M. Carrel, sont maintenant assez effacées pour qu'on puisse se promettre d'inspirer quelque intérêt en montrant, au milieu des montagnes de la Catalogne, sous l'ancien uniforme français, des soldats de toutes les nations ralliés à l'ascendant d'un grand caractère, marchant où il les menait, souffrant et se battant sans espoir d'être loués ni de rien changer, quoi qu'ils fissent, à l'état désespéré de leur cause, n'ayant d'autre perspective qu'une fin misérable au milieu d'un pays soulevé contre eux, ou la mort des esplanades s'ils échappaient à celle du champ de bataille. Telle fut pendant de longs jours la situation de ceux qui, partis de Barcelone peu de temps avant la capitulation de cette place, allèrent succomber avec Pachiarotti devant Figuières, après quarante-huit heures d'un combat dont l'acharnement prouva que c'étaient des Français qui combattaient de part et d'autre. Ce combat devait finir par l'extermination du dernier de ceux qui, au milieu de l'Europe de 1823, avaient osé mettre la flamme tricolore au bout de leurs lances et rattacher à leur schako la cocarde de Fleurus et de Zurich... Ce n'est rien que la destinée de quelques hommes dans de tels événements; mais combien d'autres événements il avait fallu pour que ces hommes de toutes les parties de l'Europe se rencontrassent, anciens soldats du même capitaine, venus dans un pays qu'ils ne connaissaient pas, défendre une cause qui se trouvait être la leur... *Les choses, dans leurs continuelles et fatales transformations, n'entraînent point avec elles toutes les intelligences; elles ne domptent point tous les caractères avec une égale facilité, elles ne prennent pas même soin de tous les intérêts; c'est ce qu'il faut comprendre, et pardonner quelque chose aux protestations qui s'élèvent en faveur du passé. Quand une époque est finie, le moule est brisé, et il suffit à la Providence qu'il ne se puisse refaire; mais des débris restés à terre, il en est quelquefois de beaux à contempler.*

Ce que Chateaubriand et Carrel excluent ici, c'est le Juste-Milieu, incapable de comprendre René, Eudore, Mila, Chateaubriand, Carrel. Mais René, Eudore, Mila, Carrel, Chateaubriand peuvent-ils, pour autant, s'organiser en un univers positif? Hélas, en aucune façon, et ils ne peuvent être que signes de *refus*. Dès lors tout explique le développement d'un nouveau romantisme, celui qui alors fait rage chez Balzac et chez tous les jeunes écrivains. Corruption? Michelet s'indignera. Mais Chateaubriand, lui, donne les raisons :

> Le peuple ne règne plus [...].
> La coterie colérique, sans dignité, sans élévation, qui a usurpé le pouvoir populaire, aura besoin pour se soutenir, pour coordonner les lois de proscription bourbonniennes, d'étendre les mesures de son salut à diverses classes de citoyens [...].
> La monarchie élective n'a jusqu'ici que peu honoré le drapeau dont elle s'est parée : il n'a flotté que sur la porte des ministres et sous les murs de Lisbonne; il n'a été déchiré que par les vents; la pluie déteint son pourpre et son azur; il ne reste qu'un pavillon d'un blanc sale, vraie couleur de la quasi-légitimité. [...]
> Qu'est-ce aujourd'hui que d'être préfet, directeur général, ministre, maréchal de France, et même roi? [...] La société ne périt point, mais les sociétés périssent; nos lumières seront transmises à la postérité et profiteront au genre humain, mais il est possible que nous-mêmes, comme nation, nous entrions dans les jours de notre décrépitude. Tout paraît usé; arts, littérature, mœurs, passions, tout se détériore; les plus nobles délassements de l'esprit sont remplacés par des spectacles grossiers.
> L'ordre actuel, dans sa meilleure chance, et régénéré par quelque accident, ne rampera pas si loin. Les hommes à théories, à intérêts, à serments, peuvent donc établir leur calcul sur ces données, et chercher d'avance des raisons pour insulter à terre la monarchie qu'ils encensent debout [...]. La monarchie quasi légitime, à quoi et à qui parle-t-elle?

Un nouveau discours sur l'Histoire : néo-romantisme et optimisme théorique

Publiées en mars 1831, les *Études Historiques* rassemblent des textes dont les plus anciens remontent à 1812 mais qui ont été pour la plupart rédigés sous l'influence des expériences de la Restauration et de l'après-1830. Le projet de

1812 se voulait au service de l'ancienne France, ignorée et méprisée. Il était encore largement événementiel et chronologique, s'attachant à la succession des Empires, des races et des rois, et ne faisant guère de place à l'histoire des structures et des civilisations. Cette pratique de l'Histoire, qui doit encore beaucoup à l'utilisation des chroniqueurs et annalistes traditionnels, fait assez pâle figure dans les *Études*. La lecture du recueil tel qu'il a été constitué en 1831 révèle cependant une surprise de taille : sous la double influence de la jeune école historique moderne et de l'expérience politique qui lui a fait prendre ses distances par rapport aux thèses de la droite et de l'extrême droite, Chateaubriand en est venu à scientificiser et gauchir un projet historique d'abord fortement bienpensant, et ce n'est pas l'un des spectacles les moins curieux de cette entreprise et de cette carrière d'écrivain que de voir l'auteur du *Génie* citer Hegel et se mettre à écrire l'Histoire en tenant compte des travaux, réflexions et propositions aussi bien de Sismondi, Thierry, Barante, Thiers et Guizot, que de Saint-Simon, Vico et sans doute de Fourier. Certains textes sont certes assez pâles après les publications de Guizot, Thiers et Michelet, mais d'autres manifestent à l'évidence que Chateaubriand s'est tenu au courant et que l'époque qui a découvert la philosophie de l'Histoire était bien la sienne. Aussi importe-t-il, une fois encore, de ne pas se tromper de discours. Les *Études Historiques* n'ont d'intérêt réel qu'en situation, comme moment d'un parlé et d'un écrit. Une fois encore, d'ailleurs, la date de publication fait signe, surtout si l'on donne toute leur importance, comme pour les *Œuvres* et la *Préface Générale,* aux textes présentés *et* au texte de présentation. Les *Études Historiques* s'étaient voulues œuvre pieuse de retraite et de sérénité. Les voici qui deviennent une œuvre d'actualité. C'est l'aventure de l'*Essai* qui recommence : l'histoire écrite est dictée par l'Histoire vécue.

Chateaubriand corrigeait ses épreuves au lendemain même de la Révolution de Juillet et le livre devait paraître à une date hautement significative : *mars 1831,* inscrite en capitales en tête de l'*Avant-Propos.* Or mars 1831, c'est au lendemain des émeutes du Mardi-gras et du sac de l'Archevêché la formation du ministère Casimir Périer. C'est la victoire définitive de la Résistance sur le Mouvement. C'est l'affirmation, par la force, du Juste-Milieu et l'étranglement de la poussée populaire. C'est le triomphe, désormais sans fard, de la féodalité nouvelle. C'est le rétablissement de l'ordre. Or, ce rétablissement, Chateaubriand l'avait déjà fouaillé comme il convient dans *De la Restauration et de la Monarchie élective*. Le voici qui récidive, en approfondissant et en allant plus loin : « *Nous nous trouvons engagés dans le naufrage du monde moderne* ». La formule peut paraître curieuse si l'on ne songe qu'aux Princes de la branche aînée : en quoi, en effet, représentaient-ils « le monde moderne »? Et les difficultés sont plus grandes encore, si l'on songe aux barricades de Delacroix et à toute une littérature sur le soleil de Juillet. « *Naufrage du monde moderne* » alors que, répète-t-on depuis des mois, la liberté citoyenne triomphe? « *Naufrage du monde moderne* »? Il est vrai — et c'est là qu'il faut chercher le sens — que plus d'un, disait-on, était mort pour rien. À l'enthousiasme succède le sentiment de l'absurde. Or, là, Chateaubriand n'est pas seul : mars 1831, c'est le moment où Balzac travaille à *la Peau de Chagrin*, acte d'accusation majeur contre le nouvel ordre des choses; mars 1831, c'est le grand virage, l'enfoncée dans la nuit qui conduit aux massacres de juin 1832; mars 1831, c'est le début de la grande sécession et de la grande révolte des jeunes intellectuels. Une fois de plus, Chateaubriand est présent, avec son langage propre il est vrai, non pas insurrectionnel mais distant et serein. « *Naufrage du monde moderne* »? Oui, parce que la bourgeoisie règne et parce que l'intelligence, un moment victorieuse, est ramenée à coups de crosse dans ses mansardes. « *Naufrage du monde moderne* », parce que Juillet a accouché du Juste-Milieu. Cette notation qui déclasse à elle seule tous les dithyrambes des intellectuels du nouveau régime (Hugo, Michelet), met Chateaubriand du même côté que toute une jeunesse du siècle. Dès lors, on peut remettre à sa vraie place cette phrase attendue de l'enchanteur :

> Qui lirait quatre gros volumes, lorsqu'on a bien de la peine à lire le feuilleton d'une gazette? J'écrivais l'histoire ancienne et l'histoire moderne frappait à ma porte; en vain je lui criais : « Attendez, je vais à vous ». Elle passait au bruit du canon, en emportant trois générations de rois.

D'autant plus que la phrase qui suit reprend très exactement le thème du naufrage et d'un néo-mal du siècle, qui n'a rien à voir avec les regrets aristocratiques ni la rhétorique correspondante :

> *Quand une société se compose et se décompose;* quand il y va de l'existence de chacun et de tous, quand on n'est pas sûr d'un avenir d'une heure, qui se soucie de ce que fait, dit et pense son voisin?

C'est là très précisément ce que dit alors toute une littérature sur le thème « société expirante » (préface de *la Peau de Chagrin*). Si l'on songe à cette « école du désenchantement » dont parle Balzac, à cette nouvelle littérature romantique qui se développe après Juillet, comment ne pas être frappé ici, au détour d'une fin de paragraphe, par ce retour et cette aggravation d'un thème qu'on avait pu croire liquidé :

> Aucun auteur n'a été mis à une pareille épreuve; grâce à Dieu, elle est à son terme : je n'ai plus qu'à m'asseoir sur des ruines, *et à mépriser cette vie que je méprisais dans ma jeunesse.*

Mépriser la vie? Cinq ans après la *Préface Générale!* Et au lendemain de la victoire tricolore! C'est que la « France nouvelle » d'après les barricades est allée finir dans la curée et dans la course aux places, ou a été condamnée au silence, à l'absurde, à la débauche, aux suicides, aux révoltes sans lendemain qui sont la pire des morts. Mais il n'y a pas ici que retour à René et retour de René. Il y a le rappel de cette « enfance malheureuse » et de cette annonce des *Mémoires* dans la *Préface Générale.* Une enfance, une jeunesse malheureuse se relisent dans une Histoire infligée qu'on est bien obligé de lire telle qu'elle est.

Il y a de la violence dans ce « mépris ». Il y a le signe aussi que quelque chose a singulièrement marché. René, ici très clairement assimilé à son auteur, dédaignait, nous dit-il, la vie : attitude négative, qui justifiait la semonce du père Souël, au moment où la société consulaire repartait. En un sens Chateaubriand prenait ses distances par rapport à René. Depuis, d'ailleurs, il y avait eu toutes ces preuves en faveur d'une Histoire nouvelle. Dédain, auparavant, était inaptitude. Aussi aujourd'hui la retombée n'est-elle plus la même. René ne dédaigne plus; il méprise. Et il méprise quoi? Cette violence, chez un homme de soixante ans qui ne parle pas au hasard, porte sens. Il méprise? Et quoi? La vie avec ses trompeurs chemins, comme autrefois? Allons donc! « La vie », mais telle que la font les bourgeois, les nouveaux et ouverts vainqueurs. À l'aube du siècle, on avait un dédain un peu mou et sans prises, qui pouvait se traduire en élégies. Or l'élégie est quand même *attente.* Le dédain ne ferme pas l'Histoire. Mais le mépris, lui, n'attend plus rien. Et il a un objet, que désignera, dans ces *Mémoires,* la caricature : le gouvernement de « Philippe ».

Les réflexions théoriques et méthodologiques sur l'histoire, dès lors, ne sauraient éviter les variations passionnées et catastrophiques attendues. Mais il faut apprécier en tenant compte de la situation : le JE historien ne peut plus être le JE relativement détaché des notes ajoutées à l'*Essai* en 1826. Trop de choses ont depuis bougé. En négatif, certes :

> [...] je puis dire, comme Hérodote, que j'écris pour la gloire de ma patrie et, parce que j'ai vu les maux des hommes. Plus libre que Tacite, je n'aime ni ne crains les tyrans. Désormais isolé sur la terre, n'attendant rien de mes travaux, je me trouve dans la position la plus favorable à l'indépendance de l'écrivain, puisque j'habite déjà avec les générations dont j'ai évoqué les ombres.

Mais aussi en positif :

> Les sociétés anciennes périssent; de leurs ruines sortent des sociétés nouvelles : lois, mœurs, usages, coutumes, opinions, principes mêmes, tout est changé. Une grande révolution est accomplie, une plus grande encore se prépare : la France doit recomposer ses annales, pour les mettre en rapport avec les progrès de l'intelligence.

Le monde moderne, faisant naufrage, n'a-t-il pas inventé le sens de l'Histoire? Quelle évolution depuis *le Génie!*

> Il est pour un peuple des millions et des millions d'avenirs possibles; de tous ces avenirs un seul sera, et peut-être le

257

moins prévu. Si le passé n'est rien, qu'est-ce que l'avenir, sinon une ombre au bord du Léthé, qui n'apparaîtra peut-être jamais dans ce monde? Nous vivons entre un néant et une chimère.

La grande idée, c'est qu'avec l'Histoire vécue, l'histoire comme forme et moyen a bougé. Les Anciens ne voyaient dans l'histoire qu'un *enseignement*. Or l'histoire moderne est fondée sur l'érudition et la connaissance directe des documents, qui nécessairement renvoient à autre chose qu'à l'événement pur : aux structures, à l'épaisseur du quotidien. Mieux, à une histoire-leçon qui nécessairement accordait beaucoup à l'individu et au spectaculaire, a succédé une histoire que Chateaubriand définit à merveille : l'histoire des civilisations et même, dirait-on aujourd'hui, les sciences humaines. Les réticences bien compréhensibles chez un homme formé à l'école idéaliste, et d'abord plein de Plutarque et de Bossuet, ne doivent pas tromper. Les « mœurs », déjà dans l'*Essai*, étaient à la base de tout. Mais alors on les définissait bien mal. Les voici qui, même ironiquement, sont assez clairement saisies comme les rapports sociaux :

> Les annalistes de l'antiquité ne faisaient point entrer dans leurs récits le tableau des différentes branches de l'administration : les sciences, les arts, l'éducation publique, étaient rejetés du domaine de l'histoire; *Clio marchait légèrement,* débarrassée du pesant bagage qu'elle traîne aujourd'hui après elle. Souvent l'historien n'était qu'un voyageur racontant ce qu'il avait vu. *Maintenant l'Histoire est une Encyclopédie;* il y faut tout faire entrer, depuis l'astronomie jusqu'à la chimie; depuis l'art du financier jusqu'à celui du manufacturier; depuis la connaissance du peintre, du sculpteur et de l'architecte jusqu'à la science de l'économiste; depuis l'étude des lois ecclésiastiques, civiles et criminelles jusqu'à celle des lois politiques. L'historien moderne se laisse-t-il aller au récit d'une scène de mœurs et de passions, la gabelle survient au beau milieu; un autre impôt réclame; la guerre, la navigation, le commerce accourent. Comment les armes étaient-elles faites alors? D'où tirait-on les bois de construction? Combien valait la livre de poivre? Tout est perdu si l'auteur n'a pas remarqué que l'année commençait à Pâques et qu'il l'ait datée du 1er janvier. Comment voulez-vous qu'on s'assure

en sa parole, s'il s'est trompé de page dans une citation, ou s'il a mal coté l'édition? La société demeure inconnue, si l'on ignore la couleur du haut-de-chausses du Roi et le prix du marc d'argent. Cet historien doit savoir non seulement ce qui se passe dans sa patrie, mais encore dans les contrées voisines, et parmi ces détails, il faut qu'une idée philosophique soit présente à sa pensée et lui serve de guide. Voilà les inconvénients de l'Histoire moderne; ils sont tels qu'ils nous empêcheront peut-être d'avoir jamais des historiens comme Thucydide, Tite-Live et Tacite; mais on ne peut éviter ces inconvénients, et force est de s'y soumettre.

L'histoire désormais, ce sont les « mœurs » et la « vie privée ». Dira-t-on que, dans les *Études* Chateaubriand n'a guère honoré ce nouveau contrat de l'historien? On va y revenir. Du moins comprend-il que les historiens modernes ne traitent plus la *même matière* ni ne visent plus le *même but*. Ils décrivent *et* ils cherchent le sens. L'histoire moderne est certes inquiétude et vertige, mais elle est aussi science. Les deux se tiennent :

Ce qui nous blesse aujourd'hui surtout, en lisant notre histoire passée, c'est de ne pas nous y rencontrer. La France est devenue républicaine et plébéienne, de royale et aristocratique qu'elle était.

On ne se reconnaît plus dans une Histoire que l'on interroge de plus en plus et qui a changé de bien autre chose que de héros. Simple amplification aristocratique de la réaction de René, lorsque jadis, retour de voyage, il retrouvait une société qui ne lui disait rien et à qui il n'avait rien à dire? *Mais n'y a-t-il que les aristocrates à ne pas se retrouver dans l'Histoire faite et en train de se faire?* Qui se découvre aujourd'hui perdu dans le naufrage d'une civilisation ancienne auquel il n'est pas sûr que fasse équilibre un positif nouveau et alors qu'on assiste — les mots commencent à faire sens — au « naufrage du monde moderne »? Les vieux thèmes pessimistes sont toujours disponibles, mais leur base sociale et idéologique s'est élargie :

Avec l'esprit d'égalité qui nous maîtrise, la présence exclusive de quelques nobles dans nos fastes nous irrite; nous nous demandons si nous ne valons pas mieux que ces gens-là, si nos pères n'ont point compté dans les destinées de notre patrie. *Une réflexion devrait nous calmer. Qui d'entre nous survivra à son temps?* Savons-nous comment s'appelaient ces milliers de soldats qui ont gagné les grandes batailles de l'armée populaire? Ils sont tombés aux yeux de leurs camarades, morts un moment après à leur côté. Des généraux, qui peut-être n'eurent aucune part au succès, sont devenus les illégitimes héritiers de ces obscurs enfants de l'Honneur et de la Gloire. Une nation n'a qu'un nom; les individus, plébéiens ou patriciens, ne sont eux-mêmes connus que par quelques-uns d'entre eux; jouets ou favoris de la fortune. Ne nous hâtons pas de prononcer trop dédaigneusement sur le passé : qui sait si la société de ce moment, qui nous semble supérieure (et qui l'est en effet sur beaucoup de points) à l'ancienne société, ne paraîtra pas à nos neveux, dans deux ou trois siècles, ce que nous paraît la société deux ou trois siècles avant nous?

Si l'histoire, cependant, est de plus en plus existentielle et problématique, elle est aussi désormais liée à une pratique plus large et à une clarté plus assurée : l'histoire est profondément liée à la politique. Autrefois

on avait dans la tête le type d'une grave monarchie, toujours la même, marchant carrément avec trois Ordres et un Parlement en robe longue; de là cette monotonie de récits, cette uniformité de mœurs qui rend la lecture de notre histoire générale insipide. *Les historiens étaient alors des hommes de cabinet, qui n'avaient jamais vu et manié les affaires.*

Complaisance à soi-même? Mais voir et manier les affaires, n'est-ce pas aussi avoir subi l'Histoire? L'histoire est une science en ce qu'elle est devenue prise de mesure de quelque chose qui a changé, la réflexion n'étant pas ici séparable de l'action :

Sous le rapport des libertés, une observation analogue se présente. Les historiens du dix-septième siècle ne les pouvaient pas comprendre comme nous; ils ne manquaient ni d'impartialité, ni d'indépendance, ni de courage, mais ils n'avaient pas *ces notions générales des choses que le temps et la Révolution ont développées*. L'histoire fait des progrès dont sont privées quelques autres parties de l'intelligence lettrée. La langue, quand elle a atteint sa maturité, demeure en cet état ou se gâte. On peut faire des vers autrement que Racine; jamais mieux : la poésie a ses bornes dans les limites de l'idiome où elle est écrite et chantée. Mais l'Histoire, sans se corrompre, change de caractère avec les âges, parce qu'elle se compose des faits acquis et des vérités trouvées, parce qu'elle réforme ses jugements par ses expériences, parce qu'étant le reflet des mœurs et des opinions de l'homme, elle est suscep- tible du perfectionnement même de l'espèce humaine. Au physique, la société, avec les découvertes modernes, n'est plus la société sans ces découvertes; au moral, cette société, avec les idées agrandies telles qu'elles le sont de nos jours, n'est plus la société sans ces idées : le Nil à sa source n'est pas le Nil à son embouchure. En un mot, les historiens du dix-neuvième siècle n'ont rien créé; *seule- ment ils ont un monde nouveau sous les yeux, et ce monde nouveau leur sert d'échelle rectifiée pour mesurer l'ancien monde.*

Ici se marque une incontestable supériorité de Chateaubriand sur les historiens libéraux bourgeois. Thiers, Guizot, Mignet, Michelet alors ont-ils connu cela, ce vertige et cette réflexion sur ce temps vécu? Revoici l'enfance malheureuse : *René, avec son allergie profonde à la société civile, est devenu historien, mais l'historien ne l'est profondément que parce qu'il a été René.* Les historiens bourgeois, avec leur sérénité, leur académisme, leur foi dans un avenir de « démocratie modérée », ne peuvent parler ce langage. Comment les histo- riens bourgeois écriraient-ils de l'anti-bourgeois?

La distance se marque bien à propos de l'un des débats, tarte à la crème qui passionne (un peu à froid) l'intelligentsia depuis des décennies avant d'occuper les manuels : Barante ou Guizot? Histoire à idées ou histoire explicative? Histoire à images ou histoire narrative? Chateaubriand, qui sait bien qu'il ne saurait *plus* y avoir d'histoire sans peinture des mœurs, mais non plus sans essai d'explication du destin des hommes, essaie d'y voir clair, dans des termes qui visent à faire aller de pair le réel et l'idée, l'existentiel et le rationnel. C'est que, cette raison qui explique tout, quelle est-elle alors, et à qui appartient-elle sinon précisément aux naufrageurs du monde moderne qui entendent tout ramener à *leur* vision des choses? Chateaubriand dépasse ici un des ponts-aux-ânes de l'idéalisme bourgeois :

> Voici qui me semble vrai dans le système de l'histoire descriptive : l'histoire n'est point un ouvrage de philosophie; c'est un tableau; il faut joindre à la narration *la représentation de l'objet,* c'est-à-dire qu'il faut à la fois dessiner et peindre; il faut donner aux personnages le langage et les sentiments de leur temps, ne pas les regarder à travers nos propres opinions; principale cause de l'altération des faits. Si, prenant pour règle ce que nous croyons de la liberté, de l'égalité, de la religion, de tous les principes politiques, nous appliquons cette règle à l'ancien ordre de choses, nous faussons la vérité, nous exigeons des hommes vivant dans cet ordre de choses ce dont ils n'avaient pas même l'idée.

En même temps il prend à contre-pied une des « hardiesses » de ces mêmes historiens bourgeois, hier mobilisant jusqu'à Robespierre contre la Restauration, aujourd'hui cautions du Juste-Milieu. C'est ainsi qu'il se lance dans une récusation violente du « fatalisme » logique de Thiers et de Mignet et surtout de leurs « écoliers ». D'abord parce que rien ne justifie la Terreur, dont le pire crime est d'avoir, pour long-temps peut-être, rendu impossibles les changements nécessaires :

> Les souvenirs des excès révolutionnaires ont été et sont encore parmi nous les plus grands obstacles à l'établissement de la liberté.

Mais on voit courir un autre argument : sans la Terreur, argumentaient certains « fatalistes », il n'y aurait pas eu progrès; il n'y aurait pas eu *aujourd'hui.* Mais qu'est-ce que *leur* aujourd'hui en 1831? Ce qui scandalise ici Chateaubriand, c'est une espèce de narcissisme de l'idéologie bourgeoise qui ne s'est radicalisée à la fin de la Restauration qu'en vue de trouver des justifications historiques et théoriques au changement de rythme de son propre combat. Ces fatalistes n'ont guère de vertige devant l'Histoire puisque, pour eux, l'Histoire est désormais achevée. À la limite, nul moins que les historiens bourgeois n'était qualifié pour chercher un sens à la Terreur. Quel est le sens de la Terreur? Pourquoi cette ultime poussée révolutionnaire? Chateaubriand veut croire que la Terreur est désormais impossible dans la France éclairée. Mais comment, alors, a-t-elle été jadis possible?

> En 1793, il y avait à jeter à terre l'immense édifice du passé, à faire la conquête des idées, des institutions, des propriétés. On conçoit comment un système de meurtre, *appliqué ainsi qu'un levier à la démolition d'un monument colossal,* pouvait sembler une force nécessaire à des esprits pervers.

On essaie bien, finalement (« esprits pervers »), de rattraper ce qu'on a d'abord dit. Mais quand même : quel mystérieux processus les « esprits pervers » n'ont-ils pas *utilisé,* et non pas à eux seuls *créé!* On s'en tire une fois encore, et c'est une trace du vieil idéalisme, par cette proposition : la Terreur n'a été qu'une lèpre, une maladie, dont une modernité vraie doit pouvoir faire l'économie. Chateaubriand pourrait-il alors se douter que la nouvelle Terreur, la Terreur du siècle, serait la Terreur bourgeoise? Où seront-ils alors, les petits hommes? Et justifieront-ils encore Robespierre? On est au cœur du nouveau débat sur l'Histoire : elle ne relève, désormais, non plus du bien et du mal, mais de l'intelligible et de l'absurde. Quant à l'histoire, elle est repérage de processus. Elle a renoncé aux beaux exemples et à la moralisation. Comment ne pas faire défiler ici tant d'admirables textes ignorés? Il est vrai qu'ils cadrent mal avec l'image d'un Chateaubriand tout entier Combourg, Plancouët, habit bleu du vœu à la Vierge et monté dans les carrosses du Roy.

Une nouvelle histoire de France

Les révolutions avaient certaines de leurs racines dans l'insurrection du *moi.* Le *moi,* dès lors, n'est-il pas de nature hérétique? Mais l'hérésie et les hérétiques, ne sont-ils pas les moteurs de l'Histoire? Qu'est devenue ici la lutte du *Génie* contre les hérésies? Et à quoi, désormais, la littérature prête-t-elle la main?

> A voir les choses de plus haut dans leurs rapports avec la grande famille des nations, les hérésies ne furent que la vérité philosophique, ou l'indépendance de l'esprit de l'homme, refusant son adhésion à la chose adoptée. Prises dans ce sens, les hérésies produisirent des effets salutaires : elles exercèrent la pensée, elles prévinrent la complète barbarie, en tenant l'intelligence éveillée dans les siècles les plus rudes et les plus ignorants; elles conservèrent un droit naturel et sacré, le droit de choisir. Toujours il y aura des hérésies, parce que l'homme né libre fera toujours des choix. Alors même que l'hérésie choque la raison, elle constate une de nos plus nobles facultés, celle de nous enquérir sans contrôle et d'agir sans entraves.

Qu'en eussent pensé l'abbé Frayssinous, le cardinal La Luzerne et M. de Bonald? Ou, plus tard, MM. Louis Veuillot, Paul Claudel ou Thierry Maulnier? Péché? Orgueil? Mais les révolutions sont *logiques* et elles sont *nécessaires,* puis-qu'elles mettent d'accord le droit avec le fait :

> Un grand fait se présente partout dans l'histoire : jamais les peuples ne sont entrés en jouissance de leurs droits qu'en passant au travers des maux inhérents aux révolu-tions combattues. Ces révolutions sont en vain accomplies au fond des mœurs; en vain elles sont devenues inévita-bles comme les productions naturelles du temps; les chefs des empires refusent de reconnaître que le moment est venu. Les intérêts particuliers font résistance aux intérêts généraux; la lutte commence et devient plus ou moins sanglante selon le mouvement des passions, le caractère des individus, les hasards et les accidents de la fortune. Déplorons les calamités que tout changement amène, mais apprenons de l'histoire qu'elles sont des nécessités aux-quelles les hommes ne se peuvent soustraire. Quand les révolutions s'accomplissent-elles sans efforts et sans injus-tices? Quand les lumières seront-elles assez répandues, la civilisation assez complète pour que peuples et rois se cèdent mutuellement ce qu'ils ne doivent se dénier ni se ravir? C'est le secret de Dieu.

Il y a des époques où la société se renouvelle, où des catastrophes imprévues, des hasards heureux ou malheureux, des découvertes inattendues déterminent un changement préparé de longue main dans le gouvernement, les lois, les mœurs et les idées. Cette révolution, qui paraît subite, n'est que le travail continu de la civilisation croissante, que le résultat de la marche de cette civilisation vers le perfectionnement nécessaire, efficient, attaché à la nature humaine. Dans les révolutions, même en apparence rétrogrades, il y a un pas de fait, une lumière acquise pour atteindre quelque vérité. Les conséquences ne se font pas immédiatement remarquer en jaillissant du principe qui les produit; ce n'est guère qu'après une cinquantaine d'années qu'on aperçoit les transformations opérées chez les peuples par des événements déjà vieux d'un demi-siècle.

Décidément, le Diable est mort.

Cela dit et posé, comment, en France, les choses ont-elles marché? Une fois encore par le jeu non pas diabolique, mais *compréhensible* de forces concrètes, réelles :

Louis XI vint faire l'essai de la monarchie absolue sur le cadavre palpitant de la féodalité. Ce prince tout à part, placé entre le Moyen-Âge qui mourait et les temps modernes qui naissaient, tenait d'une main la vieille liberté noble sur l'échafaud, de l'autre jetait à l'eau dans un sac la jeune liberté bourgeoise; et pourtant celle-ci l'aimait, parce qu'en immolant l'aristocratie il flattait la passion démocratique, l'égalité [7].

Puis ce fut la grande empoignade du xviᵉ siècle. Luther, lui, fut *logique*. Mais les pseudo-révolutionnaires aristocratiques?

La journée des barricades ne produisit rien, parce qu'elle ne fut point le mouvement d'un peuple cherchant à conquérir sa liberté; *l'indépendance politique n'était point encore un besoin commun.* Le duc de Guise n'essayait point une subversion pour le bien de tous, il convoitait seulement une couronne; il méprisait les Parisiens tout en les caressant, et n'osait trop s'y fier. Il agissait si peu dans un

---

7. On notera que le sens de *démocratique, démocratie,* est ici précisément défini comme bourgeois.

cercle d'idées nouvelles, que sa famille avait répandu des pamphlets qui la faisaient descendre de Lother, duc de Lorraine; il en résultait que la race des Capets n'avait d'autre droit que l'usurpation; que les Lorrains étaient les légitimes héritiers du trône, comme derniers rejetons de la lignée carlovingienne. Cette fable venait un peu tard. Les Guises représentaient le passé; ils luttaient dans un intérêt personnel contre *les huguenots, révolutionnaires de l'époque,* qui représentaient l'avenir; *or, on ne fait point de révolution avec le passé, on ne fait que des contre-révolutions.* Les peuples, de leur côté, ne regardaient le duc de Guise que comme le chef d'une sainte ligue, accouru pour les débarrasser des édits bursaux, des mignons et des réformés; ils n'étendaient pas leur vue plus loin : le duc de Guise leur paraissait d'une nature supérieure à la leur, un homme fait pour être leur maître en place et lieu de leur tyran. Si la Sorbonne, si les curés, si les moines prêchaient la désobéissance à Henri III et les principes du tyrannicide, c'est que l'Église romaine n'avait jamais admis le pouvoir absolu des rois; elle avait toujours soutenu qu'on les pouvait déposer en certain cas et pour certaine prévarication. Ainsi tout s'opérait sans une de ces grandes convictions de doctrine politique, sans cette foi à l'indépendance, qui renversent tout; *il y avait matière à trouble; il n'y avait pas matière à transformation,* parce que rien n'était assez édifié, rien assez détruit. L'instinct de liberté ne s'était pas encore changé en raison; les éléments d'un ordre social fermentaient encore dans les ténèbres du chaos; la création commençait, mais la lumière n'était pas faite.

Les anciennes idées du comte de Combourg sur les rapports monarchie-noblesse, le fils, devenu philosophe de l'Histoire, ne les a guère retenues.

Le siècle de Louis XIV, par contre, devait contribuer efficacement à la maturation de l'Histoire :

> Locke et Descartes avaient appris à raisonner; Corneille avait exhumé les vertus républicaines.
>
> Pascal osa écrire : « Ce chien est à moi, disaient ces pauvres enfants; c'est ma place au soleil : voilà le commencement et l'image de l'usurpation de toute la terre »
>
> Pascal avait dit encore : « Trois degrés d'élévation du pôle renversent toute la jurisprudence. Un méridien décide

de la vérité, ou de peu d'années de possession. Les lois fondamentales changent, le droit a ses époques; plaisante justice qu'une rivière ou une montagne borne; vérité au-deçà des Pyrénées, erreur au-delà! »

Ajoutez à ces incursions de la pensée dans des régions encore inconnues, les effets de la révolution de l'Angleterre et de l'émancipation de la Hollande, qui avaient mis en circulation des idées directement opposées aux principes du gouvernement de Louis XIV.

La courte monarchie absolue de Louis XIV se compose de la gloire de ce prince, de la honte de Louis XV et de l'intrusion des idées dans l'ordre social comme faits.

Triomphe proche, alors, de la raison? Mais il y eut, encore et toujours, la coupure et l'horrible siècle :

Le règne de Louis XV est l'époque la plus déplorable de notre histoire : quand on en cherche les personnages, on est réduit à fouiller les antichambres du duc de Choiseul, les garde-robes des Pompadour et des du Barry, noms qu'on ne sait comment élever à la dignité de l'Histoire. La société entière se décomposa : les hommes d'État devinrent des hommes de lettres, les gens de lettres des hommes d'État, les grands seigneurs des banquiers, les fermiers-généraux des grands seigneurs. Les modes étaient aussi ridicules que les arts étaient de mauvais goût; on peignait des bergères en paniers, dans les salons où les colonels brodaient. Tout était dérangé dans les esprits et dans les mœurs, signe certain d'une révolution prochaine.

Révolution pure? Révolution impure? Les deux à la fois, puisqu'il n'y a pas eu *miracle!*

La civilisation avait marché depuis six siècles; une foule de préjugés étaient détruits, mille institutions oppressives battues en ruine. La France avait successivement recueilli quelque chose des libertés aristocratiques féodales, du mouvement communal, de l'impulsion des Croisades, de l'établissement des États, de la lutte des juridictions ecclésiastiques et seigneuriales, du long schisme, des découvertes du seizième siècle, de la Réformation, de l'indépendance de la pensée pendant les troubles de la Ligue et les brouilleries de la Fronde, des écrits de quelques génies

267

hardis, de l'émancipation des Pays-Bas et de la révolution d'Angleterre. La presse, bien qu'enchaînée, conserva le dépôt de ces souvenirs sous la monarchie absolue de Louis XIV : la liberté dormit, mais elle ne dérogea pas, et cette antique liberté, comme l'antique noblesse, a repris ses droits en reprenant son épée. Les générations du corps et celles de l'esprit conservent le caractère de leurs origines diverses : tout ce que produit le corps meurt comme lui; tout ce que produit l'esprit est impérissable comme l'esprit même. Toutes les idées ne sont pas encore engendrées; mais quand elles naissent, c'est pour vivre sans fin, et elles deviennent le trésor commun de la race humaine.

On touchait à l'époque où on allait voir paraître cette liberté moderne, fille de la Raison, qui devait remplacer l'ancienne liberté, fille des Mœurs [8]. Il arriva que la corruption même de la Régence et du siècle de Louis XV ne détruisit pas les principes de la liberté que nous avons recueillie, parce que cette liberté n'a point sa source dans l'innocence du cœur, mais dans les lumières de l'esprit.

La « liberté moderne », pour le moment, est en vacances. Ni la Restauration n'a su l'instaurer, ni la monarchie de Juillet. Au jour le jour, dans l'existentiel, c'est le pessimisme qui l'emporte. Mais au niveau de la pensée... Au travers du pur et de l'impur, une idée se fait jour et s'impose, une force : l'idée de progrès. Ici s'installe une récusation d'importance :

> Bossuet a fait de la vérité religieuse le fondement de tout; il a groupé les faits autour de cette vérité unique avec une incomparable majesté. Rien ne s'est passé dans l'univers que pour l'accomplissement de la parole de Dieu; l'histoire des hommes n'est à l'évêque de Meaux que l'histoire d'un homme, le premier né des générations, pétri de la main, animé par le souffle du Créateur, homme tombé, homme racheté avec sa race, et capable désormais de remonter à la hauteur du rang dont il est descendu. Bossuet dédaigne

---

8. Reprise énergique d'une distinction qui remonte à l'*Essai* : « la liberté, fille des mœurs » n'est plus possible dans une société dont les « mœurs » (les rapports sociaux fondés sur l'inégalité) sont contraires à la liberté. Seule la liberté raisonnable (c'est-à-dire qui tient compte du réel en sa complexité et en son devenir) y est *concevable*. Ce qui ne signifie pas *nécessaire*.

les documents de la terre; c'est dans le ciel qu'il va chercher ses chartes. Que lui fait cet empire du monde, présent de nul prix, comme il le dit lui-même? S'il est partial, c'est pour le monde éternel : en écrivant au pied de la croix, il écrase les peuples sous le signe du salut, comme il asservit les événements à la domination de son génie.

On peut adopter le système historique de ce grand homme, mais avec une notable rectification : Bossuet a renfermé les événements dans un cercle rigoureux comme son génie; tout se trouve emprisonné dans un Christianisme inflexible. L'existence de ce cerceau redoutable, où le genre humain tournerait dans une sorte d'éternité sans progrès et sans perfectionnement, n'est heureusement qu'une imposante erreur.

La société est un dessein de Dieu; c'est par le Christ, selon Bossuet, que Dieu accomplit ce dessein; mais le Christianisme n'est point un cercle inextensible, c'est au contraire un cercle qui s'élargit à mesure que la civilisation s'étend : il ne comprime, il n'étouffe aucune science, aucune liberté.

Le dogme qui nous apprend que l'homme dégradé retrouvera ses fins glorieuses présente un sens spirituel et un sens temporel : par le premier, l'âme paraîtra devant Dieu lavée de la tache originelle; par le second, l'homme est réintégré dans les lumières qu'il avait perdues en se livrant à ses passions, cause de sa chute. Rien ainsi ne se plie de force à mon système, ou plutôt au système de Bossuet rectifié; c'est ce système qui se plie aux événements et qui enveloppe la société en lui laissant la liberté d'action.

Le livre de l'histoire moderne vous restera fermé, si vous ne considérez le Christianisme ou comme une révélation, laquelle a opéré une transformation sociale, ou comme un progrès naturel de l'esprit humain vers la grande civilisation : système théocratique, système philosophique, ou l'un et l'autre à la fois, lui seul vous peut initier au secret de la société nouvelle.

Et l'on en vient à ceci sous la plume d'un ancien adversaire de la « perfectibilité » :

Je cherche à démontrer que l'espèce humaine suit une ligne progressive dans la civilisation, alors même qu'elle semble rétrograder. L'homme tend à une perfection indéfinie; il est encore loin d'être remonté aux sublimes hauteurs dont les traditions religieuses et primitives de tous les peuples nous apprennent qu'il est descendu; mais il ne cesse de gravir la pente escarpée de ce Sinaï inconnu, au sommet duquel il reverra Dieu. La société, en avançant, accomplit certaines transformations générales, et nous sommes arrivés à l'un de ces grands changements de l'espèce humaine.

Ce Chateaubriand des lendemains de Juillet, alors qu'il jette un regard unificateur sur le passé, s'il est l'homme des nouvelles ruptures, est aussi, un moment, celui de nouvelles Lumières. Mais que servent des Lumières possibles alors que l'aujourd'hui c'est la nuit? L'homme qui vient de donner de l'histoire de France une analyse aussi matérialiste est aussi, à nouveau, René. Et là-dessus, il va bien falloir qu'il s'explique.

270

9

Les « Mémoires » :
le JE dans l'Histoire
et l'Histoire dans le JE

Eros et l'Histoire : un nouveau René et une nouvelle lettre à Céluta

En 1834, alors — coïncidence! — que la monarchie nouvelle s'installe (et s'enfonce décidément) et que sa propre solitude devient terrible, Chateaubriand écrit à Mme Récamier :

> J'étais si en train et si triste que j'aurais pu faire une seconde partie à *René, un vieux René.* Il m'a fallu me battre avec la Muse pour écarter cette mauvaise pensée; *encore ne m'en suis-je tiré qu'avec cinq ou six pages de folie,* comme on se fait saigner quand le sang porte au cou ou à la tête [...]

Connu sous les titres méchants et bêtes de *Confession délirante* ou d'*Amour et vieillesse,* ce texte fou auquel il vaut mieux conserver le titre que lui donna son auteur, s'adresse à une nouvelle sylphide, fascinée par la gloire du maître, mais que René refuse :

> Non, je ne souffrirai jamais que tu entres dans ma chaumière. C'est bien assez d'y reproduire ton image, d'y veiller comme un insensé en pensant à toi. Que serait-ce si tu t'étais assise sur la natte qui me sert de couche, si tu avais respiré l'air que je respire la nuit, si je te voyais à mon foyer compagne de ma solitude, chantant de cette voix qui me rend fou et qui me fait mal...

[...] de quel œil me verrais-tu? quand je viendrais à t'apparaître dans ma forme naturelle. Toi tu irais te purifier dans des jeunes bras d'avoir été pressée dans les miens, mais moi que deviendrais-je? Tu me promettrais ta vénération, ton amitié, ton respect, et chacun de ces mots me percerait le cœur. Réduit à cacher ma douleur ridicule, à dévorer des larmes qui feraient rire ceux qui les apercevraient dans mes yeux, à renfermer dans mon sein mes plaintes, à mourir de jalousie, je me représenterais tes plaisirs. Je me dirais : — À présent, à cette heure où elle meurt de volupté dans les bras d'un autre, elle lui redit ces mots tendres qu'elle m'a dits, avec bien plus de vérité et avec cette ardeur de la passion qu'elle n'a pu jamais sentir avec moi! » Alors tous les tourments de l'enfer entreraient dans mon âme et je ne pourrais les apaiser que par des crimes.

Ce texte, qui ne fut jamais publié du vivant de Chateaubriand [1], n'était destiné ni à Chactas ni au père Souël. Chateaubriand y avoue qu'une vieille hantise, que la passion destructrice est toujours là. C'est sa violence à lui, c'est son néo-romantisme secret à lui, dans le contexte désespéré des premières années de la monarchie de Juillet. L'insurrectionnisme alors est partout. Michelet s'en indignera en résumant la situation de la littérature d'alors : « On se rua vers le bas ». Michelet, qui croyait si fort à l'avenir de ce qu'il appelait « la démocratie modérée » ne pouvait admettre ni comprendre ces déchirements, ces cris. Chateaubriand comme ses cadets (Balzac, Sand, Borel, Gautier, O'Neddy) dit avec force dans ce *Vieux René* l'absurde de la vie, la revendication sauvage et souvent désespérée. Il n'a jamais publié ce texte, incompatible avec certaines de ses prises de position « responsables » en faveur d'une monarchie nouvelle, et les contemporains ont été privés du spectacle de l'enchanteur redécouvrant les vieilles chimères et les vieux monstres. Il n'y a pas eu d'effet de lecture de ce nouveau *René*. Mais il y en a un pour nous, qui pouvons reconstituer l'itinéraire. D'anciennes images

---

1. On le trouve aujourd'hui au tome I de l'édition de la Pléiade des *Mémoires d'outre-tombe*, dans les Notes, et au tome II de l'édition Garnier, appendice XXVII, p. 795-798. Statut du texte-épave et second...

reviennent dans une tonalité qui est à nouveau celle des *Natchez* et de la *Lettre à Céluta,* mais qui est aussi, alors, celle de toute une jeunesse littéraire dans une société où l'homme plus que jamais est un loup pour l'homme. *Et donc pour la femme.* Eros et l'Histoire se rejoignent. Sénilité? Non. Ardeur et mort, de tous ordres et de tout ordre :

> Je ne crois pas à moi. Je m'ignore. La passion me dévore et je suis prêt à me poignarder ou à rire. Je t'adore, mais dans un moment j'aimerai plus que toi le bruit du vent dans ces roches, un nuage qui vole, une feuille qui tombe. Puis je prierai Dieu avec larmes, puis j'invoquerai le Néant. Veux-tu me combler de délices? Fais une chose. Sois à moi, puis laisse-moi te percer le cœur et boire tout ton sang. [...]
>
> Objet charmant, je t'adore, mais je ne t'accepte pas. Va chercher le jeune homme dont les bras peuvent s'entrelacer aux tiens avec grâce; mais ne le me dis pas.
>
> Oh! non, non, ne viens plus me tenter. Songe que tu dois me survivre, que tu seras encore longtemps jeune quand je ne serai plus. Hier, lorsque tu étais assise avec moi sur la pierre, que le vent dans la cime des pins nous faisait entendre le bruit de la mer, prêt à succomber d'amour et de mélancolie, je me disais : — Ma main est-elle assez légère pour caresser cette blonde chevelure? Que peut-elle aimer en moi? une chimère que la réalité va détruire. » Et pourtant, quand tu penchas ta tête charmante sur mon épaule, quand des paroles enivrantes sortirent de ta bouche, quand je te vis prête à m'entourer de tes charmes comme d'une guirlande de fleurs, il me fallut tout l'orgueil de mes années pour vaincre la tentation de volupté dont tu me vis rougir. Souviens-toi seulement des accents passionnés que je te fis entendre, et quand tu aimeras un jour un beau jeune homme, demande-toi s'il te parle comme je te parlais et si sa plus grand'amour approchait jamais de la mienne. Ah! qu'importe! Tu dormiras dans ses bras, tes lèvres sur les siennes, ton sein contre son sein, et vous vous réveillerez enivrés de délices : que t'importeront les paroles sur la bruyère!

Voici bien, un moment, la tentation faustienne :

> Non, je ne veux pas que tu dises jamais en me voyant après l'heure de ta folie : — Quoi! c'est là l'homme à qui

j'ai pu livrer ma jeunesse! » Écoute, prions le Ciel, il fera peut-être un miracle. Il va me donner jeunesse et beauté. Viens, ma bien-aimée, montons sur ce nuage; que le vent nous porte dans le ciel. Alors je veux bien être à toi. Tu te rappelleras mes baisers, mes ardentes étreintes, je serai charmant dans ton souvenir et tu seras bien malheureuse, car certainement je ne t'aimerai plus. Oui, c'est ma nature. Et tu voudrais être peut-être abandonnée par un vieux homme! Oh! non, jeune grâce, va à ta destinée!

Va chercher un amant digne de toi. Je pleure des larmes de fiel de te perdre. Je voudrais dévorer celui qui possédera ce trésor. Mais fuis environnée de mes désirs, de ma jalousie, et laisse-moi me débattre avec l'horreur de mes années et le chaos de ma nature où le ciel et l'enfer, la haine et l'amour, l'indifférence et la passion se mêlent dans une confusion effroyable.

Mais vite conjurée, impossible. Faust n'est qu'une illusion :

> Fleur charmante que je ne veux point cueillir, je t'adresse ces derniers chants de tristesse; tu ne les entendras qu'après ma mort, quand j'aurai réuni ma vie au faisceau des lyres brisées.

Rien n'a changé.

Le creux et l'abîme demeurent. Chateaubriand se refuse à la maîtrise sereine. En 1826, il avait été stupéfait à la relecture de ses *Natchez* : il ne pouvait plus désormais, lui, l'homme de l'appel à la jeune France, écrire ainsi. Et il avait écrit la *Préface générale*. Mais quel feu n'avait pas cessé! *Les Natchez*, finalement, n'étaient pas si vieillis, et l'on pouvait encore écrire comme au temps de l'exil, avec un sens ancien et nouveau à la fois à tant de mots, en ces lendemains de Charte revue et corrigée selon les démocrates marchands :

> Avant d'entrer dans la société, j'errais autour d'elle. Maintenant que j'en suis sorti, je suis également à l'écart; vieux voyageur sans asile, je vois le soir chacun rentrer chez lui, fermer la porte; je vois le jeune homme amoureux se glisser dans les ténèbres : et moi, assis sur la borne, je compte les étoiles, ne me fie à aucune, et j'attends l'aurore qui n'a rien à me conter de nouveau et dont la

jeunesse est une insulte à mes cheveux. Quand je m'éveille avant l'aurore, je me rappelle ces temps où je me levais pour écrire à la femme que j'avais quittée quelques heures auparavant. À peine y voyais-je assez pour tracer mes lettres à la lueur de l'aube. Je disais à la personne aimée toutes les délices que j'avais goûtées, toutes celles que j'espérais encore; je lui traçais le plan de notre journée, le lieu où je devais la retrouver sur quelque promenade déserte, etc. Maintenant, quand je vois paraître, le crépuscule et que, de la natte de ma couche, je promène mes regards sur les arbres de la forêt à travers ma fenêtre rustique, je me demande pourquoi le jour se lève pour moi, ce que j'ai à faire, quelle joie m'est possible, et je me vois errant seul de nouveau comme la journée précédente, gravissant les rochers sans but, sans plaisir, sans former un projet, sans avoir une seule pensée, ou bien assis dans une bruyère, regardant paître quelques moutons ou s'abattre quelques corbeaux sur une terre labourée. La nuit revient sans m'amener une compagne; je m'endors avec des rêves pesants ou je veille avec d'importuns souvenirs pour dire encore au jour renaissant : Soleil, pourquoi te lèves-tu?

[...] Il faut remonter haut pour trouver l'origine de mon supplice, il faut retourner à cette aurore de ma jeunesse où je me créai un fantôme de femme pour l'adorer. Je m'épuisai avec cette créature imaginaire, puis vinrent les amours réels avec qui je n'atteignis jamais à cette félicité imaginaire dont la pensée était dans mon âme. J'ai su ce que c'était que de vivre pour une seule idée et avec une seule idée, de s'isoler dans un sentiment, de perdre vue de l'univers et de mettre son existence entière dans un sourire, dans un mot, dans un regard. Mais alors même une inquiétude insurmontable troublait mes délices. Je me disais : m'aimera-t-elle demain comme aujourd'hui? Un mot qui n'était pas prononcé avec autant d'ardeur que la veille, un regard distrait, un sourire adressé à un autre que moi me faisait à l'instant désespérer de mon bonheur. J'en voyais la fin et m'en prenant à moi-même de mon ennui, je n'ai jamais eu l'envie de tuer mon rival ou ma femme dont je voyais s'éteindre l'amour, mais toujours de me tuer moi-même, et je me croyais coupable, parce que je n'étais plus aimé.

Repoussé dans le désert de ma vie, j'y rentrais avec toute la poésie de mon désespoir. Je cherchais pourquoi Dieu m'avait mis sur la terre et je ne pouvais le com-

275

prendre. Quelle petite place j'occupais ici-bas! Quand tout mon sang se serait écoulé dans les solitudes où je m'enfonçais, combien aurait-il rougi de brins de bruyère? Et mon âme, qu'était-elle? une petite douleur évanouie en se mêlant dans les vents. Et pourquoi tous ces mondes autour d'une si chétive créature, pourquoi voir tant de choses. J'errai sur le globe, changeant de place sans changer d'être, cherchant toujours et ne trouvant rien. Je vis passer devant moi de nouvelles enchanteresses; les unes étaient trop belles pour moi et je n'aurais osé leur parler, les autres ne m'aimaient pas. Et pourtant mes jours s'écoulaient, et j'étais effrayé de leur vitesse, et je me disais : Dépêche-toi donc d'être heureux! Encore un jour, et tu ne pourras plus être aimé. Le spectacle du bonheur des générations nouvelles qui s'élevaient autour de moi m'inspirait les transports de la plus noire jalousie; si j'avais pu les anéantir, je l'aurais fait avec le plaisir de la vengeance et du désespoir.

C'est très exactement la même rage courte, mais relayant ici tant de souvenirs, chez cet homme de soixante ans, que chez tant de héros contemporains. L'homme moderne, malgré son œuvre et son écriture même, malgré l'Histoire, en tous les sens, parcourue, est de plus en plus seul face à lui-même et au monde. L'âme est de plus en plus vaste que le monde. Le vieux René, avec ses arguments nouveaux, avec toute une expérience responsable, refuse à nouveau d'écouter le père Souël et, derrière l'écriture un peu drapée des *Mémoires* qui viennent de repartir, il y a ce texte interdit qui recommence, un cran infiniment plus haut, le jeu contestataire et scandaleux de *René* en 1802. Le nouvel Évangile du siècle aurait dû être celui de l'Histoire réintégrant l'individu et fécondant les passions. Mais l'Histoire nouvelle est lieu de nouvelles souffrances et de nouvelles impasses. Une science nouvelle et une nouvelle pratique avaient cru pouvoir se dessiner. Illusion. Dès lors ce retour offensif (même en secret) d'un René non pas élégiaque mais violent, cette nouvelle lettre à Céluta écrite quarante ans plus tard, ce n'est pas rechute ou délire, mais confirmation et raison. Il est scandaleux que l'institution culturelle et scolaire, comme pour la lettre à Céluta, ne donne ce *Vieux René* qu'en annexe et dans la poussière des appendices au lieu de le mettre à sa place dans le fil d'un texte continu. Mais on la comprend.

Balzac écrivait à Mme Hanska à la fin de sa vie qu'il était prêt à retourner à sa mansarde de la rue Lesdiguières. Même regard ici sur sa jeunesse. Le siècle nous enferme. On peut quand même essayer de sortir de scène et soigner son personnage? Être le « grrrrrand auteur de *La comédie humaine* » comme le dira Balzac? Être l'auteur des *Mémoires d'Outre-Tombe* et le sachem de la France, son « père conscrit » de la littérature? Mais la recherche d'une écriture, par delà même toutes les réussites, débouche dans la découverte, avec de nouvelles preuves, d'une blessure et d'un inaccomplissement qui s'aggravent. D'où, sous-tendant le thème érotique, le thème historique des « J'ai vu » qui s'amplifiera dans les *Mémoires* :

> Ainsi la vie publique et privée m'a été connue. Quatre fois j'ai traversé les mers; j'ai suivi le soleil en Orient, touché les ruines de Memphis, de Carthage, de Sparte et d'Athènes; j'ai prié au tombeau de saint Pierre et adoré sur le Golgotha. Pauvre et riche, puissant et faible, heureux et misérable, homme d'action et homme de pensée, j'ai mis ma main dans le siècle, mon intelligence au désert; l'existence effective s'est montrée à moi au milieu des illusions, de même que la terre apparaît aux matelots parmi les nuages. Si ces faits répandus sur mes songes, comme le vernis qui préserve des peintures fragiles, ne disparaissent pas, ils indiqueront le lieu où a passé ma vie.

Le ton n'est certes pas celui, plus à ras de vie parisienne et privée, d'un Balzac :

> J'ai vu mourir un père dans un grenier, sans sou ni maille, abandonné par deux filles auxquelles il avait donné quarante mille livres de rente! J'ai vu brûler des testaments; j'ai vu des mères dépouillant leurs enfants, des maris volant leurs femmes, des femmes tuant leurs maris en se servant de l'amour qu'elles leur inspiraient pour les rendre fous et imbéciles, afin de vivre en paix avec un amant. J'ai vu des femmes donnant à l'enfant d'un premier lit des goûts qui devaient amener sa mort, afin d'enrichir l'enfant de l'amour. Je ne puis vous dire tout ce que j'ai vu, car j'ai

vu des crimes contre lesquels la justice est impuissante.
(Le Colonel Chabert).

Et l'on retrouve la distance qui sépare les *Mémoires* d'un roman réaliste : *on ne collectionne pas les mêmes exemples.* Il manque à Chateaubriand l'enquête au jour le jour, les scènes multiples de la vie moderne et les personnages typiques : la femme de trente ans, le jeune homme pauvre, le requin de la finance, l'ambitieux, le bourgeois. La modernité ne s'en constitue pas moins ici *aussi.* Sept ans plus tard, le regard au petit matin cherchera un peu l'effet :

> En traçant ces derniers mots, ce 16 novembre 1841, ma fenêtre qui donne à l'ouest sur les jardins des Missions étrangères, est ouverte : il est six heures du matin; j'aperçois la lune pâle et élargie; elle s'abaisse sur la flèche des Invalides à peine révélée par le premier rayon doré de l'Orient : on dirait que l'ancien monde finit et que le nouveau commence. Je vois les reflets d'une aurore dont je ne verrai pas se lever le soleil. Il ne me reste qu'à m'asseoir au bord de ma fosse, après quoi je descendrai hardiment, le Crucifix à la main, dans l'Éternité.

Il faut savoir lire un registre particulier d'écriture qui cherche, alors, à *rattraper.* Guizot est au pouvoir. Le temps des hésitations se termine. Sept ans encore, et ce sera la grande secousse, le réveil. À ce monde qui s'installe, Chateaubriand laisse un inévitable interlocuteur sur qui la conclusion des *Mémoires* sera muette, mais qui aura présidé à toute leur rédaction. Ce n'est pas un personnage de roman, mais le personnage de roman infini et ce mythe que l'on ne doit pas sitôt finir d'interroger : René, naguère héros d'une expérience limitée d'aristocrate exclu, mais qui s'était découvert tant de semblables et que tant de semblables avaient découvert. Au matin du 16 novembre 1841 (à nouveau brumaire, le mois de la tempête, comme jadis), le père Souël, malgré le crucifix final (*à cause,* peut-être de ce crucifix final, qui n'est pas le sien), se tait pour jamais. C'est que l'homme soi-disant apaisé n'est nullement le patriarche d'une certitude. Chateaubriand ne s'est pas rallié. L'homme qui s'apprête hardiment à descendre le crucifix à la main dans l'éternité demeure l'irréductible, l'homme du regard et des mots. Les bons amis de l'Abbaye-aux-Bois avaient certes raison de craindre la violence des *Mémoires* : laisser, malgré la conclusion, une telle image de soi! D'autant plus qu'on leur communiqua, souvent, des premières versions peu précautionneuses. Ils ont raboté le texte. On les comprend. Ils avaient eu connaissance, peut-être, de ce projet d'un *Vieux René*. Et ils avaient frémi. Nul ne saura jamais sans doute le secret biographique du *Vieux René*. Mais n'en doutons pas : ce texte de la déchirure ne pouvait, pour l'establishment, figurer dans l'histoire d'une vie. On s'en tire aujourd'hui par la chronique scandaleuse et les petites curiosités : qui a inspiré ce texte à un veillard concupiscent? Mais le texte et son sens? Manteau de Noë. Silence. Un silence, cela peut toujours se briser.

Vrais et faux Mémoires

Des mémoires après tant d'autres? Le genre « Mémoires » avait pullulé sous la Restauration. Qui alors, ayant joué un rôle depuis 1789, n'avait entrepris de se raconter, c'est-à-dire de livrer au public explications et secrets? Chateaubriand, qui depuis plus de vingt ans maintenant, travaille à « l'Histoire de sa vie », juge sévèrement, au moment où il va pouvoir et devoir s'y remettre, cette production d'hommes ayant tous fait carrière et, comme on dit, « réussi » :

> Le temps où nous vivons a dû nécessairement fournir de nombreux matériaux aux Mémoires. Il n'y a personne qui ne soit devenu, au moins pendant vingt-quatre heures, un personnage, et qui ne se croie obligé de rendre compte au monde de l'influence qu'il a exercée sur l'univers. Tous ceux qui ont sauté de la loge du portier dans l'anti-chambre, qui se sont glissés de l'antichambre dans le salon, qui ont rampé du salon dans le cabinet du ministre; tous ceux qui ont écouté aux portes ont à dire comment ils ont reçu dans l'estomac l'outrage qui avait un autre but. Les admirations à la suite, les mendicités dorées, les vertueuses trahisons, les égalités portant plaque, ordre ou couleurs de laquais, les libertés attachées au cordon de la sonnette, ont à faire resplendir leur loyauté, leur honneur, leur indépendance. Celui-ci se croit obligé de raconter comment, tout pénétré des dernières marques de la

confiance de son maître, tout chaud de ses embrassements, il a juré obéissance à un autre maître; il vous fera
entendre qu'il n'a pas trahi que pour trahir mieux; celui-là
vous expliquera comment il approuvait tout haut ce qu'il
détestait tout bas, ou comment il poussait aux ruines sous
lesquelles il n'a pas eu le courage de se faire écraser.
(Préface des Études historiques)

C'est là bien plus qu'un morceau de bravoure : un genre
littéraire a pris, après 1830, toute sa signification *politique*.
Les vieilles bandes thermidoriennes, puis impériales, puis
ministérielles, aussi bien que libérales, sont au pouvoir. Le
nouveau régime n'a-t-il pas, en août 1830, au scandale de la
Jeune France, fait appel à Talleyrand? Et les héros des procès
de presse de 1822 à 1830 ne se transforment-ils pas en
magistrats ou préfets de la répression [2]? Tous les gens se
sont racontés. *Mais que racontent-ils?* Non des pensées, des
sentiments dans une Histoire-destin, mais des carrières dans
une Histoire non problématique, illuminée par leur seule
réussite. Ces gens-là n'ont pas eu, eux, une « enfance malheureuse », pour la bonne et simple raison que ne s'étant
jamais interrogés vraiment sur le sens de l'Histoire et de leur
histoire, leurs premières années n'ont jamais pu prendre
valeur de signe de la faille qui constitue la modernité. Au
moment où sa retraite définitive libère Chateaubriand pour la
rédaction finale de ses *Mémoires,* cette prise de mesure des
pseudo-Mémoires des « hommes du siècle » marque avec
force quelle va être sa direction à lui. Il ne pourra pas, pour
les raisons déjà repérées, créer des héros. Mais il va créer le
JE des *Mémoires d'Outre-Tombe,* à la fois héros maximum
par rapport à ses propres possibilités et sur-héros par rapport
aux possibilités de ses cadets et contemporains plébéiens,
tous plus ou moins à la fois engagés dans le siècle et blessés
par le siècle, et qui le regarderont toujours (voir Baudelaire)
comme un maître. Alors ces *Études Historiques,* au lendemain de l'avènement de Casimir Périer, avec la récusation
des pseudo-mémoires des autres, marquent sans doute le

---

2. Voir *Lucien Leuwen* de Stendhal.

nouveau grand départ de René. Sans la seconde coupure de 1830-1831 (qui reprend les coupures paganisme-christianisme, 1715-1825 et 1789-1792), Chateaubriand n'aurait sans doute pas écrit ses *Mémoires.* Ou il les aurait écrits autrement. Car de cette nouvelle coupure *historique* en résulte une autre : René peut désormais assumer ouvertement l'Histoire et l'écrire sans détour. Il n'aura plus besoin de figurer une coupure historique, directement vécue, par une autre, romanesque. Il n'aura plus à *déplacer.* Le passage du discours fictionnel au discours mémorial direct est ici l'un des signes, en même temps que l'épanouissement du roman réaliste, de la venue à maturité de ce grand classicisme moderne qu'on croyait impossible. Il ne sera pas un, et ne pouvait l'être; mais il sera convergent : du côté des romanciers, la crise de la civilisation; du côté de Chateaubriand, la crise de l'Histoire. Double questionnement et qui s'explique : pour les romanciers plébéiens, dont les romans sont à leur manière des mémoires, *nés* à la vie avec les conquêtes révolutionnaires, il est normal que ce soient la perversion, le dévoiement, la caricature de la civilisation qui engendrent l'écriture, l'angoisse existentielle et historique étant nécessairement moins prégnante chez les hommes nés d'abord dans le fil de l'Histoire. Pour Chateaubriand (parfois pour Lamartine et Vigny), né à contrefil de l'Histoire et de la Révolution, et ne pouvant être déçu de la même manière que les plébéiens par l'évolution du monde révolutionné, il est normal que ce soit l'ébranlement profond de l'Histoire et de ses vastes perspectives qui soit moteur, d'autant plus que l'Histoire nouvelle en ne libérant l'humanité que pour la lâcher dans la jungle des intérêts, en étant incapable de libérer les intellectuels appartenant à l'aristocratie, ne fait qu'aggraver l'ébranlement initial. Des recoupements existent entre les deux séries d'écrivains : lorsque Stendhal et Balzac s'interrogent, tout comme Chateaubriand, sur l'avenir de type « américain » qui attend la « civilisation », ils ne vont jamais cependant jusqu'à la vision, jusqu'au cosmique. À l'inverse, lorsque Chateaubriand démasque la « morale des intérêts », tout comme ses pairs romanciers, il analyse et décrit lui aussi, mais il ne pousse jamais jusqu'à l'exactitude et jusqu'à la précision du roman. La zone commune est celle à la fois d'une forme néo-épique et néo-mythologique du roman et celle d'une forme néo-réaliste de l'Histoire et du discours mémorial : le roman dépasse le strict réalisme pour se constituer en univers mythique, et un genre noble comme les *Mémoires* dépasse sa propre noblesse et son propre drapé pour se fonder en réalisme et intégrer une sorte de picaresque. Fielding et Rousseau apprennent à écrire chez les tragiques et chez Dante, Saint-Simon apprend à écrire chez Rousseau et chez les journalistes. Double langage et discours critique, bourré jusqu'à la gueule d'amour de la vie et dont le mouvement ascensionnel sera brisé par juin 1848. En cela aussi, il s'agit bien d'un classicisme. Et l'on est décidément loin du genre « mémoire » comme genre à scandale. Le point de départ le confirme.

De quoi parlent les Mémoires?

> Ai-je une patrie? Dans cette patrie, ai-je jamais goûté un moment de repos. (*Mémoires,* XXXXII, 7)

René, étranger chez lui, rejeté ou exclu par sa faute, par ses refus, René a dû se faire écrivain. C'est ainsi qu'il s'est fait reconnaître. C'est ainsi qu'il a agi. Mais, un moment, tout a pu pivoter :

> [...] en épousant Charlotte Ives, mon rôle changeait sur la terre : enseveli dans un comté de la Grande-Bretagne, je serais devenu un gentleman chasseur : pas une seule ligne ne serait tombée de ma plume; j'eusse même oublié ma langue, car j'écrivais en anglais, et mes idées commençaient à se former en anglais dans ma tête.

Adopté, aimé, René n'aurait pas eu un jour à écrire ses *Mémoires*. Mais le mariage avec Céluta, imposé en France par la famille, rendait impossible cette intégration anglaise. Mais René avait-il vraiment compris sur le moment? Il lui faut revivre Beccles pour le comprendre. Le souvenir n'est pas que document ou émotion : il est connaissance et pouvoir de relecture. Il s'agit donc de bien plus, ici, que de justifier ou de simplement révéler comme dans les mémoires traditionnels. *Il s'agit de lire des signes.* En voici un second exemple lorsqu'en 1803 Pauline de Beaumont meurt à Rome :

> J'étais déterminé à quitter cette carrière des affaires où des malheurs d'homme étaient venus se mêler à la médiocrité du travail et à d'infâmes tracasseries politiques. On n'a pas su ce que c'est que la désolation du cœur, quand on n'est point demeuré seul à errer dans les lieux naguère habités d'une personne qui avait agréé votre vie [...]; car, si vos jours se sont prolongés, vous avez nécessairement fait d'autres pertes : ces morts qui se sont suivies, se rattachent à la première, et vous pleurez à la fois dans une seule personne toutes celles que vous avez successivement perdues.

Charlotte interdite; Pauline morte, elle qui, à la différence de Céluta, avait pris tel qu'il était ce René qui s'arrangeait mal d'avoir écouté le père Souël et écrit le *Génie* : dès lors, méditation sur les ruines, et pas seulement sur celles de Rome. Le projet des *Mémoires* est bien antérieur à la démission, au passage à l'opposition déclarée et à une sorte de pré-retraite que l'on occuperait par la littérature : il est immédiatement consécutif au second échec du rêve d'intégration dans une famille, dans un couple. Une précaution première était cependant prise, une décision, une mise à distance peut-être surprenante :

> Je n'entretiendrai pas [...] la postérité du détail de mes faiblesses : je ne dirai de moi que ce qui est convenable à ma dignité d'homme et, j'ose le dire, à l'élévation de mon cœur. Il ne faut présenter au monde que ce qui est beau; ce n'est pas mentir à Dieu que de ne découvrir de sa vie que ce qui peut porter nos pareils à des sentiments nobles et généreux. Ce n'est pas, qu'au fond, j'aie rien à cacher; je n'ai ni fait chasser une servante pour un ruban volé, ni abandonné mon ami mourant dans une rue, ni déshonoré la femme qui m'a recueilli, ni mis mes bâtards aux Enfants-Trouvés; mais j'ai eu mes faiblesses, mes abattements de cœur : un gémissement sur moi suffira pour faire comprendre au monde ces misères communes, faites pour être laissées derrière le voile. Que gagnerait la société à la reproduction de ces plaies que l'on retrouve partout? On

ne manque pas d'exemples, quand on veut triompher de la pauvre nature humaine.

Pas de Rousseau donc, malgré tout ce qu'il y a à dire sur *René*... Il s'agirait essentiellement de *Mémoires* politiques et historiques, ce qui nous paraît capital aujourd'hui ne figurant pas au programme initial :

> Dans ce plan que je me traçais, j'oubliais ma famille, mon enfance, ma jeunesse, mes voyages et mon exil : ce sont pourtant les récits où je me suis plu davantage.

Il y a là une certaine élévation qui s'explique par la participation à l'Histoire, par l'idée aussi d'une certaine *responsabilité* qui tient à autre chose qu'à la seule et simple origine de classe. La plume à la main, les choses ont quelque peu changé : non qu'on ait appris davantage sur d'éventuels rubans volés, mais l'enfance, la jeunesse, les voyages, l'exil, choses indignes d'un portrait en pied dans une Histoire-décor, s'imposent pour ce qu'on a à dire non tant de soi que du monde moderne dans lequel on s'est trouvé jeté.

Cette remarque est capitale pour écarter tout de suite l'éternelle et inutile question : les *Mémoires* sont-ils des *confessions* ou des *documents?* Chateaubriand parlant du public comme du privé, a-t-il dit vrai? La question avait quelque sens lorsque Chateaubriand était un homme public, un contemporain capital. Depuis qu'il n'est plus qu'un écrivain et que le scandale nous laisse froids, elle n'a plus guère d'intérêt. On a en revanche celle-ci : quelle vision du monde est à l'œuvre dans les *Mémoires?* Comment cette vision du monde est-elle écriture du réel? Que Chateaubriand ait « arrangé » la réalité peut et doit intéresser l'historien, ou le biographe qui croit à une certaine forme de biographie. Mais les *Mémoires* comme ensemble expressif et signifiant sont à lire selon un réseau et une architecture mythiques, mythologiques, selon un système récurrent et progressif d'images dont c'est la valeur « réaliste » (mais dans un autre sens qu'empiriquement documentaire) qui doit être interrogée. Il se trouve que Chateaubriand historien de son moi est déjà nécessairement historien d'une société morte : il se trouve que, historien d'une France nouvelle qui n'a pu l'intégrer et à

284

qui il dénie tout pouvoir intégrateur, il est plus que jamais écrivain de ses fantasmes et de ses images. Dès lors les *Mémoires* prenant parti doivent être lus comme prise de parti. Chateaubriand n'a pas à comparaître. Il est à lire. Est-ce à dire pour autant que le rapport au réel soit ici sans intérêt? Non pas. Mais qu'est-ce que le réel? On ne pourra commencer à répondre qu'après avoir récusé une autre lecture.

On se perdait avec Chateaubriand-historien ou Chateaubriand-témoin de l'Histoire. On se perd aussi avec Chateaubriand écrivain du temps retrouvé. Avec Chateaubriand successeur de Saint-Simon comme avec Chateaubriand précurseur de Proust. Ce n'est pas d'aujourd'hui qu'on a découvert la grive de Montboissier et l'hirondelle de Bishofsheim. La célébrité même de ces textes canoniques doit conduire à s'interroger :

> Je suis maintenant à Montboissier, sur les confins de la Beauce et du Perche. Le château de cette terre, appartenant à madame la comtesse de Colbert-Montboissier, a été vendu et démoli pendant la Révolution; il ne reste que deux pavillons, séparés par une grille et formant autrefois le logement du concierge. Le parc, maintenant à l'anglaise, conserve des traces de son ancienne régularité française : des allées droites, des taillis encadrés dans des charmilles, lui donnent un air sérieux; il plaît comme une ruine.
>
> Hier au soir, je me promenais seul; le ciel ressemblait à un ciel d'automne; un vent froid soufflait par intervalles. À la percée d'un fourré, je m'arrêtai pour regarder le soleil : il s'enfonçait dans des nuages au-dessus de la tour d'Alluye, d'où Gabrielle, habitante de cette tour, avait vu comme moi le soleil se coucher il y a deux cents ans. Que sont devenus Henri et Gabrielle? Ce que je serai devenu quand ces *Mémoires* seront publiés.
>
> Je fus tiré de mes réflexions par le gazouillement d'une grive perchée sur la plus haute branche d'un bouleau. À l'instant, ce son magique fit reparaître à mes yeux le domaine paternel; j'oubliai les catastrophes dont je venais d'être le témoin, et, transporté subitement dans le passé, je revis ces campagnes où, j'entendis si souvent siffler la grive. Quand je l'écoutais alors, j'étais triste de même qu'aujourd'hui; mais cette première tristesse était celle qui naît d'un désir vague de bonheur, lorsqu'on est sans expérience; la tristesse que j'éprouve actuellement vient

de la connaissance des choses appréciées et jugées. Le chant de l'oiseau dans les bois de Combourg m'entretenait d'une félicité que je croyais atteindre; le même chant dans le parc de Montboissier me rappelait des jours perdus à la poursuite de cette félicité insaisissable. Je n'ai plus rien à apprendre, j'ai marché plus vite qu'un autre, et j'ai fait le tour de la vie. Les heures fuient et m'entraînent; je n'ai pas même la certitude de pouvoir achever ces *Mémoires*. Dans combien de lieux ai-je déjà commencé à les écrire, et dans quel lieu les finirai-je? Combien de temps me promènerai-je au bord des bois? Mettons à profit le peu d'instants qui me restent; hâtons-nous de peindre ma jeunesse, tandis que j'y touche encore : le navigateur, abandonnant pour jamais un rivage enchanté, écrit son journal à la vue de la terre qui s'éloigne et qui va bientôt disparaître.

....

A mesure que j'avançais vers la France, les enfants devenaient plus bruyants dans les hameaux, les postillons allaient plus vite : la vie renaissait.

À Bischofsheim, où j'ai dîné, une jolie curieuse s'est présentée à mon grand couvert : une hirondelle, vraie Procné, à la poitrine rougeâtre, s'est venue percher à ma fenêtre ouverte, sur la barre de fer qui soutenait l'enseigne du *Soleil d'Or*; puis elle a ramagé le plus doucement du monde, en me regardant d'un air de connaissance et sans montrer la moindre frayeur. Je ne me suis jamais plaint d'être réveillé par la fille de Pandion; je ne l'ai jamais appelée *babillarde*, comme Anacréon; j'ai toujours, au contraire, salué son retour de la chanson des enfants de l'île de Rhodes : « Elle vient, elle vient l'hirondelle, ramenant le beau temps et les belles années! ouvrez, ne dédaignez pas l'hirondelle. »

« François », m'a dit ma convive de Bischofsheim, « ma trisaïeule logeait à Combourg, sous les chevrons de la couverture de ta tourelle; tu lui tenais compagnie chaque année en automne, dans les roseaux de l'étang, quand tu rêvais le soir avec ta sylphide. Elle aborda ton rocher natal le jour même que tu t'embarquais pour l'Amérique, et elle suivit quelque temps ta voile. Ma grand'mère nichait à la croisée de Charlotte; huit ans après, elle arriva à Jaffa avec toi; tu l'as remarqué dans ton *Itinéraire*. Ma mère, en gazouillant à l'aurore, tomba un jour par la cheminée dans ton cabinet aux Affaires étrangères; tu lui ouvris la fenêtre. Ma mère a eu plusieurs enfants; moi qui te parle, je suis de son dernier nid; je t'ai déjà rencontré sur l'ancienne voie de Tivoli dans la campagne de Rome : t'en souviens-tu? Mes plumes étaient si noires et si lustrées! tu me regardas tristement. Veux-tu que nous nous envolions ensemble? »

« — Hélas! ma chère hirondelle, qui sais si bien mon histoire, tu es extrêmement gentille; mais je suis un pauvre oiseau mué, et mes plumes ne reviendront plus; je ne puis donc m'envoler avec toi. Trop lourd de chagrins et d'années, me porter te serait impossible. Et puis où irions-nous? Le printemps et les beaux climats ne sont plus de ma saison. À toi l'air et les amours, à moi, la terre et l'isolement. Tu pars; que la rosée rafraîchisse tes ailes! qu'une vergue hospitalière se présente à ton vol fatigué, lorsque tu traverseras la mer d'Ionie! Qu'un octobre serein te sauve du naufrage! Salue pour moi les oliviers d'Athènes et les palmiers de Rosette. Si je ne suis plus quand les fleurs te ramèneront, je t'invite à mon banquet funèbre : viens au soleil couchant happer des moucherons sur l'herbe de ma tombe; comme toi, j'ai aimé la liberté, et j'ai vécu de peu. »

La beauté de ces textes, leur valeur, ne sont pas en cause et l'on pourrait rappeler que les cloches de l'enfance réentendues, et les ombres dans le cloître gothique constituées en objet réel dans le récit rétrospectif de René inscrivaient effectivement Chateaubriand dans une littérature de la surimpression [3]. Mais ce qui doit être ici suspecté, c'est toute une opération qui vise à définir le souvenir, ce qui le déclenche ou le relance, comme réalité plus vraie et surtout plus importante que l'Histoire : le proustisme et le psychologisme de certaines « lectures » modernes de Chateaubriand n'ont ainsi tourné le dos aux lectures positivistes, platement informatives, que pour tomber dans l'idéalisme le plus vide. C'est que la constitution du souvenir-objet en objet plus réel que le réel empirique, immédiat ou passé, ne signifie pas contre *tout* réel, mais contre *une* forme précise du réel, celle de la

---

3. Voir, dans la même collection, *René de Chateaubriand, un nouveau roman*, p. 59-61.

société civile, de ses apparences, de ses fétiches et de sa méconnaissance. La sur-perception du souvenir parle contre la non ou la sous-perception banale. Ainsi la naissance littéraire de Combourg à Montboissier ne déclasse-t-elle pas le réel breton, mais remet à sa place vraie *ce* réel auquel n'avait pu ni ne peut s'intégrer René. Les *Mémoires* ne diront jamais : l'art est plus vrai que le réel; mais pour passer d'un réel inadmissible à un nouveau réel, *les Mémoires* pratiqueront le *passage* par ces terres vraies du souvenir et de la vision, à la fois reprise et appropriation du passé et projection vers un avenir que dit, comme il le peut, le mouvement de l'écriture. Dès lors toute la discussion académique et rituelle sur la contradiction entre *Mémoires*-confessions et *Mémoires*-documents s'éteint. Chateaubriand est l'« observateur », l'homme qui a vu Fouché et Talleyrand entrer dans le cabinet de Louis XVIII à Saint-Denis, l'homme qui a vu les deux Angleterre et l'avenir industriel et démocratique de l'humanité; et l'homme en qui la grive de Montboissier a fait renaître Combourg. Homme de nulle part, homme sans patrie, Chateaubriand va être l'homme des terres qu'il a écrites, et ce parce que les *Mémoires* sont une relecture du passé sous une double et originale dictée que ne pouvaient ni ne pourront connaître Saint-Simon, Rousseau, Proust : l'Histoire et l'écriture, qui se sont faites, qui ont fait et qui prouvent et qui font. Il y a chez lui à la fois l'idée et l'expérience d'une coupure et l'idée et l'expérience d'une promesse. Et malgré les déclarations de Rome, cette coupure et cette promesse seront *d'abord* personnelles.

Le point de départ de toute confession

Il faut méditer sur cette « variante » :

> La nuit je croyais voir des mains noires passer à travers les rideaux [...]. Dès lors je sentis s'échapper quelques étincelles de ce feu qui est transmission de la vie. *(Manuscrit dit de 1826)*

> Cette même année commença une révolution dans ma personne comme dans ma famille. Le hasard fit tomber entre mes mains deux livres bien divers, un *Horace* non

châtié et une histoire des *Confessions mal faites*. Le bouleversement d'idées que ces deux livres me causèrent est incroyable : un monde étrange s'éleva autour de moi. D'un côté, je soupçonnai des secrets incompréhensibles à mon âge, une existence différente de la mienne, des plaisirs au-delà de mes jeux, des charmes d'une nature ignorée dans un sexe où je n'avais vu qu'une mère et des sœurs; d'un autre côté, des spectres traînant des chaînes et vomissant des flammes m'annonçaient les supplices éternels pour un seul péché dissimulé. Je perdis le sommeil; *la nuit, je croyais voir tour à tour des mains noires et des mains blanches passer à travers mes rideaux;* je vins à me figurer que *ces dernières mains étaient maudites par la religion*, et cette idée accrut mon épouvante des ombres infernales. Je cherchais en vain dans le ciel et dans l'enfer l'explication d'un double mystère. Frappé à la fois au moral et au physique, je luttais encore avec mon innocence contre les orages d'une passion prématurée et les terreurs de la superstition.

Dès lors je sentis s'échapper quelques étincelles de ce feu qui est la transmission de la vie. *(Mémoires,* I, 2)

Contrairement à ce qui se passe souvent, Chateaubriand n'a pas affaibli ni censuré son texte. Il l'a précisé et aggravé. Les mains blanches de la femme (sœur et amante) et les mains noires de la religion définissent les premières ruptures et les premières lucidités. Et lucidité n'est pas exactement ici salissure comme chez Rousseau. Elle est, relue à distance, découverte difficilement positive d'une contradiction. Ce qui n'empêche pas l'amour d'être d'emblée profondément *coupable* : sentiment qu'ignoreront les grands écrivains réalistes plébéiens, tous un peu fondateurs de dynasties. « Après le malheur de naître, je n'en connaîs pas de plus grand que de donner le jour à un homme » : le René des *Natchez,* déjà, se faisait horreur à cette idée. Influence accidentelle et fâcheuse des lectures? Mais les lectures sont à la fois ici cause et effet de la culpabilisation; « lire la nuit des descriptions séduisantes des désordres de l'âme » n'étant opératoire qu'à partir d'une première perception que la lecture vient consacrer et relancer. L'interdit, le vrai, est repéré :

289

Rentré dans ma première oisiveté, je sentis davantage ce qui manquait à ma jeunesse; je m'étais un mystère. Je ne pouvais voir une femme sans être troublé; je rougissais si elle m'adressait la parole. Ma timidité, déjà excessive avec tout le monde, était si grande avec une femme que j'aurais préféré je ne sais quel tourment à celui de demeurer seul avec cette femme : elle n'était pas plus tôt partie, que je la rappelais de tous mes vœux. Les peintures de Virgile, de Tibulle et de Massillon se présentaient bien à ma mémoire : mais *l'image de ma mère et de ma sœur, couvrant tout de sa pureté, épaississait les voiles que la nature cherchait à soulever; la tendresse filiale et frater-nelle me trompait sur une tendresse moins désintéressée.* Quand on m'aurait livré les plus belles esclaves du sérail, je n'aurais su que leur demander : le hasard m'éclaira.

Un voisin de la terre de Combourg était venu passer quelques jours au château avec sa femme, fort jolie. Je ne sais ce qui advint dans le village; on courut à l'une des fenêtres de la grand'salle pour regarder. J'y arrivai le premier, l'étrangère se précipitait sur mes pas, je voulus lui céder la place et je me tournai vers elle; elle me barra involontairement le chemin, et je me sentis pressé entre elle et la fenêtre. Je ne sus plus ce qui se passa autour de moi.

Dès ce moment, j'entrevis que d'aimer et d'être aimé d'une manière qui m'était inconnue, devait être la félicité suprême. *Si j'avais fait ce que font les autres hommes,* j'aurais bientôt appris les peines et les plaisirs de la passion dont je portais le germe; mais tout prenait en moi un caractère extraordinaire. L'ardeur de mon imagination, ma timidité, la solitude firent qu'au lieu de me jeter au dehors, je me repliai sur moi-même; faute d'objet réel, j'évoquai par la puissance de mes vagues désirs un fan-tôme qui ne me quitta plus. Je ne sais si, l'histoire du cœur humain offre un autre exemple de cette nature.

Si j'avais fait ce que font les autres hommes : point de jeunes paysannes, donc, en ces gothiques lieux, de même que, bientôt, à Paris, point de filles. On ne saura jamais quelle fut la première expérience amoureuse de René. Et ce n'est pas là hasard biographique. *C'est que Combourg est castrateur,* et de double manière : la femme, c'est la mère et la sœur, mais aussi, à ce cadet interdit de réussite, prévenu contre tous les mirages de la société civile, la femme à conquérir n'est pas symbole social, mais pure sexualité aliénante. La femme n'est pas plus moyen de parvenir qu'elle n'est objet à consommer. Dès lors Eros est condamné aux substituts destructeurs, comme le prouve ce passage du *Vieux René* de 1834 :

> Je m'épuisais avec cette créature imaginaire, puis vinrent les amours réels avec qui je n'atteignis jamais à cette félicité imaginaire dont la pensée était dans mon âme.

Masturbation et pollution; insatisfaction sinon impuissance. Et peu importe dès lors que Chateaubriand ait été libertin, que sa vie sentimentale ait été « encombrée » (« une bousculade, probablement », dit vulgairement Henri Guillemin). L'aspiration à la sylphide n'est ni gracieuse ou polissonne, ni rageuse ou conquérante. René n'est ni Chérubin, qui ne veut que ne pas manquer de femmes, ni Raphaël de Valentin qui s'écrie « Foedora ou la mort! » La sexualité n'est ici que l'un des éléments du caractère interdit et problématique du monde. La distance picaresque prise par le récit des *Mémoires* fait certes apparaître le sylphide comme riche et concrète, initiatrice aux splendeurs et aux paysages, alors que dans *René* la rêverie érotique n'était que stérile et desséchante. De même, le jeune Breton des *Mémoires*, poussant sa barque au milieu des roseaux, apparaît comme viril, alors que le héros de *René* ne parlait que jonc flétri et chute des feuilles. La virilité toutefois, dans les *Mémoires*, n'est jamais dyonisiaque ni triomphante, encore moins agressive. Ainsi les *Mémoires* délimitent un champ particulier entre le libertinage et le grand élan qui précédera, dans la littérature romanesque, la découverte de la vie privée et des illusions passionnelles. Les filles n'ont jamais regardé René comme elles regarderont Julien Sorel. Entre les Lumières et le réalisme critique, dans les *Mémoires* quelque chose se passe et ne se passe pas. L'amour est plus riche que chez les libertins. Il n'est pas la promesse d'un plus comme chez les héros réalistes plébiens.

D'un Combourg à l'autre, ou le littéraire plus vrai que le réel?

Bonaparte n'aimait pas la littérature, ni les littérateurs. Mais après tout, que lui est-il arrivé à lui, aujourd'hui qu'on l'appelle Napoléon?

> Bonaparte n'est plus le vrai Bonaparte, c'est une figure légendaire composée des lubies du poète, des devis du soldat et des contes du peuple; c'est le Charlemagne et l'Alexandre des épopées du Moyen Âge que nous voyons aujourd'hui. Ce héros fantastique restera le personnage réel; les autres portraits disparaîtront.

Le poète n'est-il ici que Béranger, ou le Balzac du « Napoléon du Peuple » dans *le Médecin de Campagne?* Peu importe. Ce qui compte, c'est cette idée que *les mots font exister* d'une certaine façon. Et cela force à poser, à propos des *Mémoires,* la question : vérité ou poésie? Vieille question, traditionnelle à propos de toute œuvre autobiographique, qui relève de l'idéologie de la représentation (littéraire) du réel (indépendant de la littérature, et d'une manière plus générale de toute idée qu'on se fait de lui, de toute conscience qu'on en peut avoir) et de toute une idéologie concernant la nature et le rôle du réel, de la littérature et de leurs rapports. En fait Combourg, dont l'image est présente dès 1826, le Combourg dont on parle dans la culture, n'a qu'une existence littéraire. Le Combourg encore non nommé de *René* et celui des *Mémoires* est un Combourg non de pierres mais de mots, et non pas tant de mots-langue, de mots-code, de mots des autres, que de mots qui n'ont pas surgi ni ne se sont arrangés sans raison, des mots en prise sur un devenir que nous pouvons connaître. Les mots ne sont pas simple ajout, masques ou suppléments, emprunts, contraintes, mais réalités, signes et moyens d'une réalité et d'une réaction à la réalité. Combourg est né le jour où on en a eu besoin et le jour où il a pu servir à quelque chose. Dès lors, il est absurde de comparer le Combourg « réel » des syndicats d'initiative et des voyages organisés à celui du texte, puisque le texte ne représente pas Combourg mais le crée. Combourg ne peut être valablement appréhendé que dans le cours d'une écriture, qui n'est pas un hasard mais une pratique nécessaire. Combourg racheté, habité existait dans le réel, alors même que dans *René* il n'existait ni ne fonctionnait encore de la même manière que dans les *Mémoires*. C'est que le château de *René* n'était pas chargé de la même mission que le Combourg des *Mémoires*. D'un texte à l'autre, Combourg, qui n'a pas changé dans la réalité, est *devenu*. Et s'il est devenu, c'est qu'à son auteur il était apparu autre chose et qu'il s'était mis à signifier autre chose. Des similitudes certes existent d'un texte à l'autre (l'amitié avec la sœur, le sentiment d'étrangeté chez soi), mais le Combourg des *Mémoires* parle *en plus* une ancienne France qui a pris du sens pour l'homme, à la recherche du sens de sa vie et du sens de l'Histoire, alors qu'elle n'en avait pas encore pour le jeune héros philosophe, irresponsable et déraciné de *René*. Aussi le Combourg des *Mémoires* est-il concret, non pendant la seule période des vacances, mais pendant les années de formation (aussi bien que de délire) où le narrateur l'habite de manière continue. Dans *René,* le château n'est qu'entrevu, et les grandes folies oniriques et érotiques ont pour cadre la chaumière de l'exilé volontaire. Est-ce à Combourg, est-ce ailleurs que ces rêveries, que ces folies ont vraiment eu lieu? On le sait : à Combourg, mais *aussi* ailleurs (en Angleterre notamment), et la question n'est pas aisément décidable. Mais l'essentiel n'est pas dans la localisation réelle. Il n'y a que deux faits bruts, deux faits littéraires : dans *René*, si on rêve, c'est bien après l'adolescence et après avoir quitté, après avoir été expulsé du château. *Le lieu majeur de l'exil, alors, est ailleurs que dans le château.* Dans *les Mémoires,* on rêve pendant l'adolescence au château qui est le lieu, déjà et par avance, de l'essentiel. Les rêves les plus signifiants en 1802 sont ceux de la ville et de la fuite dans la chaumière. Dans les *Mémoires,* ce sont ceux de Combourg, et c'est là une différence capitale : le lieu naît de ce qui s'y passe et de l'importance que ce qui s'y passe a prise. Il n'y a donc pas « progrès » (qui impliquerait valeur) de *René* aux *Mémoires*. Il y a changement. Et ce changement ne résulte ni d'un choix gratuit ni d'une amélioration, mais d'une fonctionnalité nouvelle. À chaque fois le texte est majeur. Combourg en fait a été reconstruit par Chateaubriand, toute une vie l'éclairant à partir d'un certain moment, les songes et l'expérience de plus tard s'épanchant dans l'image du passé, les premières frustrations se mettant à figurer et annonçant des aliénations depuis découvertes. Les événements (au sens de *René* : l'histoire des sentiments du héros plus que les incidents de la vie), les épisodes ou les aventures rapportés dans les *Mémoires* se sont-ils réellement passés à Combourg? En l'absence d'un journal intime ou d'une correspondance, il est déjà impossible de répondre. Mais même, le pourrait-on? Dans *René,* le château n'est pas réellement un sujet. Il le devient dans les *Mémoires.* Or ce n'est pas là passage d'une inexpérience (image sommaire, linéaire, schématique) à une expérience technique plus vaste (image complète, massive, exacte). C'est passage d'une expérience à une autre. Dans *René,* le château dit une expérience où certaines annonces simplement ne peuvent être encore déchiffrées. Une cohérence échappe : c'est que *René* est un texte écrit au contact encore direct d'une réalité non décantée. Les *Mémoires,* en revanche, sont un texte écrit à distance. Déjà, certes, dans *René* le château est un des lieux d'après (le collège) et d'avant d'autres (la société, la ville, la nature), où le héros est déjà seul, et il en va encore de même dans les *Mémoires.* Mais là le château sera autre chose encore : point d'origine et qu'on a appris à lire comme tel. Le château de *René* est un lieu d'où l'on est parti et où on ne reviendra jamais, que le texte même ne revisitera pas vraiment. Combourg des *Mémoires* est un lieu d'où on est parti, mais où l'on revient toujours (même si on n'y a jamais remis les pieds), parce que Combourg est toujours indéfiniment à lire et à relire. Si la vie avait annulé les leçons de Combourg et celle de « l'enfance malheureuse », si la vie avait intégré René, Combourg de fait ne serait pas devenu Combourg écrit, de même que si René en 1822 ne se découvrait pas à nouveau seul au cœur de l'Histoire et de l'Angleterre avec son écriture, condamné à l'Histoire et à l'écriture, la petite anglaise de 1797 ne serait jamais née à la signification. On ne voit les choses que lorsqu'on les revoit. Le texte passe d'un Combourg à peine entrevu à un Combourg solide, immense. Charlotte d'une aventure (peut-être) passe à une chance perdue : si dans l'expérience il y a oscillation et balancier, l'écriture, elle, découvre et forge un sens. Il y a constitution d'un univers d'images et donc échappée hors du système haletant des contrastes et des inconciliables.

L'homme des *Mémoires* ne saurait donc être cité à la barre d'un procès en non-réalisme ou en mensonge. Il dispose, lui, de ce qui manquait à *René :* un pouvoir que l'on n'a pas à accuser mais à comprendre. Y a-t-il pour autant certitude définitive? Le propre de l'écriture est de tracer cette voie hors du système fatal de la vie, de mettre fin à un vertige, quitte à en produire un autre, car les causes et les effets de ce vertige subsistent et, à mesure qu'on avance dans le siècle, s'aggravent. Aussi l'image demeure-t-elle tremblée ou se met-elle à trembler. Le mouvement se précise : trouble → voie de l'écriture → trouble nouveau, ou plutôt processus indéfini qui dévore et met en cause l'unité, l'efficacité entrevue, signifiée par le pouvoir de l'écriture.

Moi et civilisation : la liberté

Il est des phrases célèbres qu'il faut relire :

> Je suis né gentilhomme. Selon moi, j'ai profité du hasard de mon berceau, j'ai gardé *cet amour plus ferme de la liberté qui appartient principalement à l'aristocratie dont la dernière heure est sonnée.* L'aristocratie a trois âges successifs : l'âge des supériorités, l'âge des privilèges, l'âge des vanités : sortie du premier, elle dégénère dans le second et s'éteint dans le dernier. *(Mémoires,* I, livre 1, 2*)*

J'ai profité; sens : j'ai tiré un parti positif. Donc, je ne me suis pas seulement « donné la peine de naître » comme ce comte Almaviva, noble de cour avec son « rang » et ses « places ». Eros, donc. Mais Eros dans l'Histoire. L'amour de la liberté propre à la noblesse de province. Et, de plus, ce pouvoir d'écrire qui n'est plus seulement celui de Figaro accusant les nobles de ne s'être donné que la peine de naître. *J'ai profité :* le privilège devient positif en ce temps de bourgeoisie, qui n'est même pas née, qui n'est (plus) rien. Et l'itinéraire est significatif :

> *Au commencement de ces Mémoires,* je n'eus à parler que de moi : or, il y a toujours une sorte de primauté dans la

solitude individuelle de l'homme; *ensuite* je fus environné de miracles : ces miracles soutinrent ma voix; mais *à cette heure* plus de conquête d'Égypte, plus de bataille de Marengo, d'Austerlitz et d'Iéna, plus de retraite de Russie, plus d'invasion de la France, de prise de Paris, de retour de l'île d'Elbe, de bataille de Waterloo, de funérailles de Sainte-Hélène : quoi donc? des portraits à qui le génie de Molière pourrait seul donner la gravité du comique!

Trois étapes : éveil solitaire du moi; moi et la « grande » histoire; solitude nouvelle et désormais plus largement signifiante du moi dans l'Histoire bourgeoise retombante et retombée. Car les « victoires » du xixᵉ siècle n'ont rien guéri :

> Il me semble que j'achève une course en Angleterre, comme celle que je fis autrefois sur les débris d'Athènes, de Jérusalem, de Memphis et de Carthage. En appelant devant moi les siècles d'Albion, en passant de renommée en renommée, en les voyant s'abîmer tour à tour, j'éprouve une espèce de douloureux vertige.

Rousseau ignorait ce sentiment parce qu'il vivait dans un monde difficile mais stable. René, lui, vit dans un monde qui a changé :

> L'univers change autour de nous [...] de nouveaux peuples paraissent sur la scène du monde; d'anciens peuples ressuscitent au milieu des ruines; des découvertes étonnantes annoncent une révolution prochaine dans les arts de la paix et de la guerre : religion, politique, mœurs, tout prend un autre caractère. Nous apercevons-nous de ce mouvement? Marchons-nous avec la société? Suivons-nous le cours du temps? Nous préparons-nous à garder notre rang dans la civilisation transformée ou croissante? Non : les hommes qui nous conduisent sont aussi étrangers à l'état de choses de l'Europe que s'ils appartenaient à ces peuples dernièrement découverts dans l'intérieur de l'Afrique. Que savent-ils donc? La bourse! et encore ils la savent mal. Sommes-nous condamnés à porter le poids de l'obscurité pour nous punir d'avoir subi le joug de la gloire? [...] Attaché à l'ordre monarchique par raison [...], je regarde la monarchie constitutionnelle comme le meilleur gouvernement possible à cette époque de la société.

C'est la reprise évidente de l'*Essai :*

> Je me suis rencontré entre deux siècles, comme au
> confluent de deux fleuves; j'ai plongé dans leurs eaux
> troublées, m'éloignant à regret du vieux rivage où je suis
> né, nageant avec espérance vers une rive inconnue.

Le recul du temps assure le regard. Le moi, au début, a
participé à l'Histoire sans bien savoir ce qu'il faisait :

> Nous triomphions de la cour dont tout le monde triom-
> phait, et nous tombions avec elle dans le même abîme [5].

Puis ce sera le *Résumé des changements sur le globe
pendant ma vie.* L'Histoire, en avançant, a changé le moi, qui
comprend mieux. Mais qui comprend mieux quoi? Vécue,
comprise, l'Histoire demeure problématique. C'est le procès
de la « civilisation », mot nouveau au XVIIIᵉ siècle, mot à
italiques au XIXᵉ. Elle porte depuis la Restauration un nom
précis : la « France nouvelle ». Contre elle Chateaubriand, à la
différence de Stendhal et de Balzac, dispose d'un élément
stable de comparaison et d'« essai », l'ancienne France, dont
la fonction critique, dans les *Mémoires,* est évidente et
claire : instituer la critique, par sa solidité et sa dimension
passionnée, de tout l'avenir convenable du côté, désormais,
de la « France nouvelle ». Cet avenir ne peut être qu'inquiétude, chaos, problèmes. Que l'Amérique ne soit pas, malgré
Washington, l'image d'un avenir possible (on le sait depuis
les Natchez) n'est pas très grave. Mais ceci?

> Avons-nous porté la civilisation au dehors, ou avons-nous
> amené la barbarie dans l'intérieur de la chrétienté? Que
> résultera-t-il des nouveaux intérêts, des nouvelles relations
> politiques, de la création des puissances qui pourront
> surgir dans le Levant? Personne ne saurait le dire. Je ne
> me laisse pas éblouir par des bateaux à vapeur et des
> chemins de fer; par la vente du produit des manufactures
> et par la fortune de quelques soldats français, anglais,

---

5. Il s'agit des mouvements de la noblesse bretonne contre la Cour et le pouvoir
central, en alliance plus ou moins claire avec le Parlement de Rennes.

allemands, italiens, enrôlés au service d'un pacha : tout cela n'est pas de la civilisation.

En d'autres termes (un peu comme aurait demandé Stendhal) : notre civilisation serait-elle une fausse civilisation? Il y a eu progrès matériel. Mais y a-t-il eu progrès moral? C'est-à-dire la vie a-t-elle qualitativement changé, les hommes sont-ils plus libres, moins aliénés? désaliénés? Qu'a-t-on gagné depuis le hameau de Plancouët?

Objections de droite et condamnation du progrès au nom de quelque « humanisme »? En un sens, oui. Mais pas seulement. Les nouveaux rapports sociaux et les nouveaux rapports moraux ne manifestent pas une conquête qualitative. Plus efficaces, les hommes ne sont pas plus heureux et se sentent frustrés. Fourier ne dit pas autre chose dans sa critique de la société industrielle. Ni Stendhal. La « civilisation » a libéré tout un vouloir-vivre qui fonctionne au détriment des hommes, *au détriment de la civilisation elle-même et pas seulement au détriment du passé*. La « civilisation » est un apprenti-sorcier qui a fait lever des forces qu'il ne peut plus maîtriser. La « civilisation » a libéré des forces dont le développement logique la condamne. Elle doit, si elle veut survivre et durer telle qu'elle est, empêcher le développement de ces forces et donc s'empêcher d'aller au bout d'elle-même. Que Chateaubriand ne voie là qu'éveil de démons qu'il aurait mieux valu laisser dormir (l'Orient, par exemple, avec toutes ses vieilles connotations) est son affaire à lui. Pour le lecteur d'aujourd'hui, importe seul le repérage objectif et l'appui normalement pris sur le passé : la France ancienne était équilibre; il y a eu rupture; mais cette rupture annonce et engendre d'autres mouvements qui sont autant de menaces pour le précaire équilibre actuel que l'on voudrait bien sauvegarder. On a civilisé les barbares. Les barbares nous détruiront. Et les barbares, ce ne sont pas seulement les païens. Ce sont aussi les barbares de chez nous, *nos* barbares modernes. C'est le sens du fameux passage sur l'Angleterre revisitée en 1822 :

J'ai vu l'Angleterre dans ses anciennes mœurs et dans son ancienne prospérité : partout la petite église solitaire avec

> sa tour, le cimetière de campagne de Gray, partout des chemins étroits et sablés, des vallons remplis de vaches, des bruyères marbrées de moutons, des parcs, des châteaux, des villes : peu de grands bois, peu d'oiseaux, le vent de la mer. [...] cette Angleterre, entourée de ses navires, couverte de ses troupeaux et professant le culte de ses grands hommes, était charmante et redoutable.
>
> Aujourd'hui ses vallées sont obscurcies par les fumées des forges et des usines, ses chemins changés en ornières de fer; et sur ces chemins, au lieu de Milton et de Shakespeare, se meuvent des chaudières errantes. Déjà les pépinières de la science, Oxford et Cambridge, prennent un air désert : leurs collèges et leurs chapelles gothiques, demi-abandonnés, affligent les regards; dans leurs cloîtres auprès des pierres sépulcrales du moyen âge, reposent oubliées les annales de marbre des anciens peuples de la Grèce; ruines qui gardent des ruines [6].
> (*Mémoires*, III, livre 3, 12)

Bonald et de Maistre l'avaient déjà dit, mais qui ne s'appuyaient, eux, du côté de l'ancienne France, que sur des idées, non sur une expérience et des images : la révolution des classes moyennes, non seulement parce qu'elle a eu besoin de la force populaire, mais surtout parce que, ayant bouleversé les ordres, elle a créé un état social nouveau, le paupérisme, sans mettre en place les moyens d'y remédier, a mis en danger toute civilisation y compris celle que l'on entendait, dans les classes moyennes, fixer. Ainsi s'expliquera, l'heure venue, la nécessaire solidarité des aristocrates et des bourgeois face au danger commun. On verra cependant que, sur ce point, Chateaubriand ne suivra pas la meute.

À s'en tenir à la vision immédiate du réel révolutionné, l'analyse est souvent d'une redoutable pertinence :

> Pour ne toucher qu'un point entre mille, la propriété par exemple, restera-t-elle distribuée comme elle l'est? La royauté née à Reims avait pu faire aller cette propriété en en tempérant la rigueur par la diffusion des lois morales,

---

6. *Cf.* chapitre 4, p. 99 sqq.

comme elle avait changé l'humanité en charité. Un état politique où des individus ont des millions de revenu, tandis que d'autres individus meurent de faim, peut-il subsister quand la religion n'est plus là, avec ses espérances hors de ce monde, pour expliquer le sacrifice? Il y a des enfants que leurs mères allaitent à leurs mamelles flétries, faute d'une bouchée de pain pour sustenter leurs expirants nourrissons; il y a des familles dont les membres sont réduits à s'entortiller ensemble pendant la nuit faute de couverture pour se réchauffer. Celui-là voit mûrir ses nombreux sillons; celui-ci ne possédera que les six pieds de terre prêtés à sa tombe par son pays natal. Or, combien six pieds de terre peuvent-ils fournir d'épis de blé à un mort?

L'individualisme règne; la lutte des classes est relancée. On ne sait jamais, en conséquence, comment peut tourner une émeute. Le monde révolutionné n'est pas unité mais contradictions nouvelles. En attendant les nouveaux drames, il est accumulation, juxtaposition, transition, entrepôt, musée, bric à brac, et il est capital de constater qu'est à l'œuvre, ici, dans les *Mémoires,* le grand mythe romantique de la peau de chagrin sous ses deux aspects : accumulation chaotique et mouvement fou, comédie universelle et danse macabre, règne de l'analyse et impossible unité : « Des multitudes s'agitent sans savoir pourquoi ». Et surtout (*Mémoires,* IV, 12, 3 et 4, 8) :

> [...] les illusions surabondent, et plus on est près de sa fin, et plus on croit vivre. On aperçoit des monarques qui se figurent être des monarques, des ministres qui pensent être des ministres, des députés qui prennent au sérieux leurs discours, des propriétaires qui possédaient ce matin sont persuadés qu'ils possèderont ce soir. Les intérêts particuliers, les ambitions personnelles cachent *au vulgaire* la gravité du moment : nonobstant les oscillations des affaires du jour, elles ne sont qu'une ride à la surface de l'abîme; elles ne diminuent pas la profondeur des flots. Auprès des mesquines loteries contingentes, le genre humain joue la grande partie; les rois tiennent encore les cartes et ils les tiennent pour les nations : celles-ci vaudront-elles mieux que les monarques? Question à part, qui n'altère point le fait principal. Quelle importance ont des

amusettes d'enfants, des ombres glissant sur la blancheur d'un linceul? L'invasion des idées a succédé à l'invasion des Barbares; la civilisation actuelle décomposée se perd en elle-même; le vase qui la contient n'a pas versé la liqueur dans un autre vase; c'est le vase qui s'est brisé. [...]

La trop grande disproportion des conditions et des fortunes a pu se supporter tant qu'elle a été cachée; mais aussitôt que cette disproportion a été généralement aperçue, le coup mortel a été porté.

Recomposez, si vous le pouvez, les fictions aristocratiques; essayez de persuader au pauvre, lorsqu'il saura bien lire et ne croira plus, lorsqu'il possédera la même instruction que vous, essayez de lui persuader qu'il doit se soumettre à toutes les privations, tandis que son voisin possède mille fois le superflu : pour dernière ressource il vous le faudra tuer.

Quand la vapeur sera perfectionnée, quand unie au télégraphe et aux chemins de fer elle aura fait disparaître les distances, ce ne seront plus seulement les marchandises qui voyageront, mais encore les idées rendues à l'usage de leurs ailes. Quand les barrières fiscales et commerciales auront été abolies entre les divers États, comme elles le sont déjà entre les provinces d'un même État; quand les différents pays en relations journalières tendront à l'unité des peuples, comment ressusciterez-vous l'ancien mode de séparation? [...]

Quand viendra ce jour désiré? Quand la société se recomposera-t-elle d'après les moyens secrets du principe générateur? Nul ne le peut dire; on ne saurait calculer les résistances des passions.

Où est le progrès des perfectibilistes, qui railleraient Combourg? Le mouvement a éclaté, la marche en avant s'est fractionnée en d'innombrables et illusoires agitations. Rien ne tient plus et rien n'avance vraiment. Pourquoi avoir *bougé? Ce n'est plus seulement le déchirement hier/aujourd'hui, c'est le déchirement aujourd'hui/aujourd'hui qui définit la modernité.* Ce tableau manquait à René, écrit trop tôt, ainsi qu'à la première coulée des *Mémoires.* Dans les années quarante, le regard constate que l'axe des contradictions s'est déplacé, et Chateaubriand voit les choses assez comme les écrivent Stendhal et Balzac : l'absurde ne résulte plus de l'affaissement de la France ancienne, mais de la crise interne de la France nouvelle devenant la France bourgeoise.

Cette France nouvelle, en effet, n'est pas qu'un système politique, une superstructure maligne, un *régime* ou une dynastie. Non. Elle est une infrastructure, un système économique. C'est ce que dit avec force le texte fameux — ou qui devrait l'être — du 5 décembre 1818. Chateaubriand l'a reproduit au chapitre X du livre XXV des *Mémoires* et jeté à la face de tout le siècle guizotiste. C'est à cette date de publication qu'il prend tout son sens, qu'il s'élève au-dessus d'une actualité immédiate :

> Le ministère [7] a inventé une morale nouvelle, la morale des intérêts; celle des devoirs est abandonnée aux imbéciles. Or, cette morale des intérêts, dont on veut faire la base de notre gouvernement, a plus corrompu le peuple dans l'espace de trois années que la révolution dans un quart de siècle.
>
> Ce qui fait périr la morale chez les nations, et avec la morale les nations elles-mêmes, ce n'est pas la violence, mais la séduction; et par séduction j'entends ce que toute fausse doctrine a de flatteur et de spécieux. Les hommes prennent souvent l'erreur pour la vérité, parce que chaque faculté du cœur ou de l'esprit a sa fausse image : la froideur ressemble à la vertu, le raisonner à la raison, le vide à la profondeur, ainsi du reste [...].
>
> Je ne serais pas étonné de m'entendre répondre : — Fonder la société sur un *devoir*, c'est l'élever sur une fiction; la placer dans un *intérêt*, c'est l'établir dans une réalité. » Or, c'est précisément le devoir qui est un fait et l'intérêt une fiction. Le devoir qui prend source dans la divinité descend dans la famille, où il établit des relations réelles entre le père et les enfants; de là, passant à la société et se partageant en deux branches, il règle dans l'ordre politique les rapports du roi et du sujet; il établit l'ordre moral, la chaîne des services et des protections, des bienfaits et de la reconnaissance. C'est donc un fait très positif que le devoir, puisqu'il donne à la société humaine la seule existence durable qu'elle puisse avoir.

---

7. Les premiers mots datent étroitement le texte : le ministère est celui de Decazes. On va voir que très vite il s'agit d'autre chose.

L'intérêt, au contraire, est une fiction quand il est pris, comme on le prend aujourd'hui, dans son sens physique et rigoureux, puisqu'il n'est plus le soir ce qu'il était le matin, puisqu'à chaque instant il change de nature, puisque fondé sur la fortune il en a la mobilité.

Par la morale des intérêts chaque citoyen est en état d'hostilité avec les lois et le gouvernement, parce que dans la société c'est toujours le grand nombre qui souffre. On ne se bat point pour des idées abstraites d'ordre, de paix, de patrie; ou si l'on se bat pour elles, c'est qu'on y attache des idées de *sacrifices;* alors on sort de la morale des intérêts pour rentrer dans celle des devoirs : tant il est vrai que l'on ne peut trouver l'existence de la société hors de cette sainte limite!

Qui remplit ses devoirs s'attire l'estime; qui cède à ses intérêts est peu estimé. C'était bien du siècle de puiser un principe de gouvernement dans une source de mépris! Élevez les hommes politiques à ne penser qu'à ce qui les touche, et vous verrez comment ils arrangeront l'État; vous n'aurez par là que des ministres corrompus et avides, semblables à ces esclaves mutilés qui gouvernaient le Bas-Empire et qui vendaient tout, se souvenant d'avoir eux-mêmes été vendus.

Remarquez ceci : les intérêts ne sont puissants que lors même qu'ils prospèrent; le temps est-il rigoureux, ils s'affaiblissent. Les devoirs, au contraire, ne sont jamais si énergiques que quand il en coûte de les remplir. Le temps est-il bon, ils se relâchent. J'aime un principe de gouvernement qui grandit dans le malheur : cela ressemble beaucoup à la vertu.

Quoi de plus absurde que de crier aux peuples : Ne soyez pas dévoués! n'ayez pas d'enthousiasme! ne songez qu'à vos intérêts! C'est comme si on leur disait : Ne venez pas à notre secours, abandonnez-nous si tel est votre intérêt. Avec cette profonde politique, lorsque l'heure du dévouement arrivera, chacun fermera sa porte, se mettra à la fenêtre et regardera passer la monarchie.

C'est bien tout le système de l'« enrichissez-vous » qui est mis en cause et l'on mesure assez bien ici quelle peut-être la fonction critique de cette droite antibourgeoise, portant à bout de bras une monarchie embourgeoisée dont elle prévoit la mort, aujourd'hui accomplie alors que le texte de cet article de journal, probablement oublié, est donné à relire aux héritiers et successeurs. Sous les oripeaux bourbonniens, la Restauration n'a servi que l'argent. Sa mort en sera double : la Restauration est morte comme *fait* et comme *valeur*. Combourg, finalement, et la qualité du moi parlent contre toute une entreprise aujourd'hui morte parce qu'elle n'a su qu'être *bourgeoise*. Telles sont les leçons de la liberté.

Il faut dire cependant que Chateaubriand, procureur dans ce procès du monde moderne, nous laisse quand même sur notre faim. Il ne s'agit pas de l'« accuser » de n'être pas allé au bout de sa « pensée », et d'avoir par exemple censuré en lui on ne sait quelle impensable critique de type « socialiste ». Il s'agit de constater que, faute non tant de motivations que d'instruments adéquats, il ne saurait franchir un certain seuil. Aristocratisme profond? Attachement quand même à tout ordre? En fait, *non-matérialisme profond*. L'argent, par exemple, dans les *Mémoires,* n'est jamais directement et de plein droit cité comme responsable. Un exemple le prouve :

> je me suis efforcé de donner aux peuples le système de la monarchie pondérée, de replacer la France à son rang en Europe, de lui rendre la force que les traités de Vienne lui avaient fait perdre; j'ai du moins aidé à conquérir *celle de nos libertés qui les vaut toutes, la liberté de la presse.*

L'antienne revient sans cesse. Seulement, les obstacles à cette liberté de la Presse, Chateaubriand les voit de nature uniquement politique ou administrative, et jamais il ne parle de l'aspect financier du problème. Censure, saisie, amendes, ce sont là certes des obstacles, mais les capitaux nécessaires à la fondation et au fonctionnement d'un journal? Même silence chez Chateaubriand le royaliste que chez Paul-Louis Courier le libéral, que chez Benjamin Constant, chez Béranger, alors que Lamennais lancera, à ce sujet, le fameux : « Silence aux pauvres! » La liberté reste définie en termes formels, et Chateaubriand ne s'oppose qu'à ce qu'il y a de plus aberrant dans le pouvoir nouveau.

De même lorsqu'il s'agit de justice sociale : en aucun cas n'apparaît l'idée qu'un ordre social plus juste puisse être celui qui, produisant plus et mieux parce qu'il aurait débloqué des mécanismes malthusiens et mis fin aux gaspillages, serait à même d'élever le niveau de vie en même temps que de donner un sens nouveau à l'existence. Pour Chateaubriand, comme pour les libéraux, le socialisme est utopique puisque, ne pouvant que partager ce qui *est,* il signifie nécessairement appauvrissement général en même temps que dégénérescence des énergies. D'où l'objection :

> Las de la propriété particulière, voulez-vous faire du gouvernement un propriétaire unique, distribuant à la communauté devenue mendiante une part mesurée sur le mérite de chaque individu? Qui jugera des mérites? Qui aura la force et l'autorité de faire exécuter vos arrêts? Qui tiendra et fera valoir cette banque d'immeubles vivants? [...]
> [...] La propriété commune ferait ressembler la société à un de ces monastères à la porte duquel des économes distribuaient du pain.

N'en doutons pas : ce sont là des limites qu'on ne peut demander à Chateaubriand de franchir. Mieux vaut lui tenir compte de ce qu'il a quand même vu. Par exemple l'opposition fondamentale entre l'ancienne société et la nouvelle, qui naît par une opposition morale mais aussi une opposition matérielle : propriété (foncière) contre industrie. Ce texte, qui appelle Marx, n'aurait pas été désavoué par les saint-simoniens :

> Tout ce qui militait en 1789 pour le maintien de l'ancien régime, religion, lois, mœurs, usages, propriétés, classes, privilèges, corporations, n'existe plus. Une fermentation générale se manifeste; l'Europe n'est guère plus en sûreté que nous; nulle société n'est entièrement détruite, nulle entièrement fondée; tout y est usé ou neuf, ou décrépit ou sans racine; tout y a la faiblesse de la vieillesse et de l'enfance. Les royaumes sortis des circonscriptions territoriales tracées par les derniers traités sont d'hier; l'attachement à la patrie a perdu sa force, parce que la patrie est incertaine et fugitive pour des populations vendues à la criée, brocantées comme des meubles d'occasion tantôt adjointes à des populations ennemies, tantôt livrées à des maîtres inconnus. Défoncé, sillonné, labouré, le sol est ainsi préparé à recevoir la semence démocratique, que les journées de Juillet ont mûrie.

Les rois croient qu'en faisant sentinelle autour de leurs trônes ils arrêteront les mouvements de l'intelligence; ils s'imaginent qu'en donnant le signalement des principes ils les feront saisir aux frontières; ils se persuadent qu'en multipliant les douanes, les gendarmes, les espions de la police, les commissions militaires, ils les empêcheront de circuler. Mais ces idées ne cheminent pas à pied, elles sont dans l'air, elles volent, on les respire. Les gouvernements absolus, qui établissent des télégraphes, des chemins de fer, des bateaux à vapeur, et qui veulent en même temps retenir les esprits au niveau des dogmes politiques du quatorzième siècle, sont inconséquents; à la fois progressifs et rétrogrades, ils se perdent dans la confusion résultant d'une théorie et d'une pratique contradictoires. On ne peut séparer le principe industriel du principe de la liberté; force est de les étouffer tous les deux ou de les admettre l'un et l'autre.

Ceci encore qui dit que le monde révolutionné par la bourgeoisie a brisé le monde ancien et ses valeurs pour mettre à sa place un monde cruellement dépourvu de *toute* valeur :

On a dit qu'une cité dont les membres auront une égale répartition de bien et d'éducation présentera aux regards de la Divinité un spectacle au-dessus du spectacle de la cité de nos pères. La folie du moment est d'arriver à l'unité des peuples et de ne faire qu'un seul homme de l'espèce entière, soit; mais en acquérant des facultés générales, toute une série de sentiments privés ne périrat-elle pas? Adieu les douceurs du foyer; adieu les charmes de la famille; parmi tous ces êtres blancs, jaunes, noirs, réputés vos compatriotes, vous ne pourriez vous jeter au cou d'un frère. N'y avait-il rien dans la vie d'autrefois, rien dans cet espace borné que vous aperceviez de votre fenêtre encadrée de lierre? Au-delà de votre horizon, vous soupçonniez des pays inconnus dont vous parlait à peine l'oiseau de passage, seul voyageur que vous aviez vu à l'automne. C'était bonheur de songer que les collines qui vous environnaient ne disparaîtraient pas à vos yeux; qu'elles renfermeraient vos amitiés et vos amours; que le gémissement de la nuit autour de votre asile serait le seul bruit auquel vous vous endormiriez; que jamais la solitude de votre âme ne serait troublée, que vous y rencontreriez toujours les pensées qui vous y attendent pour reprendre avec vous leur entretien familier. Vous saviez où vous étiez né, vous saviez où serait votre tombe; en pénétrant dans la forêt vous pouviez dire :

Beaux arbres qui m'avez vu naître
Bientôt vous me verrez mourir.

Ce qui conduit à s'interroger sur le sens de cet autre célèbre passage :

La marine qui emprunte du feu le mouvement ne se borne pas à la navigation des fleuves, elle franchit l'Océan; les distances s'abrègent; plus de courants, de moussons, de vents contraires, de blocus, de ports fermés. Il y a loin de ces romans [8] industriels au hameau de Plancouët : en ce temps-là, les dames jouaient aux jeux d'autrefois à leur foyer; les paysannes filaient le chanvre de leurs vêtements; la maigre bougie de résine éclairait les veillées de village; la chimie n'avait point opéré ses prodiges; les machines n'avaient pas mis en mouvement toutes les eaux et tous les fers pour tisser les laines ou broder les soies; le gaz, resté aux météores, ne fournissait point encore l'illumination de nos théâtres et de nos rues.

Simple passéisme? Certainement pas. C'est le nouveau vague des passions, entre la commune perdue et celle qui, en avant, ne paraît pas possible malgré (à cause de?) tout le progrès de l'« industrie ». La société de transition, comme on dit alors couramment, fruit de la plus formidable révolution qu'ait connue l'humanité, nous laisse au milieu du gué, avec ce chaos d'images, de structures, de valeurs, de souvenirs, d'appels auxquels rien ne répond, le tout dans un décor chaotique dont l'expérience quotidienne constitue en *ordre* l'ancienne France.

On peut finalement considérer le bilan comme positif. L'argent paraît certes à Chateaubriand comme plus immoral qu'opératoire. Mais un texte peut-il tout dire? Et dit-on jamais tout? Ce n'est pas tomber dans le piège d'un téléologisme naïf que de le lire dans la suite qui nous est connue de l'éveil de la conscience moderne. Chateaubriand pensait que le

8. Au sens de : *réalités inimaginables*.

grand événement à venir serait la mort de toutes les monarchies et la victoire universelle d'une république dont il n'analysait guère le contenu réel. Et pourtant... Une petite phrase dans une lettre d'octobre 1832 à Louis-Napoléon renoue avec une vieille idée de l'*Essai :*

> Vous savez, prince, que mon jeune roi est en Écosse, que tant qu'il vivra il ne peut y avoir pour moi d'autre roi de France que lui, mais si Dieu, dans ses impénétrables conseils, avait rejeté la race de Saint Louis, *si les mœurs de notre patrie ne lui rendaient pas l'état républicain possible,* il n'y a pas de nom qui aille mieux à la gloire de la France que le vôtre.

Bourbons-légitimité; napoléonides-gloire. Mais surtout *République-mœurs,* c'est-à-dire République-égalité. D'où, à l'inverse : incompatibilité République/société civile et République/argent, *République/bourgeoisie.* Une république comme système politique d'une société de l'individualisme et du profit ne serait qu'une imposture. Ce serait une forme républicaine avec un contenu anti-républicain. Qui ne souscrirait? Hugo, Michelet et les historiens « républicains », eux, avaient-ils vu cela? Et le pouvaient-ils? Pour Chateaubriand, c'est avoir positivement « profité du hasard de son berceau » et convenablement gardé « cet amour plus ferme de la liberté » dont il parlait à propos de ses origines de classe.

La caricature,
plaidoyer pour une histoire vraie

Bien avant Marx et Hugo, Chateaubriand a vu et montré des hommes se jouant et jouant la comédie de l'Histoire. Après l'Histoire vraie, spectacle et leçon, l'Histoire-carnaval. *1830, par exemple, fut une farce.* Ce sont *d'abord* les Bourbons qui la jouent à Saint-Cloud, dans ce non-lieu d'une Histoire en train de se faire ailleurs. Lorsque le Dauphin veut faire arrêter le maréchal Marmont et lui demande — à la royale — son épée, tout finit en vulgaire et ridicule bagarre :

> Le Roi arrangea tant bien que mal cette affaire, d'autant plus déplorable, que les acteurs n'inspiraient pas un grand intérêt. Lorsque le fils du Balafré occit Saint-Pol, maréchal

de la Ligue, on reconnut dans ce coup d'épée la fierté et le sang des Guises; mais quand monsieur le Dauphin, plus puissant seigneur qu'un prince de Lorraine, aurait pourfendu le maréchal Marmont, qu'est-ce que cela eût fait? Si le maréchal eût tué monsieur le Dauphin, c'eût été seulement un peu plus singulier. On verrait passer dans la rue César, descendant de Vénus, et Brutus, arrière-neveu de Junius, qu'on ne les regarderait pas. Rien n'est grand aujourd'hui, parce que rien n'est haut.

Puis c'est la bourgeoisie et son nouveau « roi » :

Le candidat royal monté sur un cheval blanc [...] est suivi de Benjamin Constant dans une chaise à porteurs ballottée par deux Savoyards. MM. Méchin et Viennet, couverts de sueur et de poussière, marchent entre le cheval blanc du monarque futur et la brouette du député goutteux, se querellant avec les deux crocheteurs pour garder les distances voulues. Un tambour à moitié ivre battait la caisse à la tête du cortège. Quatre huissiers servaient de licteurs. Les députés les plus zélés meuglaient : Vive le duc d'Orléans! [...]
Et puis, plan! plan! la litière de Benjamin Constant et le cheval blanc de Louis-Philippe rentrèrent moitié hués, moitié bénis, de la fabrique politique de la Grève au Palais-Marchand [9].

Double représentation à petit spectacle. Entre les deux demeurent, purs, le peuple, les jeunes gens, et « quatre mille barricades ». Les uns *jouent* à la monarchie. Les autres *jouent* à la démocratie. Du coup, faisant l'histoire du « naufrage du monde moderne », le style des *Mémoires* change. Plus d'épopée, mais quelque chose qui ressemble assez au style des petits journaux satiriques de l'époque comme *la Caricature*. Chateaubriand ici, n'en doutons pas, se souvient du temps où il s'était fait pamphlétaire et journaliste. Mais il ajoute cette fois la *distance*.

─────────────

9. Le Palais-Royal, que le père de Louis-Philippe, pour se faire de l'argent, avait transformé à la fois en centre commercial (les fameuses galeries de bois) et en Eros center. Voir Balzac, *Illusions perdues*.

Ce style se confirme lorsqu'il s'agit de peindre les embarras du nouveau pouvoir et de sa police (qu'on se rappelle : la police! une des haines de Chateaubriand). Soupçonné de conspiration, il est arrêté lors de l'équipée de la duchesse de Berry :

> Partout sur mon chemin je trouvai ses sentinelles; on avait posé une vedette jusque sur le boulevard à une petite porte qui s'ouvre à l'extrémité de mon jardin. Je dis au chef : « Ces précautions-là étaient très inutiles; je n'ai pas la moindre envie de vous fuir et de m'échapper. » Les messieurs avaient bousculé mes papiers, mais n'avaient rien pris. Mon grand sabre de Mamelouck fixa leur attention; ils se parlèrent tout bas et finirent par laisser l'arme sous un tas d'in-folios poudreux, au milieu desquels elle gisait avec un crucifix de bois jaune que j'avais apporté de la Terre sainte. [...]
>
> Pendant ma promenade, je voyais rentrer les mouchards dans différents déguisements *comme des masques le mercredi des Cendres à la descente de la Courtille* : ils venaient rendre compte des faits et gestes de la nuit. Les uns étaient habillés en marchands de salade, en crieurs des rues, en charbonniers, en forts de la halle, en marchands de vieux habits, en chiffonniers, en joueurs d'orgue; les autres étaient coiffés de perruques sous lesquelles paraissaient des cheveux d'une autre couleur; les autres avaient barbes, moustaches et favoris postiches; les autres traînaient la jambe comme de respectables invalides et portaient un éclatant ruban rouge à leur boutonnière. Ils s'enfonçaient dans une petite cour et bientôt revenaient sous d'autres costumes, sans moustaches, sans barbes, sans favoris, sans perruques, sans hottes, sans jambes de bois, sans bras en écharpe : tous ces oiseaux du lever de l'aurore de la police s'envolaient et disparaissaient avec le jour grandissant.

Chateaubriand, ici, ne décrit plus l'ancienne France et il ne refuse pas d'encanailler son style. Et comme ce n'est plus avec Villèle ou Decazes qu'il polémique, il abandonne le registre noble du *Conservateur* et des *Débats*. L'excellence de ses rapports avec Béranger après 1830 est d'ailleurs significative au plan littéraire, c'est-à-dire politique. Et plus encore cette étonnante relation nouvelle : en prison Chateaubriand reçoit une lettre de Charles Philipon, emprisonné lui aussi, fondateur et directeur de *la Caricature*. Philipon! Le journaliste d'extrême-gauche, l'un des plus violents adversaires du nouveau régime, grand pourfendeur de rois, de nobles et d'évêques, constamment en procès et couvert d'amendes :

> Je m'adresse à vous, monsieur, à vous légitimiste, moi républicain de tout cœur, à vous homme grave et parlementaire, moi caricaturiste et partisan de la plus âcre personnalité politique, à vous de qui je ne suis nullement connu et qui êtes prisonnier comme moi, pour obtenir de M. le préfet de police qu'il me laisse rentrer dans la maison de santé où l'on m'avait transféré. Je m'engage sur l'honneur à me présenter à la justice toutes les fois que j'en serai requis, et je renonce à me soustraire à quel tribunal que ce soit, si l'on veut me laisser avec ma pauvre enfant.
>
> Vous me croirez, vous, monsieur, quand je parle d'honneur et que je jure de ne pas m'enfuir, et je suis persuadé que vous serez mon avocat, quoique les profonds politiques puissent voir là une nouvelle preuve d'alliance entre les légitimistes et les républicains, tous hommes dont les opinions s'accordent si bien.

Chateaubriand, le noble pair, et Philipon-pon-pon comme l'appelait son ami Balzac qui, bien que légitimiste déclaré, aidait alors *la Caricature* à payer ses amendes! Comment dès lors, et même si le style déjà ne parlait pas, ne voir dans toutes ces pages que réactions d'aristocrate. Ce sont réactions, en fait, d'homme de qualité et d'authenticité devant la petitesse et la parodie. Ce ne sont surtout pas réactions de nihiliste, comme trop souvent alors à gauche : *la Caricature* elle-même n'a aucun projet de société... La situation n'est-elle pas encore riche de possibilités? La preuve : Chateaubriand refuse à M. Desmortiers la qualité de juge et met en note :

> J'ai donné le premier l'exemple de ce refus de reconnaissance des juges que quelques républicains ont suivi depuis *(note de 1840)*.

C'est que Chateaubriand fait de 1830 exactement la même analyse que la gauche, mais qu'il y ajoute, ou tente d'y ajouter, une vision prospective. Et voilà qui donne son poids à la caricature :

> Philippe ne sent pas l'honneur de la France comme le sentaient les aînés des Bourbons; il n'a pas besoin d'honneur; il ne craint pas les soulèvements populaires comme les craignaient les plus proches de Louis XVI. Il est à l'abri sous le crime de son père; la haine du bien ne pèse pas sur lui : c'est un complice, non une victime...

Toute une entreprise politique a donc abouti à cette anti-Histoire, à cette anti-société. Le moi s'est-il abîmé avec et pour autant? Les *Mémoires* finiront en double chant, de mort et d'espoir religieux. Avant d'en venir là (et c'est capital pour mettre à sa vraie place Chateaubriand dans l'histoire du siècle), les *Mémoires* proposent un *programme*. Ce programme de René est-il dépassement, liquidation ou confirmation des songes?

Le regard en arrière et le programme : justifier une politique et en préparer une autre

Il n'est plus question ici — en apparence — de Combourg. L'aventure politique au fil des jours, *les Mémoires* la récrivent après que l'histoire a définitivement tranché, donnant toute son importance à ce qui est désormais lisible. Les textes de 1814 aussi bien que la *Préface Générale* prennent aujourd'hui couleur d'illusion et d'échec. Reste qu'un projet demeurait pensable, né dès les premiers mois de la monarchie usurpée de Juillet : faire d'Henri V, en vue d'une vraie Restauration, un prince moderne, René devenant le Chactas non d'un enfant du miracle mais d'un enfant de son siècle. Le projet resta suffisamment mobilisateur pour que Chateaubriand le reprît dans les dernières pages et propositions de son œuvre, avant que le délabrement de tout ne le conduise en 1844, dans la *Vie de Rancé*, à liquider, Guizot régnant, toute ambition de sachem lucide et confiant. Ce sera alors, en un sens, la revanche de Combourg. Mais on n'en est pas là, croit-on, tant qu'il peut être question de remettre sur le trône le fils de la duchesse de Berry : Chateaubriand s'attache à trouver ou retrouver le fil d'une raison de l'Histoire.

Avec la Restauration, une chance s'était offerte à la royauté, on le mesure bien aujourd'hui, non de simplement *revenir,* mais de *se faire* la monarchie des lumières et des libertés, anciennes et nouvelles. L'affaire ne se présentait pas sans difficulté, et lors de la rentrée de Louis XVIII à Paris, Chateaubriand a bien senti, expose-t-il, malgré les ralliements de surface et d'occasion, tout ce qui séparait la France nouvelle de la vieille monarchie des lys. D'où images et choses vues, auxquelles 1830 donne désormais tout leur sens. Cette garde impériale, par exemple, à qui l'on impose de rendre les honneurs « à un vieux roi invalide du temps, non de la guerre », parce qu'« on avait voulu épargner au roi l'aspect des troupes étrangères » : truquage qui ne trompe personne. De même cette cérémonie à Notre-Dame qui avait vu le sacre de l'Empereur; cette « misérable résurrection de la Maison-Rouge » où l'on entrait par privilège; et cette Charte *octroyée,* ces actes datés de la vingtième année du règne, niant l'existence de la République et de l'Empire : c'est tout cela qui explique le geste et la rage de ce jeune hussard sorti des souvenirs, symbole à lui seul de toutes les générations nées depuis 1789 et pour qui le passé tiré de l'oubli par *De Buonaparte et des Bourbons* ne représente plus rien : « Au moment où la voiture du roi passa devant lui, il fit bondir son cheval, et certainement il eut la tentation de se précipiter sur le roi » (*Mémoires,* III, livre V, 6). Et pourtant, en y réfléchissant, la déclaration de Saint-Ouen avait consacré les principes de 89 : dès lors que pèse ce folklore?

> Cette déclaration, quoiqu'elle fût naturelle à l'esprit de Louis XVIII, n'appartenait néanmoins ni à lui ni à ses conseillers, c'était tout simplement le temps qui partait de son repos : ses ailes avaient été ployées depuis 1792; il reprenait son vol ou son cours. Les excès de la Terreur, le despotisme de Bonaparte avaient fait rebrousser les idées; mais, sitôt que les obstacles qu'on leur avait opposés furent détruits, elles affluèrent dans le lit qu'elles devaient à la fois suivre et creuser.

Institutionnellement, la « première » révolution a fondé irréversiblement la liberté en France. La Restauration a continué.

La filiation Révolution-Charte fonctionnait déjà dans les écrits de la Restauration, mais sans encore toute cette mobilisation d'images qui n'ont pris que *depuis*. En 1814, Chateaubriand avait insisté sur l'acte paternel et libre d'un vieux roi qui, retrouvant son royaume, *aurait pu* faire autrement. Il l'inscrit aujourd'hui dans une nécessité historique. Que de ratés pourtant... Le retour de la liberté, mais aussi :

> Ce langage suranné et ces prétentions des anciennes monarchies n'ajoutaient rien à la légitimité du droit et n'étaient que de puérils anachronismes.

C'est ainsi que de prospectif le projet de Restauration *de fait* est devenu utopique et mystifiant, avec une différence considérable par rapport à la *Préface Générale* : c'est qu'on regrettait alors que la Restauration *n'ait pas su* jouer son rôle et attirer la jeunesse; mais c'est aussi qu'on ne désespérait pas totalement qu'elle puisse bientôt corriger son erreur. Désormais, et pour l'éternité, cette possibilité n'existe plus, et seule demeure l'image mythique d'une Restauration telle qu'elle aurait pu être, mais qui est maintenant *devenue* sans avenir. C'était folie de vouloir reconstituer un décor. Mais...

> la Charte remplaçant le despotisme, nous apportant la liberté légale, avait de quoi satisfaire les hommes de conscience.

C'est pourquoi René raconte comment il s'est jeté à corps perdu dans le combat pour « nationaliser » la monarchie en faisant d'elle le garant de la liberté : d'où la lutte aussi bien contre les affairistes opportunistes et ministériels que contre les ultras. Pas capital en avant par rapport au Saint-Simon des plans pour le duc de Bourgogne : la Monarchie pouvait vivre, mais en s'intégrant l'avenir et en s'intégrant à l'avenir, non en essayant de revenir à un passé et en bloquant une évolution. Les caprices des rois et les accidents de la Fortune ne peuvent plus être tenus pour seuls responsables. L'idéologie aristocratique instruite par l'événement et comme requalifiée cherche désormais son efficacité dans une meilleure compréhension de l'Histoire : hommage aux révolutions, mais aussi fidélité à la vieille idée de liberté.

Dans la tâche politique qu'il a entreprise, Chateaubriand s'aperçoit qu'il *devait* s'attirer l'hostilité des ultras aussi bien que celle de la gauche, cette dernière cependant largement compréhensive après la rupture avec Villèle en 1824. Objectivement l'entreprise était vouée à l'échec, les banquiers bourgeois ne pouvant s'accommoder d'un régime qui, s'il était logique avec lui-même, devait tenter de limiter l'expansion et monopoliser les places au profit des siens. Mais, subjectivement, il y avait là tout un possible. Et Chateaubriand raconte comment il s'est senti soutenu dans son action par l'idée exaltante qu'il était possible d'unir en une synthèse originale l'héritage des siècles et la notion moderne de liberté. Il pourra n'attribuer la chute de la royauté et la victoire définitive de la bourgeoisie qu'aux fautes et aux crimes de la camarilla Polignac. Mais Polignac ne fut-il qu'une bavure? En un sens oui; si l'on fait la part des passions. Mais pas seulement. Polignac et les siens, en effet, sont la nouvelle incarnation de l'odieuse politique de Cour, honnie depuis longtemps par l'aristocratie attachée à *ses* (et *aux*) libertés. C'est pourquoi Chateaubriand a une sympathie non déguisée, et qu'il ne renie pas lorsqu'il se relit, pour la révolte populaire qu'il ne croit nullement incompatible avec une monarchie intelligente et dans laquelle il voit toujours l'instrument de la liberté. Mais l'instrument seulement. Car pour reconnaître au peuple une mission spécifique... C'est en ce sens qu'il faut relire ce texte, insistons-y *recopié* :

> Jamais défense ne fut plus légitime et plus héroïque que celle du peuple de Paris; il ne s'est point soulevé contre la loi; tant qu'on a respecté le pacte social, le peuple est demeuré paisible; il a supporté sans se plaindre les insultes, les provocations et les menaces; il devait son argent et son sang en échange de la Charte, il a prodigué l'un et l'autre.
>
> Mais lorsqu'après avoir menti jusqu'à la dernière heure, on a tout à coup sonné la servitude; quand la conspiration de la bêtise et de l'hypocrisie a soudainement éclaté; quand une terreur de château organisée par des eunuques a cru pouvoir remplacer la terreur de la République et le joug de fer de l'Empire, alors ce peuple s'est armé de son intelligence et de son courage; il s'est trouvé que ces

boutiquiers respiraient assez facilement la fumée de la poudre et qu'il fallait plus de *quatre soldats et un caporal* pour les réduire. Un siècle n'aurait pas mûri autant les destinées d'un peuple que les trois derniers soleils qui viennent de briller sur la France. *(Discours du 7 août 1830)*

Rien, ici, ne saurait être suspecté d'être repris ni rappelé pour plaire à qui que ce soit. Mais tout, aussi, la dernière phrase une fois relue dans le contexte du triomphe du Juste-Milieu bourgeois, apparaît comme plus déphasé encore qu'au moment de son énonciation : si les trois soleils ici ne brillent plus pour la gauche ni pour le peuple, ils brillent encore moins pour celui qui avait cru pouvoir en attendre la victoire de ses propres propositions. C'est ce qui expliquera bientôt l'enfoncée dans la nuit de *Rancé.* Avant d'en venir là cependant, Chateaubriand va tenter de préciser son projet de monarchie moderne : mais le projet n'aura plus valeur que de rêve. Le texte va s'écrire au conditionnel.

De quoi s'agit-il en effet? De mettre sur pied un système politique qui permette la vie et le développement de la nation et de ses forces de production. Chateaubriand a bien senti qu'un gouvernement n'était viable que s'il inspire (lisons avec soin) *« assez de confiance au commerce et à la propriété [10] »...* Voici plus que le bout de l'oreille. C'est à quoi ne pensait guère le Saint-Simon des *Mémoires,* qui voulait, en accord avec Fénelon et le parti des ducs, limiter le développement du commerce, cause d'appauvrissement des nobles. Une fois encore Chateaubriand enregistre l'Histoire, mais essaie de ruser avec elle. Dans un premier temps le vieux magicien, analyste lucide des années précédentes, répudie avec énergie le double rêve des légitimistes et des barricadiers naïfs. D'où son assurance. Il faut encore relire :

Ce n'est ni par dévouement sentimental, ni par un attendrissement de nourrice transmis de maillot en maillot depuis le berceau de Henri IV jusqu'à celui du jeune Henri,

---

10. Sens très précis : la propriété *foncière.* Il s'agit donc bien de chercher à concilier les intérêts antagonistes de l'aristocratie et de la bourgeoisie.

que je plaide une cause où tout se tournerait de nouveau contre moi, si elle triomphait. Je ne vise ni au roman, ni à la chevalerie, ni au martyre; je ne crois pas au droit divin de la royauté [*plus exactement, il n'y croit plus, car du temps où il se battait avec l'armée de Condé, son incertitude sur la valeur et la force de ce qu'il défendait n'allait pas encore à une mutation idéologique aussi radicale*], et je crois à la puissance des révolutions et des faits [*mais après les révolutions, et cette concession à l'Histoire, cette « reconnaissance » de l'Histoire, comme toutes celles faites lorsqu'il n'y a plus moyen de faire autrement, seront d'un bien faible secours à celui qui les consent*]. Je n'invoque pas même la Charte, je prends mes idées plus haut; je les tire de la sphère philosophique de l'époque où ma vie expire : je propose le duc de Bordeaux tout simplement comme une nécessité de meilleur aloi que celle dont on argumente. *(Discours du 7 août)*

Réalisme, oui, mais réalisme sans avenir, le commerce et l'industrie s'étant parfaitement passé d'Henri V. Il ne reste plus dès lors qu'à reprendre dans ces *Mémoires d'outre-tombe* qui sont quand même des *Mémoires d'avenir*, les phrases inutiles et magnifiques, comme si la politique ne pouvait plus être qu'écriture :

> J'ai transporté le combat sur le terrain de mes adversaires; je ne suis point allé bivouaquer dans le passé sous le vieux drapeau des morts, drapeau qui n'est pas sans gloire, mais qui pend le long du bâton qui le porte, parce qu'aucun souffle de vie ne le soulève. Quand je remuerais la poussière des trente-cinq Capets, je n'en tirerais pas un argument qu'on voulût seulement écouter. L'idolâtrie d'un nom est morte; la monarchie n'est plus une religion : c'est une forme politique préférable dans ce moment à toute autre, parce qu'elle fait mieux entrer l'ordre dans la liberté. *(Discours du 7 août)*

Le discours d'adieu a pris valeur conjuratrice, puisqu'on n'a eu depuis ni l'ordre ni la liberté.

Mais quel ordre et quelle liberté aurait-on eus si l'on avait écouté Chateaubriand? Reprenant les rêves de Fénelon à propos du duc de Bourgogne, lors de sa visite à Prague en

1833 il imagine qu'il aurait pu être le gouverneur d'Henri V et quel prince il en aurait fait :

> Si j'avais été gouverneur du jeune prince, je me serais efforcé de gagner sa confiance. Que s'il eût recouvré sa couronne, je ne lui aurais conseillé de la porter que pour la déposer en temps venu. J'eusse voulu voir les Capets disparaître d'une façon digne de leur grandeur. Quel beau, quel illustre jour, que celui où, après avoir relevé la Religion, perfectionné la constitution de l'État, élargi les droits des citoyens, rompu les derniers liens de la presse, émancipé les communes, détruit le monopole, balancé équitablement le salaire avec le travail, raffermi la propriété en en contenant les abus, ranimé l'industrie, diminué l'impôt, rétabli notre honneur chez les peuples, et assuré, par des frontières reculées, notre indépendance contre l'étranger; quel beau jour que celui-là, où, après toutes ces choses accomplies, mon élève eût dit à la nation solennellement convoquée : Français, votre éducation est finie avec la mienne. Quel beau jour donc où le Prince eût *rendu au peuple sa liberté.*

Si *relever la religion* et *perfectionner la constitution de l'État* ou *élargir les droits des citoyens et rompre les derniers liens de la presse* n'apporte rien de bien nouveau, on accordera plus d'importance à *l'émancipation des communes* et à la *destruction du monopole,* enfin (surtout) à l'idée d'une balance équitable entre le salaire et le travail : dans tous les cas, il s'agit de trouver la solution aux problèmes du monde moderne par la voie de mesures protectrices, neutralisantes, voire réactionnaires. Remettre en cause la centralisation et la socialisation au nom de la petite entreprise, proposer une vague amélioration de la condition ouvrière : dans tous les cas, il s'agit d'un anti-capitalisme, comme celui dont a toujours rêvé la droite française, réactionnaire.

Quant au *raffermissement de la propriété* — l'immobilière d'abord, ébranlée depuis longtemps par l'ascension de la propriété mobilière autant que par l'agitation populaire croissante — et à la *limitation de ses abus* (la capitaliste cette fois, coupable de provoquer le mécontentement et d'enfanter la révolte), il s'agit là d'autres propositions soigneusement pesées qu'inspire le vieux rêve de conjurer les fatalités du monde moderne : paupérisation, concentration, etc. L'appel à l'honneur national constitue une critique explicite, mais sans grande nouveauté de la politique étrangère de la Monarchie de Juillet : cette politique des frontières naturelles, en effet, n'est-elle pas une sorte de rêve romantique dans une Europe où les rapports de force (démographie, industrialisation, apparition de nouveaux états) ont changé, dans un sens défavorable à la France?

Ainsi le bilan de ce programme politique est significatif. Il s'agit de constituer une monarchie qui, réalisant l'harmonie de tous les contraires, figerait la société dans une sorte d'heureuse immobilité, qui permettrait peut-être de sauver le passé des exigences du présent et ce présent des exigences de son avenir. Il s'agit en somme de ruser avec les périls de l'Histoire. Ce programme n'a rien à nous apprendre de positif, sauf peut-être ceci, mais qui n'a rien à voir avec une politique concrète : que l'Histoire décidément *avance,* l'avancée politique n'étant peut-être que le signe d'une avancée plus profonde :

> Le mouvement de Juillet ne tient point à la politique proprement dite; il tient à la révolution sociale qui agit sans cesse. Par l'enchaînement de cette révolution générale, le 28 juillet 1830 n'est que la suite forcée du 21 janvier 1793. Le travail de nos premières assemblées délibérantes avait été suspendu, il n'avait pas été terminé.

Oui, et après? Car que peut faire de cette analyse — vraie — un homme qui ignore les forces réelles de l'avenir? Chateaubriand a essayé, en relisant sa politique, d'y retrouver, plus fort, un sens. Il a d'une certaine manière réussi. Mais il a réussi de l'inattendu : à démontrer finalement *le non-sens de toute entreprise de rationalisation à l'intérieur de la modernité limitée à ses composantes aristocratie/bourgeoisie.* Lorsqu'il a voulu fabriquer un sens quand même, il est retombé dans le piège idéologique du système : il n'y avait encore une fois — mais quelle importance? — avec Henri V qu'un Français de plus.

Une fois encore, donc, échec des idées. Une faille est repérée, mais que l'on essaie de boucher. Aux yeux de la politique pratique, l'Histoire n'est que fatalité. Mais il est ici un autre pouvoir à l'œuvre : le moi, pour qui l'Histoire n'est pas faille ou fatalité, mais consonance et point d'essor. Toute sa démarche politique sous la Restauration avait eu cette efficacité et cette fonction. Alors, Chateaubriand écrivait. Un moment vient, dans *les Mémoires,* où, voulant être politique, il n'écrit plus. Ce moment toutefois est bref, cet îlot restreint. Et autour, c'est le grand flux, à nouveau, de l'écriture. Dans son programme des *Mémoires* aujourd'hui, comme dans la politique explicite des *Martyrs* et dans l'apologétique du *Génie* hier, Chateaubriand a tenté de constituer et de faire jouer des essences : ces pages-programme, froides, impossibles à vraiment relire, qui ne font pas rêver et qu'il est aisé de détruire, Chateaubriand y est plat, ce qui ne lui est pas facile. Et pour faire équilibre ou pour contester, nul personnage cette fois, nul René. Chateaubriand plébéien ne peut pas, comme Stendhal ou Balzac, passer par des héros de roman qui tous supposent un monde à découvrir et une éducation à l'intérieur de ce monde tel qu'il est. Mais il y a ce moi, dont l'histoire est commencée depuis 1826 avec la *Préface Générale* et le premier manuscrit sérieux des *Mémoires.* Or c'est ce moi-là, non romanesque mais littéraire, que l'on a vu se faire et s'affirmer tout au long du combat politique, qui va faire le travail décisif cette fois de destruction des fétiches modernes. Avant, cependant, de tout casser avec *Rancé,* il va faire ce dernier effort pour penser l'avenir : non plus dans le cadre d'une programmatique politique partisane, mais dans les termes d'une problématique de la civilisation.

Fin de l'Histoire?

Rançon, en effet, d'un vieux prophétisme mal liquidé, rançon aussi du besoin de certitudes qui caractérise une démarche littéraire non scientifique, lyrique et qui met toute sa foi en la parole, caractéristiques de tout idéalisme aux prises avec le réel : les *Mémoires* bouclent la boucle avec les tourments de 1794 et reprennent l'interrogation finale (comme si là était la vraie question) de l'*Essai,* et veulent y répondre :

> L'idée chrétienne est l'avenir du monde.
>
> En définitive, mes investigations m'amènent à conclure que l'ancienne société s'enfonce sous elle, qu'il est impossible à quiconque n'est pas chrétien de comprendre la société future poursuivant son cours et satisfaisant à la fois ou l'idée purement républicaine ou l'idée monarchique modifiée. Dans toutes les hypothèses, les améliorations que vous désirez, vous ne les pouvez tirer que de l'Évangile.

Mais qu'est-ce que cette ancienne société qui s'enfonce sous elle? Seulement l'ancienne France? N'est-ce pas déjà aussi la société révolutionnée en train de devenir ancienne? Et si l'avenir est chrétien, est-ce là plaidoyer pour un retour à l'ancienne France ou appel au dépassement de la société bourgeoise? L'idée chrétienne ne peut en aucune façon se reconnaître dans la « morale des intérêts ». Lamennais a dit : « un bazar n'est pas une cité ». L'idée chrétienne ne peut plus être patriarcale et réactionnaire. Elle s'identifie au devenir du monde, un devenir qui implique et entraîne un au-delà, même purement sentimental, de la société révolutionnée. Formellement, cette vision chrétienne d'un avenir du monde n'a rien à voir avec celle, profondément rénovée, d'un néo-christianisme de gauche appuyée, comme chez Lamennais, sur le peuple, sur ses droits et sur sa mission. Chateaubriand va même jusqu'à s'en prendre assez vivement au Lamartine des *Girondins* et de l'*Ode sur les Révolutions* (non nommé mais aisément reconnaissable) et à Lamennais, lui clairement désigné :

> Voulez-vous que l'idée chrétienne ne soit que l'idée humaine en progression?

Chateaubriand, lui, n'en est pas là, et sa réponse demeure un repli qu'on serait tenté de croire apeuré sur la réponse du *Génie :* non pas un christianisme inventif et créateur, mais un christianisme de préservation :

> [...] ouvrez les diverses cosmogonies, vous apprendrez qu'un christianisme traditionnel a devancé sur la terre le christianisme révélé. Si le Messie *n'était pas venu et qu'il n'eût point parlé,* comme il le dit de lui-même, l'idée

n'aurait pas été dégagée, les vérités seraient restées confuses, telles qu'on les entrevoit dans les écrits des anciens. C'est donc, de quelque façon que vous l'interprétiez, du Révélateur ou du Christ que vous tenez tout; c'est du Sauveur, *Salvator,* du Consolateur, *Paracletus,* qu'il vous faut toujours partir; c'est de lui que vous avez reçu les germes de la civilisation et de la philosophie.

Vous voyez donc que je ne trouve de solution à l'avenir que dans le christianisme et dans le christianisme catholique; la religion du Verbe est la manifestation de la vérité, comme la création est la visibilité de Dieu. Je ne prétends pas qu'une rénovation générale ait absolument lieu, car j'admets que des peuples entiers soient voués à la destruction; j'admets aussi que la foi se dessèche en certains pays; mais s'il en reste un seul grain, s'il tombe sur un peu de terre, ne fût-ce que dans les débris d'un vase, ce grain lèvera, et une seconde incarnation de l'esprit catholique ranimera la société.

Le christianisme est l'appréciation la plus philosophique et la plus rationnelle de Dieu et de la création; il renferme les trois grandes lois de l'univers, la loi divine, la loi morale, la loi politique : la loi divine, unité de Dieu en trois essences; la loi morale, *charité;* la loi politique, c'est-à-dire *la liberté, l'égalité, la fraternité.*

Les deux premiers principes sont développés; *le troisième, la loi politique, n'a point reçu ses compléments, parce qu'il ne pouvait fleurir tandis que la croyance intelligente de l'être infini et la morale universelle n'étaient pas solidement établies.* Or, le christianisme eut d'abord à déblayer les absurdités et les abominations dont l'idolâtrie et l'esclavage avaient encombré le genre humain.

Cependant prenons garde que le texte a singulièrement évolué en avançant : si la « loi politique », en effet, n'a pas « reçu ses compléments » (c'est-à-dire si la Révolution n'est pas finie), s'il y a eu égalité conquise aux dépens des nobles pour les bourgeois et s'il n'y a liberté que pour certains, s'il n'y a pas égalité riches-non-riches et s'il n'y a pas fraternité entre les hommes divisés, s'il y a encore idolâtrie (des fétiches de l'argent et du paraître) et s'il y a à nouveau esclavage (Lamennais intitule, en 1841, *De l'esclavage moderne* son livre consacré au salariat), n'est-ce pas que la révolution bourgeoise n'a pas voulu et *n'a pas pu* aller au bout de ses propres conséquences et, fidèle à son universalisme théorique, accomplir une révolution par et pour *tous* les hommes? Préserver? Non ce qui est mort de l'ordre ancien et que la Révolution a définitivement détruit, mais ce qui, dans l'ordre ancien, était vie et commune et que la révolution bourgeoise, au nom de ses intérêts propres, a tué : le peuple, l'honneur, la liberté. En l'absence cependant de tout relais historique perçu (ou accepté, vécu) vers l'avant, le monde, impossible à changer, ne peut être que *sauvé.* D'où ce prophétisme de contenu assez vague qui aligne le Chateaubriand de la fin des *Mémoires* sur Hugo et Michelet, la différence entre vision laïque et vision religieuse n'étant ici que de secondaire importance :

> Si le ciel n'a pas prononcé son dernier arrêt; si un avenir doit être un avenir puissant et libre, cet avenir est loin encore, loin au-delà de l'horizon visible; on n'y pourra parvenir qu'à l'aide de cette espérance chrétienne dont les ailes croissent à mesure que tout semble la trahir, espérance plus longue que le temps et plus forte que le malheur.

La fragilité de cette vision d'avenir est telle, cependant, son absence de contenu est si grave que, fait (peut-être) pour être sauvé, le monde n'a peut-être pour avenir — et là on se sépare quand même de Michelet et Hugo, qui, eux, croient plus fermement au peuple — que des images de mort : nuit finale et chaos, le monde, s'il en reste au seul humain (c'est-à-dire au seul bourgeois?), finira dans le grand silence des ruines ou des musées :

> Eh! pourquoi ne réunit-on pas aujourd'hui tant de débris dispersés, comme on réunit des antiques exhumés de différentes fouilles? L'Arc de Triomphe porterait pour couronnement le sarcophage de Napoléon, ou la colonne de bronze élèverait sur des restes immortels des victoires immobiles. Et cependant la pierre taillée par ordre de Sésostris ensevelit dès aujourd'hui l'échafaud de Louis XVI sous le poids des siècles. L'heure viendra que l'obélisque du désert retrouvera, sur la place des meurtres, le silence et la solitude de Louxor.

Que pèse alors, décidément, le projet pour Henri V? L'Histoire à venir apparaît sous des couleurs de catastrophe. Mais que les marchands de métaphysique ne s'y trompent pas : la catastrophe qui vient, ce n'est pas seulement celle de la Mort et du grand Néant. *La catastrophe qui vient, c'est la fin de toute possibilité de consensus au sein des sociétés révolutionnées :* le thème des ruines, familier depuis les voyages en Amérique et en Orient, prend ici un sens précis.

Les nouvelles ruines

Parvenu au terme de sa *Littérature anglaise,* en 1834, Chateaubriand avait tiré de son parcours les mêmes conclusions qu'au temps du voyage en Orient, mais avec des arguments nouveaux :

> Maintenant, lecteur, ne vous semble-t-il pas que nous achevons une course rapide parmi les ruines, comme celle que je fis autrefois sur les débris d'Athènes, de Jérusalem, de Memphis et de Carthage? En passant de renommée en renommée, en les voyant s'abîmer tour à tour, n'éprouvez-vous pas un sentiment de tristesse? [...]
>
> Et cependant de quoi nous sommes-nous occupés, de la partie la plus vivante de la nature humaine, du génie qui reste à peine comme une ombre des vieux jours au milieu de nous, mais qui ne vit plus pour lui-même et ignore s'il a jamais été.

L'Angleterre d'autrefois (il faut toujours revenir à ce texte) est morte :

> Aujourd'hui ses vallées sont obscurcies par les fumées des forges et des manufactures, ses chemins changés en ornières de fer, et sur ces chemins, au lieu de Milton et de Shakespeare, on voit passer des chaudières errantes. Déjà ces pépinières de la science où grandirent les palmes de la gloire, Oxford et Cambridge qui seront bientôt dépouillées, prennent un air désert : leurs collèges et leurs chapelles gothiques demi-abandonnés, affligent les regards; dans leurs cloîtres poudreux, auprès des pierres sépulcrales du moyen âge, reposent oubliées les annales de marbre que ces peuples de la Grèce qui ne sont plus; ruines qui gardent des ruines.

Mais il ne s'agissait pas que de l'Angleterre, de même qu'il ne s'agissait pas que de littérature au sens où l'entendaient les pédagogues, et Chateaubriand donnait à son nouvel *Essai* un sous-titre significatif : *Considérations sur le génie des hommes, des temps et des révolutions*. Et il ajoutait :

> La société telle qu'elle est aujourd'hui n'existera pas : à mesure que l'instruction descend dans les classes inférieures, celles-ci découvrent la plaie secrète qui ronge l'ordre social depuis le commencement du monde; plaie qui est la cause de tous les malheurs et de toutes les agitations populaires. La trop grande inégalité des conditions et des fortunes a pu se supporter tant qu'elle a été cachée par, d'un côté l'ignorance, de l'autre par l'organisation factice de la cité; mais aussitôt que cette inégalité est aperçue généralement, le coup mortel est porté. Recomposez, si vous le pouvez, les fictions aristocratiques [11]; essayez de persuader au pauvre, quand il saura lire, au pauvre à qui la parole est portée chaque jour par la presse, de ville en ville, de village en village, essayez de persuader à ce pauvre, possédant les mêmes lumières et la même intelligence que vous, qu'il doit se soumettre à toutes les privations, tandis que tel homme son voisin a, sans travail, mille fois le superflu de la vie; vos efforts seront inutiles : ne demandez point à la foule des vertus au-delà de la nature.

C'étaient là des extraits des *Mémoires* encore en portefeuille. Lorsque Chateaubriand reprendra ce texte, il le précisera et l'aggravera, faisant leçon en apparence aux tenants de l'ordre ancien, en fait aux tenants de l'ordre nouveau :

> Essayez de persuader au pauvre lorsqu'il possédera la même instruction que vous, essayez de lui persuader qu'il doit se soumettre à toutes les privations, tandis que son voisin possède mille fois le superflu : pour dernière ressource, *il vous le faudra tuer*.

Ainsi, tout se tient : écoulement du temps, transformations

---

11. Deux sens probables : 1) rétablissez l'aristocratie traditionnelle; 2) mettez en place une nouvelle aristocratie (la bourgeoisie). Dans les deux cas, le vrai problème est celui du consensus.

industrielles, techniques et sociales, fragilité de l'ordre neuf, nouveaux massacres et nouvelles destructions comme fatalités du « progrès ». La *Littérature anglaise,* revenant à de chères vieilles choses, écrivait :

> Dans les savanes mêmes d'Atala, les herbes sont remplacées par des moissons; trois grands chemins mènent aux Natchez, et si Chactas vivait encore, il pourrait être député au congrès de Washington.

Oui. Et après? Rousseau l'avait dit et il suffit de mettre la phrase au présent : les déserts se sont changés en campagnes riantes où l'on voit l'esclavage germer et croître avec les moissons. Ce qui, au temps de Jean-Jacques, puis au temps de l'*Essai,* n'était qu'intuition, réflexion abstraite ou allergie encore sans grande justification, est devenu riche et éloquente expérience d'un moi dans l'Histoire. Les preuves sont désormais accumulées du double caractère de la modernité : progrès matériel et transformation de l'espace des hommes; mais aussi faux contrat social, règle de l'illusion et mystification, asservissement des hommes aux nouveaux pouvoirs. Aussi : tirons-nous de ce coupe-gorge! La vieille tentation d'Alceste revient, nécessairement. Mais Alceste-René, cette fois, a un confesseur. Il s'appelle l'abbé Séguin, a un chat jaune, et il demande à son pénitent d'écrire la *Vie de Rancé*. La retraite. La soumission au confesseur. Joie? Pleurs de joie? *Rancé* ne sera pas au *Génie du christianisme* ce que le *Mémorial* est aux *Pensées,* et l'*Apologie,* chez ce grand relecteur de Pascal, ne se couronnera pas d'effusion mystique. La véritable réponse de Chateaubriand à la ruine des espoirs et des certitudes, ce sera, nouvelle noblesse oblige, un grand acte littéraire.

la « Vie de Rancé » : liquidation des mythes

Un livre étrange

La *Vie de Rancé,* que Chateaubriand écrivit sur la demande de son confesseur l'abbé Séguin, a toujours été jugée comme un texte initialement de *fond* (raconter la vie du fondateur de la Trappe) qui posait surtout des problèmes de *formes*. Chateaubriand avait habitué ses lecteurs à une certaine rhétorique poétique et noble. Le polémiste et le journaliste avaient déjà beaucoup changé cela, mais il s'agissait alors de textes annexes, et non littéraires. Les *Mémoires*, dès les premiers textes connus, devaient un peu plus inquiéter (aussi bien Nisard que Sainte-Beuve), compte tenu de leur ambition nettement littéraire. C'est que le classicisme, dont la vocation sociale et politique répressive s'affirmait de plus en plus à mesure que s'avançait le siècle, aurait bien récupéré Chateaubriand et la tâche n'apparaissait ni impensable ni impossible. Surtout peut-être depuis *les Martyrs :* le sauvage, alors, avait semblé reculer au profit du grand entrepreneur littéraire. Et puis Chateaubriand n'écrivait-il pas encore en grande partie comme on écrivait avant la Révolution? Si les romantiques, le plus souvent, l'avaient reconnu, c'était plus comme un rénovateur dans le domaine des sentiments que comme un iconoclaste sur le plan de la forme. On s'agaçait bien à gauche, de ce que le tout jeune Balzac, en 1820, appelait le style « chateaubrillanté », mais pourtant on se reconnaissait en René. Un Beyle, dans son coin, s'exaltait, il est vrai, pour des alliances de mots : « cime indéterminée des forêts »,

« vaste désert d'hommes »; c'est que là, pour lui, était la littérature, non dans des sentiments et histoires qui ne le concernaient ni ne le touchaient. Pour Beyle, Chateaubriand était d'abord un écrivain, et un écrivain *rupteur*. Mais du côté bien-pensant on voulait voir en lui un grand (nouveau) classique, un arrangeur de longues phrases. Aussi quelle surprise et quel scandale à la lecture de ce *Rancé* qui ne ressemblait à rien! La tradition universitaire ne s'y est pas trompée : pourquoi, dans ce « beau sujet », tant de digressions sur Chambord, Retz, Courier, George Sand? Pourquoi tant d'images « forcées et obscures »? Florisoone concédait : « parfois on rencontre de fort beaux passages *où se retrouve le Chateaubriand de la bonne époque* »! Mais René Canat n'aimait pas « l'éternel René avec son ennui, ses bâillements, son désenchantement, son dégoût de la vie, ces plaintes sans objet et sans fondement dont on est un peu las »; surtout il relevait « des négligences de style », « des images assez recherchées et peu exactes » (qu'est-ce qu'une image exacte?) tout en reconnaissant qu'« *on retrouve dans cette œuvre de vieillesse quelques-unes des qualités ordinaires de Chateaubriand*. Elles apparaissent seulement avec moins de fréquence ». Un autre aristarque universitaire, Letessier, rattache de manière assez étonnante Rancé au « style symboliste de l'école poétique de 1880 », mais il cite à l'appui de sa thèse Mallarmé :

Avant Chateaubriand le mot était un signe, un signe abstrait et qui ne cessait d'être tel que par un vrai coup de fortune : ce hasard lui-même valait ce qu'il valait; on ne s'appliquait point à le rendre régulier, ni même fréquent; c'était à la lettre un bonheur d'expression, un accident heureux auquel on s'égayait, sans trop y penser; car s'il venait à perdre cette qualité d'accident, on sentait qu'il perdait son prix. Enfin, le mot-réalité, le mot-couleur, le mot-parfum, le mot-sensation, le mot-objet pouvait bien venir sous la plume par jeu ou par humeur, il n'était en aucune sorte la fin du style. C'est Chateaubriand qui l'a élevé à cette dignité nouvelle. Chateaubriand tient moins à ce qu'il dit qu'à l'enveloppe émouvante, sonore et pittoresque de ce qu'il dit et, comme ce qu'il dit n'est rien qu'une suite d'images, ce n'est pas au système d'images qu'il nous veut attentifs, mais bien à l'image même de son discours, aux images diverses dont il est tout constitué; en d'autres termes, à la nature propre des mots qui le composent, puisque souvent ces images et ces mots ne font qu'un.

Critique ou compliment que ce certificat de modernité? Il est certain que le Chateaubriand de *Rancé*, écrit de manière si peu académique, ne pouvait être compris par un public qui s'éloignait des novations romantiques. L'ordre esthétique se rétablit lentement au moment même où « la raison et le goût de l'écrivain semblent avoir cessé d'exercer un contrôle efficace » (Letessier). On ne devait pas en rester là cependant et Julien Benda, le premier peut-être, insista sur la valeur novatrice de *Rancé* (« une sorte d'exubérance tournée vers le dedans, d'inubérance si l'on ose dire, qui s'affirme non plus en profusion mais en simplicité »). Et le mouvement s'est continué. On a aujourd'hui redécouvert *Rancé*, avec Gracq et Barthes. Et l'on est allé jusqu'à vouloir y voir l'un des textes de la fameuse rupture, l'un des textes fondateurs de la modernité. Constatation déjà significative : à la différence du *Génie*, ce livre pieux n'a jamais été pris en charge par l'institution ni par l'ordre, mais par les théoriciens de l'écriture. Est-ce une raison cependant pour ne pas envisager *Rancé* dans l'Histoire? N'est-il pas vrai que si, dans *Rancé*, quelque chose « casse » dans l'écriture (mais aussi dans les références et dans la mythologie), c'est que quelque chose a cassé ailleurs? Et si oui, quoi? Tout semble assez clair.

Dans ce dernier livre de Chateaubriand, il n'est plus nulle part de mirage positif : plus de passions, plus d'Amérique, plus de progrès historique et politique, plus de sens de l'Histoire ni de rien. Tout est ruines, et ruines de ruines. Le voyageur est mort, comme l'homme qui domine son siècle et donne des leçons. L'écriture n'est plus mise au service de la moindre entreprise ni du moindre projet : le *Génie* avait été dédié à Constantin; *Rancé* est dédié à un simple prêtre. L'*Essai* avait été une vaste réflexion sur l'Histoire; *Rancé* est regard destructeur sur tout ce qui a voulu constituer l'Histoire en certitudes. D'Eudore au ministre chassé qui, en 1826, s'était adressé à la jeunesse et à l'avenir, Chateaubriand n'avait écrit que pour agir, les songes ayant fonction démystificatrice contre les actions fausses et les pouvoirs trompeurs. Mais en 1844, il n'y a plus que Guizot au pouvoir, et pour longtemps; il n'y a plus de jeunesse romantique; il n'y a plus de France nouvelle. Dès lors René se souvient à nouveau de Kensington. Mais, expose-t-il, il n'est pas Poussin, il n'habite pas au bord du Tibre et il a un mauvais soleil... 1793, 1797, 1801, 1814 : aubes du siècle. Mais aujourd'hui la morale des intérêts triomphe. Carrel est mort. Béranger ne chante plus. Lamennais seul continue, autre malouin paria. La même année, Balzac, dans l'avant-propos des *Paysans,* avait parlé du « Samson populaire » qui secoue les piliers de l'édifice social et du « communisme, cette logique vivante de la démocratie ». René, lui, dont les *Mémoires,* avec leur conclusion qui se veut arrangement de l'avenir, sont à paraître, dans un univers qui n'est plus le sien mais dans lequel il a pris sa place comme écrivain, fait ce qu'il peut pour endiguer le flot montant de l'absurde moderne. Partout périls et médiocrités. Prophétiser ou survivre? La seule liberté qui reste n'est-elle pas de « mal » écrire? Il y a des limites à cette liberté : on connaît le passage sur la correction des épreuves à l'heure des fantômes, mais tout le monde sait aussi que M. de Chateaubriand, pour vivre, a dû vendre ses *Mémoires.*

D'où cette intrusion constante de la modernité, mais d'une modernité tout autre que formelle (politique!), dans ce texte en apparence sur autrefois. Walter Scott est mort, avec sa recherche du sens du passé, et l'histoire libérale à la Villemain-Guizot-Thiers, avec sa préparation idéologique à une Histoire nouvelle qui serait l'œuvre de la classe éclairée. Que pèseraient ces histoires devant la tête coupée de Mme de Montbazon, devant le crâne sous le regard de Rancé? À partir de ces images s'il n'y a ni *Génie* pensable, ni Europe, ni même (ni surtout?) précepteur de Henri V, *Rancé* est un livre d'histoire écrit par un historien qui ne croit plus à l'Histoire ni à l'histoire. Dès lors, c'est toute l'interrogation qui change de sens, toute la réflexion.

Une réflexion sur la création littéraire

Commandé à Chateaubriand par son confesseur, *Rancé* est d'abord présenté par son auteur comme une œuvre objective et sérieuse, radicalement différente de ses autres œuvres de fiction. *Mais, dans ce passage à l'objectif, Chateaubriand voit un signe de recul*, et ce au moment où va triompher le positivisme, liquidateur du romantisme :

> Mon premier ouvrage a été fait à Londres en 1797, mon dernier à Paris, en 1844. Entre ces deux dates, il n'y a pas moins de quarante-sept ans [...]. Autrefois je barbouillais du papier avec mes filles, Atala, Bianca, Cymodocée, chimères qui ont été chercher ailleurs la jeunesse. On remarque des traits indécis dans le tableau du Déluge, dernier travail du Poussin : ces défauts du temps embellissent le chef-d'œuvre du grand peintre; mais on ne m'excusera pas, je ne suis pas Poussin, je n'habite point au bord du Tibre et j'ai un mauvais soleil. *Jadis j'ai pu imaginer l'histoire d'Amélie, maintenant je suis réduit à tracer celle de Rancé :* j'ai changé d'ange en changeant d'années. (Préface de la première édition)

Retracer le passé, reconstituer un moment d'Histoire n'est pas ici vécu comme un passage à plus. Sens probable : on ne peut plus parler que des autres, puisqu'on ne peut plus parler d'un moi, désormais sans avenir ni signification, qui s'exprimait jadis par les fictions. Il n'y avait pas eu, chez Chateaubriand, constitution d'un univers romanesque qui fasse équilibre à l'univers réel, ni de héros qui fassent concurrence à l'état civil; ses héros avaient une autre fonction et étaient d'une autre nature. C'est bien pourquoi Atala, Bianca, Cymodocée désertent leur auteur à la veille de sa mort, alors que Bianchon est à côté du lit de Balzac et que Rastignac continue vers tout un avenir. Atala, Amélie, Bianca, Cymodocée ne sont que des moments d'une expression du moi; des fixations de songes. Aussi Chateaubriand s'éloigne-t-il de ces figures qui ne vivent pas en dehors de lui comme des images et des moyens du monde. Premier point qui s'éclaire : Rancé, c'est la fin des héros heureux.

Les *Mémoires* le prouvaient déjà : soumission du pur sujet à l'événement, nul contre-univers ne s'imposant comme preuve ou refuge. Et c'est encore vrai de ce nouveau héros : Rancé. Les saints de Balzac et ses hommes d'action (Benassis, Rastignac, Michel Chrestien, le curé de village) pris entre un subjectif vertigineux et un objectif subi, infligé, produisent un sens et constituent une sorte de sur-univers en perpétuel devenir et de perpétuel appel. Le maximum ici est autre : de vertige et non de perspective. C'est un nouvel aspect des deux infinis chez ce Chateaubriand qui avait su redécouvrir Pascal. Songes, les créatures fictives ont de plus en plus la transparence du songe. Peut-on s'en tirer par la soumission à la tâche, et à l'objet « réel »? Chateaubriand du moins (qu'en a pensé l'abbé Séguin?) se refuse-t-il à écrire une hagiographie rassurante et édifiante qui liquide ce qui, dans les songes et dans l'âme, était authentique exigence de l'existence. C'est qu'il n'est pas, c'est qu'il n'est plus de certitudes, et d'abord pas, chez ce paria à nouveau dans le monde bourgeois, de certitude de la réussite et de l'énergie. Est-ce hasard si l'on s'est aperçu aussi vite que la *Vie de Rancé* était une remouture de *René?* Pour obéir à son directeur, Chateaubriand s'est mis au travail et a voulu faire une œuvre « utile », mais le mot même de *travail* livre une clé d'importance. Chateaubriand, en effet, n'est-il pas étranger à cet univers du travail et de la production, qui le soumet, lui, l'aristocrate et l'intellectuel, mais qui ne le mobilise pas?

Rancé, c'est à nouveau le rocher de René où l'on va méditer au soleil couchant. Mais cette fois avec des arguments historiques clairs. C'est *René* à nouveau (où l'on méditait à l'infini sur la dernière lettre d'Amélie) que cette tête coupée de Mme de Montbazon, que cette solitude affreuse de la Trappe, si peu religieuse. C'est que Chateaubriand est absolument et de plus en plus étranger à l'univers des ralliements « positifs », des conversions, après les délices empoisonnées de l'autobiographie, au réalisme pratique. *Une seconde fois (et décisive) René dit non au père Souël, qui cette fois s'appelle l'abbé Séguin.* Est-ce hasard si cette *Vie* est celle d'un homme qui s'est retiré du monde pour méditer sur la tête coupée d'une ancienne maîtresse, non celle d'un saint de l'action qui se voue à la transformation du monde. Où sont les Jésuites du Paraguay et du Canada? Il y a un second *Faust* balzacien [1] : ce sont les grands romans utopi-

---

1. Voir dans la même collection, *Balzac, une mythologie réaliste.*

ques. Il n'y a pas de second *Faust* chez Chateaubriand; et il semble même qu'on en vienne à une singulière aggravation (arguments à l'appui) des premières analyses et des premières perceptions. Ennui congénital? Mais si le monde n'a pas su guérir René? L'erreur serait de ne voir là que métaphysique :

> Sociétés depuis longtemps évanouies, combien d'autres vous ont succédé! Les danses s'établissent sur la poussière des morts, et les tombeaux poussent sous les pas de la joie. Nous rions et nous chantons sur les lieux arrosés du sang de nos amis. Où sont aujourd'hui les maux d'hier? *Où seront demain les félicités d'aujourd'hui?* Quelle importance pourrions-nous attacher aux choses de ce monde? L'amitié? Elle disparaît quand celui qui est aimé tombe dans le malheur, ou quand celui qui aime devient puissant. L'amour? il est trompé, fugitif ou coupable. La renommée, vous la partagez avec la médiocrité ou le crime. La fortune? pourrait-on compter comme un bien cette frivolité? Restent ces jours dits heureux qui coulent ignorés dans l'obscurité des soins domestiques, et qui ne laissent à l'homme ni l'envie de perdre ni de recommencer la vie.

C'est encore et toujours l'oscillation folle du pâtre au guerrier, du guerrier au pâtre :

> Il [...] perdait ses jours à la manière de Saint Jérôme et de Saint Augustin comme quand, dans les oisivetés de ma jeunesse, je les conduisis sur les flots du golfe de Naples [...] [2].

> Bruno sur les Alpes, Paul dans la Thébaïde, ne voulurent pas plus sortir de leur retraite que Rancé n'aurait voulu quitter les Pyrénées; mais ces dernières montagnes avaient un danger : le soleil était trop éclatant, et de leur sommet on découvrait les séjours d'Inès et de Chimène.

> Quand Louis XIV descend le dernier au cercueil, on est atteint d'un inconsolable regret. Parmi les débris du passé se remuaient les premiers nés de l'avenir : quelques renommées commençaient à poindre sous la protection

---

2. Voir chapitre 6 pour ce passage du *Génie*, ici accusé de complaisance romanesque.

d'un roi décrépit encore debout. Voltaire naissait; cette désastreuse mémoire avait pris naissance dans un temps qui ne devait pas passer : la clarté sinistre s'était allumée au rayon d'un jour immortel.

Nul triomphe. *Nulle part.* D'où la force de cette remarque, profondément janséniste (mais depuis quand le jansénisme n'est-il que condamnation abstraite et métaphysique du monde?) :

> L'évêque d'Aleth approuvait que Rancé se défît de sa fortune; mais il s'opposait à son penchant pour la solitude : ce penchant, répétait-il, ne vient pas toujours de Dieu; il est souvent inspiré par un dégoût du monde, dégoût dont le motif n'est pas toujours pur.

Que le « penchant pour la solitude » ne soit pas signe évident de vertu, René le savait. Et Rancé aujourd'hui, qui n'est pas que le Rancé de l'« Histoire » :

> Mes embarras extérieurs sont les moindres embarras de ma vie : je ne puis me défendre de moi-même.

Ce *moi-même* du XVIIe siècle transporté dans le nouveau champ historique de 1800-1840 aggrave la leçon des *Mémoires,* et le thème du balancier n'est plus ici équilibré par la moindre ombre de projet positif. Dès lors on comprend que, des *Mémoires* à *Rancé,* il y ait changement d'écriture, renoncement à un certain drapé solennel, utilisation systématique de la formule et de la phrase courte qui défait, déconcerte et déconstruit au lieu d'organiser. La vision pratique du monde n'a pas fondamentalement changé mais il y a une double disparition : celle du projet d'un JE positif et responsable et celle du refuge dans l'affirmation d'une transcendance dogmatisable. La cassure est là, que montre une écriture qui ne cherche jamais à la colmater. Chateaubriand ne cherche plus à compenser l'absence d'un contre-univers romanesque ou politique par l'élaboration d'un contre-système théorique ou idéologique. On est face au vide absolu. Il y a hémorragie? Eh bien il y a hémorragie! Il n'y a plus, comme autrefois, ni utopie ni projet? Mais sur quel Constantin aujourd'hui compter? Et sur quel peuple? L'expérience et l'espoir de la Restauration sont loin, mais surtout on est plongé jusqu'au cou dans le système Guizot. La révolution romantique, la révolution des libertés ne sont plus que vieilles choses. Quel renouveau désormais envisager? *Que reste-t-il et que peut-il rester des grands mythes en 1844?* En quoi croire? La seule religion vivante est alors celle de Lamennais, « l'immortel compatriote » dont, écrit Chateaubriand, « je pleurerais avec larmes amères tout ce qui pouvait nous séparer sur le dernier rivage », mais qui est persuadé qu'« une voix [...] partira on ne sait d'où, l'esprit de sainteté, d'amour, de révolte, emplira de nouveau la terre régénérée ». Chateaubriand ne cache pas sa réprobation de la décision de Rome (« ce rescrit qui le jetait hors de l'Église »). Mais Lamennais, annonciateur et critique, est-il fondateur? La religion n'a plus pouvoir d'unification et ne peut plus en avoir. D'où l'évocation, à nouveau, de cette statue de Jacques II, vue à Londres pendant l'exil, sur « le lieu de l'immolation de Charles Iᵉʳ » et que tout et tout le monde oublie, et oublie de plus en plus : le meurtre du roi s'éloigne pour toujours et ce n'est plus là-dessus que le monde réfléchit. Du sacré, du mobilisateur est mort.

Le procès du Grand Siècle

Dès lors (et ceci, sous la plume de l'auteur du *Génie*, est capital) toute une évocation du xviiᵉ siècle s'en trouve affectée. L'opération, certes, ne tombe pas du ciel. Dès la Restauration, Chateaubriand avait commencé à s'interroger sur l'image et la valeur du siècle classique, et dans la suite des siècles corrompus il avait ajouté, préparant le xviiiᵉ siècle, un xviiᵉ siècle lui-même corrupteur et corrompu, un xviiᵉ siècle divers, éclaté, dans lequel il fallait lire autre chose que les fameuses leçons d'ordre, de mœurs, de goût et d'unité, dont tout le monde déjà parlait tant. Ici achève de s'inverser l'opération commencée dans le *Génie*. Discrètement, mais fermement, le xviiᵉ siècle se voyait rééclairé de manière curieuse pour un « royaliste » :

> Certes on ne dira pas que la religion fut sans force, le clergé sans puissance, l'instruction chrétienne sans vigueur sous le règne de Louis XIV; et pourtant les forfaits que je viens de rappeler n'étaient ni prévenus par l'esprit d'un siècle que l'on nous cite comme modèle, ni fomentés par la liberté de la presse qui n'existait pas [...].
>
> Et nous rapprochant de notre siècle, serons-nous plus édifiés des mœurs de la Fronde? le cardinal de Retz nous les a trop fait connaître [...].
>
> Par respect, admiration et reconnaissance, jetons un voile sur certaine partie du règne de Louis-le-Grand [...].

L'explication, Chateaubriand la trouvait alors, en relation avec ses luttes contre l'opportunisme et le cynisme « modernes » du Pouvoir et de ses ministres, dans l'absence de toute liberté et d'abord de la liberté d'expression, de la liberté de la Presse : par ces libertés, une autre vie, un autre avenir était possible. C'est ce qui aide à comprendre, alors, sous la plume de cet homme de droite de terribles condamnations portant sur le passé royal et féodal de la France. Tombées du ciel? On sait pourtant que le procès d'un certain siècle de Louis XIV figurait déjà dans les textes préparatoires des *Natchez* et de l'*Essai* (notamment le récit du voyage de Chactas en France [3]).

En fait, ce que condamne le jeune Chateaubriand puis le publiciste politique, c'est toute une image idéologique que l'on s'était fabriquée du passé monarchique et catholique de la France. Vieille méfiance de la liberté aristocratique à l'encontre des modernités monarchiques. Mais aussi passage sur des positions théoriques plus profondément anti-ancienne France qui récusaient par avance l'idéalisation des fêtes féodales de l'Angevine dans les *Mémoires* : à quoi sert le passé classique et ancienne France? de quelle mission a-t-il été chargé? et par qui? Dans le *Génie* et dans *René*, le XVIIe siècle pouvait paraître chargé d'avenir; surtout il demeurait le siècle de référence positive contre le désordre et le scandale d'après la coupure. *Mais quelle Restauration peut*

---

3. Voir ci-dessus, p. 50.

bien désormais fertiliser cette image? Quelle Restauration va venir mettre un terme à la coupure? Et dès lors à quoi sert le XVIIᵉ siècle, que l'on ne peut plus utiliser de manière positive? Certes, d'une part, on écrit dans *Rancé*, « ces mœurs inimitables de notre ancienne patrie ». Mais aussi : « dans l'année 1648, s'ouvrit la tranchée dans laquelle sauta la France pour escalader la liberté ». Évocations de la société héroïque, frivole, précieuse. Mais aussi de la débauche : « on trouvera mille autres turpitudes dans le recueil de Maurepas. C'étaient alors les libertés de la France »; du crime de classe : « ces assassinats de l'aristocratie ne furent point punis; ils étaient alors du droit commun; on ne les châtiait que dans les vilains »; du désert d'hommes de la monarchie absolue :

> Lorsque Louis XIV prit les rênes de l'État, la France se divisa, les uns allaient combattre l'étranger, les autres se retirèrent au désert.

Le Grand Siècle, c'est aussi la Chartreuse, la Trappe et Port-Royal, et l'opposition Fouquet : René se rapproche ici d'Alceste et du Pascal du refus radical. Nouvel avatar du *non possumus* intramondain, incapable d'être révolutionnaire, mais d'une incontestable portée critique et littéraire.

> N'est-il pas souligné que, si Rancé commença par la cour il finit par l'Église, alors que si Bossuet commença par l'Église, il finit par la cour?

Où sont décidément les splendeurs temporelles du *Génie?* C'est ici presque constamment, dans ce livre religieux sur le XVIIᵉ siècle, un envers du Grand Siècle... Le XVIIᵉ siècle s'est figé. Il est mort. Il ne parle plus ni le langage du *Siècle de Louis XIV* (annonce du règne de la raison) ni le langage du *Génie* (modèle à la fois social et culturel de société chrétienne). Il n'annonce plus rien. Chateaubriand, sans doute un peu effrayé de sa liberté, a biffé dans la seconde édition cette phrase sur Mᵐᵉ de Maintenon :

> Scarron fut chargé de la sorte d'une grande destinée : les nègres nourrissent pour leur maître ces élégantes créatures du désert qui ont le cou si long et si beau.

Mais ce n'était là qu'un détail, et il n'a pu effacer le mouvement même du livre. En fait, il liquide ici le Grand Siècle pour enfants des écoles dont s'est déjà emparé le policier Sainte-Beuve. Et il va jusqu'à mettre en cause ce qui fondait l'entreprise des *Mémoires* :

> Acrobate mitré, Retz rentré en France entreprit deux ouvrages : l'un, sa généalogie (insipidité des temps : *on compte ses aïeux quand on ne compte plus*), l'autre, une histoire latine des troubles de la Fronde.

À quoi bon un Grand Siècle? À quoi bon une noblesse? La finalisation impossible dégrade la matière même des essences. Oui, tout s'en va, et Louis XIV, figure non de culture et de la raison, mais de l'État froid, figure du seul pouvoir de fait, rejoint Napoléon dans le même cimetière :

> Jusqu'alors nous n'avions senti que le despotisme irrégulier des rois qui marchaient à regret avec des libertés publiques, ouvrages des états généraux, et exécutées par les parlements; mais la France n'avait point encore obéi à ce grand despotisme qui imposait l'ordre sans permettre d'en discuter les principes. Sous Louis XIV, la liberté ne fut plus que le despotisme des lois, au-dessus desquelles s'élevait comme régulateur l'inviolable arbitraire. Cette liberté esclave avait quelques avantages : ce qu'on perdait en franchises dans l'intérieur, on le gagnait au dehors en domination : le Français était enchaîné, la France libre.

Il n'y a plus d'ordre. Continuons : il n'y a plus de sang fondateur des martyrs. L'abbé Séguin a été héroïque pendant la Terreur?

> Pendant que la religion inspirait ainsi l'héroïsme à des femmes et à des prêtres, l'héroïsme était sur le champ de bataille avec nos armées; jamais les Français ne furent si courageux et si infortunés.

Finie, elle aussi, la finalisation de tous les héroïsmes français, prometteurs de quelque grande conciliation. René ne rejoindra plus Mila. La vieille fascination révolutionnaire reparaît bien un moment, comme dans ce salut à 1789, à propos de Retz :

338

Quant à ses actions politiques, il avait derrière lui la puissance du parlement, une partie de la cour et la faction populaire, et il ne vainquit rien. Devant lui, il n'y avait qu'un prêtre étranger, méprisé, haï, et il ne le renversa pas : *le moindre de nos révolutionnaires eût brisé dans une heure ce qui arrêta Retz toute sa vie.* Le prétendu homme d'État ne fut qu'un homme de trouble.

Mais aussitôt balancée par la stérilité de la postérité de Voltaire, « désastreuse mémoire » dont ne peut aujourd'hui se réclamer que la société libérale, tous lecteurs du *Constitutionnel,* de *la Presse* et du *Siècle,* mangeurs à la mangeoire de Guizot. L'énergie révolutionnaire, oui toujours, mais sans valables lendemains, et donc, elle aussi, *inutile.* Filiation Voltaire-libéralisme, malgré l'alibi et la caution du courage et de l'énergie révolutionnaire. Filiation Retz-vanités de l'aristocratie restaurée, malgré l'alibi et la caution du courage des prêtres fidèles et des émigrés. Deux visions idéologiques sont rejetées qui se voulaient totalisantes. Vieux débats. Friperies; et même pas, comme avait pu le dire, lui, Béranger, vieux drapeaux. Il est normal dès lors qu'une fois encore paie pour tout ce déclassement la figure un moment unificatrice de Bonaparte qui certes a « fait son siècle ». Mais à quoi bon? « On n'entend au tombeau que la voix de Napoléon. » De toute l'Histoire seule subsiste, affirme la dernière page « le courage de Rancé », « que nous allons voir en passant », et que l'on n'écoute pas dans la grande foire temporelle du « progrès ».

Lamennais, Sand, Courier

La *Vie de Rancé,* loin d'être un supplément aux *Mémoires,* en annule donc certaines des plus ambitieuses leçons, les plus confiantes, les plus décoratives, les plus rassurantes. La croix est toujours là, bien sûr, au bord de l'éternité, mais c'est celle d'un homme qui avait cessé de croire à l'avenir du monde. Un autre religieux, déjà rencontré et décidément obsessionnel, a cru (et croit), lui, à l'avenir du monde? Il vient de publier *Le livre du peuple.* Mais

Rancé, qui s'accotait contre Dieu, acheva son œuvre; l'abbé de La Mennais s'est incliné sur l'homme : réussira-t-il? L'homme est fragile et le génie pèse. Le roseau, en se brisant, peut percer la main qui l'avait pris pour appui.

Lamennais promis à l'échec? et avec lui le socialisme? C'est pourtant la seule ouverture du texte du côté des idéologies et des entreprises. Lamennais est un ouvreur de routes. Rien ne lui est garanti mais, quand même, cette voix? D'autant plus que du même coup, et ceci doit être noté, Chateaubriand salue George Sand, alors socialiste, et rabaisse le libéral Paul-Louis Courier :

> Madame Sand l'emporte sur toutes les femmes qui commencèrent la gloire de la France. L'art vivra sous la plume de l'auteur de *Lélia*. L'insulte à la rectitude de la vie ne saurait aller plus loin, il est vrai, mais madame Sand fait descendre sur l'abîme son talent, comme j'ai vu la rosée tomber sur la mer morte.

Quel salut! Et pas seulement au talent! Où est le vieux perfectibilisme de cette bonne Germaine de Staël? Et celui de la vieille gauche doctrinaire et libérale? Les pages consacrées à Courier (Rancé a vécu dans les bois de Véretz, lieu de résidence du pamphlétaire libéral) retrouvent le souffle des *Mémoires* :

> *On lit des lettres modernes datées de Véretz :* qui a osé écrire de ce lieu après le gigantesque Pénitent? Dans les bois de Larçay, jadis propriété de Rancé, dans les parcs de Montbazon, parmi des noms qui rappelaient une ancienne vie, le 11 avril 1825, on trouva un cadavre. Le 10 d'avril, le jour finissant, une voix fut entendue : « Je suis un homme mort! » Une jeune fille, cachée avec son amant dans de hautes bruyères, avait été témoin d'un meurtre. D'un autre côté, à demi vêtue, la veuve de Courier (c'était lui dont on avait retrouvé le cadavre), âgée de vingt-deux ans, descend la nuit parmi des personnages rustiques, comme une ombre délivrée. Les opinions de Courier à Véretz avaient réduit son intimité à des rivalités inférieures : chagrins qui n'intéressent personne, gémissements qui vont se perdre dans l'océan muet qui s'avance sur nous. Peut-être quelque grive redit-elle l'acte tragique

dans les bois où Rancé avait promené ses misères. Courier avait écrit dans sa *Gazette du village* : « *Les rossignols chantent et l'hirondelle arrive.* » Enfant d'Athènes, il transmettait à ses camarades le chant du retour de l'hirondelle [...].

Si les arbres sous lesquels fut tué Courier existent encore, qu'est-il resté dans ces ombrages, que reste-t-il de nous partout où nous passons? Paul-Louis Courier aurait-il cru que l'immortalité pouvait porter la haire et se rencontrer dans les larmes? Le réformateur de la Trappe a grandi à Véretz; l'auteur du Pamphlet des pamphlets a diminué. La vie dans sa pesanteur descendit sur un esprit qui s'était dressé pour morguer le ciel. Chose remarquable! Courier, le philosophe, a fait ses adieux au monde par les mêmes paroles que Rancé, le chrétien, avait perdues dans les bois : « Détournez de moi le calice; la ciguë est amère. »

Silence, bien entendu, sur les dessous vrais de la terrible affaire : les paysans, opprimés, qui tuent le bourgeois (de gauche) accapareur de terres, avec la complicité de sa femme, maîtresse de l'un des assassins. La même année Balzac, dans *les Paysans*, dit, lui, la vérité sur le nouveau conflit bourgeois-peuple qui n'est encore ici que « rivalité inférieure ». Mais l'essentiel est que Courier s'éloigne, qu'il ne dise plus rien aux générations nouvelles à l'heure du socialisme. Et la grive établit le lien entre *Rancé* et Combourg, la grive qui est le signal de ce qui vit et signifie. Elle dit ici la mort de la liberté libérale, comme celle de Montboissier disait la mort de l'ancienne France et de ses libertés.

Pourquoi ce nouveau René?

On a dit et redit : dans *Rancé*, Chateaubriand « fait » une dernière fois du *René*. Est-ce à dire que le vieux chantre ne désarme pas? Ou bien que cet incorrigible n'a rien appris? Mais pourquoi ce nouveau *René*? ce René, non plus de la jeunesse mais de la vieillesse et de l'expérience? Il suffit de laisser d'abord défiler les textes où passent les souvenirs de ce qui est déjà *écrit* :

La retraite ne fit qu'augmenter sa douleur : une noire mélancolie prit la place de sa gaieté, les nuits lui étaient insupportables; il passait les jours à courir dans les bois, le long des rivières, sur les bords des étangs, appelant par son nom celle qui ne lui pouvait répondre.

Cet orphelin [4] vient de m'appeler à Londres, j'ai obéi à la lettre close du malheur. Henri m'a donné l'hospitalité dans une terre qui fuit sous ses pas. J'ai revu cette ville témoin de mes rapides grandeurs et de mes misères interminables, ces places remplies de brouillards et de silence, d'où émergèrent les fantômes de ma jeunesse. Que de temps déjà écoulé depuis les jours où je rêvais René dans Kensington jusqu'à ces dernières heures! Le vieux banni s'est trouvé chargé de montrer à l'orphelin une ville que mes yeux peuvent à peine reconnaître.

Réfugié en Angleterre pendant huit années, ensuite ambassadeur à Londres, lié avec lord Liverpool, avec M. Canning et avec M. Croker, que de changements n'ai-je pas vus dans ces lieux depuis Georges III qui m'honorait de sa familiarité jusqu'à cette Charlotte que vous verrez dans mes Mémoires [5]. Que sont devenus mes frères en bannissement? Les uns sont morts, les autres ont subi diverses destinées; ils ont vu comme moi disparaître leurs proches et leurs amis. Sur cette terre où l'on ne nous apercevait pas, nous avions cependant nos fêtes et surtout notre jeunesse. Des adolescentes, qui commençaient leur vie par l'adversité, apportaient le fruit semainier de leur labeur afin de s'éjouir à quelques danses de la patrie. Des attachements se formaient, nous priions dans des chapelles que je viens de revoir et qui n'ont pas changé. Nous faisions entendre nos pleurs le 21 janvier, tout émus que nous étions d'une oraison funèbre prononcée par le curé émigré de notre village. Nous allions aussi, le long de la Tamise, voir entrer au port des vaisseaux chargés des richesses du monde, admirer les maisons de campagne de Richemond, nous si pauvres, nous si privés du toit paternel! Toutes ces choses étaient de véritables félicités. Reviendrez-vous, félicités de ma misère? Ah! ressuscitez, compagnons de mon exil, camarades de la couche de paille, me voici revenu! Rendons-nous encore dans les petits jardins d'une taverne dédaignée pour boire une tasse de mauvais

---

4. Le duc de Bordeaux, prétendant au trône de France.
5. À la date de la publication de *Rancé*, les *Mémoires* sont encore inédits, mais écrits et vendus.

thé en parlant de notre pays : mais je n'aperçois personne; je suis resté seul.

L'abbaye n'avait pas changé de lieu : elle était encore, comme au temps de la fondation, dans une vallée. Les collines assemblées autour d'elle la cachaient au reste de la terre. *J'ai cru en la voyant revoir mes bois et mes étangs de Combourg le soir aux clartés alenties du soleil.*

Au sortir des bois de Combourg, si René n'était pas entré au cloître, c'est qu'il existait alors une jeunesse et un avenir. Mais aujourd'hui :

En descendant des hauteurs boisées où je cherchais les lares de Rancé, s'offraient des clochers de paille tordus par la fumée; de petits nuages abaissés filaient comme une vapeur blanche au plus bas des vallons. En approchant, ces nuées se métamorphosaient en personnes vêtues de laine écrue; je distinguais des faucheurs : madame de La Vallière ne se trouvait point parmi les herbes coupées.

Les hommes qui ont vieilli dans le désordre pensent que quand l'heure sera venue, ils pourront facilement renvoyer de jeunes grâces à leur destinée, comme on renvoie des esclaves.

Mœurs d'autrefois, vous ne renaîtrez pas, et si vous renaissiez, retrouveriez-vous le charme dont vous a parées votre poussière?

Tout se désagrège, et *Rancé* défait les *Mémoires* avec leurs contre-images nostalgiques aussi bien qu'avec leurs contre-images prophétiques; l'ancienne France n'étant plus qu'illusion et ne produisant plus nulle beauté [6], l'avenir du monde n'étant plus que guizotisme, perversion de la modernité, développement de la morale des intérêts. C'est tout le monument qui craque, *y compris Combourg* et la cathédrale gothique, la cabane du père Aubry et la grotte d'Atala. On peut se souvenir d'en avoir écrit (dans des textes qui n'ont

---

6. Le dépérissement du thème est frappant si l'on considère un roman comme *Dominique* de Fromentin et à plus forte raison *l'Éducation sentimentale* de Flaubert avec, par exemple, *le Cabinet des antiques,* de Balzac, ou *Béatrix.*

pas encore de lecteurs...). Mais qu'est-ce que cela fait? *Il n'y a plus de lieu des hommes.* Dès lors, et ici c'est la fin, la mort d'un autre personnage, il n'y a plus de sagesse et il n'y a plus de sage. C'est la fin de Chactas.

La fin de la sagesse

Le « thème sapiental » a remarqué Barthes, à propos de *Rancé,* si fréquent dans la littérature classique et chrétienne, a disparu des œuvres modernes, dans lesquelles le vieillard n'est plus un héros. Le héros, désormais, c'est le jeune homme. Il ne suffit pas de constater. Il faut chercher la raison. Et le cas Chateaubriand conduit à avancer une explication : ne serait-ce pas que l'adultéité moderne, c'est-à-dire le maximum de présence et de conscience, ne se trouve plus dans le vieillard mais dans le jeune homme? N'est-ce pas le jeune homme, désormais, qui exprime la vraie sagesse? Mais le jeune homme, pour Chateaubriand (on le sait depuis le *Vieux René*) n'est plus possible. D'où ce nouveau René, qui n'est pas un éternel René, mais à nouveau un personnage nécessaire. Pas de jeune Faust, pas de Faust vieux non plus. René jeune, en 1802, en fait était vieux. L'impasse devient totale. Biologiquement, certes, et d'abord, Chateaubriand est vieux. Mais aussi il n'y a plus de jeunesse dans le siècle comme force autonome et parlant son propre langage. Dès lors, Chateaubriand ne peut rester jeune qu'*en refusant d'assumer la fonction sapientale :* d'abord par l'absence de tout discours réintégrateur (plus de père Souël, plus de Chactas), *mais surtout dans l'écriture.* Comme au temps d'*Atala* déjà, c'est l'écriture qui est contestation de l'ordre : 1) elle refuse le bien-dire du parler académique commun; 2) elle refuse le triomphalisme. *Parce que René n'est pas devenu Chactas,* il ne tiendra pas aux nouveaux René un discours assurant. C'est par là qu'il récuse Guizot, comme au temps d'*Atala* il récusait les académiciens thermidoriens. *Rancé,* livre sur la vieillesse comme impossible valeur, est un livre écrit contre la vieillesse au pouvoir. C'est un livre de ruines universelles où s'affirme seul le pouvoir de l'écriture.

Conclusion

Demain? Aujourd'hui? L'avenir du Monde? Un écrivain du progrès

Sinon un écrivain de progrès, du moins un écrivain du progrès : c'est peut-être ainsi que, finalement, apparaît, au siècle de la démocratie (?), cet homme venu de Combourg, mais qui n'a su que fort tard que là, pour lui, en ces gothiques lieux, tout avait commencé. En fait, il était venu de cette conjonction socio-idéologique à laquelle on n'attache pas assez d'importance : les Lumières plus la liberté anti-moderniste d'une noblesse rêveuse et râleuse, volontiers intellectuelle dans un monde où l'une des libertés qui demeure et se développe est la littérature. Rousseau était venu la conforter, parfois, dans ses refus du faux contrat social et des usurpations aujourd'hui et désormais bourgeoises. L'exil n'avait fait qu'accentuer cette pente de la réaction. On ne rêvait guère alors sur une ancienne France qui n'était pas encore réellement morte. C'est avec la Charte qu'il faudra se rendre à l'évidence : la Révolution n'était pas une parenthèse tragique ou désagréable; elle était désormais la réalité. Chateaubriand pensa un moment qu'il n'y avait pas là de quoi se pendre et il réclama un système de liberté constitutionnelle *réelle*. Il devait vite s'apercevoir quels intérêts, sous divers masques, gouvernaient. C'est alors que, littérairement, idéologiquement et politiquement, naquit Combourg, image recours. Mais en même temps naissait un autre ailleurs, en avant. Si bien que la vision de l'Histoire va d'un passé pur ou purifié à un avenir qui efface ou oblitère l'épisode grimaçant de la morale des intérêts, en un mot l'épisode bourgeois. Combourg, c'est l'enfance et c'est la vieille France refaites le jour où on en a eu besoin; Combourg n'est pas un être ou une substance; c'est une arme, née des nécessités du combat, improvisée et perfectionnée pour que la vie garde sens ou en retrouve un. Mais Combourg est aussi devenu, pleinement, un point de départ pour l'élan qui porte vers l'avenir du monde. Cet avenir du monde, il est d'abord sombre, puisque la bourgeoisie, qui a fait naître le terrible problème du salariat, sera obligée de verser le sang. Mais enfin, le progrès n'est pas tout entier enfermé dans sa forme d'un moment. Le hameau de Plancoüet et les romans industriels sont les deux termes extrêmes d'une course qu'il faut bien se garder de réduire aux passages dans les savanes et les déserts. René, à Kensington, ne voyait le bout de rien, et la Révolution n'était qu'une folie sanglante. Mais bien des choses s'étaient par la suite éclairées. D'où, malgré le villèlisme, après le decazisme et avant le guizotisme, et malgré finalement ce *Rancé* qui pourrait nous faire croire que tout se termine déjà un peu à la Flaubert dans les rues grises de Saint-Sulpice, cette grande idée, que ne porte à première vue nul intérêt, du *progrès*. Le monde moderne, c'est la morale des intérêts plus le progrès ou, si l'on veut, la bourgeoisie plus la révolution. Qu'y faire? Tantôt s'en désoler, tantôt voir et croire. S'en désoler, cependant, ne doit pas être lu nécessairement comme une réaction réactionnaire, mais peut l'être comme une réaction démystificatrice au temps de l'idéologie du progrès à la Joseph Prudhomme et à la Guizot — mais aussi à la Michelet et à la Hugo :

> Le manque d'énergie à l'époque où nous vivons, l'absence des capacités, la nullité ou la dégradation des caractères trop souvent étrangers à l'honneur et voués à l'intérêt; l'extinction du sens moral et religieux; l'indifférence pour le bien et le mal, pour le vice et la vertu; le culte du crime; l'insouciance ou l'apathie avec laquelle nous assistons à des événements qui jadis auraient remué le monde; la privation des conditions de vie qu semblent nécessaires à l'ordre social : toutes ces choses pourraient faire croire que le dénouement approche, que la toile va se lever, qu'un autre spectacle va paraître : nullement. D'autres

hommes ne sont pas cachés derrière les hommes actuels; ce qui frappe nos yeux n'est pas une exception, c'est l'état commun des mœurs, des idées et des passions; *c'est la grande et universelle maladie d'un monde qui se dissout.* Si tout changeait demain avec la proclamation d'autres principes, nous ne verrions que ce que nous voyons : rêveries dans les uns, fureurs dans les autres, également impuissantes, également infécondes [1].

Où est ici le triomphalisme romantique-social? Et le triomphalisme de M. Homais? Long entre-deux d'une Histoire désormais sans avenir. Absence d'hommes nouveaux, de forces nouvelles, nouveau chômage de la jeunesse. Nouveaux Renés. N'en doutons pas : jusqu'aux *Cloches de Bâle,* jusqu'à l'apparition de ce nouvel espoir, de cette nouvelle idée et de cette nouvelle possibilité : le socialisme, pour longtemps seront muettes et inutiles la parole de l'homme, les forces des hommes, à nouveau « sans maximes d'action ». René et son vague des passions s'était vu offrir, un moment, les maximes de l'illusoire liberté constitutionnelle. Elles s'étaient vite révélées n'être que celles de la réussite bourgeoise et de la morale des intérêts. D'où le silence d'un avenir indéchiffrable. Et pourtant déjà Chateaubriand, avant Péguy, avait à sa manière, et sans prêcher, parlé d'espérance et vu un monde en marche.

Piège, cette espérance? Ou piégeage de l'espérance? Mais *est-il besoin d'espérance pour écrire?* et pour dire? D'abord romancier, Chateaubriand est devenu historien.

---

1. Remarque « pédagogique » : un très « banal » exercice d'explication de texte et du texte serait à faire ici. Seul le référent peut donner au texte un sens et un poids. Sans le référent, le texte n'est que paroles abstraitement « morales ». Qui et quoi, et pourquoi, et pour quoi est visé? Le travail d'*identification*, qui suppose recherches et connaissances, est indispensable au travail sur la *signification.* À titre d'indication : « caractères » a-t-il un sens psychologique ou historique et social (les acteurs, les personnages voyants du siècle)? Quelles sont « les conditions de vie nécessaires à l'ordre social »? Et qui ont disparu? Qu'est-ce que « les rêveries des uns » et « les fureurs des autres », « également impuissantes, également infécondes »? Émeutes et utopies « socialistes », fin de la primauté de la propriété immobilière stable, priorité aux conditions, aux rôles sociaux sur la « psychologie » : sitôt repérées certaines élucidations, le texte prend sens, c'est-à-dire forme. Une critique qui ne se soucie que de l'expression et de la communication, et qui ignore l'exprimé et le communiqué, ne peut faire ici que le jeu d'une idéologie dominante dont le rêve est la déshistorisation et la désintellectualisation de la lecture.

D'abord diseur du moi, Chateaubriand est devenu diseur du monde. Selon la science? Ou selon l'espérance? Ni Stendhal ni Balzac n'ont besoin d'espérance. Chateaubriand (comme Hugo, dont tant par ailleurs le sépare), oui. Pourquoi? L'espérance, chez lui, est attente plus que promesse; et elle n'est jamais pédagogie. Aussi ne se tresse-t-elle pas à son écriture comme chez les grands maîtres d'école du romantisme révolutionnaire : Chateaubriand n'est ni un homme ni un écrivain du *recours*. Il est vrai qu'il n'est pas non plus, comme Stendhal et Balzac, un écrivain de l'*analyse* et de la *connaissance*. Alors? Son non-messianisme le sépare de Hugo et Michelet. Son non-réalisme le sépare de Stendhal et Balzac. Ne retrouve-t-on pas ici les origines de classe, la marque idéologique des origines, comme celle des combats livrés? Homme du progrès que la bourgeoisie ne peut annexer. Homme de la lucidité immédiate mais qui a vu, aussi, en avant. Homme, donc, d'une espérance. Laquelle?

Le progrès, selon les perfectibilistes que Chateaubriand avait combattus, était infini, linéaire, moral, assuré, devant conduire à une lumière définitive qui devait être à la fois conquête et retour, l'âge d'or en avant de nous s'identifiant avec l'âge d'or perdu. Le progrès, selon les saint-simoniens (et selon Marx surtout), devait être dialectique et ne définir vers l'avant nulle fin de l'Histoire; il partait de modes successifs de fonctionnements sociaux, tous problématiques de l'appropriation de la nature; il ne se réalisait pas dans la lumière. Chateaubriand n'était pas saint-simonien, et bien entendu il ignorait tout de Marx. Dès lors ses arguments contre les perfectibilistes ne peuvent tirer leur force que de la faiblesse de ses adversaires face à l'expérience concrète du monde moderne : le progrès se fait selon la société civile, c'est-à-dire selon des intérêts non pas universalistes mais bourgeois, et c'est cette seule victoire bourgeoise que l'examen du monde et le réalisme forcent à considérer comme l'aboutissement de l'Histoire et des efforts des hommes. Les progrès de l'esprit humain aboutissent au pouvoir des usuriers qui sont devenus capitalistes et qui commandent à leurs politiciens. Ces usuriers ont acheté des biens nationaux appartenant aux nobles avec de l'argent arraché au peuple. Aujourd'hui ils oppriment politiquement ce peuple qu'ils avaient « libéré ». Que répondre, cependant, en l'absence d'arguments révolutionnaires de type nouveau qui permettraient de dire clairement que la victoire bourgeoise n'est qu'une étape, et doit donc être appréciée de manière scientifique et non morale; le progrès se fait non selon le développement des forces productives et des rapports de production, donc des rapports sociaux, mais selon l'esprit humain, simple hypostase des exigences bourgeoises s'identifiant abusivement aux exigences de l'ensemble et de la totalité des hommes; à la base du perfectibilisme se trouve un spiritualisme aménagé et historisé conformément aux intérêts bourgeois et qui, n'étant pas plus scientifique que le spiritualisme classique, ne saurait lui opposer une résistance théorique et pratique valable, une alternative mobilisatrice. Faute de cette clarté théorique alors impossible, ces leçons de l'expérience, comptabilisées et manifestées par la littérature, jouent efficacement, et pour le moment jouent seules, contre les affirmations perfectibilistes devenues l'idéologie libérale; mais elles n'engendrent pas nécessairement de nouvelles certitudes. Dans le cas d'un ancrage profond de cette pratique littéraire dans l'idéalisme pré-industriel et pré-moderne, la littérature peut même fournir de nouveaux arguments au scepticisme historique qui était à la base du spiritualisme classique. Ce qui ne va pas sans conséquences : c'est le spiritualisme classique qui, de manière critique, va pouvoir, dans certaines situations et conditions, prendre en charge les arguments réalistes contre les réalités libérales, alors que le libéralisme est encore fortement laïque et antispiritualiste, en même temps que la littérature, jouant contre les réalités libérales, va pouvoir se charger, sinon de spiritualité, du moins d'exigences plus universalistes que l'idéologie libérale, condamnée à terme plus ou moins court à devenir une idéologie défensive et restrictive. Que le désir de progrès, de bonheur, de connaissance, d'affirmation de soi, d'efficacité historique ou privée soit piégé par la société nouvelle, perçue comme société maximale et définitive de fait, cela ne peut être dit que contre l'idéologie libérale et donc, dans certaines conditions, peut faire preuve en faveur du spiritualisme classique, y recourir et s'en nourrir, quitte à le transformer et à en récuser les composantes et les bases concrètes (l'ancienne

...ce condamnée). C'est toute l'affaire du romantisme de ...bite et du néo-christianisme romantique tels que Chateaubriand, le premier, les pratique et, sinon les définit lui-même, du moins nous aide à les définir. La querelle qui oppose Chateaubriand aux perfectibilistes est donc bien loin de n'être, on le voit à présent, qu'abstraite dispute d'école : elle est productive de littérature, en même temps que la littérature, écrite ou à écrire, lui donne son sens. Mme de Staël elle-même n'avait-elle pas été romancière et romantique? Et tous les bourgeois libéraux classiques n'avaient-ils pas été bien embarrassés de cette femme de gauche qui, finalement, écrivait contre leur propre idéologie du fini sous laquelle ils ne peuvent se regarder en face? Même devenus conservateurs, il ne leur a pas été possible non plus de s'accommoder de Chateaubriand, alors que dans certaines limites, eux et leurs descendants idéologiques « républicains » bourgeois et petit-bourgeois, radicaux voire socio-démocrates de la fin du siècle et du siècle suivant, se sont parfaitement accommodés du romantisme révolutionnaire. Pour rejeter Chateaubriand, ils disposaient d'un alibi tout prêt : n'était-il pas chrétien, spiritualiste, et France féodale? C'est ici l'un des nœuds majeurs du rapport romantisme-monde moderne. Chateaubriand n'avait pu récuser le perfectibilisme bourgeois qu'en allant largement puiser dans le vieux fonds chrétien, spiritualiste et féodal que tout, pourtant, dans ses premiers écrits, rejetait ou, ce qui est pire, *ignorait*. Ce recours, pourtant à la différence de ce qui se passe si souvent chez les banals polémistes partisans de la droite légitimiste, outre qu'il implique des transformations profondes imposées aux notions et sentiments redécouverts, ne peut être compris que par ce contre quoi il fonctionne. La tradition féodale et chrétienne fournissait un double langage dont était radicalement dépourvue l'idéologie bourgeoise : langage des origines et du sacré d'une part, langage de l'avenir et d'une espérance de l'autre. À mesure que le temps passait, les perfectibilistes limitaient leur vision du monde moderne, de l'Histoire et de la vie au présent immédiat et à la jouissance des biens et droits acquis. L'univers de Joseph Prudhomme est sans racines et sans projet et se satisfait dans la « transition ». C'est ici qu'on saisit bien (si l'on veut) Chateaubriand : il a vu qu'*aujourd'hui* était insuffisant à fonder un sens à la vie, à l'Histoire. D'où ce grand texte cité plus haut sur le XIXᵉ siècle immédiat. Il a vu qu'*hier* avait un sens et, un peu pour rien (en tout cas pour pas grand-chose et bien différent de l'espoir des Lumières), l'avait perdu. Il a vu que *demain* était nécessaire. Malgré une incursion chez Dupin et chez les sociologues, maîtres de Stendhal et Balzac, Chateaubriand n'est pas un homme de science. Et malgré Combourg, il n'est pas un réactionnaire. Malgré *l'Avenir du monde* enfin, le mur des siècles ne lui est jamais apparu et il n'a jamais pensé que la cité harmonieuse et réconciliée était pour demain. Alors, le progrès, qu'il a vécu et constaté, dont il sait ce qu'il charrie de promesses et de fatalités, il n'en fait pas un fétiche justificateur de l'ordre établi, conjurateur idéologique des désordres et scandales de l'ordre établi. Il n'en fait pas non plus le pur et simple signe d'une perversion moderniste. Il nous donne ainsi une autre lecture du thème « progrès ». Et voici de quoi, sans doute, faire avancer la réflexion sur le et les romantismes et sur le mal du siècle : « la grande et universelle maladie d'un monde qui se dissout » n'est pas une maladie de l'âme, fût-elle moderne, et l'on n'est pas « atteint » du mal du siècle, ainsi que le dit si souvent la critique traditionnelle, comme on est atteint du cancer ou de la vérole; plage d'ennui (« le manque d'énergie à l'époque où nous vivons! »), alors qu'il est le siècle de Thiers et de Rastignac, le XIXᵉ siècle est le siècle d'une révolution incomplète que ne complètera pas un simple supplément d'âme, une simple humanisation « démocratique ». Le progrès est la promesse et la croix. Faute d'un véritable langage scientifique, le spiritualisme, que nient les bourgeois « matérialistes » et « positifs », s'impose comme un langage du mouvement et de l'exigence. C'est le sens, probablement, de l'ensemble du texte de Chateaubriand. Réactionnaire, cet homme de droite?

Chateaubriand a bien écrit en 1825, à propos de la loi d'indemnité, comme le premier Balzac réactionnaire venu, qu'il fallait apprendre « aux propriétaires, pour leur sûreté mutuelle, qu'ils sont solidaires », c'est-à-dire qu'il ne leur fallait pas, anciens et nouveaux, se battre entre eux, sauf à faire le jeu du diable, c'est-à-dire de ceux qui ne possèdent pas. Il a encore écrit : « si celui qui possède quelque chose le n peut, ce soir, ne posséder rien, et retomber dans la pendance qui s'attache au prolétariat [*N.B. :* non pas évidemment la classe sociale, mais la condition], c'en est fait des mœurs nationales ». Mais qu'est-ce que *retomber,* ou *tomber dans la dépendance qui s'attache au prolétariat?* Et qui donc y fait tomber? Ou retomber? Qui prolétarise? Et qui est prolétarisé? C'est bien là la question décisive du monde moderne. Et Chateaubriand nous aide assez bien à y répondre. Enfant de Combourg devenu journaliste, homme politique, visionnaire pratique, travailleur intellectuel pour tout dire, malgré tant d'exécrables pratiques de dépense et de splendeur (mais eût-on « préféré » qu'il thésaurisât, comme Hugo ou comme Vigny? comme Balzac et comme Lamartine, il a dépensé sans compter, mais c'est qu'il ne prenait pas en compte la pratique et l'idéologie des fourmis), au lieu de brouiller les cartes il nous aide à lire la donne et le jeu. C'est bien pourquoi les thuriféraires du « progrès » n'en ont jamais voulu. C'est pourquoi ils l'ont enfermé dans son automne, dans ses ruines et dans son vague des passions, dans son style et dans la solitude de son moi.

Mais que pouvait leur raison, mystifiante et mystifiée, contre sa littérature? Et ne serait-ce pas, finalement, une leçon de cette relecture de Chateaubriand? Autant que de la réception passive et consommatrice d'une œuvre, ne faut-il pas tenir compte de ses conditions de *rejet?* Idéologique, la littérature est aussi banc d'essai pour les idéologies, et pour les intérêts qui les sous-tendent. Le double destin littéraire de Chateaubriand : reçu par la jeunesse, mais rejeté par ceux qui la condamnaient à l'ilotisme, comme disait Balzac, est une leçon d'importance. On ne pardonne jamais, en bon lieu, à quiconque a démasqué la morale des intérêts. C'est par là que l'enchanteur, malgré tout ce qui le sépare d'un Henri Beyle et d'un Honoré Balzac, fait, comme eux, partie de notre héritage : comme eux, mais à sa manière, il nous a appris à lire le monde moderne.

Imprimerie BERGER-LEVRAULT, Nancy.
Dépôt légal : juin 1976. — N° 778240 — N° de série Éditeur 11902.
Imprimé en France *(Printed in France)* 35031 B janvier 1984.